◎ 高等院校经济与管理核心课经典系列教材 ◎

国际经济与贸易专业

国际货运代理实务

INTERNATIONAL FREIGHT FORWARDER PRACTICE

（第七版）

顾永才 王斌义◎ 主 编

高倩倩 郑建军◎ 副主编

首都经济贸易大学出版社

Capital University of Economics and Business Press

·北 京·

图书在版编目（CIP）数据

国际货运代理理实务 / 顾永才，王斌义主编. -- 7 版.
北京 ： 首都经济贸易大学出版社，2024. 8. -- ISBN
978-7-5638-3740-3

Ⅰ. F511.41

中国国家版本馆 CIP 数据核字第 2024AR5771 号

国际货运代理实务(第七版)
GUOJI HUOYUN DAILI SHIWU
顾永才　王斌义　主　编
高倩倩　郑建军　副主编

责任编辑　田玉春
封面设计　砚祥志远·激光照排 TEL：010-65976003
出版发行　首都经济贸易大学出版社
地　　址　北京市朝阳区红庙（邮编 100026）
电　　话　(010)65976483　65065761　65071505(传真)
网　　址　http://www.sjmcb.com
E-mail　publish@cueb.edu.cn
经　　销　全国新华书店
照　　排　北京砚祥志远激光照排技术有限公司
印　　刷　北京市泰锐印刷有限责任公司
成品尺寸　170 毫米×240 毫米　1/16
字　　数　417 千字
印　　张　23.25
版　　次　2008 年 6 月第 1 版　2012 年 1 月第 2 版　2015 年 1 月第 3 版
2018 年 2 月第 4 版　2020 年 7 月第 5 版　2023 年 5 月第 6 版
2024 年 8 月第 7 版　2024 年 8 月总第 19 次印刷
书　　号　ISBN 978-7-5638-3740-3
定　　价　58.00 元

图书印装若有质量问题，本社负责调换

前言（第七版）

国际货运代理实务课程，是从国际货运代理的视角出发，讲述国际货运代理的基础理论、基本知识以及从事国际货运代理业务的基本技能，是国际物流、经济贸易的专业课程。本书是为国际经济与贸易专业、物流管理专业及其他各种形式学历教育的相关专业而编写的本科教材，也可用于高职高专相关专业的教学选用。

本书于2008年6月出版第一版，2012年1月出版第二版，2015年1月出版第3版，2018年2月出版第4版，2020年7月出版第5版，2023年5月出版第6版。

2023年全国教育工作会议明确要求"深入推动习近平新时代中国特色社会主义思想和党的二十大精神进教材、进课堂、进头脑，推动立德树人根本任务取得新的重要进展，加快建立健全促进学生身心健康、全面发展的长效机制"。2024年5月11日新时代学校思政课建设推进会强调，加快构建以习近平新时代中国特色社会主义思想为核心内容的课程教材体系，推动党的创新理论最新成果入脑入心，充分发挥新时代伟大成就的教育激励作用，丰富思政课教学内容，讲好新时代故事，引导学生感悟党的创新理论的实践伟力。

在本教材修订再版之际，我们从教材内容的编写这一源头抓起，遵循教育部《高等学校课程思政建设指导纲要》与国家教材委员会《习近平新时代中国特色社会主义思想进课程教材指南》，抓住关键要素，以立德树人作为教育教学核心理念，通过思想政治教育与专业知识教育的融合，展开国际货运代理实务课程思政教学内容的编写。此外，随着移动互联网的普及以及数字教材建设的发展，在本版修订时，也注重二维码融合出版。

本教材主要讲授国际货运代理的基础理论、基本知识以及从事国际货运代理业务的基本技能，主要包括国际货运代理概述、国际货运代理与国际贸易、海运概述与租船运输代理实务、海班轮运输代理实务、集装箱运输代理实务、国际航空运输代理实务、国际货物铁路运输代理实务、国际货物多式联运实务、国际货物的通关实务、国际货运代理法律实务。

本教材编写采用"思知行融合"的课程设计，使用本教材，主要应实现课程教学的思政目标、知识与能力目标：

1. 课程教学的思政目标。本课程需要高举思想旗帜，推动习近平新时代中国特色社会主义思想入脑入心，紧扣主题主线，结合国际货运代理的专业理论与实践，深入宣传党的二十大精神，运用习近平新时代中国特色社会主义思想的世界观和方法论学习与研究国际货运代理，秉承立德树人的教学理念，注重在教学过程中潜移默化地融入课程思政要素。在编写本教材时，我们编写了"思政阅读""思政思考"板块，着重挖掘了本课程契合习近平新时代中国特色社会主义思想的思政元素，以便教学中将习近平新时代中国特色社会主义思想和党的二十大精神进教材、进课堂、进头脑。

本课程的内容高度契合习近平新时代中国特色社会主义思想，使用本教材的教师还可以进一步挖掘本课程的思政元素，将国际货运代理所涉及的专业知识与思政融合，引导学生树立"大国情怀，心怀天下"，开阔国际视野分析国际货运代理问题，树立正确的人生观和价值观，提升自身的学习能力和专业能力，不断提高自身的思想水平和政治觉悟等素养；培育学生掌握国际货运代理作业中的各项操作技能，提高公平、爱国、敬业的专业素质，培养"遵守程序、业务规范、办事诚信"的职业素养和大国工匠精神；增强学生学习的自信心，充分调动学生学习的主动性和创造性，培养和发挥学生的创新精神和创新能力；发挥思想政治教育的引领作用，鼓励学生在国际货运代理知识的综合运用能力、团队合作精神等方面进行综合培养，将培育和践行社会主义核心价值观以及爱国热情有机融入课程教育，培养学生成为担当实现中国式现代化大任的时代新人。

2. 课程教学知识与能力目标。本课程的课堂教学、网络自学、案例研究、思政阅读与思考等教学环节，使学生了解国际货运代理的基本知识，培养国际货运代理运作的能力。重点使学生了解和掌握从国际货运代理实践中总结出来的日趋成熟的基本理论、基础知识与基本技能，包括国际物流、国际货运代理的发展及与国际贸易的关系、国际物流系统与网络、国际货运服务与管理等，同时特别强调学生对国际货运主要业务运作（铁路联运货运代理、海运货运代理、空运货运代理、集装箱和多式联运货运代理、国际货物的报检与通关代理、运输与保险安排）的业务流程和作业技能掌握，并注重理论联系实际，学会运用国际货运代理的理论和方法分析解决实际问题，为今后从事国际货运代理工作打下坚实的基础。

为了能够达到预期的学习目的，要求学生在学习时注意理论联系实际，并及时了解相关法规、实际操作的变化。结合课程的性质和特点，本课程的教学方法应主要包括两个方面，即系统讲授课程知识和引导学生开展实践演练，有条件的教学单位还可以安排学生进行模拟实验，通过计算机网络操作或国际货运代理公司的调研，使学生对各运输方式下进出口货运单证、报检报关等模块处理，加强学生对国际货运代理的认识，提高学生的动手能力，以实训报告形式做出总结。

教师可安排论文写作（不作为必要环节），使学生选择当前国际货运代理热点问题或企业实际情况，收集相关资料进行归纳分析与研究，或者结合问题提出解决的对策或建议。

为方便学生学习，本教材每章开篇设有学习要点，书中运用了图表、案例、例题及二维码链接、注释等形式进行说明，每章列出了针对重点内容的案例研究、复习思考题，并以二维码的形式呈现对各章案例研究的思考。本书配套的教学大纲、试题库、教学课件（PPT）请与首都经济贸易大学出版社联系获取。

由于本书注重国际货运代理知识的实用性与操作性，除可作为高校教材外，也可作为国际货运代理的培训用书，同时也适合国际货运代理人员在工作实践中学习与参考。

本书由对外经济贸易大学、厦门大学、厦门理工学院、浙江工业大学等高校的教授、副教授和一些国际货运代理公司的高级物流师联合编写，由顾永才、王斌义任主编，高倩倩、郑建军任副主编。全书由顾永才统稿，高倩倩还负责了目录与学习要点的英文翻译工作。参加编写与资料收集工作的还有陈幼端、胡远华、陈加强、吴海燕、陈桂兰、徐培中、段环秀、熊利蓉、周诗鸿、林玉枝等。在写作过程中，我们参考了许多著述和资料，特向这些作者表示由衷的感谢。也感谢首都经济贸易大学出版社的杨玲社长和本书编辑为本书的策划与编写安排提出了许多有益的建议。由于我们水平有限，书中如有不当与遗漏之处，敬请读者批评指正。

编　者

目　录

第一章　国际货运代理概述　1

第一节　国际货物运输的性质、构成和运输对象 …… 2
第二节　国际货运代理的概念和性质 …… 14
第三节　国际货运代理的服务内容和作用 …… 18
第四节　国际货运代理的行业管理 …… 24
第五节　国际货运代理行业的发展趋势 …… 27
【思政思考】…… 36
【案例研究】…… 36
【思考与练习】…… 40

第二章　国际货运代理与国际贸易　41

第一节　国际货运代理与国际贸易的关系 …… 42
第二节　国际货运代理在进出口贸易程序中的业务 …… 48
第三节　国际货运服务委托合同 …… 53
【思政思考】…… 58
【案例研究】…… 59
【思考与练习】…… 62

第三章　海运代理实务(一):海运概述与租船运输代理实务　63

第一节　海运基础知识 …… 64
第二节　租船运输代理业务 …… 73

第三节　租船合同 …… 78
【思政思考】…… 90
【案例研究】…… 91
【思考与练习】…… 93

第四章　海运代理实务(二):班轮运输代理实务 95

第一节　班轮运输及其货运流程 …… 96
第二节　出口货物班轮运输代理业务 …… 100
第三节　进口货物班轮运输代理业务 …… 113
第四节　货运单证和海运提单 …… 117
第五节　班轮运费 …… 126
【思政思考】…… 130
【案例研究】…… 130
【思考与练习】…… 132

第五章　海运代理实务(三):集装箱运输代理实务 133

第一节　集装箱运输概述 …… 134
第二节　集装箱运输代理业务 …… 141
第三节　国际货运代理的集拼业务 …… 160
第四节　集装箱海运的运费 …… 164
【思政思考】…… 168
【案例研究】…… 169
【思考与练习】…… 171

第六章　国际航空运输代理实务 172

第一节　国际航空运输概述 …… 173
第二节　国际航空运输的经营方式 …… 181
第三节　国际航空运输代理业务 …… 186
第四节　国际航空运输运价与运费 …… 203
【思政思考】…… 211
【案例研究】…… 212

【思考与练习】 …… 213

第七章 国际货物铁路运输代理实务 215

第一节 国际货物铁路运输概述 …… 216
第二节 国际货物铁路联运的货运代理业务 …… 222
第三节 国际铁路货物联运费用的计算和核收 …… 232
【思政思考】 …… 235
【案例研究】 …… 235
【思考与练习】 …… 237

第八章 国际货物多式联运实务 238

第一节 国际货物多式联运概述 …… 239
第二节 国际多式联运的组织形式 …… 246
第三节 国际多式联运业务 …… 251
第四节 国际多式联运的单证 …… 259
【思政思考】 …… 266
【案例研究】 …… 266
【思考与练习】 …… 268

第九章 国际货物的通关与投保 269

第一节 海关与国际货物通关的模式 …… 270
第二节 国际货物的检验检疫及报检 …… 282
第三节 国际货物的报关 …… 290
第四节 国际货物运输保险与国际货运代理责任险 …… 300
【思政思考】 …… 308
【案例研究】 …… 309
【思考与练习】 …… 310

第十章 国际货运代理法律实务 312

第一节 国际货运代理的法律关系与责任 …… 313

第二节　国际货运代理业务中涉及的国际公约 …………………… 328
第三节　FIATA 国际货运服务示范规则 ……………………………… 338
第四节　CIFA 标准交易条件 ……………………………………………… 343
第五节　货运事故的处理 ………………………………………………… 351
【思政思考】…………………………………………………………………… 356
【案例研究】…………………………………………………………………… 356
【思考与练习】………………………………………………………………… 358

参考文献 ……………………………………………………………………… 360

第一章

国际货运代理概述

Overview of International Freight Forwarder

通过本章的学习，要求学生：(1)了解运输业的性质和国际货物运输的特点、构成和运输对象；(2)理解国际货运代理的概念和性质；(3) 掌握国际货运代理服务业务的内容；(4)熟知我国对国际货运代理的行业管理；(5)了解国际货运代理的行业发展趋势。

学习要点

By studying this chapter, students are expected to: (1) understand the nature of transport industry and the characteristic, composition and object of international freight transport; (2) grasp the definition and characteristic of international freight forwarder; (3) master the operation of international freight forwarder; (4) be familiar with the domestic industrial administration of international freight forwarder; (5) comprehend the development trend of international freight forwarder.

第一节　国际货物运输的性质、构成和运输对象

国际货物运输通常被称为国际贸易运输。国际贸易运输是国际贸易的重要环节，从贸易的角度来说，国际货物运输也是一种无形的国际贸易。国际货物运输的各要素构成了具有运输功能的有机整体，国际货物运输的对象就是运输部门承运的各种货物，如原料、材料、工农业产品、商品以及其他产品等。

一、运输的性质及国际货物运输的特点

运输具有生产的本质属性，但又表现出自身的服务特性。国际货物运输是国家或地区之间的运输，与国内运输相比较，它具有许多自身的特点。

（一）运输的含义

自从人类有了生产和产品交换，就有了运输。人们在生产过程中，有意识地使用各种工具设备，通过各种办法，使物或人实现位置移动，这种“位移”就是运输。运输（Transportation），就是人和物的载运和输送。关于人的运输称为客运，货物的运输称为货运。本书主要阐述“物”的载运，即物流运输或货物运输。

《中华人民共和国国家标准物流术语》对运输的定义是：“用设备和工具，将物品从一地点向另一地点运送的物流活动。其中包括集货、分配、搬运、中转、装入、卸下、分散等一系列操作。”

在现代物流（Logistics）观念诞生之前，甚至在今天，仍有一些人将运输等同于物流，或认为物流就是运输，其原因是物流中很大一部分功能是由运输承担的，运输是物流的主要功能要素。

【思政阅读】

新发展格局与现代物流

习近平总书记在党的二十大报告中指出，加快构建以国内大循环为主体、国内国际双循环相互促进的新发展格局。

现代物流（包括运输）是支撑以国内大循环为主体、国内国际双循环相互促进的新发展格局的基础性力量。世界经济增长的不确定性、不均衡性、不稳定性在增加，构建新发展格局，需要我国统筹好经济发展和经济安全，

构建好自主可控、畅通无阻的,保证在任何情况下都能实现兵马未动、粮草先行的现代物流体系。2022 年 4 月,中共中央、国务院印发《关于加快建设全国统一大市场的意见》,提出要建设现代流通网络。

现代物流体系能够促进商品和要素在我国城乡之间以及沿海与内陆地区之间自由流动,提高流通效率与资源配置效率,在加快全国统一大市场建设、释放我国超大规模市场优势方面发挥着重要的基础性作用。

我国是世界第一制造大国,工业品物流占我国社会物流总额的 90%左右。我国与国际联系紧密的产业链供应链以及国内关键的产业链供应链通常在多国或多个工厂完成生产过程或流通过程,这意味着全球产业链供应链依靠现代流通和现代物流做支撑,没有现代物流,中间产品不能及时送达下一个工序,产业链、供应链就会中断。因此,现代物流在支撑我国制造业大国产业链、供应链安全稳定方面发挥着重要的基础性作用。

【简评】从根本上说,构建新发展格局是适应我国发展新阶段要求、塑造国际合作和竞争新优势的必然选择。从国际比较看,大国经济的特征都是内需为主导、内部可循环。在当前国际形势充满不稳定性、不确定性的背景下,立足国内,依托国内大市场优势,充分挖掘内需潜力,有利于化解外部冲击和外需下降带来的影响,也有利于在极端情况下保证我国经济基本正常运行和社会大局总体稳定。构建新发展格局是开放的国内国际双循环,内外需市场本身是相互依存、相互促进的。通过发挥内需潜力,以国内大循环吸引全球资源要素,更好利用国内国际两个市场、两种资源,提高在全球配置资源能力,更好争取开放发展中的战略主动。构建新发展格局需要构建中国现代流通体系,提升现代流通竞争力,其中重中之重是构建现代物流体系。

(二)运输的性质

所谓性质就是事物的本质属性。从运输经济学的角度看,运输是指劳动者使用运输工具和设备,在运输线路上实现人与物空间场所变动的有目的的活动,是重要的社会生产活动。运输具有生产的本质属性,但又表现出自身的服务特性。

物流的含义及演变

1. 运输具有生产的本质属性。运输与生产从一开始就联系紧密,而运输就其本质来说,是一种特殊的生产。早在 1776 年,英国著名的古典经济学家亚当·斯密(Adam Smith)就在《国富论》中对运输与市场、运输与制造业、运输与经济规模之间的关系进行过论述。虽然运输这种生产活动不像一般生产活动那样创造新的物质产品,增加社会产品数量,赋予产品新的使用价值,它只变动物品所在的空间位置,但这一变动却使生产得以继续下去,使社会再生产不断推进,所以,人们也将运输看成一种物质生产部门。马克思将运输称为"第四个物质生产部门"。①

运输就其本质来说,是一种特殊的生产。我们可以从以下几个方面来理解运输具有生产的本质属性。

(1)运输和一般生产一样,也必须具备劳动者(运输者)、劳动手段(运输工具和通道)、劳动对象(运输对象,即货物或人)这三个基本条件。运输是产品生产过程的继续,离开它,社会生产过程便无法完成。

(2)运输的过程(货物或人的位移)和一般生产的过程一样,是借助于活劳动(运输者的劳动)和物化劳动(运输工具设备与燃料的消耗)的结合而实现的。

(3)运输的结果使运输对象发生了位移,在转移旧价值的同时也改变了运输对象的地位,这也和一般生产的结果——制造出新产品一样,是创造了新价值。商品经过一段运输后,可按高于原产地的价格出售。

(4)运输也和一般生产一样,始终处在变化和发展的状态中,并且,运输的变化和发展与一般生产的变化和发展紧密地结合在一起而经历了几个阶段。从以人力、畜力、驯鹿、大象、风力等自然驮拉力为特征的原始运输,到以蒸汽力、内燃力、电力、原子能以及最新航空、航天技术为标志的现代化运输,反映了运输方式随生产力变化的沧桑历史。

2. 运输的服务特性。运输虽然和一般生产部门具有以上共同特点,但运输与其他部门相比还具有其自身的生产特点:派生性、生产过程与消费过程的同一性、开放性、增值性、无形性、运输产品的同一性。

第一,运输生产的派生性。运输需求是派生需求,不是为了生产而生产,而是为了满足其他的生产和生活的需要。

第二,运输生产过程与消费过程的同一性。运输产品的生产和消费两种行为是同时进行的,运输所生产的使用价值与它的运输生产过程同始同终。运输业的生产是生产过程在流通过程中的继续。它使投入流通领域的产品发生位置移动,从而将生产和消费(包括生产消费和生活消费)联结起来,使产品的使用价值得以实现。

① 马克思认为的其他三个生产部门是开采业、农业和工业。

第三,运输生产的开放性。运输生产过程是一个点多、线长、面广、流动、分散,多环节、多工种的联合作业过程。

第四,运输生产的增值性。运输创造"场所效应",提高产品的使用价值。

第五,运输产品的无形性。在运输过程中,不会生产出任何新的有形产品,但它却实现了产品的"位移"。运输业的产品就是"位移"。运输产品不是有形的商品,而是一种无形的服务,随着运输的终止而消失,不能像一般生产产品那样可以储备,也不能进行积累。这是因为它的生产过程与消费过程相结合,不可分离。它只能储备一定数量的生产能力——运输能力。

第六,运输产品的同一性。各种运输方式虽然使用不同的技术装备,具有不同的技术经济性能,但生产的是同一种产品,即运输对象的位移,对社会具有同样的效用。运输产品具有同一性,不同于工农业产品。工农业产品由于其生产工艺不同,导致其有很大的差异。运输产品的同一性决定了在一定条件下各种运输方式的相互替代性。

运输上述自身的特点决定了运输业的服务特性:运输业提供的劳动不是去制造有形的物质产品,而是通过提供运输服务直接去满足人们的某种需求。运输业提供的服务是使用价值和价值的统一物。运输业劳动者付出劳动这一运输服务产品的形成与运输服务产品的消费是同一过程。

(三)国际货物运输的主要特点

运输按地域可划分为国内货物运输和国际货物运输两类。国际货物运输,就是货物在国家与国家、国家与地区之间的运输。国际货物运输又可分为贸易物资运输和非贸易物资(如展览品、个人行李、办公用品、援外物资等)运输两种。由于国际货物运输主要是贸易物资的运输,非贸易物资的运输往往只是贸易物资运输部门的附带业务,所以,国际货物运输通常也被称为国际贸易运输,从一国的角度来说,就是对外贸易运输,简称外贸运输。

从贸易的角度来说,国际货物运输是一种无形的国际贸易。这种贸易用于交换的不是物质形态的商品,而是一种无形的特殊的商品——运力。运价就是这种贸易的交换价格。

国际货物运输与国内货物运输相比具有以下几个主要特点。

1. 国际货物运输是中间环节很多的长途运输,具有内外运两段性。国际货物运输是国家(地区)与国家(地区)之间的运输,一般运距较长。在运输过程中,往往需要使用多种运输工具,通过多次装卸搬运,变换不同的运输方式，经由不同的国家和地区，中间环节很多。

所谓国际货物运输的两段性，是指国际货物运输的国内运输段（包括进口国、出口国）和国际运输段。

（1）国内运输段。出口货物的国内运输，是指出口商品由供货地运送到出运港（站、机场）的国内运输，是国际物流中不可缺少的重要环节。国内运输实现了出口货源从供货地集运到港口、车站或机场，使国际物流业务得以正常开展。进出口货物的国内运输工作涉及面广、环节多，要求各方面协同努力，组织好运输工作，注重货源、产品包装、加工、短途集运、国外到证、船期安排和铁路运输配车等各个环节的情况，力求搞好车、船、货、港的有机衔接，确保出口货物运输任务的顺利完成，减少压港、压站等物流不畅的现象。

（2）国际货物运输段。国际（国外）货物运输段是国内运输的延伸和扩展，同时又是连接出口国和进口国货物运输的桥梁与纽带，是保证国际物流畅通的重要环节。出口货物被集运到港（站、机场），办完出关手续后直接装船发运，便开始国际段运输。有的则需暂进港口仓库储存一段时间，等待有效泊位或有船后再出仓装船外运。国际段运输可以采用由出口国装运港装货直接到进口国目的港卸货，也可以采用中转方式，经过国际转运点再运给用户。

国际货物运输的常规流程结构可简化为图 1-1①。

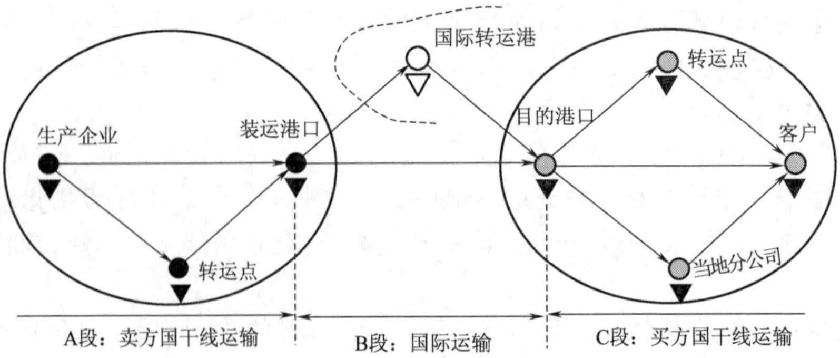

图 1-1　国际货物运输常规流程结构

① 周道平，李刚. 国际物流成本模型及优化对策研究[J]. 交通运输系统工程与信息，2009(1).

图 1-1 较好地反映了国际货物运输内外运的两段性。一般情况下,一个具体的国际货物运输常规流程可细分为 A,B,C 三段,分别为卖方国干线运输、国际运输和买方国干线运输。在 A 段(卖方国干线运输段),生产企业可通过多种途径将出口货物运抵装运港,如直达运输或集结后再转运。在 B 段(国际运输段),可以从装运港直接运抵目的港,也可能通过国际转运港进行中转。在 C 段(买方国干线运输段),为了把货物交到最终客户手里,也会有多种方式,比如:直接拨交,通过自有或第三方仓库暂时集结后再转运给客户,通过生产企业在买方国的本地工厂进行拆分或加工后再送给客户。

2. 国际货物运输涉及面广,情况复杂多变。货物在国际运输过程中,需要与不同国家或地区的货主、交通部门、检验检疫机构、保险公司、银行、海关以及各种中间代理人打交道。同时,由于各个国家、地区的政策法律规定不一,金融货币制度不同,贸易运输习惯和经营做法也有差别,再加上各种政治、经济形势和自然条件的变化,都会对国际货物运输产生较大的影响。

3. 国际货物运输的时间性特别强。国际市场竞争十分激烈,商品价格瞬息万变,进出口货物如不能及时地运到目的地,很可能会造成重大的经济损失;某些鲜活易腐商品和季节性商品如不能按时送到目的地出售,所造成的经济损失可能会更加严重。为此,货物的装运期、交货期被列为贸易合同的条件条款,能否按时装运直接关系到重合同、守信用的问题,对贸易、运输的发展都会产生巨大的影响。

4. 国际货物运输的风险较大。国际货物运输由于运距长、中间环节多、涉及面广、情况复杂多变,加之时间性很强,因而风险也就比较大。国际货物运输的风险性主要包括政治风险、经济风险和自然风险。政治风险主要指由于所经过国家的政局动荡,如罢工、战争等原因造成商品可能受到损害或灭失;经济风险又可分为汇率风险和利率风险,主要指从事国际货物运输必然要发生的资金流动,因而产生汇率风险和利率风险;自然风险则指运输过程中,可能因自然因素,如海风、暴雨等,而引起的商品延迟、商品破损等风险。

为了转嫁运输过程中的风险损失,各种进出口货物和运输工具都需要办理运输保险。

5. 国际货物运输以远洋运输为主,多种运输方式组合。与国内货物运输相比,国际货物运输以远洋运输为主,并由多种运输方式组合(如图 1-2 所示),运输方式选择和组合的多样性是国际货物运输的一个显著特征。海运是国际物流运输中最普遍的方式,特别是远洋运输更是国际货物运输的重要手段。谁能提高远洋运输效率,降低远洋运输成本,谁就能在国际货物运输竞争中占有优势地位。近年来,在国际货物运输业务中,“门到门”的运输组织方式越来越受到货主的欢迎,这使得能满足这种需求的国际综合运输方式得到了迅速发展,逐渐成为国际货物运输中的主流。

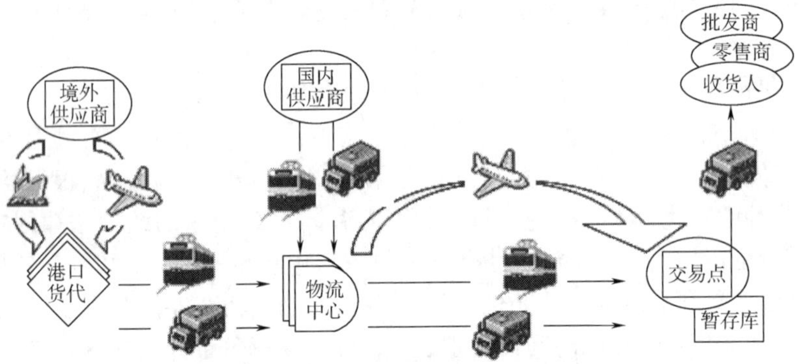

图 1-2　国际货物运输的基本模型

6. 国际货物运输涉及国际关系问题。在组织国际货物运输的过程中,需要经常同国外发生广泛的联系,这种联系不仅仅是经济上的,也会牵涉到国际政治问题。对于各种运输业务问题的处理,常常也会涉及国际关系问题,是一项政策性很强的工作。因此,从事国际货物运输的人不仅要有经济观念,而且要有国家政策观念。

二、国际货物运输的构成

“只有用普遍联系的、全面系统的、发展变化的观点观察事物,才能把握事物发展规律。”[①]我们要用习近平新时代中国特色社会主义思想的方法论“必须坚持系统观念”来正确理解国际货物运输的构成。国际货物运输的各要素组成本身就是个系统。

一般来说,一种活动总是由人与工具构成的,运输活动也不例外。国际货物运输活动中的人主要是国际货物运输的关系方,即运输的参与者和运输服务的提供者。工具是实现货物运输的手段。另外,国际货物运输是通过一

① 习近平 . 习近平著作选读:第 1 卷[M]. 北京:人民出版社,2023.

些具体的运输方式或运输方式的组合来实现的,也需要运输线路、运输节点、通信设备等基础设施设备。因此,简单地说,国际货物运输主要由六个方面构成:运输的关系方、运输工具、运输方式、运输线路、运输节点、通信设备。或者说,运输的关系方、运输工具、运输方式、运输线路、运输节点、通信设备构成了国际货物运输系统,它们在货物的运输过程中发挥各自的作用,形成有机整体,共同完成运输任务。

(一)国际货物运输的关系方

国际货物运输活动受到直接参与或间接影响运输活动的各关系方的影响。国际货物运输的关系方包括:托运人(发运地)、收货人(目的地)、承运人、政府和公众以及联系托运人与承运人的运输代理人。图 1-3 说明了上述各方的关系。

1. 政府与公众。政府与公众是国际货物运输的间接关系方。

政府机构主要通过制定各种法律和规章制度对国际货物运输各参与方的资格、运输服务的交易过程、费率的制定等加以管理,维护整个国际货物运输行业的竞争秩序。世界许多国家的运输设施主要由政府提供,如港口、机场、公路的修建等。

公众对国际货物运输的影响通过两方面来体现:一是公众对商品需求产生影响,最终影响国际货物运输需求;二是公众对环境、安全的关注,并通过影响有关法律法规的制定对国际货物运输行业产生影响。

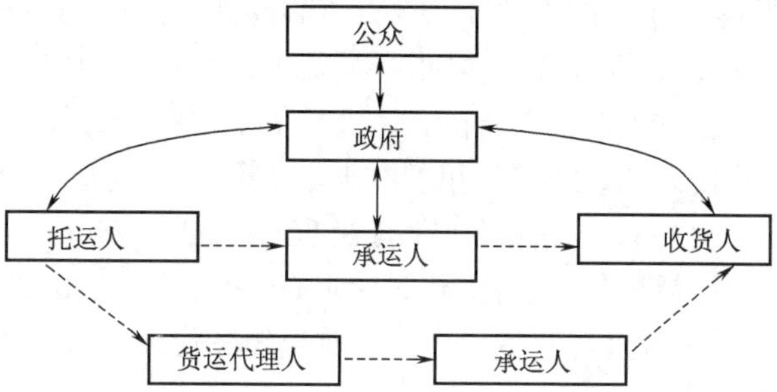

图 1-3　国际货物运输的关系方

2. 承运人。承运人(Carrier)是指专门经营水上、公路、铁路、航空或管道货物运输的运输服务方,如航运公司、航空公司、卡车公司和铁路部门等,是国际货物运输工作中的主要参与者。它们一般都拥有大量的运输工具和运输服务设施,为社会提供运输服务。但是否拥有运输工具并不是判定承运人的唯一标准。

承运人是国际货物运输服务的提供者。作为运输合同的另一方,其目的是以最低的成本提供运输服务,并获得最大的运输收入。因此,在提供运输服务时,他要收取托运人(或收货人)所愿意支付的最高费率,并尽量降低货物移动的人工、燃料和运输工具成本。此外,承运人还会力争实现提货和交货时间的灵活性,提高各项服务水平以吸引更多的用户。

承运人可分为自营承运人(Private Carrier)、公共承运人(Public Carrier)、契约承运人(Contract Carrier)。公共承运人在法定的经营权范围内提供运输服务,并依法以非歧视的价格面向社会公众提供服务;契约承运人则仅向与其订有契约(通常为长期协议)的客户提供合同规定的运输服务,且按合同规定向不同的客户索取不同运价。自营承运人是自己拥有运输工具运输自己产品的企业。

3. 货主。货主(Cargo Owner)是指专门经营进出口商品业务的外贸部门或进出口商。货主多为国际贸易运输工作中的托运人(Shipper)或收货人(Consigner)。托运人和收货人的共同目的是在规定的时间内以最低的成本将货物从起始地移动到目的地。其在选择国际货物运输服务时考虑的因素包括运费及各种附加费用、预计运输时间、运输服务的频率、破损比率、货物或车辆跟踪信息的可得性、运输索赔的难度等。

托运人、承运人、收货人是国际货物运输合同的主要当事人。

4. 运输代理人。运输代理人是指根据货主或承运人的要求,代办国际贸易货物运输业务的中间人。它们在承运人与货主之间起着桥梁作用。目前,国际货物运输的代理人主要有:租船代理,又称租船经纪人(Shipping Broker);船务代理(Shipping Agent);货运代理(Freight Forwarder);咨询代理(Consultative Agent)等。以上各类代理之间的业务往往互相交叉,如不少船务代理也兼营货运代理,有些货运代理也兼营船务代理等。

(二)国际货物运输工具

国际货物运输工具主要有下列四种。

包装工具:包括包装机械、充填包装机械、灌装机械、封口机械、贴标机械、捆扎机械、热成型包装机械、真空包装机械、收缩包装机械和其他机械。

集装工具:主要有集装箱、托盘和集装袋等。

运输工具:主要有汽车、火车、船舶、飞机和管道等。

装卸搬运工具:主要有起重机械、装卸搬运车辆、连续输送机械和散装机械等。

(三)国际货物运输方式

根据使用的运输工具的不同,国际货物运输主要分为如下几种方式:海洋运输、铁路运输、航空运输、公路运输、邮包运输、管道运输、集装箱运输、大陆桥运输以及由各种运输方式组合而成的国际多式联运等。主要运输方式的运输业务将在以后的章节中阐述。

国际货物运输方式的优缺点见表1-1所示。

表1-1　主要国际货物运输方式的优缺点

方式	优点	缺点	适合运输对象
航空运输	速度快,安全准确,手续简便,节省包装和储存费用	运量小,能耗大,运费高,投资大,技术要求高,受天气影响	高附加值的、贵重、鲜活、急需的远距离货物运输
公路运输	机动灵活,速度快,装卸方便,对自然的适应性强	运费较高,单车作业量小,相对成本高,不安全,有污染	中短途货运,集疏的有效方式,高附加值,多批次,少批量货运
海洋运输	通过能力大,运输量大,运费低廉,对货物的适应性强	速度慢,灵活性差,受自然条件影响大,风险较高,需要其他接驳方式	时间要求低的大宗,廉价货物的长距离运输
铁路运输	准确性和连续性强,运输速度快,运输量较大,安全可靠,运输成本较低,受自然因素影响小,运输的地区局限性小	造价高,耗材多,短途运输成本高,装卸作业时间长,机动性差	大宗货物运输,中长距离货运
集装箱运输	便于货物运输,简化货运手续,无须开箱倒载,节省包装用料,减少运杂费	对货物的品种,规格有一定限制,手续及单证不统一	件杂货及大宗散货
管道运输	运具和线路合而为一,运量大,损耗小,安全,连续性强,环保	投资大,灵活性差,运输对象单一	气体及液体

各种运输方式的议付凭证见表1-2所示。

表1-2　各种运输方式的议付凭证

运输方式	送银行办理议付的运输凭证	签发人
海洋运输	海运提单(BILL OF LADING)	船公司或其代理人
国际铁路联运	铁路运单副本	铁路始发站
对港、澳铁路运输	承运货物收据(CARGO RECEIPT)	外运公司
航空运输	航空分运单(HOUSE AIRWAY BILL)	航空货运代理
邮政运输	邮包收据 (PARCEL POST RECEIPT)	邮局
多式联运	多式联运单据(MULTIMODAL TRANSPORT DOCUMENT)或集装箱联运提单(COMBINED TRANSPORT B/L)	多式联运经营人

运输方式的选择既包括对单一运输方式与多式联运之间的选择,也包括对各种货运形式的选择。如何选择适当的运输方式是运输合理化的重要问题,也是货运代理需为货主考虑的首要问题。

在国际货运中,运输方式选择不当造成的不合理运输程度远甚于国内运输。例如,一旦选择海运,则不可避免地受航线的约束形成迂回,这比通常的陆地迂回大得多,而且货物一旦上船便无法改变。又如,由于国际物流受国际贸易的驱动,比一个国家内的运输多了一层通关手续,多了很多关税。假如运输方式选择不当,拉长了时间,错过了销售时机,就会造成更大的经济损失。因此,货运代理组织国际货物运输,必须正确选择运输方式和管理组织方式。一般来讲,货运代理应根据货物运输系统要求的服务水平和可以接受的运输成本来决定。运输方式的选择通常要考虑以下因素:货物的特点及性质、运输速度和路程、运输运费和成本、运输的可得性、运输的一致性和可靠性、市场需求的缓急程度、运输期限、运输批量等。

总之,每种运输方式在特定的条件下都有其优越性,但一个完整的运输过程有时不是一种运输工具所能完成的,这使得运输方式的协作十分必要。各种运输方式各具优缺点,相互补充,使运输方式的协作成为可能。充分满足需求、总体效益最优、衔接便利顺畅、可持续发展是运输方式协作的四大基本原则。各种运输方式的协作的最好方式是构建综合运输体系,发展联合运输,通过各种运输方式的组合高效地完成运输任务。

(四)国际货物运输线路

国际货物运输线路是交通运输的基础设施,也是构成国际货物运输系统的要素之一。运输线路又叫运输通路,是供运输工具定向移动的通道,是指在运输网络中,连接运输始发地、到达地、经停点,供运输工具安全、便捷运行的线路。按其形成方式不同,可分为自然形成和人工建设而成。自然形成的线路是依靠自然条件而形成的,如空中航线、水运的江河湖泊、海洋的航道。人工建设而成的线路是专门经过人员施工而形成的,如铁路、公路、管道、运河等。国际货物运输线路一般分为陆路、水路和空路。

(五)国际货物运输节点

运输节点(Nodes)或称运输结点,是运输网络中连接运输线路的结节之处,所以又被称为运输结节点。如公路运输的停车场、货运站,铁路运输的中间站、区段站、编组站、货运站,水运的港口,民航的机场,管道运输的管道站,均属于运输节点。口岸仓库、港口仓库、国际物流中心等也可被看作国际货物运输节点。

国际货物运输活动是在线路上和运输节点内进行的。国际货物运输节点具有衔接、信息处理、管理功能。国际货物运输节点衔接的功能使得国际货物运输线路联结成一个系统,使各个线路通过节点变得更为贯通,并且通过转换运输更好地衔接在一起。国际货物运输节点不仅起着连接不同运输方式的作用,还承担货物的集散、运输业务的办理、运输工具的保养和维修任务。此外,国际货物运输节点除执行一般的运输职能外,还具有指挥调度、信息处理等神经中枢的管理职能。

(六)通信设备

国际货物运输的特点是运输量大、运输距离长,需要有相应的通信设备来传递、收集、处理、发送各类信息,以加强运输工具与线路、站场及相关部门的联系。通信设备的功能在于运输管理部门及营运企业迅速掌握运输服务的进展情况,处理各种突发事件,确保运输安全,提高运输服务质量与运输效率。良好的国际货物运输通信设备应具有优良、迅速、操作简便的特点。

三、国际货物运输的对象

国际货物运输的对象就是国际货物运输部门承运的各种进出口货物，如原料、材料、工农业产品、商品以及其他产品等，它们的形态和性质各不相同，对运输、装卸、保管也各有不同的要求。可以从货物的形态、性质、重量、运量等不同角度对国际货物运输的对象进行简单的分类。

国际货物的具体分类

国际货物运输对象的分类可归纳为表 1-3。

表 1-3　　国际货物运输对象的分类

分类形式	分　类		
从货物形态的角度分类	包装货物	裸装货物	散装货物
从货物性质的角度分类	普通货物	特殊货物	
从货物重量的角度分类	重量货物	体积货物	
从货运量大小的角度分类	大宗货物	件杂货物	长大笨重货物

第二节　国际货运代理的概念和性质

国际货运代理是从国际贸易和国际运输这两个关系密切的行业里共同分离出来而独立存在的行业。由于国际的货物运输具有线长面广、环节多、时间性强、情况复杂等特点，而且国际贸易双方的运输能力有限，因此，国际货物的运输业务通常由国际货运代理来完成。早在数百年前，国际货运代理行业就逐渐成为货主与承运人之间不可缺少的中介。现在，国际货运代理在国际上被人们誉为“国际贸易的桥梁”“国际贸易运输的设计师和执行人”。

一、国际货运代理的概念

关于国际货运代理(International Freight Forwarder 或 International Freight Agent)，国际货运代理协会联合会(International Federation of Freight Forwarders Association, FIATA, 中文简称"菲亚塔"①) 的定义是:国际货运代理是根据客户的指示,并为客户的利益而揽取货物运输的人,其本身并不是承运人。国际货运代理也可以依据这些条件从事与运输合同有关的活动,如储货(也含寄存)、报关、验收、收款等。《中华人民共和国国际货物运输代理业管理规定》对国际货运代理的定义是:接受进出口货物收货人、发货人的委托,以委托人的名义或者以自己的名义,为委托人办理国际货物运输及相关业务并收取服务费用的行业。《中华人民共和国国家标准物流术语》对国际货运代理的定义是:接受进出口货物收货人、发货人的委托,以委托人或自己的名义,为委托人办理国际货物运输及相关业务,并收取劳务报酬的经济组织。

随着传统的国际货运代理不断拓展其业务范围,从代理人业务发展到无船承运业务、多式联运业务、物流业务等,有人认为国际货运代理的叫法已不符合其业务现实,因此,将国际货运代理命名为"国际货运服务经营者"②。我们所阐述的国际货运代理仍用人们习惯的传统叫法。我们给国际货运代理所下的定义是:国际货运代理是接受货主委托,办理有关货物报关、交接、仓储、调拨、检验、包装、转运、租船和订舱及其他物流服务等业务的人或组织。

国际货运代理发展的历史

二、国际货运代理的性质

当前,国际货运代理具有双重身份,即国际货运服务代理人与当事人并存。

不同的国际货运代理从事的业务范围不同,大多数国际货运代理的业务范围较为广泛,除了作为货运代理代委托人报关、报检、安排运输外,还用自己的雇员,以自己的车辆、船舶、飞机、仓库及装卸工具等来提供服务,或陆运阶段为承运人,海运阶段为代理人。作为代理人和作为当事人的国际货运代理人的身份关系如图 1-4 所示。

① 菲亚塔是"FIATA"的译音,而 FIATA 是法文 Fédération International des Associations de Transitaries et Assimilés 的缩写,而不是国际货运代理协会联合会英文的缩写。

② 王学锋,陕丙贵. 国际货运代理概论. 上海:同济大学出版社,2006:2~3.

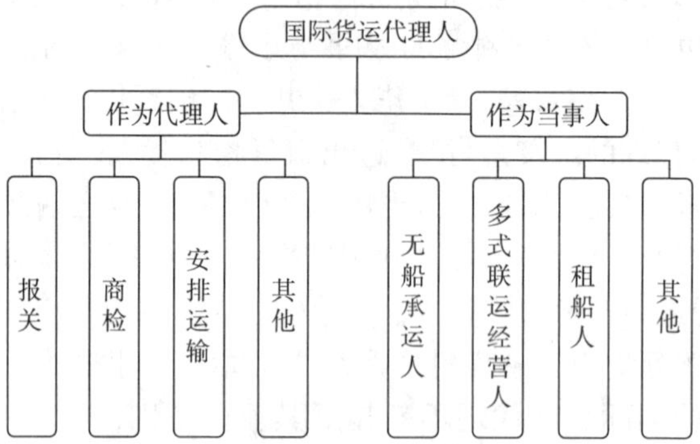

图 1-4 “混合”身份的国际货运代理人

（一）国际货运代理的基本性质：作为中间人行事的代理人

从传统业务的表面上看，国际货运代理以货主的代理人身份并按代理业务项目和提供的劳务向货主收取劳务费。但从整个对外贸易运输环节和法律的角度看，国际货运代理与民法上的代理不同。

货运代理根据货主的要求，代办货物运输业务，他们在托运人与承运人之间起到桥梁作用。现在，我们按一票货物的托运流程来阐述货主、货运代理和承运人三者的关系（如图 1-5 所示）。

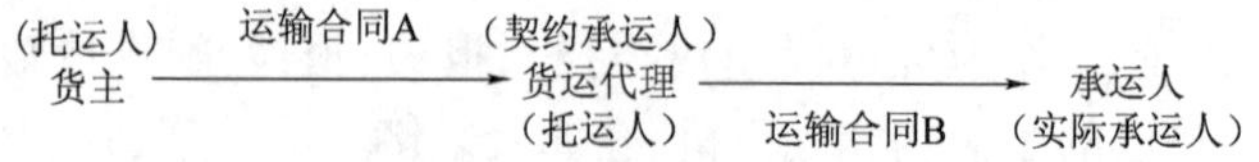

图 1-5 货主、货运代理和承运人三者的关系

进出口商签订了贸易合同之后，为了履行合同，就得与货运代理签订一份运输合同。在该合同中，货主是托运人，货运代理是契约承运人。由于货运代理不掌握运载工具，他必须与拥有运载工具的承运人再签订一份运输合同。在此合同中，货运代理是托运人。

图 1-5 中，运输合同 A 与运输合同 B 是两个在法律上完全独立的合同。

由此可见，货运代理是以事主的身份出现在两个合同之中的，既非货主，亦非承运人之代理。为了加以区别，人们将运输合同A称为“纸运输合同”，将货运代理称为“契约承运人”①，即不是真正的承运人。人们将运输合同B称为“实际运输合同”，将拥有运载工具的承运人称为“实际承运人”②。货运代理在这个“实际运输合同”中则像一个货主或商人一样是一个地地道道的托运人。

因此，国际货运代理的基本性质是，它属于货物运输关系人的代理人，是联系发货人、收货人和承运人的货物运输中介人。也就是说，它是接受委托人的委托，就有关货物运输、转运、仓储、保险以及与货物运输有关的各种业务提供服务的一种“货物运输中间人”。它既代表货主，保护货主的利益，又协调承运人进行承运工作，在以发货人或收货人为一方，承运人为另一方的两者之间行事。

（二）国际货运代理的扩展性质：作为当事人行事的承运人和物流商

国际货运代理的上述中间人性质在过去尤为突出。然而，随着国际物流和多种运输形式的发展，国际货运代理的服务范围不断扩大，其在国际贸易和国际运输中的地位也越来越重要。在实践中，国际货运代理对其所从事的业务，正在越来越高的程度上承担着承运人的责任，这说明国际货运代理的角色已发生了很大的变化。许多国际货运代理企业都拥有自己的运输工具，用来从事国际货运代理业务，包括签发多式联运提单，有的甚至还开展了物流业务，这实际上已具有承运人的特点。将来会有越来越多的国际货运代理通过建立自己的运输组织并以承运人身份承担责任的方式来谋求更广阔的业务发展。国际货运代理的双重身份，即代理人与当事人并存的局面仍会继续存在下去。

总之，国际货运代理已不是传统的纯粹代理人，这不仅是因为其业务范围的拓宽，而且因为其服务内容也发生了很大变化，所以，角色的扮演已不再是单一的。它有时作为代理人行事，有时作为当事人行事，有时二者兼而有之。目前，国际货运代理更注意在“产品”开发上集中财力、物力，如改善服务、开辟新航线、提供新的联运方式、开拓国际物流和增值服务市场等，以增加效益。

---

① 1990年国际海事委员会第34届大会成果《巴黎规则》中首次提出这一概念，现被广泛使用。

② 该提法见《1978年联合国海上货物运输公约》（《汉堡规则》）第1条a款。

第三节 国际货运代理的服务内容和作用

国际货运代理的双重性质决定了其在实践中的业务服务范围既可作为货运服务代理人提供服务,又可作为货运服务当事人(独立经营人)开展服务活动。国际货运代理在促进本国和世界经济发展、满足货物运输关系人服务需求的过程中起着重要的作用。

一、国际货运代理的服务对象与业务内容

国际货运代理的服务对象与业务内容十分广泛。

(一)国际货运代理的服务对象

国际货运代理的服务对象包括:发货人(出口商)、收货人(进口商)、海关、承运人、班轮公司、航空公司,在物流服务中还包括工商企业等。国际货运代理与相关部门(包括政府当局和某些公共机构)建立、发展和保持联系也必不可少。国际货运代理与服务对象的联系如图 1-6 所示。

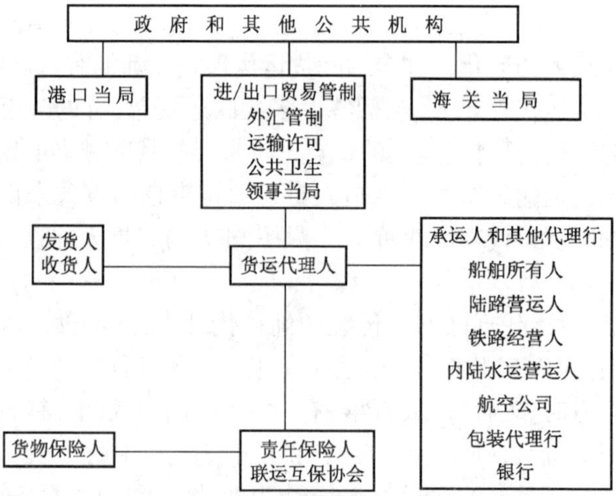

图 1-6 国际货运代理与服务对象的联系

（二）国际货运代理的业务内容

国际货运代理的业务服务范围很广，其既可作为货运服务代理人提供服务，又可作为货运服务当事人（独立经营人）开展服务活动。根据《中华人民共和国国际货物运输代理业管理规定》和《中华人民共和国国际货物运输代理业管理规定实施细则》，我国国际货运代理企业可作为货主的代理人提供货运代理服务，作为承运人的代理人提供货运代理服务，作为独立经营人提供有关服务（例如，国际货运代理企业以缔约承运人、无船承运人、多式联运经营人的身份提供货物运输服务）。我国还规定，国际货运代理企业可从事不含私人信函的国际快递服务。

1. 国际货运代理作为货运服务代理人提供服务。国际货运代理作为货运服务代理人提供服务，主要是接受客户的委托，完成货物运输的某一个环节或与此有关的各个环节的任务，除非客户（发货人或收货人）想亲自参与各种运输过程和办理单证手续，否则，国际货运代理可以直接或通过其分支机构及其雇佣的某个机构为客户提供各种服务，也可以利用其在海外的代理提供服务。从卖方（发货人、出口商）到买方（收货方）之间的货物运输的某一个环节或与此有关的各个环节的任务，都可以成为国际货运代理的业务内容。

国际货运代理为委托人服务，并从委托人那里获得劳动报酬，其工作内容完全属于商业或贸易行为。

根据国际货运代理作为货运服务代理人的不同服务对象，可将其业务内容分为以下四类。

（1）国际货运代理为发货人服务。国际货运代理可代替发货人（出口商）承担在各种不同阶段的货物运输中的任何一项业务。例如：选择运输路线、运输方式和适当的承运人；向选定的承运人提供揽货、订舱；提取货物并签发有关单证；研究信用证条款和所有政府的规定；包装；储存；称重和量尺码；安排保险；货物到港后办理报关及单证手续，并将货物交给承运人；做外汇交易；支付运费及其他费用；收取已签发的正本提单，并付发货人；安排货物转运；通知收货人货物动态；记录货物灭失情况；协助收货人向有关责任方进行索赔。

（2）国际货运代理为收货人服务。国际货运代理可以作为收货人（进口商）的代理开展各种服务。例如：报告货物动态；接收和审核所有与运输有关的单据；提货和付运费；安排报关和付税及其他费用；安排运输过程中的存仓；向收货人交付已结关的货物；协助收货人储存或分拨货物。

(3)国际货运代理为海关服务。当国际货运代理作为报检、报关代理,办理有关进出口商品的检验检疫和其他海关手续时,不仅代表其客户,也代表海关。事实上,在许多国家,货运代理已取得政府部门的许可,办理检验检疫和其他海关手续,并对海关负责,负责在法定的单证中申报货物确切的金额、数量和品名等。

(4)国际货运代理为承运人如班轮公司、铁路部门、航空公司服务。国际货运代理向承运人及时地订好足够的舱位,认定对承运人和发货人都公平合理的费率,安排在适当的时间交货,以及以发货人的名义解决与承运人的运费结算等问题。

2. 国际货运代理作为当事人开展服务。这方面的服务有以下两类。

(1)国际货运代理作为经营人提供多式联运服务。例如,集装箱化使国际货运代理介入了多式联运。这时,国际货运代理充当了总承运人,并且负责组织在一个单一合同下,通过多种运输方式,进行门到门的货物运输,其可以当事人的身份与其他承运人或其他服务的提供者分别谈判并签约。国际货运代理作为多式联运经营人时,通常需要提供包括所有运输和分拨过程的全面的一揽子服务,并对其客户承担一种更高水平的责任。

(2)国际货运代理从运输服务延伸到提供物流服务。提供物流服务是国际货运代理为满足客户的更高要求,提高其市场竞争能力、顺应国际发展的一种新趋势。物流服务是一项从生产到消费的高层次、全方位、全过程的综合性服务。与多式联运相比,国际货运代理提供物流服务,不仅提供一条龙的运输服务,而且延伸到了运输前、运输中、运输后的各项服务。凡与运输相关的、客户需要的服务,均为国际货运代理服务的内容,而且要做到高速度、高效率、低成本、少环节、及时、准确。这就需要国际货运代理熟悉客户的业务,了解客户生产乃至销售的各环节,主动为客户设计、提供其所需,从而使自己在运输的延伸服务中获得收益。

(三)国际货运代理的种类

国际货运代理业务上的复杂性和多样化决定了当前国际货运代理种类的多样性。实践中,各种货运代理企业的业务重点不尽相同,有的专门从事海运货代,有的专门从事陆运货代,有的专门从事空运货代,有的专门从事国际多式联运,有的侧重件杂货,有的侧重大宗货物,有的侧重集装箱,有的侧重仓储,有的则兼而有之。业务规模大的货运代理兼办多项业务,如海陆空及多式联运货运代理;业务规模小的货运代理则专办一项或两项业务,如某些空运货运代理和速递公司。

1. 按委托人的性质分类，国际货运代理可分为货主的代理和承运人的代理。

货主的代理是指接受进出口货物收发货人的委托，为了托运人的利益办理国际货物运输及相关业务，并收取相应报酬的国际货运代理。

承运人的代理是指受从事国际运输业务的承运人的委托，为承运人的利益办理国际货物运输及相关业务，并收取相应报酬的国际货运代理。

2. 按委托人委托的代理人的数量分类，国际货运代理可分为独家代理和普通代理。

独家代理是指委托人授予一个代理人在特定的区域或特定的运输方式或服务的类型下，独家代理其从事国际货物运输业务和相关业务的国际货运代理。

普通代理又称多家代理，是指委托人在特定的区域或者特定的运输方式或服务类型下，同时委托多个代理人代其从事国际货物运输业务和相关业务的国际货运代理。

3. 按委托人授予代理人权限范围分类，国际货运代理可分为全权代理和一般代理。

全权代理是指委托人委托代理人办理某项国际货物运输业务和相关业务，并授予其根据委托人自己的意志灵活处理相关事宜的国际货运代理。

一般代理是指委托人委托代理人办理某项国际货物运输业务和相关业务，要求其根据委托人的意志处理相关事宜的国际货运代理。

4. 按委托人委托办理的事项分类，国际货运代理可分为综合代理和专项代理。

综合代理是指委托人委托代理人办理某一票或某一批货物的全部国际运输事宜，提供相关的配套服务的国际货运代理。

专项代理是指委托人委托代理人办理某一票或某一批货物的某一项或某几项国际运输事宜，提供规定项目的相关服务的国际货运代理。

5. 按国际货运代理的业务范围分类，较常见的货运代理主要有以下几类。

其一，租船订舱及货运安排代理。这类代理与国内外货主有广泛的业务关系。

其二，货物报检、报关代理。有些国家对这类代理应具备的条件规定较严。例如，美国规定这类代理必须向有关部门申请登记，必须是美国公民，并经过考试合格，取得执照才能营业。我国也规定这类代理必须备案取得报检、报关资质。

其三，转运及理货代理。其办事机构一般设在中转站及港口。

其四,储存代理。包括货物保管、整理、包装以及保险等业务。

其五,集装箱代理。包括装箱、拆箱、转运、分拨以及集装箱租赁和维修等业务。

6. 按国际货运代理的业务重点和经营方式分类,较常见的货运代理主要有以下几类。

其一,海上运输(海运)代理。他们主要从事国际集装箱货物和件杂货物的运输代理业务。

其二,航空运输(空运)代理。他们主要从事价值昂贵的货物、鲜活产品、易腐和季节性强商品的运输代理业务。

其三,国际陆路(铁路、公路)运输代理。他们主要从事货物国际陆路运输代理业务。

其四,国际多式联运代理。国际多式联运通过两种或两种以上的运输方式将多程运输交由一个承运人来完成,把传统的海海、空空、陆陆单一运输有机地结合起来,为客户提供经济、安全、合理、迅速、简捷的运输服务。国际多式联运代理是与货主签订多式联运合同的当事人,其业务有别于传统的代理业务。他们虽然可能不具有运输工具,但他们还是以承运人的角色为客户提供服务,不但要承担代理人的责任,还要承担国际货物运输的责任。不管一票货物运输要经过多少种运输方式,要转运多少次,多式联运代理必须对全程运输(包括转运)负总的责任。

其五,无船承运人①。国际货运代理企业进入运输领域,开展单一方式运输或多式联运业务时,由于与委托人订立运输合同,并签发自己的运输单据,对运输负有责任,因而已经成为承运人。但是,他们一般并不拥有或掌握运输工具,只能通过与拥有运输工具的承运人订立运输合同,由他人实际完成运输。他们实际的角色是自己不完成运输任务,但要承担订立货物运输合同的责任。

其六,第三方物流经营人。他们通过运用各种信息技术,将传统的仓储、运输、装卸、包装等货物流动的活动系统化、专业化。第三方物流作为国际货运代理的一种发展,可以被看作是国际货运代理业务的延伸和拓展。他们实际上就是将传统的货运代理和新的增值服务结合起来,以达到降低货物的流

---

① 不拥有或掌握运输工具,只能通过与拥有运输工具的承运人订立运输合同,由他人实际完成运输的承运人一般称为无船承运人(Non-Vessel Operating Common Carrier,NVOCC)。无船承运业务是指无船承运业务经营者以承运人身份接收托运人的货载,签发自己的提单或者其他运输单证,向托运人收取运费,通过国际船舶运输经营者完成国际海上货物运输,承担承运人责任的国际海上运输经营活动。

通成本,为客户提供便捷、低廉的服务,经营人自己通过服务的延伸获取更多的利润。

二、国际货运代理的作用

国际货运代理企业通晓国际贸易环节,精通国际运输业务,熟悉有关法律、法规,业务关系广泛,信息来源准确、及时,与进出口货物收发货人、承运人、仓库、堆场、货运站、码头、港口代理、机场、车站、保险公司、报关行、快递公司、拖车行、集装箱公司、银行等相关企业,海关、外汇管理局、港务局等有关政府部门存在着密切的业务关系,是这些关系人和政府部门的重要桥梁。国际货运代理在促进本国和世界经济发展、满足货物运输关系人服务需求的过程中起着货物运输中间人、咨询顾问、组织协调以及服务经营等重要的作用。具体来说,国际货运代理的作用集中表现在以下几个方面。

(一)提供专业服务

国际货运代理可以使委托人不必在自己不熟悉的业务领域花费更多的心思和精力,使不便或难于依靠自己力量办理的事宜得到恰当、有效的处理,有助于提高委托人的工作效率。

(二)办理集中托运

国际货运代理的优势主要表现在于大批量的装运可以获得较低的费率,而且在很多时候可以使小批量装运的速度快于个别托运人直接和承运人打交道的速度。

(三)安排合理运输

国际货运代理通过努力可以为客户选择货物的最佳运输路线、运输方式、最佳的仓储保管人、装卸作业人和保险公司,争取公平合理的运价,为客户提供合理的运输方案。

(四)提供咨询和货物跟踪服务

国际货运代理可以向委托人提出明确、具体的咨询意见,协助委托人设计、选择适当处理方案,避免、减少不必要的周折和浪费。国际货运代理也承担着货物跟踪的责任,随时随地向客户提供货物的在途信息。

（五）组织和协调运输并提供运输创新

国际货运代理是“运输的设计师”，是“门到门”运输的组织者和协调者。国际货运代理不仅能够组织和协调运输，而且往往是运输创新的先锋。开发出新的运输路线、新的运输方式或发明新的运输工具的国际货运代理可以在市场中抢得先机，在激烈的竞争中立于不败之地。

第四节　国际货运代理的行业管理

国际货运代理业现在已发展为一个完全独立的行业。在我国，已形成了一个具有一定规模的国际货运代理行业。目前，我国国际货运代理行业实行的是以国务院商务主管部门为主，其他相关部门依职权参与管理，政府主管部门实行行政管理与行业协会自律并重的管理体制。

一、国际货运代理的行业组织

国际货运代理行业成立了国际性行业组织，如国际货运代理协会联合会、国际航空运输协会（International Air Transport Association，IATA）等。我国也制定了该行业的管理规定。

（一）国际货运代理协会联合会

国际货运代理协会联合会（FIATA），是世界国际货运代理的行业组织。该联合会于 1926 年 5 月 31 日在奥地利维也纳成立，其目的是保障和提高国际货运代理在全球的利益。该联合会是一个在世界范围内运输领域最大的非政府和非营利性组织，具有广泛的国际影响，其成员包括世界各国的国际货运代理行业。该联合会是联合国经济与社会组织及联合国贸易发展大会的咨询者，并被确认为国际货运代理业的代表。目前，中国国际货运代理协会是国际货运代理协会联合会的会员。

FIATA 的总部设在瑞士的苏黎世，由两年一届的全会选出的常委会主持日常工作。常委会下设：公共关系、运输和研究中心、法律单据和保险、铁路运输、公路运输、航空运输、海运和多种运输、海关、职业训练、统计等十个技术委员会，负责研究、指导、协调和解决国际货运代理业务中所发生的问题。

FIATA 自成立以来先后制定了八种货运代理单证格式。它们是：FIATA FCR 货代收据凭证（Forwarders Certificate of Receipt）；FIATA FCT 货代

运输凭证(Forwarders Certificate of Transport);FIATA FWR 仓库收据(FIATA Warehouse Receipt);FIATA FBL 可转让联运提单(Negotiable FIATA Multimodal Transport Bill of Lading);FIATA FWB 不可转让联运提单(Non-negotiable FIATA Multimodal Transport Way Bill);FIATA SDT 托运人危险品运输证明(Shippers Declaration for the Transport of Dangerous Goods);FIATA SIC 发货人联运重量证明(Shippers Interposal Weight Certificate);FIATA FFI 货代通知证书(FIATA Forwarding Instructions)。

(二)中国国际货运代理协会

中国国际货运代理协会的英文名称为 China International Freight Forwarders Association,简称 CIFA,成立于 2000 年 9 月 6 日。它是由中国境内的国际货运代理企业自愿组成的、非营利性的、以民间形式代表中国货运代理业参与国际经贸运输事务并开展国际商务往来的全国性行业组织,接受商务部的业务指导和民政部的监督管理。根据《中华人民共和国行政许可法》和有关规章的规定,国务院和地方商务主管部门赋予了中国国际货运代理协会和各地方行业协会部分行业的管理职能,例如企业的备案、年审、业务培训和行业自律等。

2001 年初,中国国际货运代理协会代表中国国际货运代理行业加入了国际货运代理协会联合会(FIATA)。

中国国际货运代理协会的宗旨是维护我国国际货运代理行业的利益,保护会员企业的正当权益,促进货运代理行业健康发展,更好地为我国的对外经济贸易事业服务。其主要任务有:协助政府主管部门依法规范国际货运代理企业的经营行为,整顿行业秩序;开展市场调研,编制行业统计;组织行业培训及行业发展研究;承担政府主管部门委托的部分职能;为会员企业提供信息咨询服务,代表全行业加入国际货运代理协会联合会,开展同业国际交流。

二、我国对国际货运代理行业的管理

我国国际货运代理行业的发展历史与世界各国的情况大同小异。早在通过丝绸之路与欧亚各地通商时,就有报关行业。改革开放后的我国国际货运代理行业由外运独家代理变为多家经营,经济成分由单一的全民所有制形式发展为中外合资、外商独资、股份制、有限责任公司等多种所有制形式。我国允许香港和澳门地区的服务提供者在内地以合资、合作、独资的形式设立国际货运代理企业。我国允许设立外商独资国际货运代理企业。

我国目前对国际货运代理行业管理的法律和规章主要有:《中华人民共和国对外贸易法》《中华人民共和国国际货物运输代理业管理规定》《中华人民共和国国际货物运输代理业管理规定实施细则》《国际货运代理企业备案(暂行)办法》《外商投资国际货物运输代理企业管理办法》。开办国际货运代理企业,从事国际货物运输代理业务,不仅要遵守国际货运代理法规和规章,还要遵守有关公路运输、水路运输、铁路运输、航空运输、联合运输代理的法规、规章和邮政法规、规章。

我国国际货运代理行业的主管部门为商务部,但是国务院公路、水路、铁路、航空、邮政运输主管部门和联合运输主管部门也在根据与本行业有关的法律、法规和规章对国际货运代理企业的设立及其业务活动进行着不同程度的管理。我国对国际货运代理企业的设立采用备案制。外商投资设立经营国际快递业务的国际货运代理企业由商务部负责管理;外商投资设立经营其他业务的国际货运代理企业由各省、自治区、直辖市、计划单列市及新疆生产建设兵团商务主管部门负责管理。根据《中华人民共和国行政许可法》和有关规章的规定,国务院和地方商务主管部门赋予了中国国际货运代理协会和各地方行业协会部分行业的管理职能,例如企业的备案、年审、业务培训和行业自律等。

(一)我国对国际货运代理的界定

我国规定,国际货运代理企业可以作为进出口货物收货人、发货人的代理人,也可以作为独立经营人从事国际货运代理业务。

国际货运代理企业作为代理人从事国际货运代理业务,是指国际货运代理企业接受进出口货物收货人、发货人或其代理人的委托,以委托人的名义或者以自己的名义办理有关业务,收取代理费或佣金的行为。

国际货运代理企业作为独立经营人从事国际货运代理业务,是指国际货运代理企业接受进出口货物收货人、发货人或其代理人的委托,签发运输单证、履行运输合同并收取运费以及服务费的行为。

外商投资国际货运代理企业是指外国投资者以中外合资、中外合作以及外商独资形式设立的接受进出口货物收货人、发货人的委托,以委托人的名义或者以自己的名义,为委托人办理国际货物运输及相关业务并收取服务报酬的外商投资企业。

（二）国际货运代理企业的设立条件

我国规定，国际货运代理企业的名称、标志应当符合国家有关规定，与其业务相符合，并能表明行业特点，其名称应当含有“货运代理”“运输服务”“集运”或“物流”等相关字样。

我国国际货运代理企业的组织形式仍然限于有限责任公司或股份有限公司，禁止具有行政垄断职能的单位申请投资经营国际货运代理业务，承运人以及其他可能对国际货运代理行业构成不公平竞争的企业不得申请经营国际货运代理业务。国际货运代理企业可由企业法人、自然人或其他经济组织组成。与进出口贸易或国际货物运输有关并拥有稳定货源的企业法人应当为大股东，且应在国际货运代理企业中控股。企业法人以外的股东不得在国际货运代理企业中控股。

设立国际货运代理企业的条件

（三）我国国际货运代理企业的业务经营范围

根据《中华人民共和国国际货物运输代理业管理规定》和《中华人民共和国国际货物运输代理业管理规定实施细则》，我国国际货运代理企业可作为货主的代理人提供货运代理服务，作为承运人的代理人提供货运代理服务，作为独立经营人提供有关服务（例如，国际货运代理企业以缔约承运人、无船承运人、多式联运经营人的身份提供货物运输服务）。我国规定，国际货运代理企业可从事国际快递服务（不含私人信函）。

第五节　国际货运代理行业的发展趋势

国际货运代理企业主要集中在西欧的发达国家以及美国、日本、新加坡、韩国和我国的香港、台湾地区。世界范围内的国际货运代理行业的发展不平衡，发达国家代表了当今国际货运代理行业的发展水平，主要体现在制度比较完备，业务涉及范围比较广，企业规模比较大，网络比较健全，从业人员的素质较高，并设立了跨国的分支机构。我国国际货运代理行业发展迅速。国际货运代理企业遍布全国各省、自治区、直辖市，国有、集体、私营、外商投资、股份制等多种经济成分并存，已经成为我国对外贸易运输事业的重要力量。目前，我国80%的进出口贸易货物运输和中转业务、90%的国际航空货物运输业务都是通过国际货运代理企业完成的。但我国国际货运代理的整体实力和管理水平距离世界经济全球化、市场经济竞争化和企业效益最大化目标的要求,还有很大的差距。

国际货运代理行业的发展趋势归纳起来主要有如下几方面。

一、向第三方物流企业转型

随着市场竞争的激化和社会分工的细化,商家们开始思考究竟是自营物流业务,还是将物流业务外包出去。有些商家已经意识到自己并不是运输经营和库存管理的行家,为了把更多的精力集中于自己的主营业务上,以便同自己的对手展开竞争,他们开始把一些自己不十分在行的,诸如运输、仓储、报关、检验、租船、结汇等业务及物流方案设计外包给"第三方"经营。为了满足工商企业日益增加的物流外包需求,专门从事国际物流服务的"第三方物流"企业应运而生,并迅速发展壮大。国际货运代理也从提供运输服务延伸到提供物流服务。

(一)第三方物流的含义与服务内容

《中华人民共和国国家标准物流术语》把物流(Logistics)定义为:"物品从供应地向接受地的实体流动过程。根据实际需要,将运输、储存、装卸、搬运、包装、流通加工、配送、信息处理等基本功能实施有机结合。"国际物流(International Logistics,IL)是指原材料、在制品、半成品和制成品在国与国之间的流动和转移,是国内物流的延伸和进一步扩展,是跨国界的、流通范围扩大的物的流通。国际物流服务的内容广泛,但由于国际物流服务企业规模、专业优势的不同,其服务的内容与层次是有所区别的。目前的国际物流服务主要表现为功能性物流服务(如国际船舶代理、国际货运代理等)和综合性物流服务(如第三方物流、第四方物流)。从功能性国际物流服务转向综合性国际物流服务是国际物流服务发展的主要趋势。

1.第三方物流的含义。第一方物流实际上就是供方物流,或者叫做销售物流,是由供应厂商到其各个用户的物流。第二方物流实际上是需求方物流,或者是购进物流,是用户企业从供应商市场购进各种物资而形成的物流。第三方物流,英文表达为Third-Party Logistics,简称3PL或TPL。它是指由物流劳务的供方、需方之外的第三方即专业物流企业在整合了各种资源后,为客户提供包括设计规划、解决方案以及具体物流业务运作等全部物流服务的物流活动。

第三方国际物流是国际物流专业化的一种重要形式,是国际物流业发展到一定阶段的必然结果。它具有第一方物流和第二方物流不可替代的作用。

第三方国际物流已成为国际综合性物流服务的主流形式。

2. 第三方物流服务的内容。第三方国际物流所提供的服务形态可以分为与运营相关的服务、与管理相关的服务以及两者兼而有之的服务三种类型。当然,现实中的第三方国际物流形态是多种多样的。由于第三方国际物流企业的规模、专业优势的不同,其服务的内容与层次也是有所区别的。最常见的 3PL 服务包括设计物流系统、电子数据交换(Electronic Data Interchange,EDI)、报表管理、货物集运、选择承运人或货代人、海关代理、信息管理、仓储、咨询、运费支付、运费谈判等。从与货主建立业务关系开始,第三方国际物流企业提供采购原料、提供商品生产或加工地点、原料或产成品的储存保管、装卸、包装、租船、订舱、配载、制单、报检、报关、集港、疏港、运输、结汇、跟踪物流位置,直至货物到达指定目的地的最终用户手中等一系列服务。

常见的国际 3PL 服务的内容可用图 1-7 来表示。

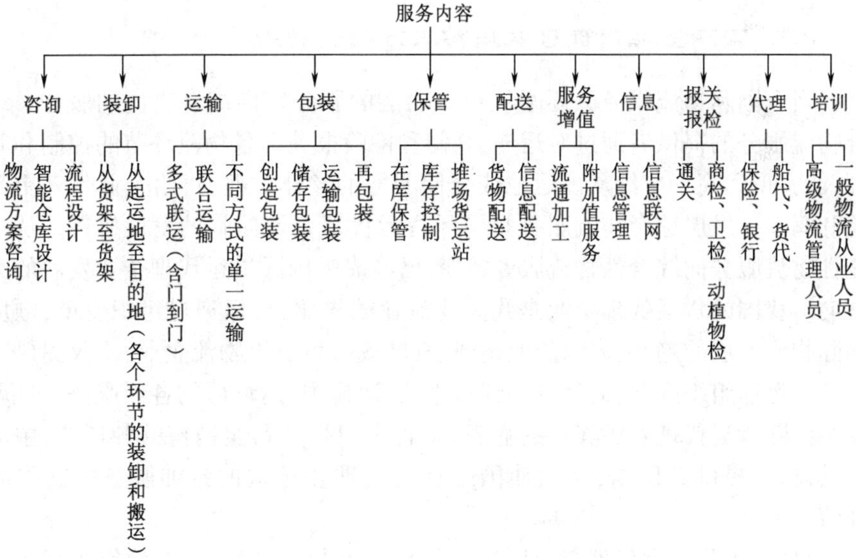

图 1-7　常见的国际 3PL 服务的内容

（二）传统的国际货运代理与第三方物流的区别

从第二节的阐述可知，国际货运代理的基本性质是，它接受委托人的委托，就有关货物运输、转运、仓储、保险以及与货物运输有关的各种业务提供服务，是一种中间人性质的运输业者。它既代表货主，保护货主的利益，又协调承运人进行承运工作，其本质就是“货物运输中间人”，在以发货人或收货人为一方，承运人为另一方的两者之间行事。传统的国际货运代理是纯粹的代理人。

传统货运代理与第三方物流提供者基本上均属于一种中间人的概念。传统货运代理可以被称为第三方运输，是承运人与货主之间的第三方，而第三方物流则是生产者（发货人）和消费者（收货人）之间的第三方。

传统货运代理主要表现为单一功能的物流服务，其开展的是货物运输组织与管理业务。第三方物流表现为多功能的综合性物流服务，其开展的是物流系统或供应链的组织与管理活动，当然，运输组织与管理也是其主要业务之一。

（三）国际货运代理可以向第三方物流转型

当今国际物流服务已逐渐从单一功能的服务转向综合物流的服务。综合物流服务的提供者通过对运输、仓储和检验报关等各物流环节的控制和管理，能实现远高于单纯从事运输或仓储服务的整体效益，将给企业带来更高的利润率。发展综合物流服务是国际货运代理企业面临的发展机遇。从功能性物流服务向综合性物流服务转变，已经成为国际货运代理企业发展的大方向。我国的货运代理企业是我国物流业的先驱，可以通过组织变革，顺应国际物流发展的趋势，向物流业拓展，发展成为第三方物流企业，不仅提供一条龙的运输组织服务，而且延伸到运输前、运输中、运输后的各项服务。这就需要国际货运代理熟悉客户的业务，了解客户生产乃至销售的各环节，主动为其设计、提供其所需，从而使国际货运代理在运输的延伸服务中获得附加值。

总之，国际货运代理企业以运输代理业务为主、以运费差价作为利润主要来源的竞争优势将逐渐失去，以运输代理业务为轴心、向提供整个物流服务业务拓展是国际货运代理企业生存和发展的方向。

二、信息化与网络化

当今以数字化、智能化为特征的新一代技术革命对于物流运输及产业的影响,远远超过以往任何一次科技进步。大数据、物联网、云计算、人工智能等综合作用,不仅可以实现物流流程的智能化管理和全过程优化,还能带来业务模式、组织模式、管理模式的重大变革,催生新业态、新模式、新动能和新未来。

信息是能反映事物内在本质的外在表现,如图像、声音、文件、语言等,是事物内容、形式和发展变化的反映。货运信息就是货运活动的内容、形式、过程及发展变化的反映,是由货运引起并能反映货运活动实际和特征的,可被人们接受和理解的各种消息、情报、文书、资料、数据等的总称。

货运信息不仅对货运代理活动具有支持保证的功能,而且具有连接整合整个货运活动,使其效率化的功能。这些功能,使企业的货运信息在现代企业经营战略中占有了越来越重要的地位。利用信息化实现差异化的服务竞争已经成为货运代理企业面对挑战、提升实力的最有效手段。几乎所有的国际货运代理企业都在建立或已经建设了国际化信息系统。电子数据交换(EDI)、互联网、电子商务、大数据、人工智能的发展进一步为国际货运代理信息系统中的数据交换铺平了道路;条形码技术(Bar Code)、地理信息系统(Geographic Information System,GIS)和全球定位系统(Global Positioning System,GPS)为安全、准确、经济、快速地运输提供了可靠的技术保障。在此之上的货物查询、跟踪系统又使得货主能随时获取货物的有关信息,极大地提高了企业对货物的控制能力,也使准时制(Just in Time,JIT)管理等新型管理方式得到了更广泛地应用,实时、精确、高效率地完成对信息的处理,从而明显提高了国际货运代理的反应能力,降低了国际货运成本,增加了企业的经济效益。

网络化是信息化的高级阶段。国际货运信息的网络化,就是要将国际货运信息通过现代信息技术手段,使其在企业内、企业间乃至全球供应链达到共享的一种方式。目前国际货运代理企业信息网络化的实现方式主要有Internet、Intranet、EDI、网络GPS等方式。

在讨论国际货运代理网络时,人们主要是侧重信息网络。其实,货运代理的物理网络或实体网络建设也十分重要。国际货运代理企业的网络建设应包括由多个收发货的“节点”和它们之间的“连线”所构成的物理网络(如图1-8、图1-9所示),以及与之相伴随的信息网络组成的有机整体。

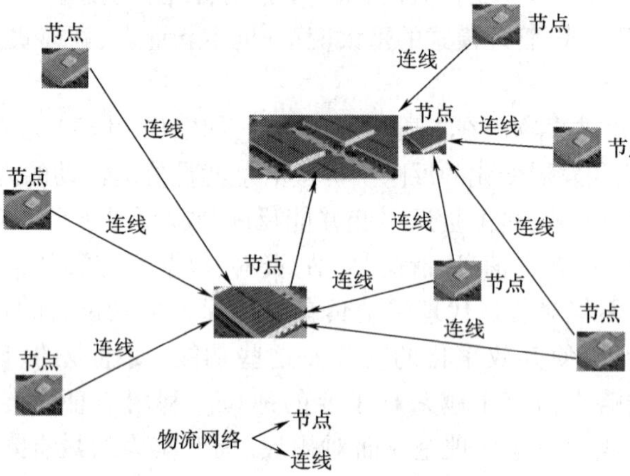

图 1-8　国际货运代理物理网络的构成

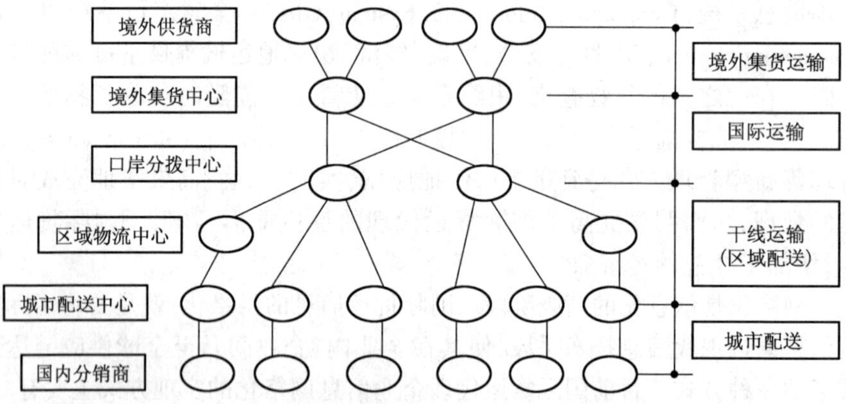

图 1-9　国际货运代理物理网络基本结构

经济全球化的加强使得国际货运代理企业参与国际竞争的生命力体现于其网络优势。目前，跨国货运代理企业优于国内货运代理企业的竞争力主要体现在海外客户、指定货源、全球网络和信息系统这四个方面，其中最核心和最根本的是其全球网络经营的优势，其他三个方面是网络优势派生和发展的产物。正是由此，人们将泛亚班拿（PANALPINA）、辛克（SCHENKER）、联邦快递(FEDEX)等跨国货运代理形象地称为网络货代。基于业务发展和市场竞争的需要,我国国际货运代理企业必须在国内外建立健全的代理网络,通过联盟形式,快速实现网络化经营,才能在激烈的行业竞争中获得先机。

三、整合与并购加快

公司间的并购是企业提升竞争力的重要手段。从世界范围来看,国际货运代理企业的大规模并购日益普遍。例如,美国联邦快递公司收购 American Freightways 卡车货运公司。美国国内最大的重件货空运货运代理 EAGLE 公司并购已有百年历史的美国老牌货运代理 CIRCLE,新的公司在全世界拥有 400 多个办事处的庞大网络和 8 000 名员工,年营业额超过 15 亿美元。EAGLE 公司通过此次购并,从国内承运人一跃成为世界上领先的国际货运代理企业。英国的 OCEAN 集团[世界空运货运代理排名在前十位的英国空运(MSAS)的母公司]和 EXEL 公司(欧洲领先的综合物流服务公司)合并后的新公司在全世界拥有 1 400 多个办事处,年营业额高达 50 亿美元以上。德国邮政收购了美国环球捷运公司(AEI),又通过购买汉莎公司的股份,使其在 DHL 的股份已达到 75%,实现了对 DHL 公司的绝对控股,确立了在快递业务上的龙头地位。

四、把服务作为竞争手段

国际货运代理的基本性质决定了其服务性,做好服务是国际货运代理企业的初心。中国已进入高质量发展的新时代,国际物流服务必然也要向高质量发展。高质量、高效率的物流组织运营服务是物流现代化的重要标志之一。国际货运代理企业要提升物流服务,实现品牌赋能,加快推动应用现代装备技术、信息技术、管理技术,优化流程和组织运营方式,推进设施、网络、信息、流程的联通,有效集成商流、物流、信息流和业务流,实现对物流全过程的精确计划、组织、协调及控制,实现高质量的货运服务。

在国际货运代理业务中,客户服务水平是衡量为客户创造时间和空间效应能力的尺度。客户服务为企业在客户心目中树立了良好的形象,对创造需求和保持客户对企业的忠诚有极大的影响。客户服务水平决定了企业能否留住现有客户及吸引新客户的能力,直接影响企业所占的市场份额和物流总成本,并最终影响企业的营利能力。

在一般情况下,服务水平与经营成本成正向关系,更多、更完善的客户服务,如更快捷的运输服务、更短的订货周期、更准确的单证等都涉及更多的人员培训、更严格的管理制度,有的还需要额外的设备投入和网络设施的建设。因此,提高物流服务水平往往首先引起成本的提高,其次才是得到市场的认可,增加销售。有效的货运代理作业表现为服务水平与物流成本之间的均衡关系。

客户服务管理的目的是以适当的成本实现高质量的客户服务。一般来讲,客户服务质量提高,物流成本就会上升,两者间的关系适用于“边际收益递减法则”。在物流服务处于低水平阶段时,如果追加成本 X,物流服务水平可上升 dY;当物流服务位于高水平阶段时,同样追加成本 X,则物流服务水平只能上升 dY'。根据边际收益递减法则,$dY'<dY$。无限度地一味提高服务水平,反而会因为成本上升速度的加快,使得服务效率没有多大变化,甚至下降。

物流服务与成本的关系可用图 1-10 来表示。

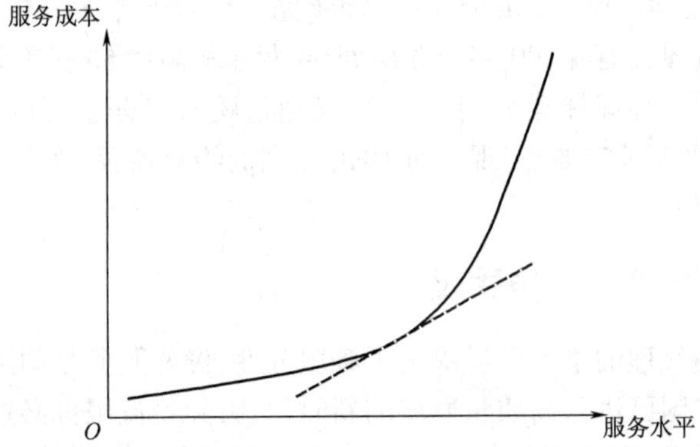

图 1-10　物流服务—成本曲线

图 1-10 中的横坐标是企业提供的物流服务水平,纵坐标是物流服务的成本。可以看出,随着物流服务水平的不断提高,物流服务成本在以逐渐增长的速度提高,也就是说物流服务成本的增长率在不断增加,即图中曲线的斜率是不断增加的。

总结物流服务成本曲线的移动(如图 1-11 所示),概括起来,物流服务与成本的关系有四种类型。

第一,服务不变,成本下降(图 1-11a)。在客户服务不变的前提下考虑降低成本,即不改变客户服务水平,通过改变客户系统来降低客户成本,这是一种尽量降低成本并维持一定服务水平的办法。

第二，服务提高，成本增加（图 1-11b）。为了提高客户服务水平，不惜增加服务成本，这是许多物流企业提高客户服务水平时采取的做法，是物流企业在特定客户或其特定服务项目面临竞争时，所采取的具有战略意义的方针。

第三，服务提高，成本不变（图 1-11c）。在成本不变的前提下提高客户服务水平，这是一种追求效益的办法，也是一种有效地利用物流成本性能的办法。

第四，服务较高，成本较低（图 1-11d）。用较低的服务成本，实现较高的客户服务水平，从而增加销售，提高效率，这是具有战略意义的办法。

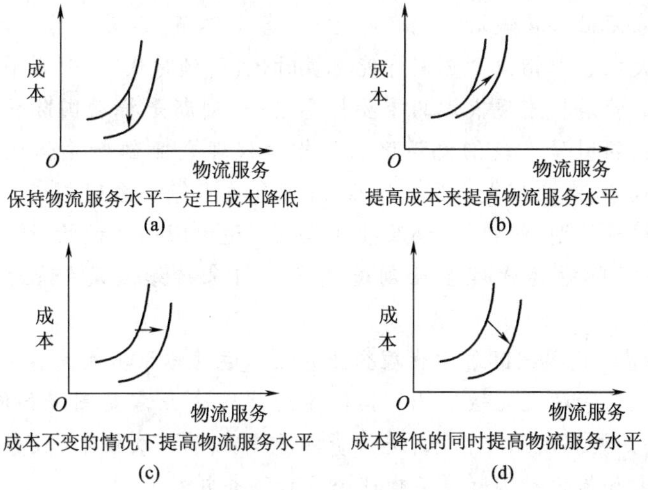

图 1-11　物流服务成本曲线移动的四种情况

对于上述四种类型，国际货运代理企业应通盘考虑发展战略和竞争对手、客户服务成本、客户服务系统所处的环境，以及客户服务系统负责人所采用的方针等具体情况，再做出决定，选择所适合的类型。

在激烈的市场竞争中，国际货运代理企业越来越把服务作为竞争手段。许多国际货运代理企业通过周而复始地了解服务现状、对服务进行评估、确定新的服务形式、重新构筑物流系统、定期征求客户意见等项工作，确定或改进客户服务水平。总之，企业所确定的服务水平必须超出同行业的其他公司,即不应是防御型的服务,不能只是与别的公司保持在同一水平线上,而应是进攻型的服务,即要提供超过其他公司水平的服务,并力求以低成本连续提供这样的服务。

思政思考

现代化是人类社会发展的一般趋势。党的二十大报告系统阐述了中国式现代化的特征、本质要求和重大原则,确立了以“中国式现代化”为核心话语来阐释和叙述中国道路的基本框架。物流现代化是物流业持续创新、动态优化的过程。我国物流市场主体超过600万家、从业人员超过5 000万人。物流业服务于农业、制造业、商贸流通业以及其他相关产业。我国需要大力推动创新基因融入物流活动的各个方面、各个环节、各类主体。习近平总书记在二十大报告中指出:“创新才能把握时代、引领时代”。高质量、高效率的物流组织运营是物流现代化的重要标志之一,创新是推动国际物流演化、升级和现代化的引擎。我们要强化国际货运代理企业创新主体地位,加强理念、制度、服务、商业模式、组织、流程、管理和技术等一系列创新,实现对物流全过程的精确计划、组织、协调及控制,实现“适时、适地、适物、适人、适性”物流服务,使国际货运代理企业创造更多价值来持续满足经济社会发展的需要。

【思考题】我国国际货运代理企业的组织运营体系不太完善,分散、分立、分割的组织运营状况比较突出。国际货运代理企业需要围绕如何解决发展中的问题、如何满足用户需求,进行资源重新组合以及技术、服务、市场的突破。请思考如何推动国际货运代理企业的服务创新。

案例研究

案例一

某企业拟设立外资国际货运代理公司,资料如下。

企业名称:上海国际快达有限公司

企业类型:合资

已具备的条件:

(1)注册资本400万元人民币;

(2)具有4名从事国际货运代理业务3年以上的业务人员;

(3)中方中有一家是从事国际货运代理业务1年以上的国际货运代理企业,但该中方合营者在中方中不是第一大股东;

(4)外国合营者有一家是经营国际货运代理业务3年以上的企业,该外方合营者在外方中是第一大股东;

(5)中外合营者在申请之日前3年内没有违反行业规定的行为。

拟经营范围:

(1)订舱(租船、包机、包舱)、托运、仓储、包装;

(2)货物的监装、监卸、集装箱拼装拆箱、分拨、中转及相关的短途运输服务;

(3)代理报关、报检、保险;

(4)缮制有关单证、交付运费、结算及交付杂费;

(5)国际展品、私人物品及过境货物运输代理;

(6)国际多式联运、集运(含集装箱拼箱);

(7)国际快递(含私人信函和县级以上党政军机关公文的寄递业务);

(8)咨询及其他国际货运代理业务。

案例思考与讨论:

1. 上网查询后回答我国对外商国际货运代理企业的设立有哪些规定?

2. 本案例中上海国际快达有限公司是否符合设立的要求,如果不符合,有哪些主要需要改正的问题?

案例二

怡和货运(香港)有限公司是香港怡和集团的全资附属公司,主要从事国际货运代理业务。20世纪90年代中期,香港怡和集团对怡和货运(香港)有限公司进行重组转型,将其与物流有关的业务合并成立香港怡和物流集团。转型后的怡和物流集团的业务范围包括:海运、空运、特殊货运、仓储及配送,从事特殊货运物流、出口/制造物流、进口/销售物流、电子贸易物流四种主要物流。重组转型后,其营业额十年间从5 200万美元增长到2亿美元,增幅巨大。怡和物流集团内部的管理机构分为整合运输、特殊货运、仓储及配送、财务、人力资源、资讯科技、风险管理等七个部门,仓库80多万平方英尺,并在亚洲拥有53个办事处,分布在中国、新加坡、马来西亚、泰国、印尼、菲律宾和越南;在英、美及南非设有合资公司;在德国、法国、瑞士、荷兰和比利时与当地的知名物流企业组成联盟伙伴。在中国内地登记注册了一家名为怡达的合资公司，拥有货运代理营业执照，并在北京、大连、天津、青岛、上海、深圳、盐田、东莞及台北、台中、高雄成立了12个办事处。

怡和货运(香港)有限公司重组转型的成功得益于公司在开展物流服务方面具备以下条件：

(1)有充足的运力提供全程运输、仓储及配送。例如，多式联运、转运、运输途中的一条龙服务、买家指定集运、卖家物流中心、配送中心、地区配送中心、门到门送递、户到户送货、退货处理、逆向物流等。

(2)提供增值服务，即一站式服务。包括报关清关、质量监控、保险、组装、特殊组合包装、再包装、再循环(如回收空瓶并循环再用)。

(3)先进的信息科技。集团管理实行核心活动流程电子化(货运代理、仓储管理及配送系统)；电子资料交换，以电子文件替代纸张文件；货物追踪系统，网上订舱，根据提单、订货单进行货物追踪；以电子邮件形式自动报告货物抵港情况；按客户要求剪裁各种报告；在互联网上公布其费率表；进行电子商贸活动。

(4)连接全球的区域性网络。集团的分公司、合资公司建立策略联盟，公司网络覆盖全球70多个国家。

(5)提供高水平的优质服务。集团根据客户需求提出解决问题的全套方案，与客户共同分析发展速度和发展方向，收费合理。

案例思考与讨论：

1. 从怡和货运(香港)有限公司的转型分析我国传统国际货运代理企业向第三方物流转型的必要性与条件。

2. 从怡和货运(香港)有限公司的转型经验探讨我国货运代理企业向开展国际物流转型的对策。

案例三

北京MT国际货运公司创立于1990年，以独特的经营理念和不懈的创新精神，在国内主要口岸城市、内陆大中型以及美国、日本等地设有120多家分支机构，拥有海外代理300余家，形成了覆盖全球的国际物流服务网络。北京MT国际货运公司目前并不拥有飞机、卡车和船舶，而是利用他人运输工具提供综合的国际货运代理服务，主要服务内容有揽货、订舱、集装箱拆箱、分拨中转、报关、报检、国际多式联运等。

3月5日，MT国际货运公司物流经理收到如下任务：(1)从北京到德国法兰克福，60kg 展览会急需展品；(2)从深圳到美国旧金山，6 000 台电视机；(3)连云港某食用油工厂到乌鲁木齐，600 箱食用油；(4)某牛奶工厂在方圆 40 公里内收购牛奶，然后将生产好的包装牛奶运送到本市的超市；(5)从武汉到美国纽约，18TEU(标准集装箱)服务。

案例思考与讨论：

1. 国际货运代理的业务范围主要包括哪些内容？
2. 简要说明国际货运代理的性质。
3. 指出国际货运代理所从事的业务主要包括哪些服务对象？
4. 如何为客户选择合理的运输方式？

案例研究参考答案

思考与练习

一、名词解释

运输、国际货物运输、承运人、货主、无船承运人、重量货物、轻泡货物、国际货运代理、FIATA、第三方物流

二、简答题

1. 运输业的性质是什么?
2. 与其他生产部门相比,运输业有哪些相同与不同之处?
3. 国际货物运输有哪些基本特点?
4. 国际运输的关系方主要有哪些?
5. 从货物形态的角度如何对国际货物的运输对象进行分类?
6. 从货物重量的角度如何对国际货物的运输对象进行分类?
7. 为什么说国际货运代理是“国际贸易的桥梁”“国际贸易运输的设计师”?
8. 如何理解国际货运代理的双重身份?
9. 国际货运代理的服务对象主要有哪些?
10. 列举国际货运代理作为货运服务代理人能提供的服务内容。
11. 列举国际货运代理作为货运服务经营人(当事人)能提供的服务内容。
12. 按照国际货运代理的业务范围分类,较常见的货运代理主要有哪几类?
13. 我国对国际货运代理企业的设立条件主要有哪些规定?
14. 简述传统国际货运代理与第三方物流的区别。
15. 简述物流服务与成本的关系。

第二章 国际货运代理与国际贸易

International Freight Forwarder and International Trade

通过本章的学习，要求学生：(1)了解国际贸易的基本概念与分类；(2) 理解国际货运代理与国际贸易的关系；(3)掌握国际货物进出口交易的基本程序；(4)掌握国际货运服务委托合同的主要内容。

学习要点

By studying this chapter, students are expected to: (1) be acquainted with the basic conception and classification of international trade; (2) understand the relationship between international freight forwarder and international trade; (3) grasp the preliminary procedure of import and export; (4) master the main content of entrusting contract of international freight forwarder.

第一节　国际货运代理与国际贸易的关系

国际货运代理随国际贸易的发展而产生与发展,同时还促进着国际贸易的发展。国际贸易的发展也对国际货运代理的发展提出了新的要求。

一、国际贸易的基本概念与分类

作为一个统称的国际贸易,其分类各种各样。

(一)国际贸易的基本概念

国际贸易(International Trade)是指国家或地区之间所进行的商品、服务之买卖或交换。如果以一个国家或地区为主体,其对另一些国家或地区所进行的商品、服务的买卖或交换即为该国或该地区的对外贸易。作为出口方来说,其输出商品和服务为出口贸易;作为进口方来说,其输入商品和服务为进口贸易。所以,对外贸易又称为进出口贸易或输出入贸易,亦可统称为国际贸易。有些海岛国家如英国、日本等,常用海外贸易(Overseas Trade)来表示对外贸易。

对外贸易已成为我国国民经济持续发展的重要推动力。改革开放以来,我国对外贸易高速发展,已经逐步成为世界贸易大国。

(二)国际贸易的分类

国际贸易的分类方法很多,常见的分类方法如表 2-1 所示。

表 2-1　　国际贸易的分类

分类方法	国际贸易的分类名称
按商品的形式不同	有形贸易(国际货物贸易)、无形贸易(国际服务贸易、国际技术贸易)
按货物移动的方向不同	出口贸易、进口贸易、过境贸易(直接过境贸易、间接过境贸易)
按进出国境与进出关境的不同①	总贸易、专门贸易

① 一般情况下,几个国家间缔结关税同盟时,关境>国境;在国境内开设自由港、自由贸易区、出口加工区时,关境<国境;无上述两种情况时,关境=国境。总贸易统计货物进出口以国境为标准;专门贸易统计货物进出口以关境为标准。如果外国货物进入国境后暂时存在保税仓库,不进入关境,一律不列为专门进口。

续表

分类方法	国际贸易的分类名称
按贸易是否有第三者参加	直接贸易、间接贸易、转口贸易
按货物运送方式不同	陆路贸易、海路贸易、空运贸易、邮购贸易
按贸易方式(即具体做法)不同	一般贸易、包销、寄售、拍卖、加工贸易、合作生产、易货贸易、补偿贸易、租赁贸易等

国际货运代理主要是组织货物在国际的合理流动,因而主要是与有形商品的贸易即国际货物贸易相关。

二、国际货运代理与国际贸易的关系

国际贸易和国际物流是国际经济的两个方面:国际贸易实现商品的所有权转移;国际物流实现商品的实体转移(如图 2-1 所示)。

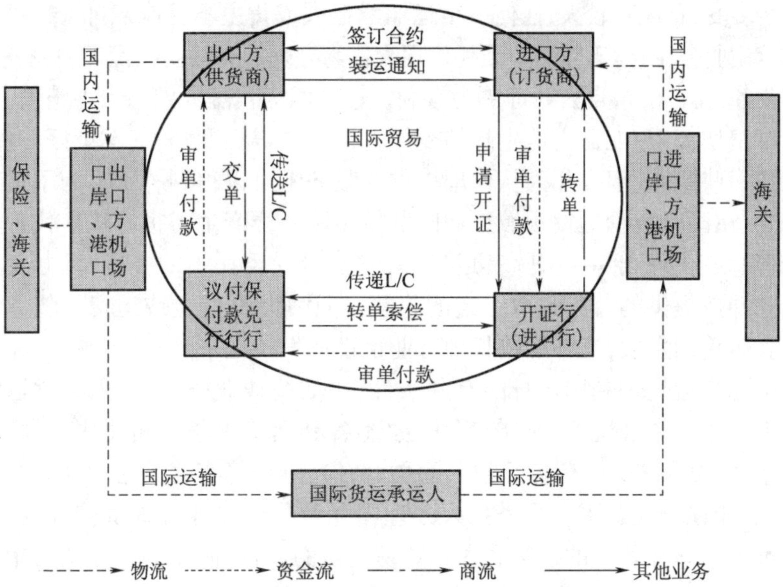

图 2-1 国际物流与国际贸易的联系

国际货运代理作为国际物流的运输代理人以及物流商,与国际贸易有着密切的关系。国际货运代理随着国际贸易的发展而发展,但若国际货运代理的发展跟不上国际贸易,又会限制和影响国际贸易的顺利发展。只有切实做好货运代理工作,才能推动和扩展国际贸易。所以说,发展国际货运代理是发展国际贸易的必要条件,而发展国际贸易又是发展国际货运代理的前提。国际贸易的发展也对国际货运代理的发展不断提出新的要求。

关于国际贸易与国际物流的关系研究

(一)国际货运代理随着国际贸易的发展而产生与发展,同时也促进着国际贸易的发展

在国际贸易中,进出口商品在空间上的流通范围极为广阔,没有运输,要进行国际商品交换是不可能的。商品成交以后,只有通过运输,按照约定的时间、地点和条件把商品交给对方,贸易的全过程才算完成。同时,只有把货物运输工作做好了,才能将国外客户需要的商品适时、适地、按质、按量、低成本地送到,从而提高本国商品在国际市场上的竞争能力,促进对外贸易。但国际货物运输是中间环节很多的长途运输,它的涉及面广、情况复杂多变,且风险较大,任何一个运输承运人或货主不可能亲自处理每一项具体运输业务,不少工作需要委托代理人代为办理。有时委托代理去完成一项运输业务,比自己亲自去处理更为有利。这是因为代理人熟悉当地情况,与各方面有密切关系,能比人地生疏的委托人自己办得更顺利,甚至更好一些,虽然要花一些酬金,但委托人从代理提供的服务中可以得到补偿。为了适应这种需要,在国际货物运输领域里如同贸易领域一样产生了很多从事代理业务的代理行或代理人——国际货运代理,它们接受委托人的委托,代办各种运输业务并按提供的劳务收取一定的报酬,即代理费、佣金或运费。随着国际贸易和运输的发展,这种运输代理行业也迅速发展起来。

国际货运代理利用自身的有利条件,比如精通业务,熟悉国际货运市场的供求变化和航线运价的季节变化,熟悉各种运输手段及相关法律规定,与承运企业、贸易方以及保险、银行、海关、商检、港口等有着广泛的联系和密切的关系,能在较大范围内为委托人办理国际货物运输业务提供较好的服务,因而被誉为国际贸易的桥梁和国际贸易运输的设计师,成为国际贸易中不可缺少的重要组成部分,并在国际贸易运输发展过程中起着非常重要的作用。当前,国际货运代理已成为影响和制约国际贸易进一步发展的重要因素。国际货运代理在国际贸易中的桥梁作用可用图 2-2 来表示。

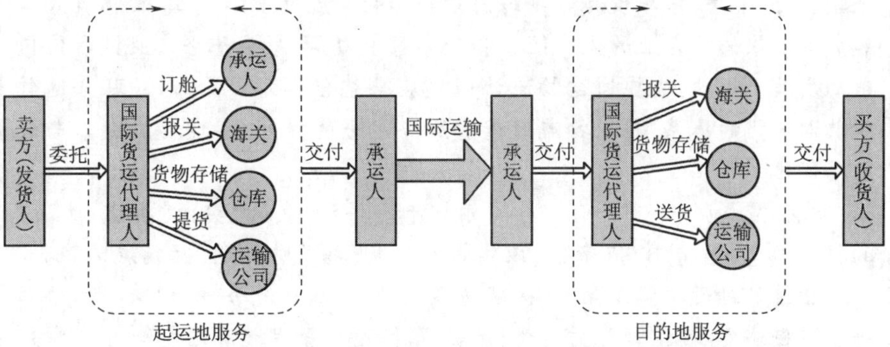

图 2-2　国际货运代理在国际贸易中的桥梁作用

【思政阅读】

国际物流与“一带一路”

习近平总书记在党的二十大报告中指出:推动共建“一带一路”高质量发展。优化区域开放布局,巩固东部沿海地区开放先导地位,提高中西部和东北地区开放水平。加快建设西部陆海新通道。加快建设海南自由贸易港,实施自由贸易试验区提升战略,扩大面向全球的高标准自由贸易区网络。

习近平总书记站在时代的高度,结合对世界经济发展格局的洞察,审时度势先后提出了建设“新丝绸之路经济带 ”和“21 世纪海上丝绸之路”的合作倡议,简称“一带一路”。“一带一路”倡议对共同打造政治互信、经济融合、文化包容的利益共同体、命运共同体和责任共同体具有重大意义。

共建“一带一路”为国际货物运输的发展提供了新机遇,我们要抓紧落实 “一带一路”国际物流基础设施和国际货物运输网络的构建。

由于“一带一路”沿线国家区域辽阔、资源丰富、文化多元,同时也面临着交通通道不畅、物流水平不高等问题,需要通过物流领域的深入合作,完善交通与物流体系,提高沿线国家的物流水平。

国际物流协同发展是推动“一带一路”建设的重要动力。对于物流业来说，自然条件、基础设施等制约因素会影响物流效率和成本，而物流效率和成本不仅影响企业的生产经营和产品竞争力，也影响整个产业链和价值链的发展。因此，需要通过物流协同发展来整合各方资源，形成联合运作和共同优化的体系，推动物流效率和服务水平的提升，实现物流成本与效益的优化。

我们应加强“一带一路”与国际物流的联系，秉承“共商、共建、共赢”的核心理念，坚持“以点带线、以线带面”的发展策略，以国际物流为纽带，合力推进基础设施互联互通、区域协调联动、国际产能合作、创新载体培育等重点领域发展，汇聚优质要素、放大资源效应、激发经济动能活力。

一体化运作、网络化经营是国际物流业的基本运作规律。我们要加快国际物流枢纽资源整合建设，布局规划“一带一路”国际物流“枢纽+通道+网络”体系。尤其是要深入推进国家物流枢纽建设，补齐内陆地区枢纽设施结构和功能短板，加强业务协同、政策协调、运行协作，加快推动枢纽互联成网，形成以国家物流枢纽为核心，多种运输方式为通道，国家骨干物流基地、示范物流园区、国际多式联运场站、城市配送中心、国际物流末端网点等为支撑的“枢纽+通道+网络”的物流运行体系。

我们要立足新发展阶段、贯彻新发展理念、构建新发展格局，坚持东西双向、陆海统筹，全力推动“一带一路”强支点建设，巩固扩大新亚欧陆海联运通道优势，在临港工业、自贸试验片区、跨境电商综合试验区、综合保税区建设方面取得更大进展。

（二）国际贸易的发展不断对国际货运代理提出新的要求

世界经济的飞速发展和国际政治格局的风云变幻，使国际贸易不断表现出一些新的趋势和特点，从而也在不断对国际货运代理提出更新、更高的要求。

1. 质量要求。国际贸易的结构正在发生着巨大变化，传统的初级产品、原料等贸易品种逐步让位于高附加值、精密加工的产品。高附加值、高精密度商品流量的增加，对国际货运代理工作的质量也提出了更高的要求。此外，国际贸易需求的多样化还造成了物流的多品种、小批量化，这就同时要求国际货运代理向优质服务和多样化发展。国际货运代理应把货主的利益放在首位，改进经营作风和管理方法，多为货主着想，不断提高服务质量，尽量给货主提供便利。

2. 效率要求。国际贸易活动的集中表现就是合约的订立和履行。而国际贸易合约的履行是由国际物流活动来完成的，这就要求有高效率的物流来履行合约。根据国际贸易商品的不同，国际货运代理组织与之相适应的巨型专用货船、专用泊位以及大型机械等的专业运输，这对提高物流效率起着主导作用。国际货运代理应把运输工作做细，防止发生错交、错发、错运以及单货不符、单证不符等事故，力争正确无误地完成国际贸易运输任务，要加快装卸和运输速度，尽量缩短商品在途时间，以满足国内外市场的需要。

3. 安全要求。由于国际分工和社会生产专业化的发展，大多数商品是在世界范围内分配和生产的。例如，美国福特公司某一牌号的汽车要同约20个国家的30多个不同厂家联合生产，产品则销往100多个不同国家或地区。国际货物运输所涉及的国家多、地域辽阔、在途时间长，易受气候条件、地理条件等自然因素和政局、罢工、战争等社会政治经济因素的影响。因此，在组织国际货物运输、选择运输方式和运输路径时，要密切注意所经地域的气候条件、地理条件，同时还应注意沿途所经国家和地区的政治局势、经济状况等，以防止这些人为因素和不可抗拒的自然力造成货物灭失和损害。要特别注意运输工具和货物的安全，尽量避免事故，把事故所带来的危险限制在最小范围，以确保货物能安全运达目的地。

4. 经济要求。国际贸易的特点决定了国际货物运输的环节多、备运期长。在国际货物运输领域，控制运输费用以降低成本具有很大潜力。降低国际贸易商品流通费用的主要途径是节省运杂费用。因此，在国际贸易运输工作中，国际货运代理要积极组织各种方式的合理运输，节约人力、物力和财力，以降低运输成本和节省运杂费用。对于国际货运代理来说，选择最佳运输方案、提高物流经济性、降低运输成本、保证服务水平，是提高贸易商品竞争力的有效途径。

5. 信息化要求。目前，数字贸易、国际电子商务在国际贸易领域得到了广泛应用。所谓国际电子商务，是指通过电子信息技术、网络互联技术和现代通信技术，使交易双方得以借助电子方式进行联系及交易活动的处理，而无须再依靠大量纸介质的人工处理与传输或直接的实物接触来完成交易，从而实现全部或部分交易过程电子化、自动化的一种商务形式。国际电子商务的核心是通过运用先进的信息技术，提高交易伙伴之间商务联系的效率，进而提高企业的经济效益。这就要求国际货运代理必须实现信息化，加强网络意识，提高工作效率，并及时做好国际货物的运输工作。当前国际贸易的信息化、数字化,不仅使得信息、数据成为物流业各项业务的载体,而且通过信息、数据的交换来完成物流的各项业务。国际货运代理企业只有运用现代信息通信网络技术对物流过程中产生的全部或部分信息进行数字化采集、分类、识别、汇总、查询、传递、跟踪等一系列处理活动,才能实现对货物流动的有效控制,从而降低成本和提高效益。

总之,国际货运代理必须不断适应国际贸易结构和商品流通形式的变革,向国际物流合理化方向发展,树立为货主服务的观念,实现"安全、迅速、准确、节省、方便"的要求。

第二节　国际货运代理在进出口贸易程序中的业务

国际贸易合同签订后的履行过程,就是国际货物运输安排与组织的实施过程。在进出口贸易的履约工作中,国际货运代理发挥着重要作用。国际货运代理在进出口贸易程序中的业务取决于与货主所签订的国际货运服务委托合同。国际货运代理在履行货运委托代理合同的过程中都是为货主提供服务,并根据服务项目、数量和质量从货主那里获得劳务报酬和经营利润。

一、国际货物进出口交易的基本程序

国际货运代理从业人员不仅要对进出口贸易的总体运作程序有一个概括的了解,而且要熟悉并能操作自己代理的贸易合同履约环节的各种业务。由于在学习本课程以前,大家都先修过《国际贸易》《国际贸易实务》等课程,因此这里仅对国际货物进出口交易的基本程序进行归纳式的回顾。

国际货物交易包含签订商业合同(商业手续)相关的全部行为、货物在国内和跨边境环节的运输(运输手续)、满足出口和进口监管要求的格式文件(监管手续),以及采购货物的付款(财务手续),这要求许多参与者(包括不同国家的贸易商、政府部门和提供服务者)之间的合作。联合国贸易便利化和电子商务中心用图 2-3 来简化表示贸易便利化的业务流程。

国际货物交易活动包括商品的进口和出口两方面。商品从生产加工开始到销往国外的消费者手中需要经过一系列过程,经过许多业务环节,而且每一个业务环节之间密切相连。无论出口还是进口,从基本业务程序看,国际货物交易大致可以分为以下四个阶段。

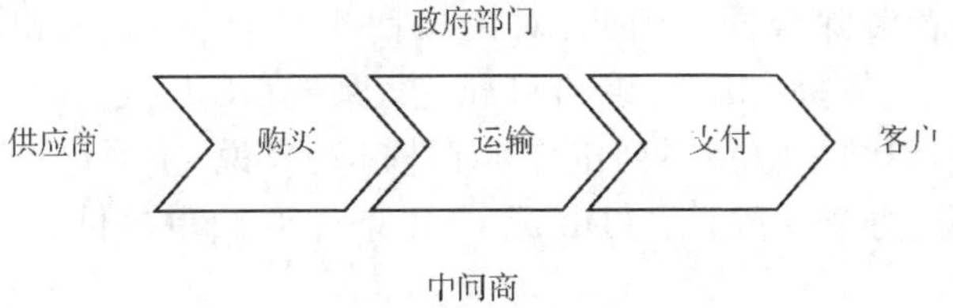

图 2-3 国际货物交易模型

(一)交易前的准备工作阶段

一般来说,进(出)口商通常在寻找新的出(进)口商前,会先根据本方的营销策略,对潜在市场的基本情况进行一些调查了解。如果潜在市场的基本情况符合企业的要求,就将这个市场定为目标市场,并在目标市场上寻找潜在的出(进)口商作为交易对象。在对客户进行资信调查的基础上与之建立业务关系,制定进出口商品的经营方案或价格方案,落实货源,并开展广告宣传。这些都是为交易所做的准备工作。

(二)交易的洽谈与合同的订立阶段

交易的洽谈(或磋商)一般经过询盘、发盘、还盘、接受的过程,最后达成一致意见签订合同。在这个过程中,发盘和接受是两个不可缺少的环节。

国际货物买卖合同又称国际货物销售合同,业务上还称售货确认书、购货合同、售货合同等。无论何种称谓,国际货物买卖合同主要是指营业地处于不同国家/地区的当事人之间达成的货物买卖合同,这是买卖双方当事人磋商交流达成一致意见的真实意思表示的证明。书面买卖合同不论何种称谓,采用何种格式,其基本内容通常包括约首、主要条款及约尾三个部分。买卖合同不仅是规定买方和卖方履行各自权利与义务的法律文件,而且是国际贸易单证产生和制作的基础和依据。合同的条款和条件必须明确、肯定、完整,非经双方同意,任何一方不得擅自变更或修改合同内容,否则会直接导致合同的履行及履行各环节上各种单证的运作产生问题,进而导致交易进程受阻和交易目的破灭。

(三)合同的履行阶段

合同履行程序的繁简取决于所使用的贸易术语和付款方式等。根据各国的法律规定,合同依法成立即具有法律上的约束力,任何一方不得擅自变更或者解除合同。因此,对出口商来说,要一丝不苟地做好审证(催证、改证)、备货、报检、租船订舱、投保(在 CIF 或 CIP 条件下)、报关、装运及制单结汇等一系列工作;对进口商来说,主要应做好开立信用证、租船订舱、办理保险(在 FOB 或 CFR 条件下)、审单付汇、报关接货和验收等工作。

1. 出口合同的履行。出口合同履行,指出口人按照合同的规定履行交货义务直至收回货款的整个过程。在我国的出口业务中,多数采用 CIF 价格条件成交,并且一般采用信用证(Letter of Credit,L/C)付款方式。以 CIF 条件成交及信用证方式付款为例,其合同履行程序如图 2-4 所示。

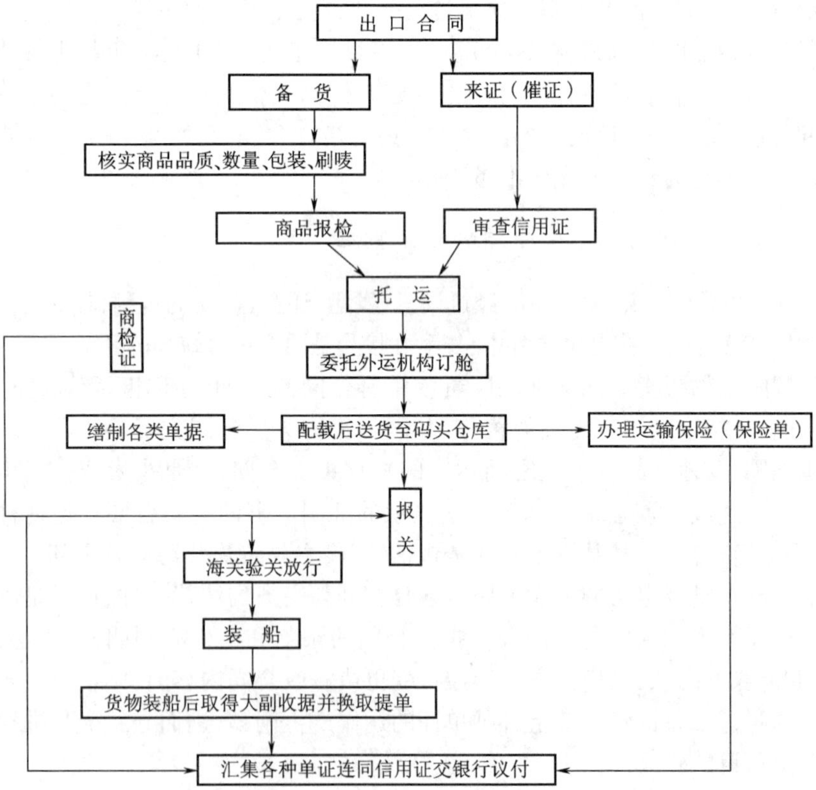

图 2-4　出口合同履行程序

从图 2-4 来看,出口合同的履行主要经过货(备货)、证(催证、审证、改证)、运(租船、订舱、报检和保险)、款(制单结汇)等环节。当从事进出口的贸易公司组织备货或备好货时,一般会选择合适的货运代理来替它们租船订舱。当贸易方式是 FOB 时,买方应及时将货运代理的资料及装运指令交给卖方,以便卖方能顺利装船;当贸易方式是 CIF 或 CFR 时,卖方也应将货运代理租船订舱的情况和装运通知及时通知买方,以便买方买保险或顺利提货。

2. 进口合同的履行。我国进口货物,大多数是按 FOB 条件并采用信用证付款方式成交的。按此条件签订的进口合同,买方履行合同的程序可以概括为证(申请、开立信用证)、船(租船订舱、保险)、款(审单付款)、货(报关、接货、检验)。其程序如图 2-5 所示。

从图 2-5 可知,FOB 条件并采用信用证付款方式成交的进口合同其履行程序包括:开立信用证、租船订舱、接运货物、办理货运保险、审单付款、报关提货、验收与拨交货物和办理索赔等。

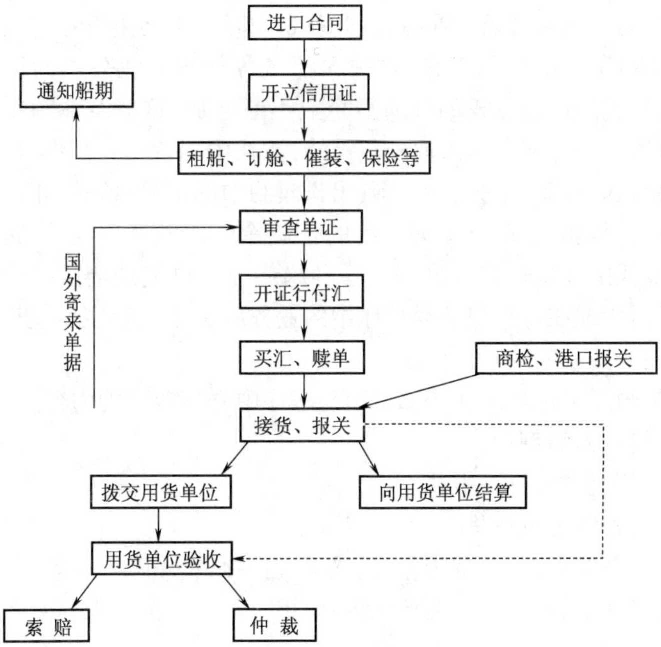

图 2-5　进口合同履行程序

履行进口合同的环节和工作内容,主要取决于合同的类别及其所采取的支付条件。在采用汇付或托收方式的情况下,就不存在买方开证的工作环节;在履行 CFR 进口合同时,买方则不负责租船订舱,此项工作由卖方办理;在履行 CIF 进口合同时,买方不仅不承担货物从装运港到目的港的运输任务,而且不负责办理货运投保手续,这些工作由卖方按约定条件代为办理。

(四)善后处理阶段

在履行合同的复杂环节中,买卖双方很可能由于种种原因不能履行自己的义务,从而发生争议和纠纷。合同当事人为了维护自己的合法权益,往往要援引法律规定来解释合同,主张权利。受损害的一方为了弥补所遭受的损失,会向违约的一方提出赔偿其损害的请求(即索赔),违约的一方应接受对方的索赔并进行处理(即理赔)。在国际经济贸易实践中,解决争议的方法有三种,即协商调解、司法诉讼和提请仲裁。

二、国际货运代理在进出口贸易程序中的业务

国际贸易合同签订后的履行过程,就是国际货物运输安排与组织的实施过程。进出口贸易的履约工作,过去大都由各外贸专业公司的报运部门执行;现在享有进出口经营权的外向型企业不断增加,这些企业为了集约化经营,便将履约中的许多工作采取外包策略,委托国际货运代理办理。例如:进口履约中的租船订舱、报关、报检等;出口履约中的报检、刷唛、租船、订舱、办理保险、报关、装船、制单结汇等。有的企业除对外成交签约外,其余的各项工作一概委托国际货运代理办理。这种趋势今后可能还会进一步发展。因此,国际货运代理在进出口贸易程序中的业务取决于与货主所签订的国际货运服务委托合同。

以下是国际货运代理在进出口贸易程序中常见的代理内容。

其一,代理租船订舱。

其二,代理货物报检、报关。

其三,代理转运及理货。

其四,代理储存,包括货物保管、整理、包装以及保险等业务。

其五,代理集装箱业务,包括装箱、拆箱、转运、分拨以及集装箱租赁和维修等业务。

其六,代理多式联运业务。不管一票货物运输要经过多少种运输方式,要转运多少次,国际货运代理对全程运输(包括转运)负总的责任。

以上代理内容都是为货主提供服务,货运代理根据服务项目、数量和质

量从货主那里获得劳务报酬和经营利润。

第三节 国际货运服务委托合同

国际货运代理在进出口贸易程序中的业务取决于与货主所签订的国际货运服务委托合同。国际货运服务委托合同,也称为国际货运代理合同,是指进出口货物的发货人、收货人委托国际货运服务代理人办理国际货物运输业务及相关业务,国际货运服务代理人以委托人(被代理人)名义从事业务并收取报酬的合同。国际货运服务委托合同的当事人为国际货运服务代理人和进出口货物的发货人或收货人。值得注意的是,在国际货运代理以当事人身份从事无船承运业务、多式联运业务、仓储保管业务、快递业务等的情况下,其不是以代理人身份出现的,也就不存在委托代理合同,只存在运输合同、仓储合同等。

一、国际货运服务委托合同的订立

国际货运服务委托合同的订立过程是进出口货物的发货人或收货人与国际货运代理人之间就委托合同主要条款进行协商、达成协议的过程。具体协商过程十分复杂,主要有如下三个步骤。

(一)国际货运代理营销揽货

国际货运服务委托合同的订立始于进出口发货人、收货人或国际货运代理的一方向对方发出订立委托合同的意向。此意向如果是进出口货物的发货人、收货人发出的,属于委托意向;如果是国际货运代理发出的,则属于代理意向。进出口货物的发货人、收货人一般提出拟委托办理的国际货物运输业务项目,同时向国际货运代理询价。国际货运代理只有充分掌握国际货运信息,开展营销揽货,才能得知进出口货物的发货人、收货人的货运代理意向。揽货就是国际货运代理的业务员通过宣传、介绍公司所能提供的有关货物运输的服务及与之相关的服务,达到吸引并最终赢得客户的目的。

(二)进出口货物的发货人、收货人或国际货运代理发出要约

在国际货运代理营销揽货的过程中,往往会收到进出口货物的发货人、收货人发出的意图和订立国际货运服务委托、代理合同的意向。但委托代理关系是建立在委托人与受托人相互了解、信任的基础上的,双方一般还要调查、了解对方的资信状况。

进出口货物的发货人、收货人一般会了解国际货运代理是否具有从事货运服务代理业务的资格;是否具有商业信誉和适当履行合同的能力,如国际货运代理以往的业务经营状况、资金状况、业内评价,经验、以往的企业管理水平、业务人员水平,必要的运输设备等。

国际货运代理一般要了解进出口货物的发货人、收货人是否具有从事进出口业务的资格,是否具有商业信誉和对服务的要求等。

在进出口货物的发货人、收货人或国际货运代理了解对方的资信状况后,认为可以与对方建立委托代理关系的,则可以向对方发出订立委托合同的建议及合同条件,这一意思表示在法律上称为要约①。

(三)承诺与签订合同

收到要约的一方一般会对要约中包括的具体合同条件进行多角度地分析和评估。在分析和评估的过程中,进出口货物的发货人或收货人对于国际货运代理提出的要约,一般主要考虑其中的运输方式、运输路线、运输期间、操作方法、收费标准等。国际货运代理对于进出口发货人或收货人提出的要约,一般主要考虑其中的运输方式、运输时间、价格条件、结算方式等要求。

经过审核、评估要约中的合同条件,若进出口发货人、收货人或国际货运代理认为对方在要约中提出的合同条件在经济、技术、法律等方面具有合理性,是可以接受的,则向对方发出接受要约的承诺②。

一般情况下,承诺生效时,合同成立。但是,当事人采用合同书形式订立合同的,自双方当事人签字或者盖章时合同成立。当事人采用信件、数据电文③等形式订立合同的,收件人的主营业地为合同成立的地点。当事人采用

---

① 要约是希望和他人订立合同的意思表示,相当于对外贸易磋商中的发盘。要约的内容必须具体、确定,凡不具有订立合同意图的意思表示,均不构成要约。国际货运代理散发的商业广告、价目表以及进出口商发布的招标公告等都不是要约,主要是其内容不够具体、确定,不足以构成合同的基本条件。

② 承诺是指受约人同意要约的意思表示,相当于对外贸易磋商中的接受。承诺的内容必须与要约的内容一致,承诺须在要约的有效期限内做出。按照我国《合同法》,承诺到达要约人时,承诺生效。

③ 我国《合同法》第 11 条对数据电文的形式进行了明确规定,包括电报、电传、传真、电子数据交换和电子邮件等可以有形地表现所载内容的形式。由于电子商务的发展,使用电子数据交换和电子邮件作为订立合同的书面形式的情况已经很普遍,但由于国内法律对电子证据并未做出特别规定、电子形式容易遭受篡改的特性,往往在诉讼中被抗辩电子文件不具有真实性、有效性以及已被提供方篡改等。由此,在制作国际货运代理合同时,建议增加确认电子文件的第三方认证效力的约定,或者确认经加密程序后的电子文件的有效性、真实性、未被篡改性等约定。

合同书形式订立合同的,双方当事人签字或者盖章的地点为合同成立的地点。

实践中,进出口商与国际货运代理相互比较了解,往往简化委托合同订立程序,由委托人出具委托书或托运单,在获得国际货运代理确认或接受后,双方之间的委托关系成立。

委托书、托运单虽然不等于委托合同,但在通常情况下,委托书应该是基于有效成立的委托合同,由委托人签发给受托人,表明受托人有权以委托人的名义从事授权范围事务的书面凭证。托运单在形式上是托运人向承运人发出的要约,是托运人根据买卖合同、信用证的有关内容,向承运人办理货物运输的书面凭证。关于货运委托书、托运单的详细内容将在本书其他相关章节中予以阐述。

国际货运代理委托书的主要内容与范例

二、国际货运服务委托合同的主要内容

国际货运服务委托合同的主要内容如下。

(一)合同当事人

合同当事人条款应该全面反映当事人的有关情况,以利于业务的开展及可能产生纠纷时有关情况的处理,这也是双方互相信任的体现。该条款一般包括委托人和受托人的名称(法人或其他社会组织)和姓名(自然人)、住址、主营业场所、法定代表人、电话、传真、电子邮件地址、邮政编码。必要时,载明委托人和受托人的注册地址、开户银行、银行账号、授权代理人名称或姓名、职务、联系方式等。

(二)委托事项

委托事项通常与委托合同授权范围直接相关。该条款包括委托人委托受托人办理的具体事项、委托权限范围、委托期限等内容。对国际货运服务委托合同来说,应该明确委托运输的货物名称、规格、数量、重量、体积、包装、发运期限、运输方式、运输路线、起运地、目的地、转运地;发货人和收货人名称或姓名、地址、电话、传真等内容。对于危险货物、鲜活、超限等特殊货物和容易发生自然损耗的货物,还应当注明货物的性质、运输、保管条件、外形尺寸、重心、吊装位置、损耗要求等。

针对在发生纠纷后如何确定国际货运代理企业的法律地位是解决当事

人纠纷的关键难点的实务情况,国际货运代理企业应当正视“收取1%~3%的手续费,却要承担100%的风险”的难题,在制作国际货运服务委托合同时,要根据国际货运代理企业获得批准的业务经营范围,在合同中明确约定其作为“进出口货物收货人、发货人的代理人”,或者作为“独立经营人”的法律地位及其法律责任的具体范围,从而为在纠纷出现后争取合法权利奠定基础。

另外,为了使缔约各方明确国际货运代理企业承担法律责任的范围,应当根据《中华人民共和国国际货物运输代理业管理规定》第17条,以及《中华人民共和国国际货物运输代理业管理规定实施细则(试行)》第32条的规定,在国际货运代理合同中明确约定国际货运代理企业的代理事务内容或独立经营事务内容。同时,应分别对国际货运代理企业承担法律责任的范围进行明确的约定。

(三)当事人权利义务

当事人权利义务条款一般是从义务角度进行规定,一方履行义务,另一方相应享有权利,在权利义务不对称的情况下,有必要专门规定权利或义务。

在国际货运服务委托合同中,国际货运代理的义务主要是:依委托人的指示处理委托事务;按照委托人的要求,报告委托事务的处理情况;委托合同终止时,报告委托事务的结果;处理委托事务取得的财产,应当转交给委托人。

在国际货运服务委托合同中,委托人的义务主要是:承受国际货运代理行为的后果、支付费用、支付报酬等。

(四)费用和报酬

关于这些费用和报酬的支付范围、标准、方式、地点、时间、币种等的规定是国际货运服务委托合同的基本条款。

与货运代理有关的费用主要包括运费、包干费、佣金、货物索赔费、关税手续费、超期堆存费、银行手续费、代办费、速遣费等。由于我国货代市场的混乱局面尚待进一步规范,在实际的业务操作中,难免存在一些不合法、不合理的收费形式。国际货运代理企业为了发展、壮大其自身的业务,应当恪守国家法律的规定,在合同以及实务操作中应用合法的收费方式,对于法律规定不明确的,应当在基本委托合同中说明收费的原因以及计费方法,并在实际业务操作中切实贯彻合同的约定,尽量减少被误解为违法收费的可能性。

（五）合同履行期限、地点和方式

合同履行期限、地点和方式需要根据委托合同当事人各自承担的不同义务来确定，义务不同，其履行期限、地点和方式也相应有所区别。

（六）违约责任

违约责任，也称为违反合同的民事责任，是指当事人因违反合同义务所承担的责任。违约责任的产生是以合同的有效存在为前提的，合同一旦生效，在当事人之间即产生法律约束力，当事人有义务全面地、严格地履行合同义务。任何一方当事人因违反有效合同规定的义务均应承担违约责任，所以，违约责任是违反有效合同规定的义务的结果。

违约责任可由当事人约定，包括承担违约责任的形式和金额。违约责任形式包括继续履行、支付违约金、损害赔偿、按照定金规则承担责任等。

（七）合同变更、终止

合同变更，是指在合同履行期间，经当事人协商一致，改变原先约定的合同内容，包括删除部分内容、代之以新的内容或者增加补充协议等的行为。合同变更的基本条件是双方就变更事项协商一致，单方无权变更合同内容。

合同终止，是指合同失去法律上约束当事人的效力，在当事人间不再存在原有合同关系。

（八）法律适用

国际货运服务委托合同的当事人如果都是在中国注册成立的企业，一般适用中国法律。如果一方是外国当事人，这样的合同即具有涉外因素，有必要规定合同所适用的法律。对于涉外合同，当事人可以选择处理合同争议所适用的法律，但法律另有规定的除外。涉外合同的当事人没有选择的，适用与合同有最密切联系的国家的法律。

（九）合同争议解决方式

当事人可以通过和解或者调解解决合同争议。当事人不愿和解、调解或者和解、调解不成的，可以根据仲裁协议向仲裁机构申请仲裁。涉外合同的当事人可以根据仲裁协议向中国仲裁机构或者其他仲裁机构申请仲裁。当事人没有订立仲裁协议或者仲裁协议无效的，可以向人民法院起诉。当事人应当履行发生法律效力的判决、仲裁裁决、调解书;拒不履行的,对方可以请求人民法院执行。

(十)合同签订时间、地点及生效

合同签订时间与合同生效时间有关,合同以当事人签字后开始生效。如果合同生效时间与签字时间不一致,则可约定具体的生效时间。合同签订地点一般在发生纠纷时可作为法院管辖地的依据之一。

(十一)其他

在上述条款外,委托代理合同的当事人可以根据实际情况约定其他条款,如合同通知、合同权利义务转让、合同条款的独立性、不可抗力定义及种类、合同正副本数量、合同附件及其效力等。

实践中,合同当事人为了简化合同订立,往往采用国际货运代理服务方面的标准交易条款,如"中国国际货运代理协会标准交易条件""菲亚塔示范规则"等,经当事人同意采用,这些标准交易条款自动被纳入合同,成为合同的组成部分。

思政思考

建设贸易强国

党的十八大以来,以习近平同志为核心的党中央把握时代大势,顺应历史潮流,统筹国内国际两个市场两种资源,推进高水平对外开放,我国对外贸易取得历史性成就。我国连续多年保持世界货物贸易第一大国地位,我国服务进出口总额连续多年稳居全球第二位,货物与服务贸易总额位居全球第一位,贸易大国地位进一步巩固,贸易结构不断优化,贸易效益显著提升,正在向贸易强国迈进。

习近平总书记在党的二十大报告中指出,推动货物贸易优化升级,创新服务贸易发展机制,发展数字贸易,加快建设贸易强国。

什么是贸易强国?贸易强主要应看贸易综合竞争力强、服务经济发展的能力强、对全球贸易体系的影响力强、抗外部风险的能力强等方面。

加快建设贸易强国,就是要更好发挥贸易对商品和要素流动的载体作用,促进市场相通、产业相融、创新相促、规则相连,推进高水平科技自立自强，提升产业链供应链的韧性和安全水平，提高综合竞争力，深度参与全球产业分工和合作，在更高开放水平上形成良性循环，更好服务构建新发展格局。加快建设贸易强国，必须依托我国超大规模市场优势，推动货物贸易优化升级，创新服务贸易发展机制，培育贸易发展新动能，走高质量发展之路。

【思考题】作为各种货物、服务和要素跨境流动的主要载体，对外贸易是国际循环和国内循环相互对接、相互促进的主要渠道之一。推进高水平对外开放与提升贸易投资合作质量和水平，是全面建设社会主义现代化国家的题中应有之义，是我国集聚全球优质要素、提升国内供给质量的重要抓手，对于有效提升国际循环和国内循环相互促进的效率、更好发挥国内国际两个市场两种资源的联动效应，具有重大意义。习近平总书记多次强调，中国开放的大门不会关闭，只会越开越大。同学们要沿着总书记指引的方向奋力前行，立改革开放潮头，担贸易强国使命。请分组讨论如何建设贸易强国？

案例研究

案例一

以下是上海 AB 进出口公司与上海 MT 国际货运有限公司签订的国际货物运输代理合同。

国际货物运输代理合同

编号：AB/MT14033

甲方：上海 AB 进出口公司

乙方：上海 MT 国际货运有限公司

甲乙双方经过友好协商，就乙方代理甲方办理国际货物运输的有关事宜达成以下合同：

1. 甲方委托乙方代为办理订舱、报关、报检、装箱、运输、仓储、代付海运费等相关运输事宜。

2. 甲方委托乙方代为订舱时，甲方应及时送交或传真给乙方正确、齐备的托运单据。托运单应明确表明甲方订舱单位及收、发货人的名称、电话、传真及联系人并加盖公章或订舱专用章。托运单内容应注明货物的件数、重量、体积、目的港、装船期、货物中英文品名、运费、运费条款及特别要求。因甲方在托运单上的漏填、错填而导致的损失或责任，由甲方自行承担。

3. 甲方委托乙方代理报关、报检时，应根据报关需要及时提供合法、合格、正确、齐全的报关、报检单证并在托运单或者相关函电中予以明示。

4. 甲方委托乙方代为办理货物的装箱、中转运输时，应在托运单或者相关函电中予以明示，包括代为联系仓储、装卸、转运、短驳、装/拆箱等事宜。

5. 为了维护甲方的利益，乙方可以为甲方代垫代付海运费、内陆运费、港口费用及其他代办费用。上述款项采用包干费或者本合同规定的其他方式由甲方支付给乙方，如遇有关费用调整，须以书面形式向对方提出，经双方重新商定后确认。

6. 如甲方与船公司有协议价，甲方在委托乙方向船公司订舱时，需在书面订舱单上注明运价及合同号。

7. 乙方在开航当日，根据协议收费标准，向甲方开具单船人民币费用发票和海运费发票。

8. 付款条款。

出口集装箱人民币费用结算标准：

A. 订舱包干费：RMB ×× 元/20′， ×× 元/40′；

B. 内装箱包干费：RMB ×× 元/20′， ×× 元/40′；

C. 门到门装箱运费另行确认；

D. 报关费：RMB ×× 元/票；

E. 报检费：RMB ×× 元/票；

F. 其他因特殊查验、电放或因甲方要求改单等产生的费用，乙方向甲方按实收取。

经甲方同意，乙方按以下 B 种方式结算费用：

A. 甲方付清所有费用后，乙方才可交付提单；

B. 乙方可先交付提单，甲方每月以月结账的方式与乙方结算费用，即每月 15 日将上月应付款项汇付乙方账户，如甲方违约，乙方有权按照条款 A 方式结算；

C. 乙方可先交付提单，甲方以航次结账的方式与乙方结算费用，即在开航后××日内将确认的应付款项汇付乙方账户。

如甲方不能按照协议规定结清费用，甲方同意乙方按以下任何一种方式进行强制催收甲方所欠费用：

A. 延缓交付提单；

B. 延缓返退核销单、退税单；

C. 目的港延缓放货；

D. 停止接受订舱。

由此产生的风险、责任和费用均由甲方承担。

9. 托运货物为特种货物或者危险货物时，甲方有义务向乙方做详细说明，未做说明或者说明不清的，由此造成的损失由甲方承担。

10. 若船期更改，乙方应及时向甲方提供船期预报以及船公司截止接单日期。上述船期预报不构成双方对船舶驶离装货港和抵达卸货港的具体时间约定，仅作为甲乙双方办理海运订舱事宜的参考。

11. 乙方接到甲方的订舱单后，甲方要求变更订舱单所列事项的，应在货物结关前 1 天向乙方出具书面更改单，注明日期并加盖甲方印章。因变更订舱事项所引起的各项费用，全部由甲方承担。

12. 除甲方能证明由于乙方的原因造成退税单、核销单等单据不能按期退交外，乙方不承担任何责任，但乙方应及时以口头或者书面形式告知甲方，并协助甲方尽快收回。

13. 甲乙双方应分别对各自的过失引起的损失负责。由于第三方责任引起的货损、货差等的损失，乙方有义务协助甲方共同做好善后处理工作，乙方不承担赔偿责任。

14. 本合同自甲乙双方签字之日起生效，有效期为 1 年；本合同期满之日前，双方如无异议，则合同自动延长 1 年；任何一方均可在期满前提出终止合同，但应以书面方式通知另一方。

15. 经甲乙双方协商一致，可对本合同进行修改、补充，修改及补充的内容经双方签字盖章后作为本合同的组成部分。

本合同一式二份，双方各执一份。

甲方盖章：	乙方盖章：
地址：	地址：
电话：	电话：
签字：	签字：
______年____月____	______年____月____日

案例思考与讨论：

1. 请点评该合同是否规范？
2. 该合同是否需补充什么条款？

案例二

M 公司是一家生产红木家具的知名企业，产品在国内外都非常畅销。近期 M 公司接到一份来自美国的重要订单，该公司的总经理要求运输经理尽快寻找一家合格的货运代理公司来承运这批货物。经过招标过程，最终选择了D货运代理作为这批货物的承运代理商。为此，运输经理将代表M公司与D货运代理签订一份国际货运委托服务合同。

案例思考与讨论：

1. M公司将红木家具出口到美国，一般需要经过哪些贸易运作程序？
2. 假如你是M公司的运输经理，你认为该货运委托服务合同中应包括哪些主要内容？
3. 为了避免日后产生运输纠纷，你认为M公司和D公司各自的权利和义务应怎样约定？

案例研究参考答案

思考与练习

一、名词解释

国际贸易、揽货、要约、国际货运服务委托合同

二、简答题

1. 按货物移动的方向不同可将国际贸易分为哪几种？
2. 列举贸易方式(6种以上)。
3. 简述国际贸易和国际货运代理的关系。
4. 图示国际货运代理在国际贸易中的桥梁作用。
5. 国际贸易在发展中对国际货运代理提出了哪些要求？
6. 图示进出口合同的履行程序。
7. 简述国际货运代理在进出口贸易程序中常见的代理内容。
8. 什么是国际货运服务委托合同？
9. 国际货运服务委托合同订立的一般程序有哪些？
10. 国际货运服务委托合同的主要条款包括哪些？

第三章

海运代理实务(一):海运概述与租船运输代理实务

Ocean Freight Forwarder Practice (Ⅰ): Overview of Ocean Freight and Tramp Shipping Forwarder Practice

通过本章的学习,要求学生:(1)了解海运的特点、国际海运航线及国际海运组织;(2) 了解国际货物海运业务;(3)了解租船的方式及应注意的事项;(4)掌握租船合同的主要内容。

学习要点

By studying this chapter, students are expected to: (1) be acquainted with the characteristics of ocean freight, international shipping line, and international maritime organization; (2) grasp the operation of international ocean freight; (3) be familiar with the charter pattern and relevant events which should be paid attention to; (4) master the main contents of charter party.

第一节　海运基础知识

国际货运代理人员要了解海运的特点及相关基础知识。国际海洋货物运输简称海运，是指使用船舶通过海上航道在不同国家和地区的港口之间运送货物的一种方式。按照船公司对船舶经营方式的不同，国际海运可分为班轮运输和租船运输两种方式。根据装载器具技术的不同，班轮运输可分为杂货班轮运输（或称普通海运）和集装箱班轮运输。

【思政阅读】

交通强国之航运强国

习近平总书记在党的二十大报告中指出："坚持把发展经济的着力点放在实体经济上，推进新型工业化，加快建设制造强国、质量强国、航天强国、交通强国、网络强国、数字中国。"

在海运领域，我国船队快速发展，拥有船队运力规模达 2.8 亿载重吨，液体散货、干散货和集装箱三大专业化船队运力均居世界第二位。国际海运航线和服务网络覆盖全球，航线经营网络化水平显著提高，近十年来我国海运全球连接度持续居全球首位。中国远洋海运集团在干散货船队运力、杂货特种船队运力方面居世界首位，液体散货船队运力世界第二，集装箱班轮规模世界第四。招商局集团散货船队运力世界第四，液体散货船队运力世界第九。

中国已是名副其实的航运大国，我们要强化航海自信，强化"交通强国、航运先行"的责任使命。对于我国航运的发展，我们需要持续推进港口转型升级和高质量发展，提升以国际枢纽海港为重点的港航基础设施的韧性，维护物流供应链的稳定和畅通。我们需要坚持创新引领，打造智慧行业，要把握新一轮科技革命和产业变革的趋势，充分利用航运产业链条长、关联主体多、科技应用场景丰富等优势，加快数字化转型，大力发展智慧港口、智慧航道、智能船舶，不断塑造航运发展新动能、新优势。

一、海运的特点及海运货物的计量

海洋运输成为国际贸易中最主要的运输方式，是由海运的基本特点所决定的。

(一)海运的特点

海洋运输简称海运,其主要特点如下。

第一,运输量大。船舶货舱与船舶机舱的比例比其他运输工具都大,因此,可以供做货物运输的舱位及载货量均比陆运或空运庞大。以国际上最大的超巨型油轮为例,其每次载运原油的数量可以高达60多万吨,而最大的集装箱船,每次可装载集装箱10 000~15 000标准箱。一般杂货轮的装载量也多在五六万吨以上。

第二,单位运输成本低。海运的单位成本约是铁路运输的1/25~1/20,是公路运输的1/100。因此海运是最低廉的运输方式,适于运输费用负担能力较弱的原材料及大宗货物的运输。

第三,能耗低。以运输1吨货物至同样距离为标准,海运所消耗的能源是最低的。

第四,续航能力大。一艘商船出航,所携带的燃料、粮食及淡水可供满载人员使用数十日,是其他运输工具难以比及的,而且商船具有独立生活的种种设备,如发电、制造淡水、储藏大量粮食的粮仓、油槽等,能够独立生活。

第五,劳动生产率高。由于船舶载运量大,配备船员少,因而其劳动生产率高。一艘20万吨的油轮一般只需要配备20名左右的船员,平均每人运送货物1万吨。

除上述海运运输的优点外,它也有不足,主要是速度慢,受港口、水位、季节、气候影响较大,因而一年中中断运输的时间较长,且海上风险较大。此外,水路运输需要有其他运输方式的配合和衔接才能实现"门—门"运输。

海洋运输的特点使海上货物运输基本上能适应绝大多数货物的运输要求,使海洋运输成为国际贸易中最主要的运输方式。但由于商船的体积大,水流的阻力大,加之装卸时间长等其他各种因素的影响,海洋运输的速度较慢,较快的班轮航行速度也仅30海里/小时左右。另外,由于船舶在海上航行,容易招致海上风险与外来风险,为此,各国纷纷建立了相应的特殊制度以适应海上风险,如共同海损制度、海上保险制度、海上救助制度、承运人责任限制制度、船舶所有人限制制度等。国际海运组织在保证海运安全、建立国际公约和提供海运服务等方面有着重要作用。主要的海运国际组织有:国际海事组织(International Maritime Organization,IMO)、国际海事委员会(Committee Maritime International,CMI)、波罗的海国际海事协会(Baltic and International Maritime Conference,BIMCO)、班轮公会(Freight Conference)与联营体。

由于海运具有速度慢、风险大之弊,因此,对于不宜长期运输的货物以及急用和易受气候条件影响的货物,一般不宜采用海洋运输方式。

海运在具体经营过程中还具有如下国际性的特点。

其一,船公司的业务经营对国际海运市场的依存性高。海运业务量的大小直接取决于国际贸易量的大小,需求产生供给,所以,船公司的业务经营好坏与国际海运市场的总体供求息息相关。

其二,主要货运单证具有较强的国际通用性。与运输相关的各国际组织为了促进国际贸易的发展,减少由于各国运输单证不统一所带来的手续和监管上的不便,提高国际货物运输的顺畅性,降低运输成本,都致力于从语言、格式、内容、编码等方面统一国际货物运输中的主要单据,并取得了丰硕的成果。发展到现阶段,主要货运单证都具有国际通用性。

其三,在适用法规方面具有国际统一性。对于国际运输过程中赔偿责任的解释所适用的法规,各国之间若是不同,则对同一件事买卖双方各有不同的解释,势必阻碍贸易的发展。只有统一的法规,才能在责任义务的划分等方面取得公平合理的、双方都认可的认识和解释。所以,海运在适用法规方面具有国际统一性。

(二)海运物流的主要工具

船舶是海运物流的主要工具。船舶按用途分类,可以分为货船和客船。货船是专门用于货物运输的船舶。

货船按照其用途不同可分为干货船(Dry Cargo Ship)和油槽船(Tanker)。干货船主要有杂货船(General Cargo Ship)、散装船(Bulk Cargo Ship)、冷藏船(Refrigerated Ship)、木材船(Timber Ship)、集装箱船 (Container Ship)、滚装船(Roll on/Roll off Ship)、载驳船(又称子母船,Barge Carrier)等。

油槽船是主要用来装运液体货物的船舶。油槽船根据所装货物种类的不同,又可分为:油轮(Oil Tanker)、液化天然气船(Liquefied Natural Gas Carrier)、液体化学品船(Chemicals Tanker)。

货船按货物的载重量不同分类,主要有巴拿马型船①、超巴拿马型船、灵便型船。

---

① 巴拿马型船(Panamax Ship)是一种专门设计的适合巴拿马运河船闸的大型船只。这些船的船宽和吃水受到巴拿马运河船闸闸室的严格限制。一艘巴拿马型货轮一般载重在65 000吨左右。越来越多的船只在建造时精确地匹配巴拿马运河船闸的限制,以便在适应巴拿马运河的航道的前提下运送尽量多的货物。

(三)海运货物的计量

在海运业务中,货物的体积和重量不仅直接影响船舶的载重量和载货容积的利用程度,还关系到有关库场堆放货物时如何充分利用场地面积和仓库空间等问题,而且还可能是确定运价和计算运费的基础,同时与货物的装卸、交接也有直接的关系。

海运货物的计量包括货物丈量和衡重。

1. 货物的丈量。货物的丈量又称量尺,是指测量货物的外形尺度和计算体积。货件丈量的原则是:按货件的最大方形进行丈量和计算,在特殊情况下可酌情予以适当的扣除,某些奇形货件可按实际体积酌情考虑其计费体积。货物的量尺体积是指货物外形最大处的长、宽、高之乘积。用公式表示为:

$$V = L \times W \times H$$

式中:V 为货物的量尺体积(立方米);L 为货物的最大长度(米);W 为货物的最大宽度(米);H 为货物的最大高度(米)。

2. 货物的衡重。货物的衡重是指衡定货物的重量。货物的重量可分为净重、皮重和毛重(总重),货物衡重应以毛重计算。货物的重量原则上应逐件衡重,不具备逐件衡量条件时,可采用整批或分批衡重、抽件衡重并求平均值等方法测得重量。货物衡重可使用轨道衡、汽车衡(一种地秤)、吊钩秤、皮带秤、定量秤,对于散装运输的大宗货物还可以采用水尺计重。

海上货物运输中,货物衡重使用的衡制,即货物重量的计重单位为吨(Metric,M/T)。美洲国家有时使用短吨(Short Ton),欧洲国家则有时使用吨(Long Ton)。

每一吨货物在正常堆装时实际所占的容积(包括货件之间正常的空隙及必要的衬隔和铺垫所占的空间),称为货物的积载因数(Stowage Factor,SF),也称积载系数,其单位为立方米/吨(英制为立方英尺/吨),其公式为:

$$积载因数=体积÷毛重$$

货物积载因数的大小说明货物的轻重程度,反映一定重量的货物须占据船舶多少舱容,或占多少箱容,甚至仓储时须占多少库容。货物积载因数大于 1 为轻货,小于 1 为重货。

货物积载因数的实测方法

二、国际海运航线及海上通道

国际海运航线及海上通道是国际海上货物流动的路径，是国际物流的主要连线。海上运输承运人在许多不同的航路中，根据主客观的条件，为达到最大的经济效益所选定的营运航路被通称为航线。按照船舶经营方式区分，航线有定期航线（又称班轮航线）和不定期航线。按照航程远近，航线可分为远洋航线和近洋航线。

（一）我国开辟的主要航线

我国开辟的主要航线可分为远洋航线和近洋航线。

1. 远洋航线。远洋航线（Ocean Going Shipping Line），是指使用船舶（或其他水运工具）跨越大洋的运输航线，又称国际大洋航线。如我国各港口跨越大洋航行至欧洲、非洲、美洲和大洋洲等处的货运路线。

目前，国际远洋航线密如蛛网，其中主要有太平洋航线、大西洋航线、印度洋航线等。我国主要走太平洋航线。主要的国际海运航线如表 3-1 所示。

表 3-1 主要的国际海运航线

远洋航线	具体线路	
太平洋航线	①远东—北美西海岸航线 ③远东—南美西海岸航线 ⑤远东—东南亚航线	②远东—加勒比、北美东海岸航线 ④远东—澳大利亚、新西兰航线 ⑥澳、新—北美东西海岸航线
大西洋航线	①西北欧—北美东海岸航线 ③西北欧、北美东海岸—地中海—苏伊士运河—亚太航线 ⑤西北欧、北美东海岸—好望角—远东航线	②西北欧、北美东海岸—加勒比航线 ④西北欧、地中海—南美东海岸航线 ⑥南美东海岸—好望角—远东航线
印度洋航线	①波斯湾—好望角—西欧、北美航线 ③波斯湾—苏伊士运河—地中海—西欧、北美运输线 ⑤远东—东南亚、地中海—西北欧航线 ⑦澳、新—地中海—西北欧航线	②波斯湾—东南亚—日本航线 ④远东—东南亚—东非航线 ⑥远东—东南亚—好望角—西非、南美航线 ⑧印度洋北部地区—欧洲航线

【例 3-1】我国某货运代理要托运一票货物通过海运去西雅图(Seattle, WA, USA),应走下列(　)航线。

A. 远东—北美西岸航线　　B. 远东—北美东岸航线

C. 远东—欧洲航线　　D. 远东—地中海航线

解:应选 A。西雅图位于美国西部华盛顿州,是美国西海岸北边的港口。我国对欧洲而言是远东,所以本题应选 A。

我国开辟的主要远洋航线如下:

(1)中国至红海航线。主要停靠港口有亚丁、吉达、亚喀巴、苏丹等。

(2)中国至东非航线。主要停靠港口有摩加迪沙、蒙巴萨、达累斯萨拉姆、马普托、路易港等。

(3)中国至西非航线。主要停靠港口有罗安达、马塔迪、黑角、杜阿拉、拉各斯、科纳克里、达喀尔、达尔贝达等。

(4)中国至地中海航线。主要停靠地中海南北两岸的各港口,有敖德萨、康斯坦萨、瓦尔纳、伊斯坦布尔、里耶卡、威尼斯、热那亚、马赛、巴塞罗那、巴伦西亚、亚历山大、的黎波里、班加西、突尼斯、阿尔及尔等。

(5)中国至西欧航线。主要停靠港口有里斯本、勒阿弗尔、敦刻尔克、伦敦、利物浦、鹿特丹、阿姆斯特丹、安特卫普、不来梅、汉堡等。

(6)中国至北欧航线。主要停靠港口有哥本哈根、奥斯陆、斯德哥尔摩、哥德堡、赫尔辛基、圣彼得堡、里加、塔林、格但斯克等。

(7)中国至南、北美西海岸航线,是指横跨太平洋至美国、加拿大、墨西哥、秘鲁、智利等国西岸各港口的航线。主要停靠港口有温哥华、西雅图、旧金山、洛杉矶、马萨特兰、卡亚俄、瓦尔帕莱索等。

(8)中国至加勒比、北美东岸航线,指横跨太平洋,经巴拿马运河、尤卡坦海峡或向风海峡、莫纳海峡至中美洲各国、西印度群岛、墨西哥、美国和加拿大东岸各港的航线。主要停靠港口有科隆、坦皮科、韦腊克鲁斯、休斯敦、新奥尔良、纽约、巴尔的摩、哈利法克斯、魁北克、蒙特利尔、多伦多等。

(9)中国至南美东海岸航线。该航线一般经马六甲海峡、印度洋,绕过好望角,进入大西洋至南美东岸,主要港口有圣多斯、里约热内卢、蒙德维的亚、布宜诺斯艾利斯等。

2. 近洋航线。近洋航线(Near-sea Shipping Line),是指本国各港至邻近国家(地区)港口间的海上运输航线。我国习惯上是指由我国各港东至日本海,西至马六甲海峡,南至印度尼西亚沿海,北至鄂霍次克海的各海港间的航线。

我国开辟的主要近洋航线如下：

(1)中国至朝鲜、韩国航线。这条航线主要停靠港口有清津、仁川和釜山。

(2)中国至日本航线。该航线主要停靠港口有神户、大阪、东京、横滨、千叶、四日、门司等。

(3)中国至俄罗斯远东地区航线。主要停靠港口有纳霍德卡、东方港、符拉迪沃斯托克、苏维埃港等。

(4)中国至越南航线。主要停靠港口有胡志明市、海防等。

(5)中国内地至中国香港地区航线。

(6)中国至菲律宾航线。主要停靠港口有马尼拉、宿务等。

(7)中国至新加坡、马来西亚航线。主要停靠港口有新加坡、巴生港、槟城、马六甲等。

(8)中国至泰国、柬埔寨航线。主要停靠港口有曼谷、宋卡和磅逊等。

(9)中国至印度尼西亚航线。主要停靠港口有雅加达、苏腊巴亚(泗水)、三宝垄等。

(10)中国至北加里曼丹航线。主要停靠港口有文莱、米里、古晋等。

(11)中国至孟加拉湾航线。主要停靠港口有仰光、吉大港、加尔各答、马德拉斯等。

(12)中国至斯里兰卡航线。主要有科伦坡等港口。

(13)中国至阿拉伯海、波斯湾航线。主要港口有孟买、卡拉奇、阿巴斯、迪拜、哈尔克岛、科威特、多哈、巴士拉等。

(14)中国至澳、新航线。主要停靠港口有悉尼、墨尔本、阿得雷德、布里斯班、奥克兰、惠灵顿、苏瓦、韦里曼特尔等。

(二)国际海运航线中的重要海峡、运河

在国际海运航线中最重要的海峡有：英吉利海峡、马六甲海峡、霍尔木兹海峡、直布罗陀海峡、黑海海峡、曼德海峡、朝鲜海峡、台湾海峡、望加锡海峡、龙目海峡等。其中以英吉利海峡、马六甲海峡和霍尔木兹海峡为最繁忙的海峡。

国际海运航线中重要的运河有：苏伊士运河、巴拿马运河等。目前，苏伊士运河为最繁忙的国际运河，每年通过运河的船只达2万艘次以上，而且主要是油船，其中由中东运往西欧的石油占运河总货运量的60%以上。

(三)世界集装箱运输的主要航线

世界上规模最大的三条主要集装箱航线是:远东—北美航线,远东—欧洲、地中海航线和北美—欧洲、地中海航线。

1. 远东—北美航线,习惯上也被称为(泛)太平洋航线,该航线实际上可以分为两条航线,一条是远东—北美西岸航线,另一条为远东—北美东岸航线。远东—北美西岸航线主要由远东—加利福尼亚航线和远东—西雅图、温哥华航线组成。其涉及港口主要有亚洲的高雄、釜山、上海、香港、东京、神户、横滨等港口,和北美西岸的长滩、洛杉矶、西雅图、塔科马、奥克兰港和温哥华港,涉及亚洲的中国(包括香港、台湾地区)、韩国、日本以及北美的美国和加拿大东部地区。远东—北美东岸的纽约航线涉及的北美东岸港口主要有美东地区的纽约、新泽西港、查尔斯顿港和新奥尔良港。

2. 远东—欧洲、地中海航线,也被称为欧地线。该航线由远东—欧洲航线和远东—地中海航线组成。远东—欧洲航线是1879年由英国四家船公司开辟的世界上最古老的定期航线。欧洲地区涉及的主要港口有:荷兰的鹿特丹港,德国的汉堡港、不来梅港,比利时的安特卫普港和英国的费利克斯托港。远东—地中海航线是1972年10月开始集装箱运输的,地中海地区主要涉及的港口有位于西班牙南部的阿尔赫西拉斯、意大利的焦亚陶罗和位于地中海的中央、马耳他岛南端的马尔萨什洛克港。

世界主要基本港口

3. 北美—欧洲、地中海航线,也被称为跨大西洋航线。该航线实际包括三条航线:北美东岸、海湾—欧洲航线,北美东岸、海湾—地中海航线和北美西岸—欧洲、地中海航线。

三、进出口海运的基本流程

国际货物海运业务分出口货物海运业务和进口货物海运业务。

(一)出口海运的基本流程

出口货物海运业务,是指根据贸易合同中的运输条件,把售予国外客户的出口货物加以组织和安排,通过海运方式运到国外目的港的一种业务。凡以CIF和CFR条件签订的出口合同,皆由卖方安排运输。卖方须根据买卖合同中规定的交货期安排运输工作。如凭信用证方式结汇的,卖方须等收到信用证后方可安排运输。

在以 CIF 或 CFR 条件成交,由卖方安排运输时,海运出口货物运输工作一般包括以下八个环节(如图 3-1 所示)。

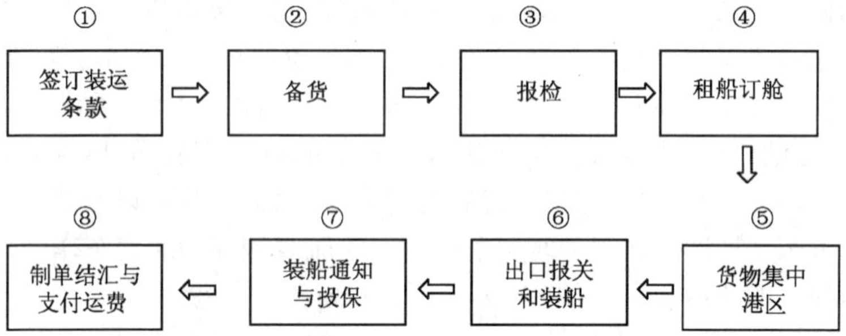

图 3-1　海运出口货物运输工作流程

在以上八个环节中,除签订装运条款、备货工作一般由货主(出口商)完成外,其他工作货主均可委托国际货运代理办理。为此,国际货运代理一定要与货主签订委托代理合同,填制海运进出口货物代运委托书,国际货运代理按委托代理合同规定的要求和委托项目行事。

(二)进口海运的基本流程

进口货物海运业务是根据贸易合同中有关的运输条款,将国外货物加以组织安排,通过海洋运输方式运进国内的一种业务。这种业务的程序取决于合同中的贸易条件。按 FOB 条件签订进口合同时,称为“我方派船”,应由我进口方安排船舶,如进口方自己没有船舶,则应负责租船订舱或委托代理办理租船订舱手续,当办妥租船订舱手续后,应及时将船名及船期通知卖方,以便卖方备货装船,避免出现船等货的情况。对 CFR 和 CIF 条件的合同,一般称“对方派船”,由卖方负责订舱配船、安排装运,但由于各种原因进口货物不一定都能按期交货,为此,我进口方必须督促出口方按期或提前装运。

按 FOB 条件签订进口合同,对进口商来说,进口货物海运业务的流程可总结为:签订装运条款→租船、订舱→投保→收集和整理单证→报关报检→监卸和交接→进口代运→支付运费。其中,租船、订舱、投保、收集和整理单证、报关报检、监卸和交接、进口代运这些环节,货主或者收货人一般委托国际物流企业完成。

第二节 租船运输代理业务

租船运输(Tramp Shipping,Carriage of Goods by Chartering)是通过船舶出租人和承租人之间签订运输合同或船舶租用合同进行货物运输的基本营运方式。在这种方式下,船舶所有人为了赚取运费,把船舶按照事先商定的条件,租给租船人,由租船人支付租金,以完成特定海上运输任务。

租船运输又称不定期运输,是相对于定期船运输的另一种船舶运输方式。它既没有固定的船舶班期,也没有固定的航线和挂靠港,而是按照货源的要求和货主对货物运输的要求,安排船舶航行计划,组织货物运输。

租船运输的特点主要有:

第一,租船运输是根据租船合同组织运输的,双方事先要签订书面的租船合同。租船合同订明了双方的责任、权利和义务,也是解决争议的依据。

第二,国际租船市场行情影响租金或运费水平的高低。

第三,船舶营运中有关费用的分担取决于不同的租船方式,并在租船合同中订明。

第四,租船运输主要适用于大宗货物的运输,如谷物、矿石、煤炭等。

当货主的货量达到一定规模时可使用租船运输。租船运输适合大宗散货运输,货物的特点是批量大、附加值低、包装相对简单。因此,租船运输的租金相对班轮运输而言较低。

大宗货物的分类

一、租船的方式

租船方式主要包括定程租船(Voyage Charter,Trip Charter)、定期租船(Time Charter)、光船租船(Demise or Bareboat Charter)和包运租船四种。

(一)定程租船

定程租船又称为程租船或航次租船(Voyage Charter),是指船舶所有人按双方事先议定的运价与条件向租船人提供船舶的全部或部分舱位,在指定的港口之间进行一个或多个航次运输指定货物的租船业务。定程租船又可分为单航次租船(Single Voyage Charter)、来回航次租船(Round Voyage Charter)、连续航次租船(Consecutive Voyage Charter)、包运合同(Contract of Affreightment,COA)等形式。

定程租船的主要特点是:

第一,以航次为基础,规定一定的航线和装卸港口,以及装运的货物种类、名称、数量等。

第二,船舶的调度、经营管理由船方负责,船方并负担船舶的燃料、物料、修理、港口使用费、淡水以及船员工资等营运费用。

船舶航次及其生产周期

第三,在多数情况下,运价按照货物数量计算或采用包干运费。定程租船的运费一般按装运货物的数量计算,也有按航次包租总金额计算的。至于货物在港口的装卸费用究竟由船方抑或租方负担,应在租船合同中做出明确规定。

第四,规定一定的装卸期限或装卸率,并计算滞期、速遣费。

第五,船方除对航行、驾驶、管理负责,还应对货物运输负责。在定程租船方式下,船方必须按租船合同规定的航程完成货物运输任务,并负责船舶的经营管理及在航行中的费用开支;租船人则应该支付双方约定的运费。

第六,船方和租方的权利和义务都以租船合同为准。

(二)定期租船

定期租船(Time Charter)又称期租船,是指船舶所有人把船舶出租给承租人使用一定时期的租船方式,在此期限内,承租人可以利用船舶的运载能力来安排货运。定期租船下,以约定的使用期限为船舶租期,而不以完成航次数多少来计算。在租期内,承租人利用租赁的船舶既可以进行不定期货物运输,也可以投入班轮运输,还可以在租期内将船舶转租。

定期租船的主要特点是:

第一,必须租用整船。

第二,不规定船舶的航线和装卸港口,只规定航行区域范围。

第三,对船舶装运的货物不做具体规定,可以选择装运任何合法的货物。

第四,租船人有船舶的调度权,并负责船舶的营运,支付船用的燃料、各项港口费用、捐税、货物装卸等费用。船东只负责船舶的维修、保险、配备船员、供给船员的给养和支付其他固定费用。

第五,以一定时间为租船条件,租赁期间的船期损失,除特殊原因外,均归租船人负担,故定期租船合同不规定滞期速遣条款。

第六,租金一般是预付,按照每载重吨每月(或每日)计算,租金在租期内不变。

第七,双方的权利义务以定期租船合同的规定为依据。

(三)光船租船

光船租船方式又称船壳租船。这种租船方式实质上是一种财产租赁方式,船舶所有人不具有承揽运输的责任。在租期内,船舶所有人只提供一艘空船给承租人使用,由承租人为船舶配备船员,负责营运管理和供应,以及一切固定或变动的营运费用,船舶所有人在租期内除了收取租金外,对船舶和经营不再承担任何责任和费用。

光船租船是定期租船的一种派生租船方式,其主要特点是:

第一,船舶所有人提供一艘适航的空船,不负责船舶运输。

第二,承租人配备全部船员,并负责指挥。

第三,承租人以承运人身份负责船舶的经营及营运调度工作,并承担在租期内的事件损失。

第四,承租人负担除船舶资本费用外的全部固定及变动成本。

第五,以整船出租,租金按船舶的载重吨、租期及商定的租金率计算。

第六,船舶的占有权从船舶交与承租人使用时起转移至承运人。

(四)包运租船

包运租船是指船舶所有人向承租人提供一定吨位的运力,在确定的港口之间,按事先约定的时间、航次周期和每航次较为均等的运量,完成合同规定的全部货运量的租船方式。

包运租船是定程租船的一种派生方式,其主要特点是:

第一,包运租船合同中不特定某一船舶及其国籍,仅规定租用船舶的船级、船龄和其技术规范等。

第二,租期的长短取决于运输货物的总运量及船舶航次周期所需的时间。

第三,承租人通常是货物贸易量较大的工矿企业、贸易机构、大型的石油公司。

第四,航次中所产生的航行时间延误风险由船舶所有人承担。

第五,运费按船舶实际装运货物的数量及约定的运费率计收,通常采用航次计算。

第六,航次费用的负担责任划分一般与航次租期方式相同。

不同租船方式的区别见表 3-2 所示。

表 3-2　　不同租船方式的区别

<table>
<tr><th colspan="2" rowspan="2">项目</th><th colspan="4">租船的方式</th></tr>
<tr><th>航次租船</th><th>定期租船</th><th>光船租船</th><th>包运租船</th></tr>
<tr><td colspan="2">船员配备与船长任命</td><td>船东</td><td>船东</td><td>承租人</td><td>船东</td></tr>
<tr><td colspan="2">船舶调度与安排</td><td>船东</td><td>承租人</td><td>承租人</td><td>船东</td></tr>
<tr><td colspan="2">揽货</td><td>船东</td><td>承租人</td><td>承租人</td><td>船东</td></tr>
<tr><td colspan="2">运费/租金</td><td>运费</td><td>租金</td><td>租金</td><td>运费</td></tr>
<tr><td colspan="2">订租舱位</td><td>整船或部分舱位</td><td>整船舱位</td><td>整船舱位</td><td>整船舱位</td></tr>
<tr><td colspan="2">承运人</td><td>船东</td><td>承租人</td><td>承租人</td><td>船东</td></tr>
<tr><td rowspan="7">有关营运费用的分担</td><td>船员工资等</td><td>船东</td><td>船东</td><td>承租人</td><td>船东</td></tr>
<tr><td>港口使费</td><td>船东</td><td>承租人</td><td>承租人</td><td>船东</td></tr>
<tr><td>燃油费</td><td>船东</td><td>承租人</td><td>承租人</td><td>船东</td></tr>
<tr><td>装卸费</td><td>合同约定</td><td>承租人</td><td>承租人</td><td rowspan="2">合同约定/船东</td></tr>
<tr><td>船舶维修费</td><td>船东</td><td>船东</td><td>承租人</td></tr>
<tr><td>滞期/速遣费</td><td>有</td><td>无</td><td>无</td><td>有</td></tr>
<tr><td>检验、保险费</td><td>船东</td><td>船东</td><td>合同约定</td><td>船东</td></tr>
</table>

二、租船应注意的问题

租船通常是指包租整船而言。租船通常在租船市场上进行。船东(或二船东)向租船人提供的不是运输劳务,而是船舶的使用权。船东和租船人之间所进行的租船业务是对外贸易的一种商业行为。

租船程序与商品贸易程序基本一致,同样需要租方和船方之间通过一定的形式提出自己的条件,经过反复商洽,最后达成租船交易。租船一般也要经过询盘、报盘、还盘、接受和签约五个环节。

若国际货运代理选择租船进行出口货物托运,可选择适当的租船代理人或经纪人(如中国租船有限公司),将托运货物的详细资料(种类、数量、装卸港、时间等)告知经纪人,委托其洽租适当的船舶。船公司接到经纪人的询价后,若有意承运,船方将向经纪人提出报价;经纪人接到报价后与国际货运代理协商;若国际货运代理对船方的报价有不同意见,可通过经纪人向船方还价,直到双方达成一致,订立正式的租船合同。租船运输合同正式签订后,船舶所有人就可按合同的要求,安排船舶投入营运,货方则备好货物准备装船。

货运代理租船时应注意如下问题。

第一,与船方订立租船合同时,必须注意租船合同与进出口合同有关装运时间的一致性。租船前必须了解和熟悉贸易合同中的有关贸易条件,要做到租船条款与贸易条款相衔接。要了解货物的品名、性质(易燃、易爆、易腐等)、包装、尺码、重量以及其他一些情况,如冷冻货所需的温度、超长超重货的重量和长度等。要了解装卸港口情况、装卸率、价格条件(船边交货还是舱底提货)、备货通知期限等。

第二,弄清装卸港口的地理位置、是海港还是河港、港口和泊位的水深、候泊时间(指拥挤情况)、港口的作业时间(是三班还是两班,是 5 天还是 6 天)、装卸效率、港口费用、捐税、港口习惯等。

第三,要选租船龄较小、质量较好的船,一般不要租用 15 年以上的超龄船。尽可能租有自动舱盖、有电动绞车的船,对期租要注意船的耗油量是否经济。

第四,要考虑船东的信誉和财务情况,在航运不景气的时候更应如此,以免造成后患。除非确实可靠,一般不要租二船东的船,对只有一两条船的小船东也要提高警惕。

第五,正式报价前要了解市场行情,做好程租与期租、大船与小船、好船与次船和不同航线的比价工作,做到心中有数,要随行就市。

第六,利用船东之间、代理商之间、不同船型之间的矛盾,争取按较为有利的条件达成交易。

第七,在洽租长期租船时要考虑在这段时间内有无稳定的基本货源;最好不要在高运价时租进;若在租期内情况变化,例如货源不足时,可考虑转租等。

三、租船货物装运手续与程序

租船货物的装运手续通常包括以下环节。

第一,签发装货单。租船合同订立后,托运人备妥货物,即可请求承运人签发装货单,待相关手续办妥之后,可将出口货物运至装货港口,向海关申报通关。

第二,宣载与装船。承运人将船舶开抵装货港并完成一切装货准备之后,由船长向托运人签发装货准备就绪通知书(Notice of Readiness),以书面形式宣布本航次装运货物的实际数量,习惯上称为“宣载”(the Declaration of Cargo)。托运人在此文件上签字后,立即依运输合同的规定开始装船,以免产生滞期费。

第三,装船时间计算。在租船运输中,船方通常不负责货物在装卸港的装船与卸船及其费用。但船方必须向港务当局缴纳港口使用费,该费用一般按船舶在港停泊时间计算。因此,船方要计算货方装船的天数,并做成装卸时间表(Time Sheet),待货物装船完毕后,再计算货方是否滞期或速遣,并予以惩罚或奖励。

第四,货量检测。货物装船后,一般由货主委请公证机构会同船方,按照装船前后船舶吃水的情况,检测装船货物的重量。

第五,签发大副收据。货物装船完毕后,由船上大副向货主签发大副收据,证明装船货物的状况,并作为换取提单的依据。

第六,支付运费,换取提单。货主按照租船合同的规定(CIF 或 CFR 条件),向承运人支付运费,并以大副收据向承运人换取正式提单。该提单是依据租船合同签发的,通常称为租船提单(Charter Party B/L),它与班轮提单有所不同。

第七,寄送装船通知。这一手续及程序与班轮运输完全相同。

第三节　租船合同

租船合同(Charter Party)是一种运输契约,本质上是船舶所有人与承租人双方自愿接受法律约束的协议,双方有义务遵守。为方便事后法律问题的处理,一般应在租船合同中对适用的规则、规定、法律予以明确。当租船合同对适用法律没有明确规定时,可根据海事国际私法的原则具体适用船籍国、签约地国、合同所用文字国等法律。

在实务中,为了简化和加速签订租船合同的进程,在国际租船市场上,一些航运集团、大航运公司或贸易集团根据本行业特点,结合货物种类、运输航线以及习惯做法,制定了一些租船合同范本。租船合同用得较多的是航次租船合同(Voyage Charter Party)和期租合同(Time Charter Party)。

一、航次租船合同

根据《中华人民共和国海商法》(以下简称我国《海商法》)的规定,航次租船合同必须以书面形式订立。因此,口头的陈述不具有法律效力。

(一)航次租船合同的主要条款

我国《海商法》第93条规定:"航次租船合同的内容,主要包括船舶所有人和承租人的名称、船名、船籍、载货重量、容积、货名、装货港和目的港、受载期限、运费、滞期费、速遣费以及其他有关事项。"航次租船合同的内容因具体业务的货类、航线、贸易条件等而不同,使用的标准租船合同格式的条款也不同,可以根据具体情况和对双方有利的原则,对标准合同格式中的若干条款进行删减或增加,对于没有明确规定的事项可以依照法律或商业习惯处理。

航次租船合同的主要内容有以下九项。

1. 合同当事人。航次租船合同的当事人是船舶所有人和承租人。为此,租船合同中须列明船舶所有人和租船人的名称、住址和主要营业地址。

2. 船舶概况。船舶概况主要包括承租人对船舶的一些要求和船名、船籍、船级、船舶吨位等。一旦在合同中确定了船舶,就必须由该艘船舶执行合同规定的航次运输任务。如果原来指定的船舶由于意外事故沉没或者不能履行合同,则合同受阻,合同自此解除,双方均不承担责任。在实践中,为能顺利地履行合同以及避免因原指定船舶发生意外事故而导致合同解除,通常在指定船名的情况下,在航次租船合同中加入"代替船条款"(Substitute Clause),赋予船舶所有人"选择权"。船舶所有人在指定替代船时,必须在船级、船型、载重吨、位置等方面与原定船舶相符,否则,承租人有权取消合同,并要求损害赔偿。

3. 装卸港。在航次租船运输中,装卸港(Loading/Discharging Ports or Places)通常由承租人指定或选择①,航次租船合同中也将具体港口名称予以记载。目前国际上约定装卸港的方法有以下三种。

(1)明确指定具体的装货港和卸货港。这种方法是在合同中只记载装货港和卸货港的港口名称,而没有确定该港的具体泊位,装卸作业的具体泊位按该港的习惯决定。单航次租船运输时,往往采用这种规定方法。

---

① 承租人所指定的港口或泊位都必须是能使船舶安全进出,并进行货物装卸的"安全港"(Safe Port)和"安全泊位"(Safe Berth)。

(2)规定某个特定的装卸泊位或地点。这种方法是在租船合同中,除指定港名外,还要指明港内的装卸泊位或地点,如注明某港某泊位。这是承租人为了装卸方便而在租船合同中做出的规定。

(3)由承租人选择装货港和卸货港。这种方法通常是在合同中注明两个或两个以上装货港或卸货港名,或某个区域,并规定承租人在其范围内选择其中的一个或两个。这个范围必须是在一条连续的海岸线上。对于卸货港而言,这种选择权必须在船东签发提单之前或者抵达第一个选卸港之前若干小时内行使,否则,因为承租人未及时"宣港"(Declaration of Port)而给出租人造成的延误损失,承租人应负责赔偿。

我国《海商法》第 101 条规定:"出租人应当在合同约定的卸货港卸货。合同订有承租人选择卸货港条款的,在承租人未按照合同约定及时通知确定卸货港时,船长可以从约定的选卸港中自行选定一港卸货。承租人未按照合同约定及时通知确定的卸货港,致使出租人遭受损失的,应当负赔偿责任。出租人未按合同约定,擅自选定港口卸货致使承租人遭受损失的,应当负赔偿责任。"

如果在租船合同中明确规定了装、卸港口或泊位,即在列明港口(Named Port)和泊位(Named Berth)的条件下,除非合同另有约定,否则承租人没有保证港口的安全性的义务。这意味着港口和泊位的安全风险和责任在船舶所有人这一方。

如果在订立租船合同时,承租人选定了某一港口,但没有列明具体泊位,则该港口的安全风险由船舶所有人负责,而泊位的风险和责任由承租人承担。当然,由于某一事件造成一个港内所有泊位的不安全性,依然作为港口风险处理,由船舶所有人承担风险。

如果在订立租船合同时承租人并没有列明某一个具体的港口,而是写成"port A or port B or port C"等选择性的条款,也是由船舶所有人承担港口和泊位的安全风险和责任。而如果承租人并不是在几个列明的港口中选择,而是在一个较大范围内,如"one port between Singapore and Kobe",这时风险分摊应是船舶所有人负责列明的港口或泊位,即本例中为新加坡和日本神户。

如果在租船合同中,装卸港口或泊位是由承租人选择或待指定,承租人一般有保证港口或泊位安全的义务。

4. 受载期与解约日。受载期(Laydays)是船舶在租船合同规定的日期内到达约定的装货港,并做好装货准备的期限。解约日(Canceling Date)是船舶到达合同规定的装货港,并做好装货准备的最后一天。航次租船合同中将该条款用"LAYCAN"来表示。

5. 货物。航次租船合同的货物条款包括货物的种类、数量及提供货物的时间等。我国《海商法》第100条规定:“承租人应当提供约定的货物;经出租人同意,可以更换货物。但是,更换的货物对出租人不利的,出租人有权拒绝或者解除合同。因未提供约定的货物致使出租人遭受损失的,承租人应当负赔偿责任。”

如果在租船合同中规定了货物数量,那么承租人所提供的货物的数量必须达到船舶的装载能力,即重货按照满载、轻货按照满舱的要求,同时,船舶所有人也有义务尽可能提供载货空间。如果租船合同中规定了承租人有义务对船舶提供“满载货物”,同时又规定“或多或少一定百分比”(more or less ××%),或者规定“至多××吨,至少××吨”,那么这两种情况下,应该由船长进行“宣载”,即根据本航次所需要的物料、油、水等因素,由船长在装货港宣布可以装载的货物数量。

【例3-2】某租船合同规定某一船舶的载重吨位为6 000吨,5%的伸缩率,运价为每吨10美元。装货前,船长宣载5 800吨,货方实装货4 000吨,问:运价为多少?

解:航次租船运费是以船舶的承运能力为基准计算的。运价为5 800×10=58 000(美元)。

6. 装卸费用分担。装卸费用是指将货物从岸边(或驳船)装入舱内和将货物从船舱内卸至岸边(或驳船)的费用。如果租船合同中没有做出约定,则由船舶所有人负担,但关于装卸费用及风险如何分担的问题,一般租约中都会做出约定,此时应完全依据合同条款的具体约定。常见的约定方法有以下几种:

(1)船方负担装费和卸费,又称“班轮条件”(Gross Terms, Liner Terms或Berth Terms)。在这种条件下,费用划分界限一般在船边,承租人把货物交到船边的吊钩下,船方负责把货物装进舱内并整理好;卸货时,船方负责把货物从舱内卸到船边,由承租人或收货人提货。所以,责任和费用的划分以船边为界,由船舶所有人负责雇佣装卸工人,并负担货物的装卸费用。这种条款多用于包装货或木材,而不适用于散装货。

(2)船方管装不管卸(Free Out,简称F.O.)。它是指在装货港由船舶出租人负担装货费,在卸货港由承租人负担卸货费。

(3)船方管卸不管装(Free In,简称F.I.)。它是指在装货港由承租人负担装货费用,在卸货港由船舶出租人负担卸货费用。

(4)船方不管装和卸(Free In and Out,简称F.I.O.)。此种方法使用较多,即船舶出租人既不管装也不管卸。采用这一方法,还应明确谁负担理舱和平舱费。一般都规定由承租方负担,即船方不负担装、卸、理舱和平舱费(Free In and Out,Stowed,Trimmed,简称 F. I. O. S. T.)。

7. 装卸时间。装卸时间是指合同当事人双方约定的船舶所有人使船舶适于装卸货物,无须在运费之外支付附加费的时间,也可以说是承租人和船舶所有人约定的,承租人保证将合同货物在装货港全部装完以及在卸货港全部卸完的时间之和。

程租船合同中对装卸时间的确定,最为常见的有三种方法。

(1)分开确定装卸时间,即对装货确定一个“允许装货时间”(Time Allowed for Loading);对卸货确定一个“允许卸货时间”(Time Allowed for Discharging)。

(2)确定总的装卸时间。总的装卸时间又称为“装卸共用时间”,即对装货和卸货确定一个“允许使用的总时间”(Total Time Allowed to Use)。例如“许可装卸时间共 20 天”(20 days allowed for loading and discharging)。

(3)许可装卸时间用装卸率表示,如“每天装或卸 1 000 吨”(1 000 tons per day for loading or discharging)。

双方当事人确定装卸时间长短的主要依据是货物种类、货物数量以及船舶所到港的日常装卸率。装卸时间一旦在合同中确定,对双方当事人均有约束力。

由于装卸时间的长短直接影响到船舶的使用周期,对船东来说,在由货方承担装卸责任时,装卸时间无法控制,为保证船期,通常应规定在多少时间内货方应完成装卸作业。

在租船合同中,针对装卸时间往往是用天数来表示的,随着各种各样租船合同的订立,对于天数的表述也是多种多样的。但使用最多的是连续 24 小时晴天工作日(Weather Working Day of 24 Consecutive Hours)计算法①,即在昼夜作业的港口,须连续工作 24 小时才算一天,如中间有几个小时坏天气不能作业,则应予扣除。例如,周一是好天气,从 9 时开始计算许可时间,则到周二(如果仍是好天气)9 时才是一个工作日。如果在此期间有 3 个小时

① 24 小时工作日(Working Day of 24 Hours),其含义为累计足够 24 个小时的工作时间作为一个工作日,例如,港口当地实行 8 小时工作制,那么三个工作日才可算做一个 24 小时工作日;24 小时连续工作日(Working Day of 24 Consecutive Hours),此时装卸时间是被连续计算的,其含义与工作日基本相同。24 小时晴天工作日,这种表示方法与晴天工作日的表述基本相同,但是其有一个比较小的差别,即在 24 小时连续晴天工作日的条件下,对任何时间当中发生的坏天气,不论是否发生在作业时间,均要进行实扣实销;而在晴天工作日中,如果坏天气不是发生在工作时间,那么不得进行扣减,但如果发生在工作时间,那么需要按照工作时间与 24 小时的比例进行扣减。

因坏天气无法作业,则到周二12时才算做一个工作日。此外,星期日和节假日也应除外。

关于利用星期日和节假日作业是否计入装卸时间的问题在合同中应订明:“星期日和节假日除外”(Sundays and Holidays Excepted,SHEX)、“不用不算,用了要算”(SHEX Unless Used),或“不用不算,即使用了也不算”(SHEX Even Used)。此外,装货和卸货时间是分别计算还是合并计算也都需要明确规定。

许可装卸时间的规定方法

8. 滞期与速遣。滞期费(Demurrage Money)是指承租人如不能在合同约定的许可装卸时间内将货物全部装完或卸完,必须按照合同规定向船东支付的罚款。如果承租人在约定的装卸货时间之前完成装卸作业,船东给承租人的奖励叫速遣费(Dispatch Money)。

一般滞期费定为每天若干金额,不是一天按比例计算。它等于滞期时间和约定的滞期费率的乘积。

根据国际航运惯例,速遣费费率通常是滞期费费率的一半(Dispatch Half Demurrage,DHD),除非合同另有明确规定。例如规定:“滞期费每日1 500美元,速遣费每日750美元,不足一天按比例计算”(Demurrage/Despatch USD 1 500/750 per day or pro-rata)。

在租船合同中,如无相反规定还应遵循“一旦滞期,永远滞期”(Once on demurrage always on demurrage)的原则,也就是只要发生滞期,原本可以扣除的星期天、节假日和坏天气等均不能扣除。在计算速遣时间的问题上,出租人和承租人容易发生争议的问题是在节省的时间中是否扣除星期日、节假日及因不良天气停止工作的时间。为了防止争议,租船合同也常常采用一些含义明确的用语,表明速遣时间的计算方法,即“节省全部时间”(All Time Saved)和“节省全部工作时间”(All Working Time Saved)。当合同中没有明确约定采用哪一种用语来计算速遣时间时,通常解释是按“节省全部工作时间”计算,因为按这种用语计算比较合理,实践中采用的也比较多。

在实际工作中,滞期时间与速遣时间是通过实际使用的装卸时间与合同允许使用的装卸时间相比较而计算出来的。如果实际使用的装卸时间减去可用的装卸时间计算出来的是正值,则是滞期时间;如果是负值,则为速遣时间。

【例3-3】黑龙江龙华货运代理公司托运大豆14 000吨,租用一艘程租船装运,租船合同中有关的装运条件如下:

(1)每个晴天工作日(24 小时)装货定额为 700 吨,星期日和节假日除外,如果使用了,按半数时间计入。

(2)星期日和节假日前一日 18 时以后至星期日和节假日后一日的 8 时以前为假日时间。

(3)滞期费和速遣费每天(24 小时)均为 USD1 500。

(4)凡上午接受船长递交的“装卸准备就绪通知书”(Notice of Readiness),装卸时间从当日 14 时起算;凡下午接受通知书,装卸时间从次日 8 时起算。

(5)如有速遣费发生,按“节省全部工作时间”(All Working Time Saved)计算。

装货记录如表 3-3 所示。

表 3-3　装货记录

日期	星期	说明	备注
4.27	三	上午 8 时接受船长递交的通知书	
4.28	四	0—24 时	下雨停工 2 小时
4.29	五	0—24 时	
4.30	六	0—24 时	18 时以后下雨 2 小时
5.1	日	0—24 时	节假日
5.2	一	0—24 时	节假日
5.3	二	0—24 时	节假日
5.4	三	0—24 时	8 时以前下雨停工 4 小时
5.5	四	0—14 时	

问题:根据以上条件计算滞期费或速遣费。

解:根据以上条件计算滞期费或速遣费时,可分为以下几步。

第一步,计算使用时间。

4 月 27 日(星期三)为:10 小时(当日 14 时至 24 时)

4 月 28 日(星期四)为:24-2 = 22 小时

4 月 29 日(星期五)为:24 小时

4 月 30 日(星期六)为:18 +(6-2)× 1/2 = 20 小时

5 月 1 日(星期日)为:24 × 1/2 = 12 小时

5 月 2 日(星期一)为:24 × 1/2 = 12 小时

5 月 3 日(星期二)为:24 × 1/2 = 12 小时

5 月 4 日(星期三)为:(24-8)+(8-4)× 1/2 = 18 小时

5 月 5 日(星期四)为:14 小时

合计: 10+22+24+20+12+12+12+18+14=144 小时=144/24=6 天

第二步,计算允许装卸时间。

14 000 / 700 = 20 天

第三步,计算非工作时间。

4 月 30 日的非工作时间为:(6-2)×1/2 = 2 小时

5 月 1 日的非工作时间为:12 小时

5 月 2 日的非工作时间为:12 小时

5 月 3 日的非工作时间为:12 小时

5 月 4 日的非工作时间为:(8-4)×1/2 = 2 小时

合计:2+12+12+12+2=40 小时/24 = 1.67 天

第四步,计算滞期费或速遣费。

由于 6 天+1.67 天=7.67 天<20 天,所以应计算速遣费。

速遣费= USD 1 500×(20-7.67)= USD18 495

9.运费。双方在租船合同中要明确规定运费的费率、计算标准、支付方式和时间等。

运费的表现形式有运费率(Rate of Freight)和包干运费(Lump Sum Freight)两种。运费率是指每运费吨若干金额,如每吨 11 美元(USD11 per long ton)或每立方米 38 美元(USD38 per cubic meter);包干运费是指按提供的船舶,定一笔整船运费,不论实际装货多少,一律照付,但船东必须保证船舶的载重量和装货容积。

当按运费率计算运费时,在合同中应确定计算运费吨的标准。特别是以重量作为标准时,首先确定按什么货量。一般载货量有装货数量和卸货数量两种。“装货数量”(In-taken or Loading Quantity)是指由发货人在装货港提供并记入提单,并经船方核定后签字的货量,这就是提单货量(B/L Weight),通常租船合同规定的载货量都是提单货量。“卸货数量”(Landed,Delivered or Out-turn Quantity)是指由收货人在卸货港对货物称重后确定的货量。由于这种计量方式由收货人或租船人负担称重费用和时间费用,因此,租船合同一般规定租方选择按卸货量计付运费或按装货量减

1%~2%计付运费。

如果合同规定运费应在货物运抵目的港时支付,习惯上称为“运费到付”(Freight to Collect)。在运费到付的情况下,船舶所有人必须将货物运送到合同规定或租船人选择的卸货港,才有权取得该项运费。运费的风险始终是由船舶所有人承担的。常见的运费到付的规定方法有以下三种。

其一,运费在交货时支付(Freight payable on delivery of cargo);

其二,运费在卸货前支付(Freight payable before discharging);

其三,运费在交货后支付(Freight payable after delivery of cargo)。

如果合同规定运费在船舶到达目的港之前支付,习惯上称为“运费预付”(Freight Prepaid)。对租船人来说,由于货物还未运抵目的港却已预付了运费,实际上存在着一定的风险和利息损失,因此,在运费预付的情况下,运费的风险由租船人承担,租船人通常会向保险公司投保运费。

(二)航次租船合同范本

国际标准合同是海事国际惯例的重要形式之一,既有非政府组织(如航运协会)制定的,也有某个大船运集团制定的,如:古巴食糖租船合同(Cuba Sugar Charter Party)、澳大利亚谷物租船合同(Australia Grain Charter Party,AUSTWHEAT)、北美谷物租船合同(North America Grain Charter Party,NORGRAIN)、威尔士煤炭租船合同(Chamber of Shipping Walsh Coal Charter Party)、油轮程租船合同(Tanker Voyage Charter Party)等。

目前航次租船合同范本使用较广的有“标准杂货租船合同”(Uniform General Charter Party,GENCON),简称“金康合同”或“金康格式”。金康合同1922年由国际著名船舶所有人组织波罗的海国际航运协会(BIMCO)公布,分别于1976年、1994年进行修订,可适用于各种航线及各类杂货的航次租船。

《金康合同1994》(GENCON 94)共19条。其主要内容包括:船舶所有人与承租人;船舶所有人责任条款;绕航条款;运费支付;装卸(费用、风险、船吊、装卸工人损害);装卸时间;滞期费;留置权条款;解约条款;提单;互有责任碰撞条款;共同海损和新杰森条款;税收和使费条款;经纪人费用;代理;普通罢工条款;战争风险;普通冰冻条款;法律和仲裁。金康合同样本见表3-4。

表 3-4　　　　　　　　航次租船合同——金康格式

<table>
<tr><td rowspan="2">1. Shipbroker</td><td>RECOMMENDED
THE BALTIC AND INTERNATIONAL MARITIME CONFERENCE
UNIFORM GENERAL CHARTER(AS REVISED 1922 AND 1976)
INCLUDING "F. I. O." ALTERNATIVE, ETC.
(To be used for trades for which no approved form is in force)
CODE NAME; "GENCON" Part I</td></tr>
<tr><td>2. Place and date</td></tr>
<tr><td>3. Owners/Place of business (Cl. 1)</td><td>4. Charters/Place of business (Cl. 1)</td></tr>
<tr><td>5. Vessel's name (Cl. 1)</td><td>6. GT/NT (Cl. 1)</td></tr>
<tr><td>7. DWT all told on summer load line in metric tons(abt.)(Cl. 1)</td><td rowspan="2">8. Present position (Cl. 1)</td></tr>
<tr><td>9. Expected ready to load(abt.)(Cl. 1)</td></tr>
<tr><td>10. Loading port or place (Cl. 1)</td><td>11. Discharging port or place (Cl. 1)</td></tr>
<tr><td colspan="2">12. Cargo (also state quantity and margin in Owners' option, if agreed; if full and complete cargo not agreed state "part cargo")(Cl. 1)</td></tr>
<tr><td>13. Freight rate (also state if payable on delivered or in taken quantity)(Cl. 1)</td><td>14. Freight payment (state currency and method of payment, also beneficiary and bank account)(Cl. 4)</td></tr>
<tr><td>15. Loading and discharging costs [state alternative (a) or (b) of Cl. 5, also indicate if vessel is gearless]</td><td rowspan="2">16. Laytime [if separate laytime for load. and disch. is agreed, fill in (a) and (b), if total laytime for load. and disch., fill in (c) only] (Cl. 6)
(a) Laytime for loading
(b) Laytime for discharging
(c) Total laytime for loading and discharging</td></tr>
<tr><td>17. Shippers (state name and address)(Cl. 6)</td></tr>
<tr><td>18. Demurrage rate(loading and discharging)(Cl. 7)</td><td>19. Cancelling date (Cl. 10)</td></tr>
<tr><td colspan="2">20. Brokerage commission and to whom payable (Cl. 14)</td></tr>
<tr><td colspan="2">21. Additional clauses covering special provisions, if agreed</td></tr>
<tr><td colspan="2">It is mutually agreed that this Contract shall be performed subject to the conditions contained in this Charter Party which shall include Part I as well as Part II. In the event of a conflict of conditions, the provisions of Part I shall prevail over those of part II to the extent of such conflict</td></tr>
</table>

Signature (Owners)　　　　　　　　Signature (Charters)

二、期租合同

期租船租赁时间长，且租期内由租方经营管理。期租合同与航次租船合同在内容上有所不同。

（一）期租合同的主要内容

期租合同的主要内容有以下七项。

1. 船舶说明。船舶说明的主要项目包括：建造年份、船舶结构、吊杆起重能力、船籍、船级、载重吨和载货容积、吃水、航速与油耗等。

2. 租期。租期（Charter Period）的长短主要根据租方的需要而定。通常确定租期的方法有三种。

（1）暗含伸缩性。合同规定租期为若干月，例如“6 个月”，虽未明确有无伸缩，但按惯例，允许租方有一个合理的伸缩时间，“4～6 个月”也属这种方法。

（2）明确规定伸缩时间。合同规定租期为若干月及租期的具体伸缩天数，例如“6 个月，20 天伸缩”（six months 20 days more or less）。

（3）规定没有或暗含没有伸缩。如合同规定租期为最少若干月最多若干月，租方必须安排船舶在规定时间内还船，不能再伸缩，例如“最少 5 个月，最多 8 个月”（five months minimum eight months maximum）就没有伸缩期了。

3. 交船。交船即船东把船舶和船员交给租船人使用，此时即是租期和租金开始计算之时。

交船地点的订法很多，如在租方指定的港口交船，船到达租方指定的港口引水站交船，或“船过某一位置交船”等。交船地点的选择关键在于船舶空放的经济损失由谁负担。

4. 租金。租船人为使用船舶而付出的代价称为租金（Hire）。习惯上租金按每月、每天或每日历月每夏季载重吨计算，也可按整船每天若干金额计算，两者之间可相互换算。例如，一艘夏季载重吨为 25 000 吨的船，每 30 天每吨的租率为 8 美元，则这条船每天租金为 25 000×8÷30＝6 666 美元。租金与船舶所载货物无关。

5. 停租与复租。停租（Off Hire）是指在租期内因约定的原因（例如船方人员或物料不足、机器故障、检验船舶、入坞修理等船方责任事故）造成租方租期损失时，租方有中断支付停止使用船舶期间租金的权利。停租期间无须支付租金，当船舶恢复使用时，称为复租（On Hire）。停租和复租时双方必须办理记录手续。

6. 还船。租期满时,租船人有义务按照租约规定的地点和条件将船还给船东。还船之时就是租金停付之时。

还船地点和时间的订法对租方有利的是"船在何时何处备妥,就在何时何处还船"(When Where the Vessel Ready, W. W. R);对船东较有利的是"出港引水员下船时作为还船"(Dropping Outward Pilot, D. O. P),在这一条件下,船东可少付一笔出港使用费。因为牵涉到费用问题,这条内容应尽可能明确。

7. 转租。合同中一般明确租船人在租期内有权把所租来的船转租(Sub-let)给别人,但租船人仍有义务履行原租船合同。长期租船条件下,租船人有时会因货源或经营决策等原因,将所租船转租给第三者,这种情况下,租船人就成了二船东(Disponent Owner)。在洽订转租合同时,要严格把握原租船合同条款,以保证第三者的行为在受转租合同约束的同时不违背原租船合同,以防止二船东与真正的船东之间发生不必要的纠纷。例如,转租合同中的航行地区必须和原租船合同中的规定一致,共同海损理赔条款、仲裁条款也要一致。

除上述介绍的期租合同部分常用条款外,期租合同条文还有很多,例如:对货物种类及航行区域的限制,船东的责任及免责条款、首要条款、战争条款等,此外还有冰冻条款、征用条款、航速索赔条款等。

(二)期租合同范本

期租合同范本常用的有中国租船公司拟定的租船合同范本"中国期租1980"(SINOTIME 1980)、波罗的海国际海运协会的标准定期租船合同(Uniform Time Charter, BAITIME)、纽约土产交易所定期租船合同(New York Produce Exchange Time Charter Party, NYPE,简称 Time Charter Party)。

其中,标准定期租船合同又称巴尔的摩租船合同。该合同由波罗的海国际航运协会于 1909 年制定,是英国航运公会承认的标准定期租船合同格式。自 1909 年制定以来,这一格式几经修改,现使用的是 1950 年修订的格式。其主要条款有:①船舶说明(Description of the Ship);②租期(Charter Period);③交船(Delivery of Vessel);④租金(Hire);⑤停租与复租(Off Hire/Suspension of Hire or On Hire);⑥还船(Redelivery of Vessel)。

(三)期租合同与航次租船合同的不同

期租合同具有财产租赁合同和运输合同的双重性,承租人根据定期租船合同在一定时期内取得对船舶的调动权和使用权。另外,承租人租赁船舶,在多数情况下是为了承运第三人的货物,且合同中有许多条款是直接规定货物运输的,因此,它又具有运输合同的某些特征。其与航次租船合同的不同主要有三点。

1. 出租人地位不同。在期租合同中,承租人享有出租人让与的经营权,因此,在其承揽第三者的货物时,通常以自己的名义签发提单交与托运人,承租人为承运人,他与托运人、收货人具有最密切的合同关系,而出租人与第三人无合同关系。

另外,这种经营权的区别,使得期租合同的船东为了保证其船舶的安全而在合同中加入有关航区、可装运货物范围等航次租船合同中没有的规定。

2. 在营运成本方面不同。在航次租船合同中由船方负担的航次成本在定期租船下转由租船人承担,因而在期租中会有关于燃油消耗量、航速的规定。

3. 在时间损失上不同。航次租船的时间损失由船方承担,因此,在航次租船合同中有关于装卸时间的规定;而在期租合同中,时间损失若非由船方原因引起,应由租船人承担,因此,期租合同中有关于停租的规定。

思政思考

航运绿色低碳发展

习近平总书记在二十大报告中指出,推动绿色发展,促进人与自然和谐共生,提出“应对气候变化,协同推进降碳、减污、扩绿、增长,推进生态优先、节约集约、绿色低碳发展。”2021 年 10 月 24 日国务院印发《2030 年前碳达峰行动方案》的通知,明确提出“交通运输绿色低碳行动”,要构建绿色高效交通运输体系,发展智能交通,推动不同运输方式合理分工、有效衔接,降低空载率和不合理客货运周转量。大力发展以铁路、水路为骨干的多式联运,推进工矿企业、港口、物流园区等铁路专用线建设,加快内河高等级航道网建设,加快大宗货物和中长距离货物运输“公转铁”“公转水”。

对租船海运而言,航运减排势在必行,国际航运碳强度(CII)规则于 2023 年 1 月 1 日正式生效。随着 2023 年 7 月孟加拉国和利比里亚两国的批准,《国际安全和无害环境拆船公约》(简称《香港公约》)生效条件均已满足,《香港公约》将于2025年6月26日正式生效。截至目前,《香港公约》已有22个缔约方加入,包括:孟加拉国、比利时、刚果共和国、克罗地亚、丹麦、爱沙尼亚、法国、德国、加纳、印度、日本、利比里亚、卢森堡、马耳他、荷兰、挪威、巴拿马、葡萄牙、圣多美和普林西比、塞尔维亚、西班牙和土耳其。按总吨位计算,这22个缔约方约占世界商船运输的45.81%。过去10年,这些地方每年的船舶拆解量合计达23 848 453总吨,相当于所需拆解量的3.31%。

由于租船市场意外强劲,一些船东热衷于延长那些原本送拆船舶的使用年限。2009年5月11日,国际海事组织"安全与无害环境拆船国际大会"(亦称拆船外交大会)在中国香港召开。经过审议,大会最终通过了《国际安全和无害环境拆船公约》。《香港公约》以强制性的规定统一了国际海事组织、国际劳工组织和《巴塞尔公约》制定的相关指南;建立了全球统一的拆船法律框架,结束了长期以来全球拆船业缺乏统一国际标准的时代,对船舶"从摇篮到坟墓"全生命周期进行管控;有利于减少拆船对环境、职业健康和安全带来的风险。

【思考题】请思考航运绿色低碳发展的可行性建议。

案例研究

案例一

申诉人A(以下简称船方),根据某年12月8日与被诉人B(以下简称租方)签订的程租租船合同中的仲裁条款,就"海岛"轮装港速遣费和卸港滞期费的争议,于次年10月20日向海事仲裁委员会提出仲裁申请,要求裁决租方赔付从运费中多扣的装港速遣费544.27美元和少付的卸港滞期费693.04美元,合计为1 237.31美元,外加利息。案情和争议情况如下。

1. 关于装港速遣费:

(1)船方提出,租方由于计算上的错误,多收了船舶在装港加拿大温哥华港的速遣费362.85美元,租方在答辩中同意船方意见,确认应退还船方362.85美元。

(2)船方提出,租方已于8月7日10:00接受准备就绪通知书,事后不能再认为船舶没有准备就绪,因此租方没有理由将8月8日17:00至17:30这半小时从装货时间中扣除,应退还半小时的速遣费57.29美元。船方还提出,这半小时是打开船舶舱盖的时间,租船合同中也没有规定装货时间在这半小时期间应该中断。

租方提出，船长签字的事实记录注明在这半小时期间“等待船舶备妥”，显然这段时间没有装货是由于船舶未准备就绪，因此这半小时不能计入装货时间。

(3)船方提出，租船合同中没有规定为了租方使用而进行船舶吃水检查应中断装货时间的计算，因此租方没有理由将8月9日19∶30至19∶35、20∶10至21∶00、23∶10至23∶20共1小时5分的吃水检查时间从装货时间中扣除，应退还1小时5分的速遣费124.13美元。

租方援引租船合同第20条和第1条的规定，提出吃水检查是船方为测量实际装载的货物数量而必须做的工作，否则船方便无法核实准确的装货数量。租方还提出，经与其代理联系，吃水检查是为了保证尽量多装货和使船舶不超过吃水限制而根据船长的要求进行的，因此此项吃水检查是为了船方利益，所用时间应从装货时间中扣除。

2. 关于卸港滞期费。船方提出，租方由于计算错误，少付了船舶在卸港的滞期费693.04美元，租方在答辩中同意船方意见，确认应补付船方693.04美元。

3. 仲裁庭查证。船方、租方代理和供货人代理共同签字的事实记录载明，在8月8日的17∶00至17∶30这段时间里“等待船舶备妥”。船舶在8月9日19∶30至19∶35、20∶10至21∶00、23∶10至23∶20总共1小时5分检查吃水期间，停止了装货作业。

案例思考与讨论：

假如你是仲裁员应如何裁定本案：租方是否应退还多扣的装港速遣费？租方是否应补付船方卸港滞期费？

案例二

上海A钢铁企业向澳大利亚某公司按FOB价格购进一批矿产品共30 000吨。在贸易合同中规定卖方每天应负责装货2 000吨，按晴天工作日计算。上海A钢铁企业在运进这批货物的租船合同中规定每天装货2 500吨，按连续工作日计算。在上述两个合同中滞期费每天均为6 000美元，速遣费每天均为3 000美元。结果卖方只用了13天(其中包括两个星期天)便将全部货物装完。

案例思考与讨论：

请问是按照贸易合同中的规定有利于卖方，还是按照租船合同中规定的条件有利于卖方?

案例三

A公司与B公司签订合作意向书,从中国空运和海运活鳗到韩国。5月,A公司以期租形式从C公司处租进"鸿翔9号"船进行水产品运输。根据买卖、租船合同,B公司负责组织货源,并于6月4日和5日将1.8吨活鳗分别装入"鸿翔9号"的船舱。次日,B公司人员发现活鳗已经全部死亡。经鉴定,由于船舱内存留油漆气味并渗入舱内海水中,使舱内海水不适于活海鳗的生活条件。A公司和B公司以船舶不适载为由提起诉讼,要求C公司赔偿损失。经查,在"鸿翔9号"交付A公司之前,验船公证行曾对"鸿翔9号"进行装载活鱼试验,结论为适载;在活鳗装入船舱前,C公司曾建议A公司给船舱供氧而未被采纳。

案例思考与讨论:

A公司和C公司哪一方对活鳗死亡承担赔偿责任?

案例研究参考答案

思考与练习

一、名词解释

积载因数、班轮公会、租船运输、班轮运输、航次租船、定期租船、航次期租、滞期费、速遣费、许可装卸时间

二、简答题

1. 列举我国开辟的主要远洋航线(5条以上)。
2. 列举我国开辟的主要近洋航线(5条以上)。
3. 简述国际远洋航线中的重要海峡(6个以上)、运河。
4. 简述海洋运输的优缺点。
5. 租船运输有什么特点?租船方式有哪几种?
6. 在程租合同中为什么都订有"滞期速遣"条款?

7.《金康合同 1994》的主要内容有哪些？

8. 期租合同与航次租船合同有哪些不同？

9. 在程租合同中许可装卸时间的约定方法通常分哪几种？

10. 定程租船方式下装卸费用一般如何划分？

11. 简述货运代理人员租船时应注意哪些问题。

第四章 海运代理实务(二):班轮运输代理实务

Ocean Freight Forwarder Practice(Ⅱ): Liner Shipping Forwarder Practice

通过本章的学习,要求学生:(1)掌握班轮运输进出口货运代理的程序;(2)能够正确计算班轮运输运费;(3)熟悉各种海运货运单证及流转,并能在实际业务中缮制主要单证如托运单、提单等。

学习要点

By studying this chapter, students are expected to: (1) be acquainted with the procedure of freight forwarder of import and export via liner shipping; (2) be able to calculate the liner freight charge accurately; (3) be familiar with the various ocean freight documents and their transfer, be able to make out the main documents, such as booking notes and bills of lading.

第一节　班轮运输及其货运流程

班轮运输(Liner Shipping)又称定期运输,是指在既定的航线上、确定的时间里和规定的港口间从事货物运输,并按班轮运价表的规定计收运费的一种营运方式。

一、班轮运输的特点

班轮运输具有如下特点:

第一,由于船舶具有固定航线、固定港口、固定船期和相对固定的运价,因此,“四固定”是班轮运输最基本的特点。

第二,承运人和货主之间的权利、义务和责任豁免通常以承运人签发的提单背面条款为依据并受国际公约的制约,即承运人和货主之间在货物装船之前通常并不签订书面运输合同,而是在货物装船后,由承运人签发提单,提单上记载有承运人、托运人责任、权利与义务的条款。

第三,承运人对货物所承担的责任期间是“船舷至船舷”或“钩至钩”,即从货物装上船起至货物卸下船止。

第四,承运人负责装货作业、卸货作业和理舱作业及全部费用。

第五,不计算滞期费、速遣费。

班轮运输与租船运输的主要区别见表 4-1 所示。

表 4-1　　班轮运输与租船运输的主要区别

比较项目	班轮运输	租船运输
市场形态	寡头垄断的市场	完全竞争的市场
宏观管理	公共运输,管理相对严格	私人运输,管理相对宽松
航线与时间	定线、定港、定船期	航线、港口和时间由双方约定
服务对象和承运货物	非特定的众多货主,多为批量小、价值较高、要求快速运送的货物	特定的大货主,多为批量较大、价值低廉、运费负担能力较低、无须快速运送的货物
运输合同	双方不签署书面合同,多以提单来证明合同的存在	双方必须签发书面合同,并辅以提单
运费、租金	运价由船公司事先公布并登记备案,具有公开性、稳定性和费率较高的特点	运价或租金由双方根据市场供求状况协商确定,具有秘密性和不稳定性

续表

比较项目	班轮运输	租船运输
港内作业与有关费用	这些作业与费用通常包含在运价之中	由双方根据合同条款确定
滞期费与速遣费	无此费用	通常有此费用
接收货地点	非集装箱货:船至船;集装箱货:港至港	船至船

班轮运输中,通常会涉及班轮公司、船舶代理人、无船(公共)承运人、海上货运代理人、托运人和收货人等有关货物运输的关系人。根据装载器具技术的不同,班轮运输可分为杂货班轮运输和集装箱班轮运输。本节阐述的班轮运输主要是指杂货班轮运输(也有人称为传统班轮运输或普通海运)。集装箱班轮运输我们将在第五章中阐述。

二、班轮运输的业务流程

班轮运输的业务流程十分复杂,下面以图 4-1 来简单表示其基本货运流程。

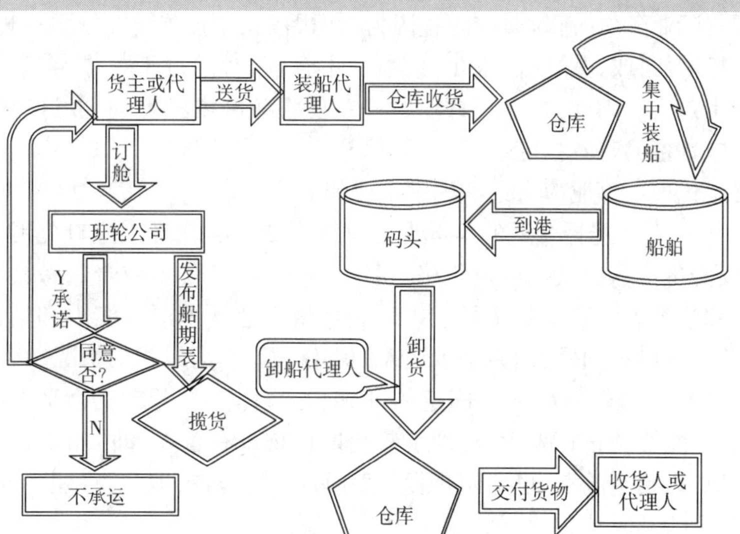

图 4-1　班轮运输的基本货运流程

（一）揽货

揽货是指从事班轮运输经营的船公司为使自己所经营的班轮运输船舶能在载重量和舱容上得到充分利用，力争做到满舱满载，以期获得最好的经营效益而从货主那里争取货源的行为。通俗地说，揽货就是班轮公司寻求货源、出售舱位给货主的市场营销。

班轮公司揽货的基本做法是：为自己所经营的班轮航线、船舶挂靠的港口及其到发时间制定船期表（Liner Schedule or Service Schedule），并分送给已经建立起业务关系的原有客户，并在有关的航运期刊上刊载，使客户了解公司经营的班轮运输航线及船期情况，以便联系安排货运，争得货源。

（二）订舱

班轮船期表的主要内容

订舱（Booking）是指托运人或其代理人向承运人（即班轮公司或它的营业所或代理机构等）申请货物运输、承运人对这种申请给予承诺的行为。实践中，承运人与托运人之间不需要签订运输合同，而是以口头或订舱函电进行预约，只要船公司对这种预约给予承诺，并在舱位登记簿上登记，即表明承托双方已建立有关货物运输的关系。

在实际业务中，订舱时应防止因为考虑因素不周、航线安排不合理，造成运费负担增加，或订舱舱位不足，或航期不合理、时间过于紧张、容易在运作过程产生差错。因此，在办理订舱时一定要将各因素考虑周全，这也是货运代理人应具备的基本技能。

货运代理人订舱应考虑的因素主要如下：

1. 承运人。选择合适的承运人是发货人或货运代理人应首先考虑的因素，不仅要参考承运人的运费价格、船期、服务等情况，更应着重考察承运人的实力和信誉。一定要防止只重视运费价格而忽视承运人实力和信誉的做法，以免一旦出现问题，即便是承运人的责任其又无力承担的情况。

2. 船期。班轮的船期是固定的，船期的选择主要考虑货物是否能和船期相衔接：既要防止订妥舱位，到了装船期货物没有备妥，即“船妥货不妥”，造成空舱，缴纳空舱费；也要防止货备妥而订不上舱位，即“货妥船不妥”的情况，造成无法及时装运，甚至影响信用证结算。

3. 运费率。运费率是发货人比较关注的因素，直接关系发货人的运输费用，通常应该向几家船公司询问，争取最优惠的运价。

4. 航线、停靠港口、是否转船等。货运代理人要查询船公司航线情况，确定停靠港口,是否能满足发货人的运输要求,更重要的是考虑直达还是需要转船。在其他条件相近的情况下,应该优先选择直达,尽量避免选用转船,因为转船一方面货物在途时间要延长,另一方面也容易产生货损、货差或丢失的情况。

5. 装货港。货运代理人应该尽量选择离货物产地较近的装货港,以降低国内运输费用。

6. 集装箱种类、数量、规格、有无温度要求。货运代理人应综合考虑装箱货物的种类、毛重及其包装规格,装卸港所在国家交通管理部门的要求等。凡是对于冷冻箱运输的货物,都需要在租船订舱时向承运人确定准确的冷冻温度,并由承运人落实能否满足运输过程中的温度控制需要,以免因为没有明确冷冻温度或是温度设定不准确而使货物质量受到影响,更严重者会造成货物的腐烂变质。

7. 目的港。货运代理人要考虑目的港属于基本港还是非基本港。其他条件相似的情况下,应优先选择基本港,如果是非基本港,费用肯定要比基本港高,而且时间上没有基本港有保障。

8. 货物是否属于危险品。货运代理人应该确定运输的货物是否属于危险品管理范围,如果是危险品,在订舱时应选择适于危险品运输的集装箱并告知承运人,以便其在集装箱集港时,提前通知港口码头堆场,按危险品规定堆放。

9. 信用证结算的要求。信用证中是否订立了某些需要承运人配合完成的特殊条款,如果有,一定要在订舱时提前与船公司沟通,得到船公司的认可与确认。

(三)装船

装船是指托运人应将其托运的货物送至码头承运船舶的船边并进行交接,然后将货物装到船上。

在杂货班轮运输的情况下,不论采取怎样的装船形式,托运人都应承担将货物送至船边的义务,作为承运人的班轮公司的责任则是从装船时开始,除非承运人与托运人之间另有不同的约定。因此,集中装船与直接装船的不同之处是由班轮公司指定的装船代理人代托运人将货物从仓库送至船边,而班轮公司与托运人之间的责任界限和装船费用的分担仍然以船边货物挂上吊钩为界。

(四)卸货

卸货是指将船舶所承运的货物在卸货港从船上卸下,交给收货人或其代理人,并办理货物的交接手续。船公司在卸货港的代理人根据船舶发来的到港通知,一方面编制有关单证联系安排泊位和准备办理船舶进口手续,约定装卸公司，等待船舶进港后卸货，另一方面还要把船舶预定到港的时间通知收货人，以便收货人及时做好接收货物的准备工作。

在班轮运输中，为了使分属于众多收货人的各种不同货物能在船舶有限的停泊时间内迅速卸完，通常都采用集中卸货的办法，即由船公司所指定的装卸公司作为卸货代理人总揽卸货以及向收货人交付货物的工作。在杂货班轮运输中，不论采取怎样的卸船交货形式，船公司都是以船边为责任界限。

（五）交付

货物交付是船公司凭提单将货物交付给收货人的行为，一般做法是采用"集中卸船，仓库交付"的形式，并且收货人必须在办妥进口手续后，方能提取货物。通常是收货人将提单交给船公司在卸货港的代理人，经代理人审核无误后，签发提货单交给收货人，收货人取得提货单、办理进口手续后，再凭提货单到堆场、仓库等存放货物的现场提取货物。

收货人只有在符合法律规定及航运惯例的前提条件下，方能取得提货单。在已经签发了提单的情况下，收货人要取得提货的权利，必须以交出提单为前提条件。然而，有时由于某些原因，如由于航速提高、航次较短或提单转让过程延迟，在货物已运抵卸货港的情况下，收货人还无法取得提单，也就无法凭提单来换取提货单提货。此时，按照一般的航运习惯，收货人就会开具由银行签署的保函或保证书，以保证书交换提货单后提货，但这种做法往往带来纠纷或不良后果。

交付货物的方式

第二节　出口货物班轮运输代理业务

随着国际贸易所涉及的国家和地区不断扩大，海上货物运输量日益增加，且海上货物运输环节多、业务范围广，任何一个货主或船公司都很难亲自处理好每一环节的具体业务，而且限于人力和物力，也不可能在世界范围广设分支机构。在这种情况下，如果将有关业务委托代理人办理，对货主来说，有利于贸易合同的履行，对承运人来说，无疑扩大了揽货网络、增加了货源。因此，国际班轮运输代理应运而生。

出口货物杂货班轮运输代理业务的全过程是从承揽和接收货物开始，安排货物装船，运至国外目的地，直至将货物送交收货人。

一、出口货物杂货班轮运输装运业务流程

在出口货物杂货班轮运输的业务中，国际货运代理主要侧重于货物的装

运。下面用图 4-2 来表示出口货物杂货班轮运输装运业务流程。

对图 4-2 的 11 个步骤说明如下。

第一步,货主(出口商)与货运代理签订委托代理协议,填制海运出口货物代运委托书,随附商业发票、装箱单、出口货物明细单等必要单据,委托货运代理订舱、代理报检、报关及货物储运等事宜。

第二步,货运代理根据代运委托书和订舱委托书,向船公司或其在装货港的代理人提出货物装运申请,缮制并递交托运单(Booking Note,B/N),随同商业发票、装箱单等单据一同向船公司或其代理人办理订舱手续。

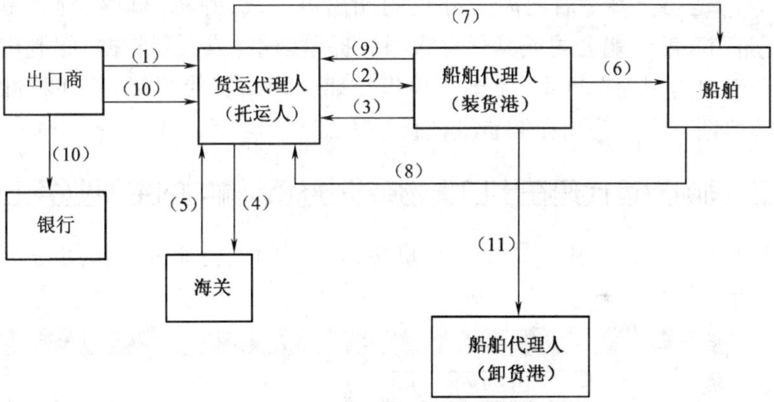

图 4-2 出口货物杂货班轮运输装运业务流程

第三步,船公司或其代理人同意承运后,在托运单上编号(该号将来即为提单号),填上船名、航次,并签署,同时把配舱回单、装货单(Shipping Order,S/O)等与托运人有关的单据退还给货运代理。

第四步,货运代理备好装货单及报检、报关所需的全套必要文件,向海关办理货物出口报检、报关手续。

第五步,海关同意放行,则在装货单上盖放行章,并将装货单退还给货运代理人。

第六步,船公司或其代理人根据留底联编制装货清单,送船舶及理货公司、装卸公司。大副根据装货清单编制货物积载计划交代理人分送理货、装卸公司等按计划装船。

第七步,货运代理将经过检验的货物送至指定的码头仓库准备装船。

第八步,货物装船后,理货长将装货单交大副,大副核实无误后留下装货单并签发收货单，大副在收货单上注明所收货物的实际情况（大副批注），如果货物外部没问题，则注明“表面状况良好”，如果货物包装有破损或数量有问题，则如实注明。理货长将大副签发的收货单即大副收据（Mate's Receipt，M/R）转交给货运代理。

第九步，货运代理持大副收据到船公司在装货港的代理人处付清运费（预付运费的情况下）换取正本已装船提单（B/L）。船公司在装货港的代理人审核大副收据无误后，留下大副收据（M/R），签发提单（B/L）给货运代理人。

第十步，货主向货运代理人支付运费，取得全套已装船提单，凭以结汇。

第十一步，货物装船完毕，船公司或其代理人编制出口载货清单（Manifest，M/F）送船长签字后向海关办理船舶出口手续，并将出口载货清单交船随带，船舶起航。船公司或其代理人根据提单副本（或大副收据）编制出口载货运费清单连同提单副本、大副收据送交船公司结算代收运费，并将卸货港需要的单证寄给船公司在卸货港的代理人。

二、国际货运代理在出口货物杂货班轮运输中的主要业务工作

国际货运代理在出口货物杂货班轮运输中的主要业务工作用图 4-3 来简单表示。

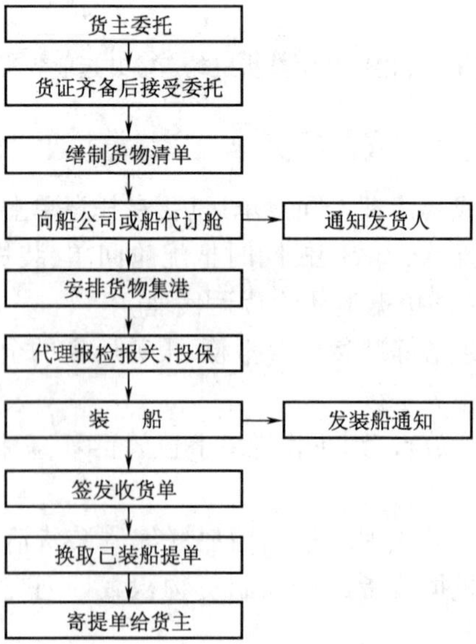

图 4-3　国际货运代理在出口货物杂货班轮运输中的主要业务

从图 4-3 来看,国际货运代理在出口货物杂货班轮运输中的主要业务工作有:接受货主委托、订舱、装船前的准备工作(包括合理配载、制作装货联单、代理报检、代理投保、代理报关等)、货物集港与装船、船舶离港后的善后工作(包括换取提单并将提单送交发货人、发装船通知等)。

(一)接受货主委托

国际货运代理通过揽货,与货主签订货运委托代理合同后,要与货主签订海运进出口货物代运委托书。

海运进出口货物代运委托书(简称委托书)是委托方(进出口企业)向被委托方(货运代理人)提出的一种"要约",被委托方一经书面确认就意味着双方之间委托代理关系的成立,因此委托书应由委托单位盖章,使之成为有效的法律文件。

海运进出口货物代运委托书样本见表 4-2 所示。

表 4-2　　海运进出口货物代运委托书[①]

<table>
<tr><td colspan="3">(1)委托编号
Entrusting Serial No.</td><td colspan="3">(2)提单号 B/L No.</td><td colspan="3">(3)合同号 Contract No.</td><td colspan="3">(4)委托日期 Date of Application</td></tr>
<tr><td colspan="8">(5)发货人名称地址 Shipper (Full Name & Address)</td><td colspan="4" rowspan="3">(8)唛头标记 Marks</td></tr>
<tr><td colspan="8">(6)收货人名称地址 Consignee (Full Name & Address)</td></tr>
<tr><td colspan="8">(7)通知方名称地址 Notify Party (Full Name & Address)</td></tr>
<tr><td colspan="4">(9)装货港 Port of Loading</td><td colspan="4">(10)目的港 Port of Destination</td><td colspan="4">(11)船名 Vessel Name</td></tr>
<tr><td colspan="12">货 物 详 细 情 况 Cargo Particulars</td></tr>
<tr><td colspan="2">(12)编号 Number</td><td colspan="2">(13)件数及包装
No. & Kind of Packages</td><td colspan="3">(14)货物说明
Description of Goods</td><td colspan="2">(15)重量
Weight in KG</td><td colspan="3">(16)体积 Measurement in CBM</td></tr>
<tr><td colspan="2"></td><td colspan="2"></td><td colspan="3"></td><td colspan="2"></td><td colspan="3"></td></tr>
<tr><td colspan="4">(17)装船日期
Loading Date</td><td colspan="4">(18)可否转船
If Transshipment Allowed</td><td colspan="4">(19)可否分批
If Partial Shipment Allowed</td></tr>
<tr><td colspan="6">(20)结汇期限 L/C Expiry Date</td><td colspan="2">(21)提单份数
Copies of B/L</td><td colspan="2">正本
Original</td><td colspan="2">副本
Copy</td></tr>
<tr><td colspan="12">(22)运费支付地点
Freight Payable at</td></tr>
<tr><td colspan="12">(23)备注
Remark</td></tr>
</table>

① 表中的序号(1),(2)等为作者所加,主要是为了阐述的方便。本章其他表也同此。

续表

委托人 Entrusting Party	承运人签字 Signed for the Carrier
地址　电话 Address & Telephone	地址　电话 Address & Telephone

海运进出口货物代运委托书要详列托运货物的各项资料和委托办理的事项及工作要求,例如:委托编号、提单号、合同号、委托日期、发货人名称地址 、收货人名称地址、通知方名称地址、唛头标记、装货港、目的港、船名、货物详细情况、装船日期、可否转船、可否分批、结汇期限、提单份数、运费支付地点等。这些是货运代理人的工作依据。

(二)订舱

国际货运代理接受委托后,在货物出运前的一定时间内,向船公司或船公司在装货港的代理申请订舱。

1. 线下方式的订舱。线下办理订舱手续的程序是:出口商填制海运出口货物订舱委托书①,随附出口货物明细单、商业发票、装箱单等,委托货运代理订舱,货运代理接受委托后根据商品流向和船期表向船公司或其代理人提出"托运单"(B/N);船公司收到托运单后,根据配载原则安排船只或舱位并签发"装货单"(S/O),运输合同即告成立,俟船只到港后货主或其代理人便可以凭该单发货、报关、装运。

托运订舱的整个过程可用图4-4来表示。

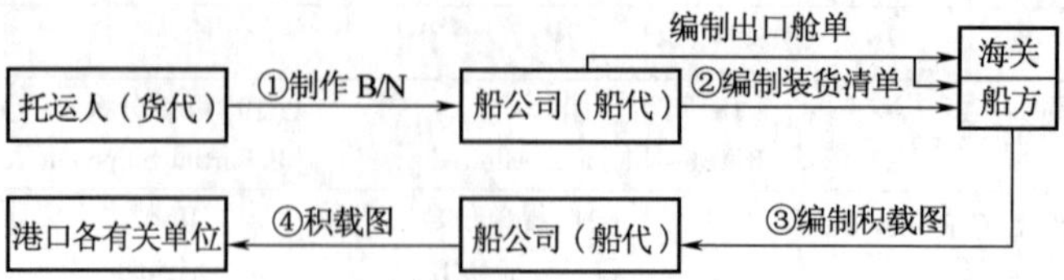

图4-4　托运订舱的整个过程

① 订舱委托书是进出口企业委托货运代理订舱的证明文件,是货代公司订舱配载的依据。其填制必须清楚、具体,内容必须真实、可靠,与货物实体、信用证规定相一致。在实际工作中,订舱委托书大多数已与托运单合二为一。

海运出口托运单样本如表 4-3 所示。

表 4-3　　海运出口托运单

托运人
SHIPPER
编号　　　　船名
NO.　　　　S/S
目的港
TO

<table>
<tr><td>标记及号码
MARKS & NOS.</td><td>件数
QUANTITY</td><td colspan="2">货名
DESCRIPTION
OF GOODS</td><td colspan="2">重量千克
WEIGHT KILOS.</td></tr>
<tr><td colspan="4" rowspan="4">共计件数(大写) TOTAL NUMBER OF PACKAGES IN WRITING</td><td>净重
NET</td><td>毛重
GROSS</td></tr>
<tr><td></td><td></td></tr>
<tr><td colspan="2">运费付款方式
FREIGHT PREPAID/FREIGHT TO COLLECT</td></tr>
<tr><td colspan="2"></td></tr>
<tr><td>运费
FREIGHT</td><td colspan="3"></td><td>尺码
MEASUREMENT</td><td></td></tr>
<tr><td>备注
REMARK</td><td colspan="5"></td></tr>
<tr><td>通知
NOTIFY</td><td></td><td>可否转船
TRANSSHIPMENT</td><td></td><td>可否分批
PARTIALSHIPMENT</td><td></td></tr>
<tr><td rowspan="2">收货人
CONSIGNEE</td><td rowspan="2"></td><td>装运期
DATE OF SHIPMENT</td><td></td><td>有效期
DATE OF EXPIRY</td><td></td></tr>
<tr><td>金额
SUM</td><td></td><td>提单份数
COPIES OF B/L</td><td></td></tr>
<tr><td>配货要求
APPEAL</td><td colspan="3"></td><td>信用证号
L/C NO.</td><td></td></tr>
</table>

托运人或代理人签字
SIGNED TO THE:
日期
DATE

托运单(B/N)是托运人根据贸易合同和信用证条款内容填制的,向承运人或其代理办理货物托运的单据。其主要内容可按如下要求填制。

托运人:信用证支付方式下应与信用证受益人的名称、地址一致。若由货运代理公司代理货主租船订舱,填该货运代理公司的名称。

编号、船名:编号即委托书的编号。每个拥有进出口权的托运人都有一个托运代号(通常也是商业发票号),以便查核和财务结算。船名可留给船方安排船只舱位后填写。

目的港:目的港的名称须明确具体,并与信用证的描述一致。如有同名港,须在港口名称后注明国家、地区或州、城市。如信用证规定目的港为选择港(Optional Ports),应是同一航线上的、同一航次挂靠的基本港。

标记及号码:本栏应按合同或信用证规定的内容和形式填写,如没有规定,可由出口商自己编制,没有唛头填写"N/M"。

运费付款方式:一般有运费预付(Freight Prepaid)和运费到付(Freight Collect)。有的转运货物,一程运费预付,二程运费到付,要分别注明。

装运期、有效期:本栏根据信用证规定的最迟装运期和议付有效期分别填写。

收货人:信用证方式下,一般信用证提单条款都会对收货人予以规定,应按规定填写。托收方式下一般填 To Order 或空白不填。

收货人的写法有以下三种。

其一,记名收货人(记名抬头),填"×× Co."一般是合同的买方(提单不能转让)。

其二,空白指示,填"To Order"指示收货人(提单可背书转让)。

其三,记名指示,填"To Order of ×× Co."。

由于记名收货人的提单不能转让,给转口、中间商贸易带来了不便,因此出现了指示收货人的填法,它补充了记名收货人的缺陷,但又给船方通知货方提货带来了不便,对此,由被通知人栏做补充。

通知:本栏填写接受船方发出到货通知的人的名称与地址。被通知人一般由买方或其代理人指定,其职责是及时接受船方发出的到货通知并将之转告真实收货人,故要求填写详细名称和地址,但他不能提货。信用证方式下,按规定填写;其他方式下,填写买方名称和地址。

备注:填写信用证中有关运输方面的特殊要求。

托运单的填写必须清楚、具体,内容必须真实、可靠,与货物、信用证规定一致。

2. 电子订舱。通过电子报文形式的订舱方式称为电子托运。电子托运的基本流程是:托运人在其办公场所将标准结构的托运单电子数据报文通过终端申报或登录船公司的网站,在“订舱托运”系统中向船公司的计算机系统发送托运电子数据;船公司或其代理收到电子托运数据后安排舱位,一旦船公司确认订舱后,再发送“接受订舱”回执给托运人,将确定的船名、航次、关单号等信息数据传回托运人,完成托运订舱手续。电子托运完成订舱仅需几分钟,这与传统的纸质订舱从制单、送单、确认、配载到取单的过程相比,差错率降低,订舱效率提高。

当前许多船舶代理公司开发了电子订舱系统,如图 4-5 所示。

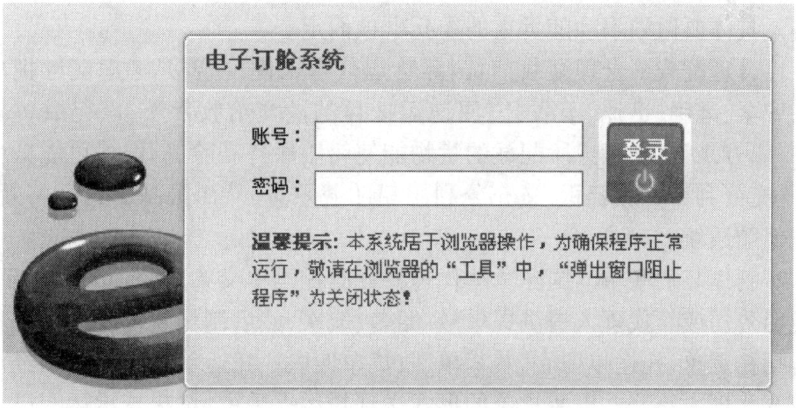

图 4-5 电子订舱系统登录界面

电子订舱系统一般能为货运代理用户、船代用户、船东用户、堆场用户等提供网上操作各项功能。对货运代理用户来说,可以进行网上订舱管理、排载管理、申报管理、提单管理、信息查询和系统维护。

(1)网上订舱管理:为货代和船东提供订舱平台,货代可提交订舱申请,查看船东订舱确认,并可做修改订舱申请及得到船东确认。

(2)网上排载管理:为货代和船代提供排载平台,货代可提交已得到船东订舱确认的排载申请,查看船代的排载确认,并可做修改排载申请及得到船代确认。

(3)网上申报管理:为货代和船代提供预申报平台,货代可提交箱号信息和预申报申请,查看船代的预申报确认,并可做修改预申报申请及得到船代确认。

(4)网上提单管理:为货代和船东提供提单核对平台,货代可在提交箱号资料后,提交提单签发信息,并可做提单修改及得到船东的接受。

(5)信息查询管理:方便货代公司查询订舱的基本信息及状态,统计业务量,以及查询各票业务产生的费用情况。

(6)系统维护管理:货代公司可根据需要自行建立和维护本公司的公司信息和用户信息,方便用户的自主管理。

(三)装船前的准备工作

订舱后国际货运代理要做好装船前的准备工作。这方面国际货运代理要做的工作可能包括:合理配载、制作装货联单、代理报检、代理投保、代理报关等。具体要做的事项随货主的委托事项而定。

1. 合理配载。合理配载,对国际货运代理来说,主要是考虑能够把出口货物安全、准确、迅速、节省、方便地运抵目的港交给收货人,以完成贸易合同;对船方来说,则考虑所配载的货物能使船舶保持满舱满载,尽可能减少亏舱,既充分利用货舱容积,又充分利用船舶载重量,从而提高营运经济效益,保证船舶适航。

2. 制作装货联单。国际货运代理将订舱托运单交给船公司或其代理人,并由船公司或其代理人提供提单号、船名、航次,然后制作装货联单。装货联单包括托运单、托运单留底、装货单、收货单四联。托运单在有效期内经承运人或其代理人签署并以装货单的形式送到托运人手中,意味着承运人已接受托运事宜,运输合同成立。

装货单(样本见表4-4)俗称下货纸,由于装货单是海关对出口货物进行监管的单证,所以又被称为关单。装货单是接受了托运人装运申请的船公司签发给托运人,凭以命令船长将承运的货物装船的单据。按运输习惯,装货单一般为一式三份:第一份留底,船方凭以缮制装货清单和面积积载图,缮制出口载货清单、运费清单,结算运费,最后存档备查和作为运费资料。第二份用做船舶据以装船的依据,又作为凭以向海关办理货物出口申报手续的单据之一。第三份用做收货单。签发装货单时,船公司或其代理人会按不同港口分别编制装货单号(有可能成为最终的提单号),装货单号不会重复,也不会混港编号。签发装货单后,船、货、港等方面都需要有一段时间来编制装货清单、积载计划、办理货物报关、查验放行、货物集中等待装船等准备工作。因此,对每一航次在装船开始前的一定时间应截止签发装货单。

表 4-4 装货单

SHIPPING ORDER

托运人

Shipper

编号 船名

No. S/S

目的港

To

For

兹将下列完好状况之货物装船后希签署收货单

Received on board the under mentioned goods apparent in good order and condition and sign the accompanying receipt for the same

标记及号码 Marks & Nos.	件数 Quantity	货名 Description of Goods	重量千克 Weight Kilos.	
共计件数(大写)Total Number of Packages in Writing			净重 Net	毛重 Gross

日期 时间

Date Time

装入何舱

Stowed

实收

Received

理货员签字 经办员

Tallied By Approved By

收货单是指某一票货物装上船后,由船上大副(Chief Mate)签署给托运人的,作为证明船方已收到该票货物并已装上船的凭证,所以,收货单又称为"大副收据"或"大副收单"。托运人取得了经大副签署的收货单后,即可凭以向船公司或其代理人换取已装船提单。大副在签署收货单时,会认真检查装船货物的外表状况、货物标志、货物数量等情况。如果货物外表状况不良,出现标志不清、有水渍或油渍或污渍、数量短缺、货物损坏等情况,大副就会将这些情况记载在收货单上。此种记载被称为"批注"(Remark),习惯上称为"大副批注"。

货物装船后，经大副签字的收货单由承运船舶退还给托运人。如系预付运费，托运人在付清须预付的运费后，即可持收货单向承运人换取已装船提单。如果收货单上有大副批注（有大副批注的收货单称为不清洁收货单），承运人应如实地将大副批注转注在提单上，这种提单就成为不清洁提单。

3. 代理报检、报关、投保。货主如果将货物报检、报关、投保事项委托国际货运代理办理，国际货运代理可以代货主报检、报关、投保。代理报检、报关与投保，我们将设专章予以阐述。

（四）货物集港、装船

货运代理将所有订舱托运单按不同港口分别编出提单号，写上船名，并根据订舱托运单上的内容编制成配船清单，制出清洁提单，再将订舱托运单连同提单一起交船务代理签单，以便船务代理及时缮制出口载货清单。货运代理在装船之前应协同发货人将所有货物集港，以便船舶到港后能及时装船出运。在装船之前，货运代理备齐全套报关单据向海关申报，海关核实无误后放行才能装船。

装船作业的形式主要有现装或直接装船以及仓库收货、集中装船两种。

在杂货班轮运输中，除另有约定外，一般都规定托运人应将其托运的货物送至船边，如果船舶是在锚地或是浮筒作业，托运人还应用驳船将货物驳运至船边，然后进行货物的交接和装船作业。然而，对于某些特殊货物，如危险货物、鲜货、贵重货、重大件货物等，通常采用现装船方式，即货物不进港区仓库，而是储存在靠近港区的仓库，装船时用车辆将货物直接运到码头船边进行装船作业。

对于普通货物的交接装船，通常采用由班轮公司在各装货港指定装船代理人，由装船代理人在各装船港的指定地点（通常为港口码头仓库）接收托运人送来的货物，办理交接手续后，将货物集中整理，并按次序进行装船的形式，即所谓的"仓库收货，集中装船"的形式①。

在货物装船时，国际货运代理应派人做好装船现场的监装工作，做好现场记录，掌握进度，及时处理意外事故，以维护货主的利益，保证装船的质量。

---

① 对于件杂货运输，船公司的责任是从本船船边装货时开始的，即使是在"仓库收货，集中装船"的情况下，船公司与托运人之间的这种责任界限并没有改变，也就是说，船公司的责任期间并没有延伸至仓库收货时。

(五)船舶离港后的善后工作

国际货运代理主要应做好如下船舶离港后的善后工作。

1. 换取提单并将提单送交发货人。货运代理到船舶代理处交运费和其他费用,凭大副收据换取提单,并及时将提单送交发货人,以保证及时结汇。如果是持有"表面状况良好"的大副收据,则换取的是清洁提单;如果是货物有不良批注的大副收据,则只能换取不清洁提单。由于不清洁提单在出口商办理议付结汇时银行会拒收,故在装船时最好能得到一张"表面状况良好"的大副收据。

2. 处理退关、短装、漏装货物。如货物没有及时发运,或单证不齐不能报关,则需办理退关。在可以分批装运的情况下,部分货物已装船,另外部分货物因缺货或破损等原因没能装上船,称短装。在不可分批或用集装箱运输的情况下,货物没能装上船称漏装。船舶离港后,货运代理应及时将退关、短装或漏装通知书发给发货人,以便发货人及时处理。需再出运的货物,发货人应重新补办托运单订舱。漏装货物应安排最近的航班运出。

3. 发装船通知。货物装船后,货运代理应及时向国外买方发出"装船通知",以便买方备款、赎单以及办理货运保险、进口报关和接货手续,做好提货准备。如成交条件为 FOB/FCA 及 CFR/CPT 等,货运代理还需要向进口国保险公司发出该通知以便其为进口商办理货物保险手续。

装船通知(Shipping Advice)也叫装运通知,或称装运声明(Shipping Statement),有时也叫 Shipment Details 或 Insurance Declaration,是发货人按合同或信用证规定,在货物装船并取得提单后,向买方或其指定的人发出的有关货物装运情况的说明。

在国际贸易习惯做法上,发货人在装运货物后应立即(一般在装船后 3 天内)通知买方或收货人有关装运情况,以便其安排具体的接货事宜,如租订仓库、安排接货运输工具、报关等,特别是在 FOB,CFR 等条件下,装船通知又是进口商办理进口货物运输保险的凭证。因此,买方为防止因卖方的疏忽而未及时接到装船通知,经常会在信用证中订明:受益人必须在规定时间内以电传、电报或其他方式将装运情况通知收货人或开证申请人,并凭该电传或电报的副本结汇,此时的电传或电报副本就成为议付或结汇的单据之一。若卖方未及时通知而使买方漏保或没有及时安排接运工具,则货物由此而产生的所有损失,都应由卖方负责。

有些进口国规定,保险必须在进口国本国投保,因此这些国家的进口商往往与保险人签订有预保险合同,要求我国出口企业在货物装运后直接向进口国的保险人发出装船通知,以便由保险人承保其进口商品的货运保险。此时,装船通知还应包括保险人名称和预保险合同号。

有时,合同或信用证中会要求装船通知的电报副本必须有邮局印章,那么卖方或其货运代理在拍发电报时,应注意多制一份副本请邮局盖戳以便能够办理结汇。

根据装船通知的功能,其内容主要应该包括:订单或合同号、信用证号、货物名称、数量、总值、唛头、装运口岸、装运日期、船名、开船日期及预计到达目的港时间等,另外还应有装船通知的发送日期。在实际业务中,应根据信用证的要求和对客户的习惯做法,将上述项目适当地列明在电文中,但其内容一定要符合信用证的规定。

【例 4-1】信用证规定:

Original fax from beneficiary to our applicant evidencing B/L No. , name of ship, shipment date, quantity and value of goods.

这要求卖方或其货运代理应向申请人提交正本通知一份,通知上列明提单号、船名、装运日期、货物的数量和金额。制作单据时只要按所列项目操作即可。

装船通知以英文制作,一般只提供一份。无统一格式,企业可自行设计。

装船通知单样本见表 4-5 所示。

表 4-5　　　　装船通知样本

Shipping Advice

TO: INVOICE NO. :________ L/C NO. :________ S/C NO. :________ DEAR SIRS: WE HEREBY INFORM YOU THAT THE GOODS UNDER THE ABOVE MENTIONED CREDIT HAVE BEEN SHIPPED. THE DETAILS OF THE SHIPMENT ARE STATED BELOW. COMMODITY:____________________ NUMBER OF PKGS:____________________ INVOICE VALUE:____________________ TOTAL G. W:____________________ MEASUREMENT:____________________

续表

OCEAN VESSEL:___________________ DATE OF DEPARTURE:___________________ B/L NO. :___________________ PORT OF LOADING:___________________ DESTINATION:___________________ SHIPPING MARKS:___________________ BENEFICIARY'S SIGNATURE:

装船通知可采用传真及 E-mail 等各种形式发送。装船通知的发出日期不能超过信用证约定的时间,常见的有以小时为准(within 24/48 hours)和以天为准(within 2 days after shipment date)两种情形,信用证没有规定时应在装船后立即发出,如信用证规定"Immediately after shipment"(装船后立即通知),则应掌握在提单日后三天之内。装船通知副本(copy of telex/fax)常作为向银行交单议付的单据之一。

装船完毕,货运代理发出装船通知,并作为托运人凭船公司签发的收货单向船公司或其代理换取已装船提单,这时国内运输段的安排工作即告一段落。国际运输段的安排可由货运代理公司的国外公司或国外代理安排。

4. 做好航次总结。货运代理应在船舶离港后及时作出航次总结,以备保存和查询。

第三节　进口货物班轮运输代理业务

进口货物杂货班轮运输代理业务其主要业务流程如图 4-6 所示。

从图 4-6 来看,货运代理主要应做好如下六项工作。

一、承揽和接受货主的委托

货运代理与进口商达成委托代理合同,接受委托事项。

二、订舱

进口货物订舱的主要做法是:进口公司收到国外出口商发来的预计装运

日期后，先按合同填写进口订舱联系单，然后将其连同进口合同副本送交货运代理，货运代理对进口订舱联系单认真审核后接受订舱委托，并向船公司办理订舱托运手续。

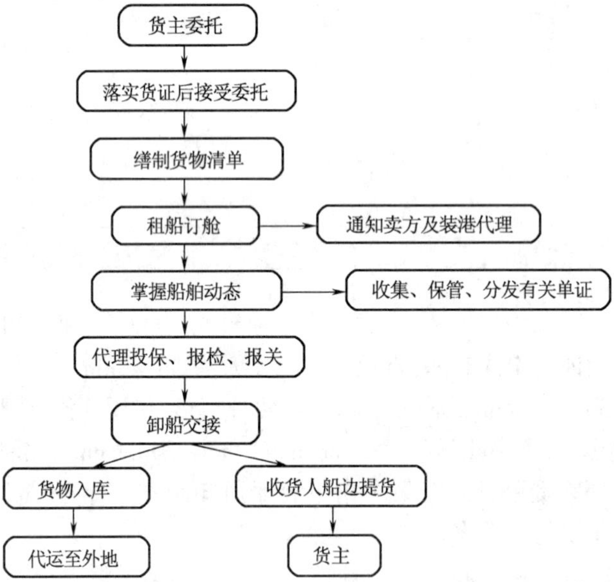

图 4-6　进口货物杂货班轮运输代理业务流程

在 FOB 条件下，货运代理在办妥订舱手续后，应在规定的期限内将船名、船期、船籍、船舶吃水深度、装载重量、到达港口等事项及时通知卖方，并催告卖方如期装船。

三、掌握进口船舶动态与收集、整理单证

掌握进口船舶动态、船期，对于做好港口工作，及时、合理地安排进口船舶卸货，尽快把货物交到收货人手中极为重要。货运代理应做好填写运输卡片和进口船舶动态表的工作。安排船、货时，不论是国内班轮还是国外班轮均需认真按船、按航次填写，作为船、货安排的根据。运输卡片的内容包括：船名、船期、各港所配货物的主要货类、数量、实装量、离开装货港和到达卸货港日期以及指定装货港代理的日期和运输过程中的主要情况。

进口船舶动态表主要填写船舶类别、卸港顺序、各港货类、货量、预计抵达国内第一卸港的时间。如有特殊货物如甲板货、重大件货和危险品货物,均需列明,以便卸货港事先做好卸货安排。

进口货物运输单证一般包括商务单证和货运单证两大类。

商务单证有贸易合同正本及副本、发票、提单、装箱单、品质证明书和保险单等。

货运单证主要有载货清单、货物积载图、提单等。进口货物运输单证多由装货港口的代理和港口轮船代理公司、银行、国外发货人提供。它是港口进行卸货、报关、报检、接交和疏运等项工作不可缺少的资料,因此负责运输的部门收到单证后,应以此与进口合同进行核对。若份数不够,要及时复制,分发有关单位,以便船只到港后各单位相互配合,共同做好接卸疏运等工作。

四、代理投保、报检、报关

按 FOB 进口的货物,货物的运输、保险手续由进口方办理。对于进口货物运输保险,我国目前有两种做法,即预约保险和逐笔保险。预约保险适用于经常有货物进口的外贸公司或企业。预约保险的做法是:外贸公司同保险公司签订预约保险合同,规定总的保险范围、保险期限、保险种类、总保险限额、运输工具、航程区域、保险条件、保险费率、适用条款、赔偿结算支付办法。只要有属于预约保险合同规定的承保范围内的货物进口,投保单位在接到国外出口商的装船通知后即填写“国际运输预约保险起运通知书”送交保险公司,保险公司签章确认办妥保险手续。

代理投保、报检、报关工作主要依据委托代理合同行事。

五、卸船和交接

卸船交货的形式主要有直接卸船交货和集中卸船、仓库交付两种。

直接卸船交货是指将船舶所承运的货物在提单所载明的卸货港从船上卸下,在船边交给收货人并办理货物的交接手续。

集中卸船、仓库交付是指由船公司指定装卸公司作为卸货代理人,由卸货代理人总揽卸货和接收货物并向收货人实际交付货物的工作。

在杂货班轮运输中,不论采取怎样的卸船交货形式,船公司的责任都是以船边为责任界限,而且卸货费用也是按这样的分界线来划分的。在杂货班轮运输中,承运人对承运货物的责任期间可以概括为“船舷至船舷”或“钩至钩”。

进口货物到港后,一般由船方申请理货,负责把进口货物按提单、标记点清件数,验看包装情况,分批拨交收货人。货运代理要负责港口的交接工作,履行现场监卸任务，为收货人把好进口货物的质量关、数量关，必须配合港口理货人员按票卸货、理货，严禁混卸，已卸货物也应按提单和唛头分别堆垛；对船边提货和危险品，应根据卸货进度，及时与有关方面取得联系，做好衔接工作；对超大件货，应在货到港前提供尺码及重量、起吊点、图纸，以便准备接货车辆和驳船及时疏运。重点货物如钢材、机械零件、橡胶，要专人掌握，避免错乱，货物卸毕，应下舱检查，防止漏卸，如发现短缺，应填写短卸报告交船方签字，如发现残损，则应将货存放于海关指定仓库，通知保险公司、商检机构等有关单位进行检验，确定残损原因、程度及索赔对象，凭商检机构出具的检验或鉴定证书，向国外有关责任方提出索赔。

六、进口代运

进口货物卸船报关后，由收货人自行到码头提货的叫作自提。各港口接卸单位或货运代理接受用货部门的委托，代为办理进口货物到达国内港口后的国内转运业务，称为进口代运。进口代运工作的做法是：委托单位向货运代理提出长期或临时委托，签订《海运进口货物国内交接、代运协议书》。

代运进口货物如包装完整、外表无异状、件数相符，一般不在港口办理申请检验手续。如发现代运进口货物短少、残损或外表有异状，接卸单位除应在港口取得有关证件并做好残损记录外，还应由收货人按有关责任人的不同情况分别处理。货到目的地后，收货人应与承运人办理交接手续。发现货物不符或有残损、短少时，应取得承运部门的商务记录或普通记录，直接向承运部门或其他责任方索赔。

关于进口货物杂货班轮运输的卸货和提货，我们以图 4-7 来说明。

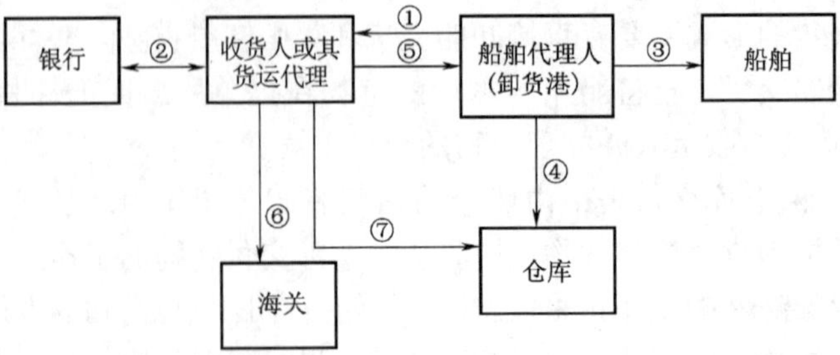

图 4-7　进口货物杂货班轮运输的卸货和提货程序

对图 4-7 的七个步骤说明如下。

第一步,船公司或其装货港代理接到船舶抵港电报后,将船舶到港日期通知收货人或其货运代理,使收货人或其货运代理做好提货准备工作。

第二步,收货人或其货运代理到开证行付清货款赎取提单等单据,准备到港口提取货物。

第三步,卸货港船公司的代理根据装货港船公司的代理寄来的货运单证,编制进口载货清单及有关船舶进口报关和卸货所需的单证,约定装卸公司、理货公司,联系安排泊位,做好接船及卸货的准备工作。

第四步,船舶抵港后,船公司在卸货港的代理随即办理船舶进口手续,船舶靠泊后即开始卸货。

第五步,收货人或其货运代理持正本提单向船公司在卸货港的代理人办理提货手续,付清应付的费用后,换取代理人签发的提货单(Delivery Order, D/O)。

第六步,收货人办理货物进口手续,支付进口关税。

第七步,收货人持提货单到港区码头仓库或船边提取货物。

第四节　货运单证和海运提单

货运单证主要起着货方与船方之间办理货物交接的证明作用。同时,在货物装卸过程中,这些单证既是货方和船方与港方联系工作的凭证,又是划分货、船、港三方责任的依据。

海运提单是承运人签发给托运人的表明货物已被承运人收讫的货物收据,是一种货物所有权凭证。

一、主要的货运单证

海运从办理货物托运、装船,直到卸货和交货的整个环节中,需要编制各种货运单证。货运单证在各个国家和各个港口,甚至各个船公司都不完全一致,但就主要单证而言,其基本内容与作用则大同小异,并能在国际航运中通用。

(一)货运单证的分类

海运货运单证可分为在装货港编制的单证和在卸货港编制使用的货运单证两大类。

1. 在装货港编制的单证。在装货港编制的单证主要有:货物代运委托书、托运单(Booking Note, B/N)、装货单(Shipping Order, S/O)、收货单(即大副收据,Mate's Receipt,M/R)、装货清单(Loading List,L/L)、载货清单(Manifest,M/F)、载货运费清单(Freight Manifest,F/M)、货物积载图(Stowage Plan)、危险货物清单等(参见表4-6)。

上节已对在装货港编制的单证中的一些主要单证进行了介绍,这里再对另外几个做一介绍。

表4-6　　在装货港编制的单证

单证名称	制作人	制作时间	制作依据	用途
托运单	托运人(或货代)	托运货物之前	合同条款或信用证条款	订舱委载
装货单(又称关单、下货纸)	托运人(或货代)制作,由承运人或船代签发	装船之前	托运单和船舶的配载情况	确定承运,用以报关、通知装船的命令
装货清单	承运人或船代	装船之前	装货单留底	供大副编制积载图,供理货员理货,供港口安排驳运和货物进出库场,供承运人掌握备装情况
积载图	大副和船代	船到港前先由船代绘制草图,船到港装货后再由大副与船代正式制出积载图	装货清单	是安排泊位、出仓、下驳、搬运、保管、装船、卸船必须查阅的资料
收货单	托运人制作	货物装船之后由大副签发	根据收货的实际情况	是收到货物的凭证,用以划分船、货双方的责任并凭以换取正式提单
载货清单(舱单)	承运人或船代	货物装船后	收货单或提单	供海关对货船进出境进行监管的单证,也是卸货港船代安排泊位、卸货的依据

(1)装货清单。装货清单是承运人根据装货单留底,将全船待装货物按目的港和货物性质归类,依航次、靠港顺序排列编制的装货单汇总清单,是船

上大副编制配载计划的主要依据,又是供现场理货人员进行理货、港方安排驳运、进出库场以及承运人掌握情况的业务单据。

(2)载货清单。又称“舱单”,是在货物装船完毕后,根据大副收据或提单编制的一份按卸货港顺序逐票列明全船实际载运货物的汇总清单。其内容包括船名及船籍、开航日期、装货港及卸货港,同时逐票列明所载货物的详细情况。载货清单是办理船舶出(进)口报关手续的单证,是船舶载运所列货物的证明。

(3)货物积载图。出口货物在货物装船前,必须就货物装船顺序、货物在船上的装载位置等情况做出一个详细的计划,以指导有关方面安排泊位、货物出舱、下驳、搬运等工作。通常用图表的形式表示货物在船舱内的装载情况,因而称为货物积载图。

(4)危险货物清单。危险货物清单是专门列出船舶载运的全部危险货物的明细表。其记载的内容除装货清单、载货清单所应记载的内容外,还特别增加了危险货物的性能和装船位置两项。按照一般港口的规定,凡船舶装运危险货物,船方应向有关部门(我国为海事局)申请派员监督装卸。在装货港装船完毕后由监装部门签发给船方一份危险货物安全装载书(Dangerous Cargo Safe Stowage Certificate),它是船舶载运危险货物时必备的单证之一。

2. 在卸货港编制使用的货运单证。在卸货港编制使用的货运单证主要有:提货单(Delivery Order, D/O)、过驳清单(Boat Note)、货物溢短单(Over Landed & Short Landed Cargo List)、货物残损单(Broken & Damaged List)等。

(1)提货单。提货单又称小提单,是收货人凭正本提单或副本提单随同有效的担保向承运人或其代理人换取的,可向港口装卸部门提取货物的凭证。提货单不具备流通作用,一般记有“禁止流通”(Non-negotiable)字样。

(2)过驳清单。过驳清单是采用驳船作业时,作为证明货物交接和表明所交货物实际情况的单证。过驳清单是根据卸货时的理货单证编制的,其内容包括驳船名、货名、标志、号码、包装、件数、卸货港、卸货日期、舱口号等,并由收货人、卸货公司、驳船经营人等收取货物的一方与船方共同签字确认。

(3)货物溢短单。货物溢短单是指一票货物所卸下的数量与载货清单上所记载的不符,发生溢卸或短卸的证明单据。该单证由理货员编制,并且必须经船方和有关方(如收货人及仓库等)共同签字确认。

(4)货物残损单。货物残损单是指卸货完毕,理货员根据卸货过程中发现的货物破损、水湿、水渍、渗漏、霉烂、生锈、弯曲变形等情况记录编制的,证明货物残损情况的单据。该单据必须经船方签认。

过驳清单、货物溢短单、货物残损单通常是收货人向船公司提出损害赔偿要求的证明材料，也是船公司处理收货人索赔需求的原始材料和依据。

（二）主要货运单证的流转

下面用图 4-8 来表示杂货班轮货运主要货运单证的流转。

对图 4-8 所示各步骤的说明如下。

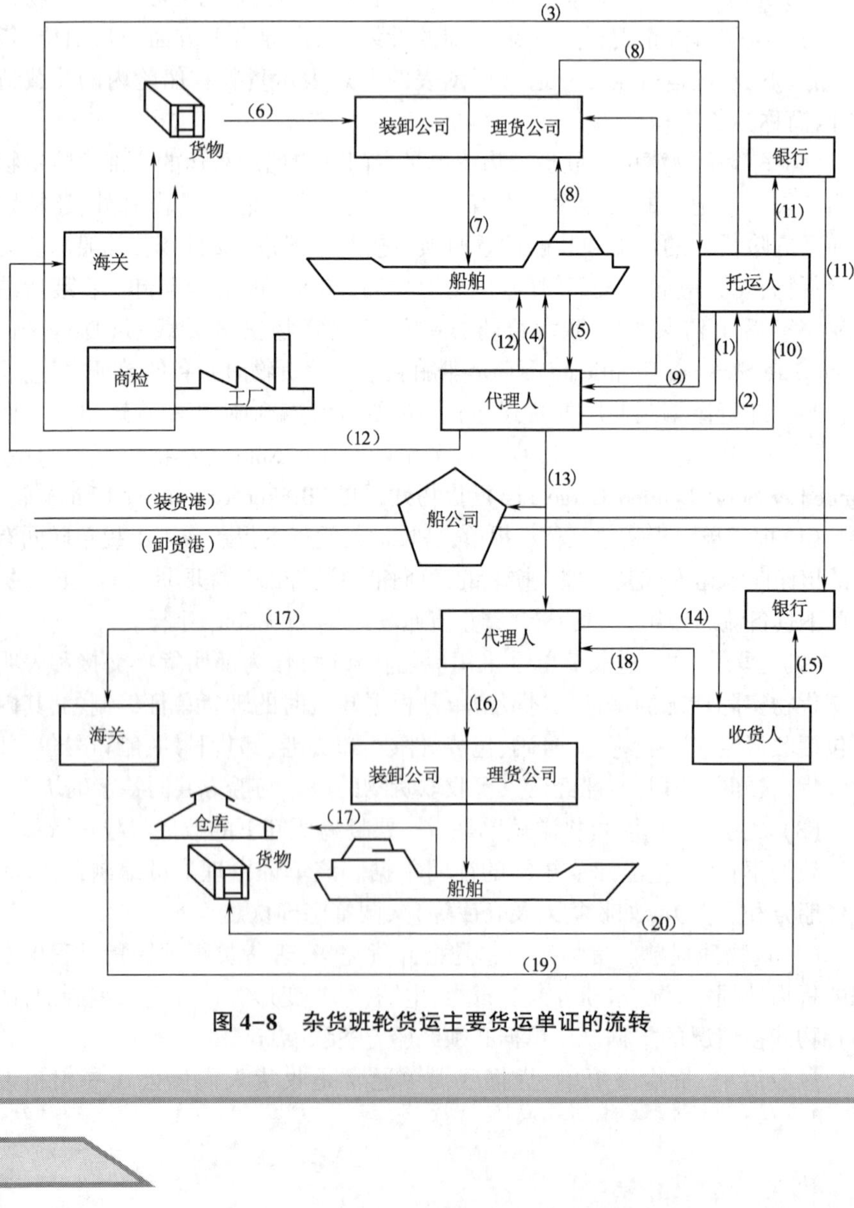

图 4-8　杂货班轮货运主要货运单证的流转

(1)托运人向船公司在装货港的代理人(也可直接向船公司或其营业所)提出货物装运申请,递交托运单,填写装货联单。

(2)船公司同意承运后,其代理人指定船名,核对装货单(S/O)与托运单上的内容无误后,签发装货单,将留底联留下后退还给托运人,要求托运人将货物及时送至指定的码头仓库。

(3)托运人备好装货单及有关单证向海关办理货物出口报关、验发放行手续,货物准予装船出口。

(4)船公司在装货港的代理人根据留底联编制装货清单(L/L)送船舶及理货公司、装卸公司。

(5)大副根据装货清单编制货物积载计划交代理人分送理货、装卸公司等按计划装船。

(6)托运人将经过检验及检量的货物送至指定的码头仓库准备装船。

(7)货物装船后,理货长将装货单交大副,大副核实无误后留下装货单并签发收货单(M/R)。

(8)理货长将大副签发的收货单转交给托运人。

(9)托运人持收货单到船公司在装货港的代理人处付清运费(预付运费情况下)换取正本已装船提单(B/L)。

(10)船公司在装货港的代理人审核无误后,留下收货单并签发提单给托运人。

(11)托运人持提单及有关单证到议付银行结汇(在信用证支付方式下),取得货款,议付行将提单及有关单证邮寄开证银行。

(12)货物装船完毕后,船公司在装货港的代理人编妥出口载货清单(M/F)送船长签字后向海关办理船舶出口手续,并将载货清单交船随带,船舶起航。

(13)船公司在装货港的代理人根据提单副本(或收货单)编制出口载货运费清单,连同提单副本、收货单送交船公司结算代收运费,并将卸货港需要的单证寄给船公司在卸货港的代理人。

(14)船公司在卸货港的代理人接到船舶抵港通知后,通知收货人船舶到港日期,做好提货准备。

(15)收货人到开证银行付清货款取回提单(在信用证支付方式下)。

(16)卸货港船公司的代理人根据装货港船公司的代理人寄来的货运单证,编制进口载货清单及有关船舶进口报关和卸货所需的单证,约定装卸公司、理货公司,联系安排泊位,做好接船及卸货的准备工作。

(17)船舶抵港后,船公司在卸货港的代理人随即办理船舶进口手续,船舶靠泊后即开始卸货。

(18)收货人持正本提单向船公司在卸货港的代理人办理提货手续,付清应付的费用后,换取代理人签发的提货单(D/O)。

(19)收货人办理货物进口报关手续,支付关税。

(20)收货人持提货单到码头仓库或船边提取货物。

二、海运提单

海运提单(Bill of Lading,B/L)(以下简称"提单",见表4-7所示)是承运人签发给托运人的表明货物已被承运人收讫的货物收据,是一种货物所有权凭证(Document of Title)。谁拥有提单,谁就拥有了货物。提单持有人可据以提取货物,也可凭此向银行押汇,还可在载货船舶到达目的港交货之前进行转让①。提单是承运人与托运人之间运输契约(合同)的证明。② 物权凭证、货物收据、运输合同的证明这三个基本功能就是提单在法律上的核心内容。

(一)提单的种类

提单可按照不同的要求,从不同的角度进行分类。不同类型的提单,其适用范围也不相同。

第一,根据货物是否已装船,可分为已装船提单(Shipped on Board B/L)和备用提单(Received for Shipment B/L)。前者是指货物已装上船后签发的提单,而后者是指承运人已接管货物并准备装运时所签发的提单,所以又称收讫待运提单。在贸易合同中,买方一般要求卖方提供已装船提单。

第二,根据货物外表状况有无不良批注③,提单可分为清洁提单(Clean B/L)和不清洁提单(Unclean or Foul B/L)。在对外贸易中,银行为安全起见,在议付货款时均要求提供清洁提单。

第三,根据运输方式不同,提单可分为直达提单(Direct B/L)、转船提单(Transshipment B/L)、联运提单(Through B/L)和联合运输提单(Combined Transport B/L)等。直达提单是承运人签发的由起运港以船舶直接运达目的

---

① 提单还是一种可以流通的有价证券,作为对价转让的标的物或贷款的抵押品,但提单的转让必须在承运人交货前才有效。提单持有人必须在货物运抵目的港一定时间内把货提走,过期不提,视为无主货物,承运人可对货物行使处置之权。

② 提单本身并不是运输契约,由于运输契约是在装货前商订,而提单一般是在装货后签发的,因而提单只是运输契约的证明。

③ 常用的不良批注有:货物表面有污渍,有漏损;包装标志不清;破残;短量。

港的提单。起运港的载货船舶不直接驶往目的港,需在转船港换装另一船舶运达目的港时所签发的提单,称为转船提单。如果货物需经两段或两段以上运输运达目的港,而其中有一段是海运时,如海/陆、海/空联运或海/海联运所签发的提单,称为联运提单。

第四,根据提单抬头不同,提单可分为记名提单(Straight B/L)、不记名提单(Bearer B/L)和指示提单(Order B/L)。

表 4-7　　海运提单样本

<table>
<tr><td colspan="3">(1)Shipper</td><td colspan="3" rowspan="6">COSCO
(4)B/L No.
中国远洋运输公司
CHINA OCEAN SHIPPING COMPANY
Cable:　　Telex:
COSCO BEIJING　22264CPCPK CN
GUANGZHOU　44080COSCA CN
SHANGHAI　33057COSCO CN</td></tr>
<tr><td colspan="3">(2)Consignee</td></tr>
<tr><td colspan="3">(3)Notify Party</td></tr>
<tr><td colspan="2">(5)Pre-carriage by</td><td>(6)Port of Receipt</td></tr>
<tr><td colspan="2">(7)Ocean Vessel</td><td>(8)Port of Loading</td></tr>
<tr><td colspan="2">(9)Port of Discharge</td><td>(10)Place of Delivery</td></tr>
<tr><td>(11) Container No.</td><td>(12)Seal No. Marks & Nos.</td><td>(13)No. of Containers or Pkgs.</td><td>(14)Kind of Packages; Description of Goods</td><td>(15)Gross Weight</td><td>(16) Measurement</td></tr>
<tr><td colspan="2">(17)Total Number of Containers of Packages(in Words)</td><td colspan="4"></td></tr>
<tr><td>(18) Freight & Charges</td><td>(19) Revenue Tons</td><td>(20)Rate</td><td>(21)Per</td><td>(22)Prepaid</td><td>(23)Collect</td></tr>
<tr><td rowspan="2">(24)Ex. Rate</td><td>(25)Prepaid at</td><td colspan="2">(27)Payable at</td><td colspan="2">(29)Place and Date of Issue</td></tr>
<tr><td>(26)Total Prepaid</td><td colspan="2">(28)No. of Original B(s)/L</td><td colspan="2" rowspan="2">Signed for the Carrier

COSCO SHANGHAI SHIPPING CO. ,LTD.
××

(32)COPIES</td></tr>
<tr><td colspan="4">LADEN ON BOARD THE VESSEL
(30)Date:
(COSCO STANDARD FORM 07)
BY:COSCO SHANGHAI SHIPPING CO. ,LTD.
××
(31)ENDORSEMENT:</td></tr>
</table>

记名提单在收货人一栏内列明收货人名称，所以又称为收货人抬头提单，这种提单不能用背书方式转让，货物只能交与列明的收货人。

不记名提单是在提单上不列明收货人名称的提单，谁持有提单，谁就可凭提单向承运人提取货物，承运人交货是凭单不凭人。

指示提单是指在提单收货人栏内填写“凭指定”或“凭某人指定”字样的提单。指示提单上不列明收货人，可凭背书进行转让，有利于资金的周转，在国际贸易中应用较普遍。这种提单对收货人的规定采用“凭指定”或“凭某人指定”方式，但在“凭某人指定”时，须明确指定人。指示提单常见的收货方式有：①凭开证行指示（To Order of Issuing Bank）。此种提单须经银行背书方可转让给买方。②凭开证申请人指示（To Order of Applicant）。此种提单须经开证申请人背书才可转让。③凭托运人指示（To Order of Shipper）。这种提单等同于凭指示（To Order）提单，由托运人押汇时将提单背书转让给议付行，议付行以提单为担保品对托运人支付款项，并将提单转给开证行索偿垫付款，再由开证行转交给收货人。指示提单既转让方便，有一定的流通性，又比不记名提单的安全性强，所以这种提单是国际贸易中使用得最为广泛的一种提单。

此外，提单还可分为全式提单和简式提单、运费预付提单和运费到付提单、正本提单和副本提单、租船合同下的提单、舱面提单、倒签提单、预借提单、过期提单等，这里不一一列举，仅简要介绍倒签提单、预借提单及过期提单。

倒签提单是因实际装船日期迟于信用证规定的装船期限，卖方在来不及改证时，为了安全结汇，可能要求以出具“保函”的形式，由承运人倒签提单签发日期或装船日期，使之符合信用证的规定。倒签提单是一种既违约又违法的行为，在许多国家都被视为卖方和船方的共同欺诈，一经发现，承运人将不得不与托运人共同赔偿收货人因此遭受的损失。因此，在实际业务中应避免。

预借提单是因船舶延期抵港、备货拖延等原因引起船、货衔接不当，而信用证中规定的装运期、有效期已到，货物尚未装船完毕，在这种情况下，托运人为了及时结汇，要求承运人预先签发已装船提单，同时由托运人出具“保函”，保证一旦发生因预借提单引起的买方索赔行为，卖方将承担一切风险责任的提单。预借提单既违约又违法，通常被视为欺诈行为，因而可能会

提单背书

给承运人带来许多不必要的麻烦,甚至是很大的损失,在实际业务中,应避免采用。

由于航线过短,银行传递单据的速度较慢,会出现货到单未到的情形,这时的提单就成为过期提单。银行对于这种由于客观原因造成的过期,将予以接受。但卖方迟于运输单据签发日期21天后向银行提交提单,银行将有权拒收,这种过期提单是无效的。

(二)提单的当事人、关系人和流转程序

1. 提单的当事人、关系人。提单的当事人是承运人、托运人。在实际业务中,提单所涉及的主要关系人有收货人、提单持有人等。其中,承运人通常是与托运人签订运输合同、承担运输任务的航运公司;托运人是与承运人签订运输合同、送交所运送货物的人;收货人是有权提货的人,常常是买方。以上各方之间的权利、义务关系就构成了提单关系的主要内容。正本提单的合法持有人拥有对货物的请求权,承运人负有向正本提单的合法持有人交付货物的责任。

2. 提单的签发。提单应由承运人或其代理人签发,或者是由船长或其代理人签发。承运人自身签署的要注明 as carrier;如果是代理人签署提单,则代理人须注明被代理人的名称和身份,标明 as agent for the carrier××。

签发时间一般要在货物装船以后凭场站收据签发,如果在装船前签发,就构成预借提单。对于直接签发船公司提单的货物,一般来说,在开船后1个工作日内货运代理人要与船公司联系领取提单事宜,确定提单份数和领取时间。收到提单后,应核对份数、格式、船名、航次提单号等是否正确,并根据船名、航次按委托单位分类登记,委托单位凭协议确认签章,登记签章后领取提单,并注明发放日期。

提单签发以后,有时会发生更改。更改时应注意下列事项:①应坚持谁签发谁更改的原则,未经承运人同意不得更改。②更改后应保持与其他单证相一致,确保单单相符、单证相符。③对目的港、收货人、数量等重要项目的更改要特别慎重。如装运后要修改目的港,由于挂港次序问题,会造成倒箱费;如要更改收货人,应检查收货人是否已提货。

3. 提单的流转。提单的流转环节较多,因贸易方式不同,流转环节也不同。以信用证方式结汇的CIF买卖,其提单流转的整个过程如图4-9所示。

从图4-9来看,提单一般的流转环节为:起运港承运人或其代理签发→出口商或其货运代理转给议付行→开证银行→收货人(进口商)→目的港承运人或其代理。

从流转环节看，收货人要拿到提单提货，必须通过银行，即收货人必须向开证行付款赎单，否则银行不会将提单交给收货人。

值得注意的是：作为货运代理人，只可将提单交给托运人，千万不可将提单随意交给第三人。目前国外许多收货人在中国设有代表处，有的托运人要求将提单交给收货人的代表，而又缺少必要的委托授权手续，一旦发生贸易纠纷，货运代理人往往难逃其责。在提单流转过程中，提单上的发货人、收货人、受让人都应按要求背书。没有背书的提单，其持有人得到提单的合法性往往会受到怀疑。

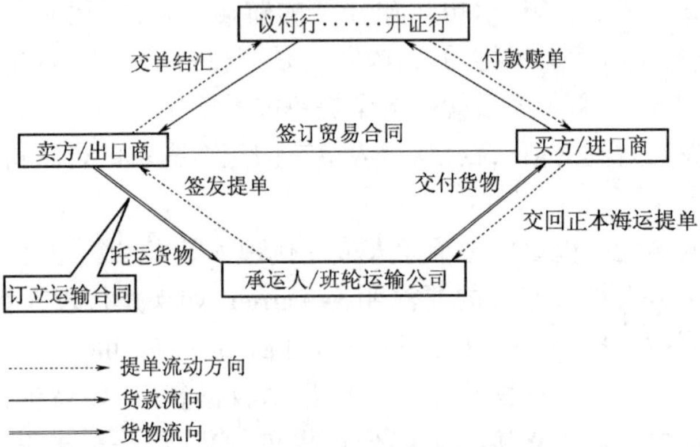

图 4-9　提单流转示意(CIF 条件下)

在目的港，收货人凭一份正本提单提货后，其余正本提单作废。承运人在目的港之外的地点交货的，应收回全部正本提单，否则难以免除在目的港向正本提单持有人交货的义务。

提单正面栏目的填写

第五节　班轮运费

班轮运费是承运人为承运货物而收取的报酬，而计算运费的单价(或费率)则称班轮运价。

一、班轮运价

班轮运价包括货物从起运港到目的港的运输费用以及货物在起运港和目的港的装、卸费用。班轮运价一般是以运价表的形式公布的,比较固定。

按运价表的制定来划分,班轮运价表主要有三类。

其一,班轮公会(Freight Conference)运价表。由班轮公会制定的运价表,为参加公会的班轮公司所使用,规定的运价比较高,是一种垄断性的价格,承运的条件也有利于船方。如远东水脚公会运价表。

其二,班轮公司运价表。由班轮公司自己制定的运价表,如中远集团运价表。

其三,货方运价表。由货方制定、船方接受使用的运价表。能制定运价表的货方一般是较大的货主,并能保证常年有稳定的货源供应。中国对外贸易运输(集团)总公司运价表即属此种。

二、班轮运费

班轮运费由基本运费和各种附加运费构成。

(一)基本运费

基本运费是指货物对在预定航线的各基本港口之间进行运输所规定的运价,它是构成全程运费的主要部分。基本运费的计收标准,通常按不同商品分为下列几种。

1. 按货物的毛重计收。在运价表中,以"W"字母(Weight 的首字母)表示。一般以1吨为计算单位。

2. 按货物的体积计收。在运价表中,以"M"字母(Measurement 的首字母)表示。一般以1立方米为计算单位。

3. 按货物的毛重或体积计收运费,计收时取其数量较高者。在运价表中以"W/M"字母表示。按惯例凡1重量吨货物的体积超过1立方米或40立方英尺者即按体积收费;1重量吨货物其体积不足1立方米或40立方英尺者,按毛重计收。

4. 按货物的价格计收运费,又称从价运费。在运价表中以"Ad. Val"或"A. V."表示。从价计算运费的,一般都属高值货物。从价运费表示该种货物应按其FOB价格的某一百分比计算运费。但是,在实际业务中,某些贸易合同可能是以CIF价格或CFR价格成交的,所以,要将CIF或CFR价格换算为FOB价格,之后,再算出从价运费。按照一般的贸易习惯,按CFR价格是

CIF 价格的 99%的比例,通过以下关系求得 FOB 价格。

$$\text{FOB 价格}=\frac{\text{CFR 价格}}{1+\text{Ad. Val}}=\frac{0.99\text{CIF 价格}}{1+\text{Ad. Val}}$$

5. 按货物重量或体积或价值三者中最高的一种计收,在运价表中以“W/M or Ad. Val”表示。也有按货物重量或体积计收,然后再加收一定百分比的从价运费,在运价表中以“W/M plus Ad. Val”表示。

6. 按货物的件数计收。如汽车、火车按辆(Per Unit);活牲畜如牛、羊等论头(Per Head)计算。

7. 对大宗低值货物,采用船、货双方临时议定运价的办法,如粮食、豆类、煤炭、矿砂等。上述大宗货物,一船在班轮费率表内未规定具体费率,在订舱时,由托运人和船公司临时洽商议定。议价运费通常比按等级计算运费低廉。

班轮公司对同一包装、同一票货物或同一提单内出现混装情况的,计收运费的原则是就高不就低。如果不同商品混装在同一包装内,则全部运费按其中较高者计收。同一票商品如包装不同,其计费标准及等级也不同。托运人应按不同包装分列毛重及体积,才能分别计收运费,否则全部货物均按较高者收取运费。同一提单内如有两种或两种以上不同货名,托运人应分别列出不同货名的毛重或体积,否则全部将按较高者收取运费。

(二)附加费

附加费(Surcharges)是对一些需要特殊处理的货物或由于客观情况的变化等使运输费用大幅度增加,班轮公司为弥补损失而额外加收的费用。附加费的种类很多,而且随着客观情况的变化而变化,如超重附加费、超长附加费、燃油附加费、港口附加费、绕航附加费、转船附加费、直航附加费、选卸附加费、货币贬值附加费等。

各种附加费的计算方法主要有两种。一种是以百分比表示,即在基本费率的基础上增加一个百分比;另一种是用绝对数表示,即每运费吨增加若干金额,可以与基本费率直接相加计算。

三、班轮运费的计算

班轮运费的基本运费和各种附加费均按班轮运价表计算。由于班轮运价表的结构不同,运费的计算方法也不同。单项费率运价表只要找到商品列名,也就找到了运价和计算单位,再加上有关的附加费即可求得该批货物的总运价。等级运价表的计算程序较为复杂,应先根据商品的英文名称,从商品名栏内查明商品等级的计收标准,然后根据该商品等级的计收标准从航线港口划分栏内查基本费率,再查明该商品有无附加费用,如有,各为哪些附加费,最后根据基本费率和附加费求出该商品的总运费。

$$总运费 = 基本运费 + \sum 附加费$$

使用班轮运价表的注意事项

班轮运费的计算公式分三种情况。

其一,在没有任何附加费的情况下班轮运费的计算公式为:

$$F=f\times Q$$

式中:F 为总运费;f 为基本费率;Q 为货运量,以下同。

【例 4-2】设 A 公司向日本出口冻驴肉 30 吨,共需装 1 500 箱,每箱毛重 25kg,每箱体积为 20cm×30cm×40cm。贸易合同中规定每箱 FOB 30 美元。现 A 公司委托 B 货运代理公司代理出口运输,代理费为运费的 3%。问应如何计算该批货物的运费和代理费?每箱的 CFR 价应报多少?

解:先按冻驴肉的英文(Frozen Donkey-meat)字母顺序从运价表中查找其属几级货,按什么标准计算。经查该商品属 8 级货,计收标准为 W/M。然后再查出日本航线每一运费吨①的运价为 144 美元,无其他任何附加费。再次,分清该商品系重货还是轻货,也就是计算该商品的积载系数是大于 1,还是小于 1。如大于 1 为轻货,小于 1 为重货。计算的办法是:0.2×0.3×0.4/0.025=0.96,可见该商品应按重货计算运费。

将以上已知的数据代入公式即得总运费:

$$F=144\times 0.025\times 1\,500=5\,400(美元)$$

$$该批货物的代理费=5\,400\times 3\%=162(美元)$$

其二,在有各种附加费,而且附加费按基本费率的百分比收取的情况下,运费的计算公式为:

$$F=fQ(1+S_1+\cdots+S_n)$$

式中:$S_1,\cdots,S_n$ 为各项附加费的百分比。

其三,在各项附加费按绝对数收取的情况下,运费的计算公式为:

$$F=fQ+(S_1+S_2+\cdots+S_n)\times Q$$

式中:$S_1+S_2+\cdots+S_n$ 为各种附加费的绝对数。

【例 4-3】设某出口公司向马来西亚出口大型机床 1 台,毛重为 7.5 吨,目的港为巴生港或槟城。运送机床去新马航线的基本费率每 1 运费吨为

① 运费吨(Freight Ton)又称计费吨,是计算运费的一个特殊计算单位,指按一种货物的重量或体积计算运费的单位,分为重量吨和尺码吨。重量吨是按货物毛重计算运费的单位,1 重量吨=1 吨=2 240 磅;尺码吨是按货物体积计算运费的单位,1 尺码吨=40 立方英尺。一般情况下,同一货物的重量和体积相比较,以大者为运费吨。

1 500港元，另加收超重附加费每运费吨为28港元，选港费为20港元。问该机床的运费为多少？

解：将上述已知数据代入公式即得：

$$F=1\ 500\times7.5+(28+20)\times7.5$$
$$=11\ 610(\text{港元})$$

即该机床的运费为11 610港元。

思政思考

建设航运强国

党的十八大以来，习近平总书记围绕交通强国、航运强国建设发表一系列重要讲话，做出一系列重大部署。总书记创造性地提出了“由内陆走向海洋，由海洋走向世界、走向强盛”，揭示了中华民族坚定不移走海洋强国、航运强国之路的时代大势；创造性地提出了高质量、集约型、可持续的航运经济发展基本路径，以及发展航运科技、推动海洋产业科研，推进“智慧海洋”“智慧航运”建设的创新概念；勾画出全方位互联互通蓝图，明确了航运物流业在推动“一带一路”建设中的历史使命。

【思考题】建设航运强国，必须依靠航运企业的做强、做优、做大，你认为国际海运货物代理企业如何在“一带一路”建设中发挥更大作用？

案例研究

案例一

A公司与B公司按CIF条件签订出口大米10 000吨的合同。规定装运期为5月1日至10日。A公司委托C货运代理公司代理运输，C货运代理公司在船公司的托运单上规定受载期为5月1日至10日。B公司开来信用证的有效期为5月10日止。5月6日船抵受载港，5月12日装船完毕并离港。船方签发5月10日的提单。

案例思考与讨论：

此案中存在哪些问题？

案例二

某货主委托承运人的货运站装载 1 000 箱小五金,货运站在收到 1 000 箱货物后出具仓库收据给货主。在装箱时,装箱单上记载 980 箱,货运抵进口国货运站,拆箱单上记载 980 箱,由于提单上记载 1 000 箱,收货人便向承运人提出索赔,但承运人拒赔。

案例思考与讨论:

承运人是否要赔偿收货人的损失,为什么?

案例三

上海快达货代公司现要处理以下两笔业务。

(1)受 A 公司委托,运往肯尼亚蒙巴萨港口门锁一批计 1 000 箱,每箱体积为 20 厘米×30 厘米×40 厘米,毛重 25kg。当时燃油附加费为 30%,蒙巴萨港口拥挤附加费为 10%。门锁属于小五金类,计收标准是 W/M,等级为 10 级,基本运费为每运费吨 443.00 元。

(2)代理上海 W 公司从美国 D 公司进口一批机床,当货到达上海后,上海快达货代公司向 W 公司发出到货通知,要求 W 公司提货。W 公司因不能出示正本提单,就向上海快达货代公司出具了一份“提货担保书”。担保书在保证单位栏上记载:“上述货物是本公司进口货物。如因本公司未凭正本提单先行提货,致使贵公司遭受任何损失,本公司负责赔偿,本公司收到正本提单后立即交还贵公司换回此保证书。”在“提货担保书”上有 W 公司盖章和 W 公司负责人签字。上海快达货代公司接受了 W 公司的担保书,给 W 公司签发了提货单,W 公司凭提货单提取货物后,称货物质量不符,未到银行付款赎单,提单被退回到美国出口商 D 公司(托运人)。D 公司持正本提单向美国法院以无单放货为由,对上海快达货代公司提出起诉,要求上海快达货代公司赔偿货款损失。

案例思考与讨论:

1. 按照船公司对船舶经营方式的不同,国际海运可分为哪两种方式?第(1)项业务中,上海快达货代公司可采取哪种方式?A 公司应付多少运费?

2. 海运提单的性质是什么?第(2)项业务中,上海快达货代公司是否应该赔偿货款,为什么?

案例研究参考答案

思考与练习

一、名词解释

订舱、基本运费、舱单、S/O 、D/O、B/L、提单背书、倒签提单、预借提单

二、简答题

1. 班轮运输的货运流程主要包括哪些内容？
2. 图示托运订舱的过程。
3. 简述海运进出口货物班轮运输代理的主要业务。
4. 在杂货班轮运输中装船作业、卸船交货形式可分为哪几种？
5. 简述班轮运输基本运费的计收标准。
6. 在装货港编制的单证主要有哪些？
7. 为什么装货单被称为关单？
8. 简述在装货港编制的货运单证的流转程序。
9. 在卸货港编制使用的货运单证主要有哪些？
10. 图示在卸货港编制的货运单证的流转程序。
11. 海运提单具有哪些基本功能？
12. 根据提单抬头的不同，提单可分为哪几种？
13. 简述提单的签发人、签发时间的相关要求。
14. 简述提单的一般流转环节。

第五章 海运代理实务(三):集装箱运输代理实务

Ocean Freight Forwarder Practice (Ⅲ): Container Transport Forwarder Practice

通过本章的学习,要求学生:(1)掌握集装箱运输的相关基础知识;(2)从货运代理的角度,掌握进出口货物集装箱运输的流程;(3)掌握进出口货物集装箱运输的主要单证;(4)熟悉国际货运代理的集拼业务并能在实际中应用;(5)能够估算集装箱运输的运费。

学习要点

By studying this chapter, students are expected to: (1) master the preliminaries of container transport; (2) grasp the process of import and export container transport from the freight forwarder's point of view; (3) be acquainte d with the main documents of import and export container transport; (4) be familiar with the consolidation of international freight forwarder and be able to put it into practice; (5) be able to compute the charge of container transport.

第一节 集装箱运输概述

集装箱运输(Container Transport)是以集装箱作为运输单位进行货物运输的现代化运输方式。其业务程序与杂货班轮运输业务基本相同,但也有一些集装箱运输所要求的特殊事项,货物的装箱和交接方式、货运单据等与杂货班轮运输有所差别。

集装箱运输自1956年4月开始在美国用于海上运输后,满足了货主快速、安全、准确、直达的运输要求,其应用领域仍在不断扩大。这表现在:一是从海上逐渐扩展到陆地和天空;二是从外贸运输扩展至内贸运输;三是集装箱运输的货物已超越了传统件杂货的范围,一些大宗散货如矿石、煤炭的装箱率也在不断提高。

本章所述的集装箱运输主要是指集装箱班轮海运。

【思政阅读】

集装箱运输发展的启示——依靠学习走向未来

集装箱运输在我国起步较晚,但我们善于学习借鉴,并敢于创新,因此我国集装箱运输发展较快。

1801年,英国人詹姆斯·安德森博士首先提出了集装箱运输的设想。1880年,美国正式试制了第一艘内河用的集装箱船。1993年,世界上第一个集装箱自动化码头在鹿特丹港投产。2002年,汉堡港成为第二代集装箱自动化码头的代表。2008年,鹿特丹港Euromax码头投入运营,成为第三代集装箱自动化码头的代表。

2016年3月,全球首个第四代集装箱自动化码头厦门远海自动化码头投入运营。2017年12月,全球最大的集装箱自动化码头"上海国际航运中心洋山深水港区四期工程"开港试运营。2020年10月,天津港集装箱传统码头实现了无人自动化改造后的全流程实船作业,这是我国第一次对传统人工码头全部环节进行自动化改造,实现全流程无人作业,为我国港口传统码头智能化升级改造提供了可行的实施方案。

党的二十大报告在"实施科教兴国战略,强化现代化建设人才支撑"文中指出:"必须坚持科技是第一生产力、人才是第一资源、创新是第一动力,深入实施科教兴国战略、人才强国战略、创新驱动发展战略,开辟发展新领域新赛道,不断塑造发展新动能新优势。"实现中华民族伟大复兴,必须集中力量推进科技创新,真正把创新驱动发展战略落到实处。从我国集装箱运输取得的辉煌成就及其发展历程来看,我们要有"创新思维",做工作要善于发现问题、勤于思考问题、敢于解决问题。要善于学习,好学才能上进。正如习近平在中央党校建校80周年庆祝大会上的讲话中所说,中国共产党人依靠学习走到今天,也必然要依靠学习走向未来。我们的干部要上进,我们的党要上进,我们的国家要上进,我们的民族要上进,就必须大兴学习之风,坚持学习、学习、再学习,坚持实践、实践、再实践。

一、集装箱运输的特点及运输的关系人

集装箱运输具有杂货班轮运输无法比拟的优越性和特点,是多部门的联合运输。

(一)集装箱的特点

集装箱(Container)是用钢、铝、胶合板、玻璃钢或这些材料混合制成的大型装货容器,是具有一定规格和强度,专为周转使用的大型货箱。国际标准化组织(ISO)对集装箱下的定义为:"集装箱是一种运输设备。"集装箱在我国香港称为"货箱",在我国台湾称为"货柜"。

集装箱按用途分有:干货集装箱(Dry Container)、冷冻集装箱(Reefer Container)、挂衣集装箱(Dress Hanger Container)、开顶集装箱(Open-top Container)、框架集装箱(Flat Rack Container)、罐式集装箱(Tank Container)。

按尺寸①分,目前国际标准集装箱的宽度均为8英尺(ft);高度有8英尺、8英尺6英寸、9英尺6英寸和小于8英尺四种;长度有40英尺、30英尺、20英尺和10英尺四种。此外,还有一些国家颁布的各自标准下所使用的集装箱。目前,在海上运输中,经常使用的是国际标准化组织IAA型和ICC型集装箱,在实际使用中常以不同长度作为区别的标准,如6.1米(20英尺)、12.2米(40英尺)集装箱就是指ICC、IAA型集装箱。

---

① 集装箱外尺寸是确定集装箱能否在船舶、底盘车、货车、铁路车辆之间进行换装的主要参数。集装箱内尺寸决定集装箱内容积和箱内货物的最大尺寸。

同一规格的集装箱，由于结构和制造材料的不同，其内容积略有差异。为使集装箱箱数计算统一化，人们把 20ft 集装箱作为一个计算单位，简称标箱，即 TEU(Twenty-feet Equivalent Units)，40ft 集装箱作为两个计算单位，以利统一计算集装箱的营运量。

集装箱的尺寸与容积如下：

20 英尺货柜：内容积为 5.69 米×2.13 米×2.18 米，配货毛重一般为 17.5 吨，有效容积约为 25 立方米。

40 英尺货柜：内容积为 11.8 米×2.13 米×2.18 米，配货毛重一般为 22 吨，有效容积约为 55 立方米。

40 英尺高柜：内容积为 11.8 米×2.13 米×2.72 米，配货毛重一般为 23 吨，有效容积约为 68 立方米。

集装箱具有坚固、密封和可以反复使用等优越性，这是任何运输包装都无法与之比拟的。集装箱放在船上等于是货舱，放在火车上等于是车皮，放在卡车上等于是货车，因此，无论是单一运输方式或多式运输方式均不必中途倒箱。集装箱的内部容量较大，而且易于装满和卸空，在装卸设备配套的情况下它能迅速搬运。

(二)集装箱运输的特点

集装箱运输就是以集装箱作为运输单位进行货物运输的一种先进的现代化运输方式。它具有如下特点。

第一，在全程运输中，可以将集装箱从一种运输工具上直接方便地换装到另一种运输工具上，而无须接触或移动箱内所装货物。

第二，货物在发货人的工厂或仓库装箱后，可经由海、陆、空不同运输方式一直运至收货人的工厂或仓库，实现“门到门”运输而中途无须开箱倒载和检验，大大减少了中间环节，简化了货运手续，加快了货运速度，缩短了货运时间，从而减少了商品在途时间。

第三，集装箱由专门的运输工具装运，装卸快，效率高，质量有保证。

第四，一般由一个承运人负责全程运输。

(三)集装箱运输的关系人

随着集装箱运输的逐步发展、成熟，与之相适应的、有别于传统运输方式的管理方法和工作机构也相应地发展起来，形成了一套适应集装箱运输特点的运输体系。集装箱运输系统包括海运、陆运、空运、港口、货运站以及与集装箱运输有关的海关、船舶代理公司、货运代理公司等众多机构。它们相互配合,在整个运输过程中发挥着各自不同的作用。除货主及其代理人外,集装箱运输的关系人还主要包括如下五个。

其一,经营集装箱货物运输的实际承运人。包括经营集装箱运输的船公司、联营公司、公路集装箱运输公司、航空集装箱运输公司等。

其二,无船承运人。在集装箱运输中,经营集装箱货运的揽货、装箱、拆箱、内陆运输及经营中转站或内陆站业务,但不掌握运载工具的专业机构,称为无船承运人。它在承运人与托运人之间起着中间桥梁作用。

其三,集装箱租赁公司(Container Leasing Company)。这是随集装箱运输发展而兴起的一种新兴行业,它专门经营集装箱的出租业务。

其四,集装箱码头(堆场)经营人(Container Terminal Operator)。集装箱码头经营人是拥有码头和集装箱堆场(Container Yard,CY)经营权(或所有权),从事集装箱交接、装卸、保管等业务的服务机构。它受托运人或其代理人以及承运人或其代理人的委托提供各种集装箱运输服务。

其五,集装箱货运站(Container Freight Station,CFS)。它是在内陆交通比较便利的大中城市设立的提供集装箱交接、中转或其他运输服务的专门场所。一般可分为集装箱内陆货运站及港口货运站。

二、集装箱货物的装箱方式与交接方式

集装箱货物的运输有不同的集散方式和流转程序。

(一)集装箱货物的装箱方式

在集装箱货物的流转过程中,其流转形态分为两种:一种为整箱货;另一种为拼箱货。

1. 整箱货。整箱货(Full Container Cargo Load,FCL)是指发货人或其代理人把经报关、检验的货物自行装箱、签封后,以箱为单位进行托运和交付。习惯上整箱货只有一个发货人和一个收货人。

整箱货的拆箱由收货人办理。承运人只负责箱体外表完好,不负责箱内的货损、货差。在整箱货物运输中,交货时只要货箱铅封完好无损,承运人即完成运输义务。整箱货的流转过程如图 5-1 所示。

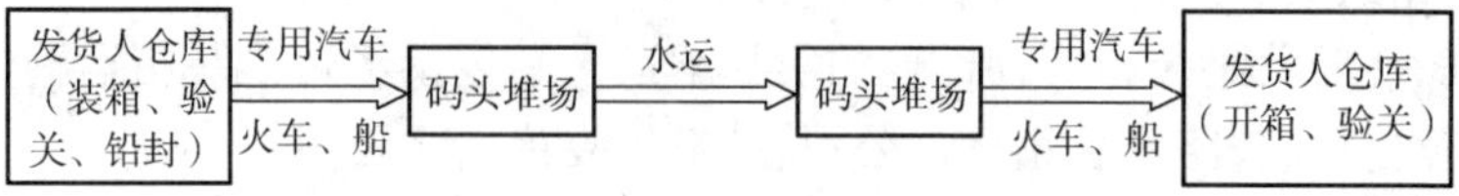

图 5-1　整箱货的流转过程

2. 拼箱货。拼箱货(Less than Container Cargo Load, LCL, or Consolidated Cargo)是指承运人或货运代理人接受货主托运的数量不足整箱的小票货运后,根据货类性质和目的地进行分类整理,把去同一目的地的货集中到一定数量,拼装入箱的货物。由于一个箱内有不同货主的货拼装在一起,所以叫拼箱。这种情况在货主托运的货物数量不足装满整箱时采用。习惯上拼箱货涉及多个发货人或多个收货人。拼箱货的分类、整理、集中、装箱(拆箱)、交货等工作均在承运人码头集装箱货运站(Container Freight Station)或内陆集装箱转运站进行。拼箱货的流转过程如图 5-2 所示。

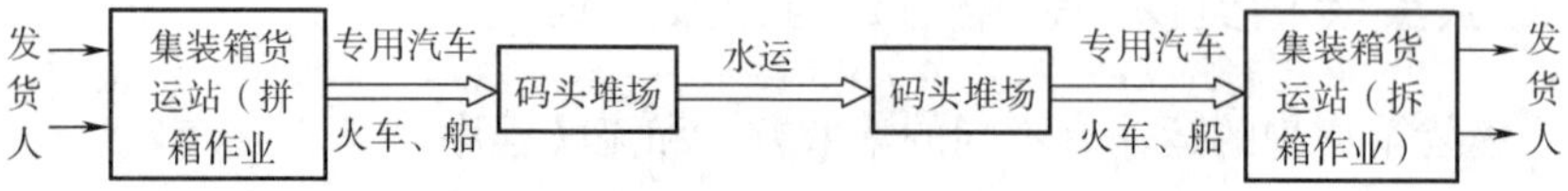

图 5-2　拼箱货的流转过程

(二)集装箱货物的交接方式

集装箱货物的交接有多种方式:可以传统的方式在船边进行交接,可以整箱货的方式在集装箱堆场(Container Yard, CY)进行交接,可以拼箱货的方式在集装箱货运站(Container Freight Station, CFS)进行交接,也可以在多式联运方式下在货主的仓库或工厂进行交接。由于集装箱货物可以在四个地点进行交接,因此,理论上就应有 16 种交接方式。但是,目前在船边交接的情况已很少发生,而在货主的工厂或仓库交接又涉及多式联运,因此,在海上集装箱班轮运输实践中,班轮公司通常承运整箱货,并在集装箱堆场交接,集拼经营人则承运拼箱货,并在集装箱货运站与货方交接货物。实际业务中,集装箱货物的交接方式通常主要有以下几种(如图 5-3 所示)。

1. 门到门(Door to Door)。门到门是指集装箱运输经营人从发货人工厂或仓库接收货物,负责运至收货人工厂或仓库交付。货物的交接形态都是整箱接、整箱交。

2. 门到场(Door to CY)。门到场是指集装箱运输经营人从发货人工厂或仓库接收货物,并负责运至卸货港码头堆场或其内陆堆场,向收货人交付。这种货物的交接形态也都是整箱接、整箱交。

3. 门到站(Door to CFS)。门到站是指集装箱运输经营人在发货人工厂或仓库接收货物,并负责运至卸货港码头的集装箱货运站或其在内陆地区的货运站,经拆箱后向各收货人交付。这种货物的交接形态是整箱接、拆箱交。

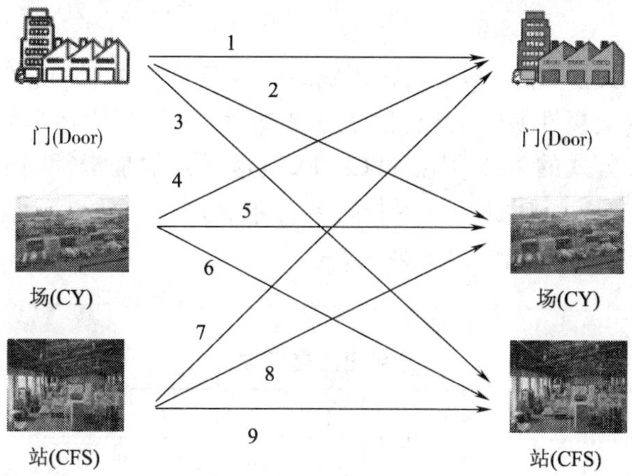

图 5-3 集装箱货物的交接方式

4. 场到门(CY to Door)。场到门是指集装箱运输经营人在码头堆场或其内陆堆场接收发货人的货物(整箱货),并负责把货物运至收货人的工厂或仓库向收货人交付。这种货物的交接形态是整箱接、整箱交。

5. 场到场(CY to CY)。场到场是指集装箱运输经营人在装货港的码头堆场或其内陆堆场接收货物(整箱货),并负责运至卸货港码头堆场或其内陆堆场,在堆场向收货人交付(整箱货)。这种货物的交接形态是整箱接、整箱交。

6. 场到站(CY to CFS)。场到站是指集装箱运输经营人在装货港的码头堆场或其内陆堆场接收货物,并负责运至卸货港码头集装箱货运站或其在内陆地区的集装箱货运站,经拆箱后向收货人交付。这种货物的交接形态是整箱接、拆箱交。

7. 站到门(CFS to Door)。站到门是指集装箱运输经营人在装货港码头的集装箱货运站或其内陆的集装箱货运站接收货物,拼箱后,运至收货人的工厂或仓库交付。这种货物的交接形态是拼箱接、整箱交。

8. 站到场(CFS to CY)。站到场是指集装箱运输经营人在装货港码头或其内陆的集装箱货运站接收货物,经拼箱后运至卸货港码头或内陆地区的堆场交付。这种货物的交接形态是拼箱接、整箱交。

9. 站到站(CFS to CFS)。站到站是指集装箱运输经营人在装货港码头或其内陆地区的集装箱货运站接收货物,经拼箱后,运至卸货港码头或其内陆地区的集装箱货运站,拆箱后,向收货人交付。这种货物的交接形态是拼箱接、拆箱交。

在不同的交接方式中,集装箱运输经营人与货方承担的责任、义务不同。为明确货物的交接性质与责任,便于业务实际操作,在货运单证上通常载有表明货物交接方式的条款,比如:FCL/FCL,这种条款是指货物的交接形态为整箱接、整箱交;LCL/LCL,是指拼箱接、拆箱交。

集装箱的交货方式可归纳为表 5-1。

表 5-1　　集装箱的交货方式

交货地点	装箱方式
门到门(Door to Door) 场到场(CY to CY) 门到场(Door to CY) 场到门(CY to Door)	整箱货与整箱货的交接(FCL/FCL)
站到门(CFS to Door) 站到场(CFS to CY)	拼箱货与整箱货的交接(LCL/FCL)
门到站(Door to CFS) 场到站(CY to CFS)	整箱货与拼箱货的交接(FCL/LCL)
站到站(CFS to CFS)	拼箱货与拼箱货的交接(LCL/LCL)

第二节 集装箱运输代理业务

集装箱货物的运输一般是将分散的小批量货源预先在内陆的某几个点加以集中,等组成大批量货源后,通过内陆运输或内河运输,将其运至集装箱码头装船,然后通过海上运输,到达卸船港卸货,再通过内陆运输或内河运输,将集装箱货物运到最终目的地。其货运的一般流程可用图 5-4 简单表示。

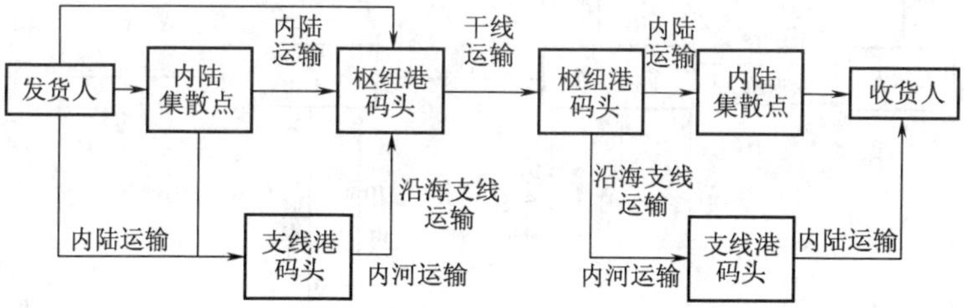

图 5-4 集装箱货运的一般流程

一、出口货物集装箱运输代理业务

下面分出口货物集装箱运输代理业务流程和货运单证两部分来阐述。

(一)出口货物集装箱运输代理业务流程

出口货物集装箱运输流程如图 5-5 所示。

从货运代理的角度,出口货物集装箱运输的流程可简化为如下步骤:揽货接单、签订代理协议→接受委托、索取出口单证→订舱配载→提取空箱→货物报检、报关、保险→整/拼箱操作→制作提单→集港交货→港口装船→换取提单→装船通知→费用结算→单证整卷归档。从操作内容来说,涉及货物与单证等;从关联部门来说,涉及客户、船公司、集装箱码头、检验检疫部门和海关等。下面对一些主要环节进行阐述。

1. 订舱配载。订舱配载的程序是货运代理根据发货人的贸易合同或信用证条款或委托书的规定,在货物托运前的一定时间内填好集装箱托运单(Container

Booking Note),注明要求配载的船只、航次等,向船公司或其代理人在截单期①前申请订舱。船公司或其代理人审核货名、重量、尺码、卸货港等后如可予接受,即在托运单上填写船名、航次、提单号,抽留其需要各联并在集装箱装货单上盖好签单章,连同其余各联退回货运代理人作为对该批货物订舱的确认。

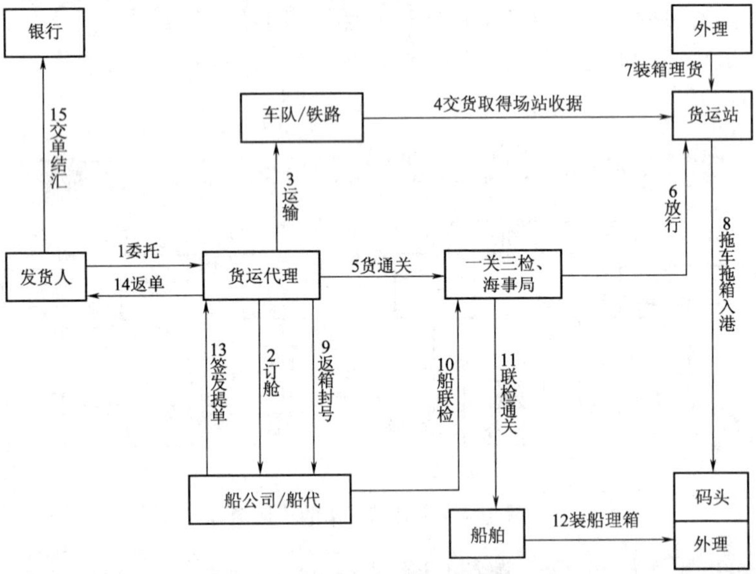

图 5-5　出口货物集装箱运输流程

船公司或其代理公司根据自己的运力、航线等具体情况考虑货运代理的要求,决定接受与否,若接受申请就着手编制订舱单,然后分送集装箱堆场(CY)和集装箱货运站(CFS),据以安排空箱及办理货运交接。

货运代理还应向船公司或船代递交装货单。集装箱备妥后,要进行配载,制定积载方案,编制出配载单或装箱明细单。配载时,应充分利用集装箱的载重量和容积。

货运代理在取得船公司的配舱回单后,分船归类建卡,做好每批货物的记录,这种记录称为船卡(Shipping List by Vessel)。船卡是货运代理人在某一条船上的全部货物清单,可据以检查通关情况、装箱情况、集港情况、信用

① 截单期是该船接受订舱的最后日期,超过截单期如舱位尚有多余或船期因故延误,船公司同意再次接受订舱,称为"加载"。截单期一般在预定装船日期前几天,以便进行报关、报检、装箱、集港、制单等项工作。

证有效期内提单是否签发等。因此,它对货运代理人掌握工作进度、实现跟踪检查、加强有效管理极为有用。

集装箱海运的订舱流程可简单用图 5-6 表示。

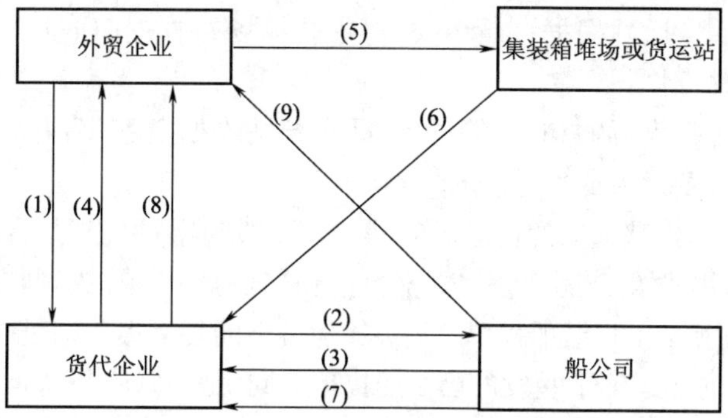

图 5-6 集装箱海运的订舱流程

图中各步骤说明如下:

(1)外贸企业填写订舱委托书,并随附发票、装箱单等单据,向货代企业委托办理订舱手续。

(2)货代企业接受委托后,根据订舱委托书填写托运单,向船公司订舱。

(3)船公司根据舱位情况,向货代企业发出配舱回单,确认舱位。

(4)货代企业第一时间传给外贸企业舱位信息,其中主要包括订舱号与船名、航次等信息,要清晰、准确,以免造成混淆。

(5)如果是整箱货,一般采取门到门的方式,货代企业直接到仓库进行装箱。如果是拼箱货,则外贸企业根据货代提供的送货地址,将报检完成的货物送到货运站进行装箱。

(6)集装箱堆场或货运站开出场站收据给货代企业,货代企业同时办理报关业务。

(7)货代企业持场站收据到船公司换提单,船公司开出提单确认件。

(8)货代企业将提单确认件转给外贸企业进行确认。

(9)提单确认无误后,船公司开出正本提单。

2. 提取空箱。通常整箱货货运的空箱由货运代理到集装箱码头堆场领取,有的货主有自备箱;拼箱货货运的空箱由集装箱货运站负责领取。

3. 整/拼箱操作。整/拼箱操作一般由发货人指定或货代选择的装箱站操作,但发货人和货代可监督装箱。

拼箱货装箱由货运站根据订舱单和场站收据负责装箱,然后由装箱人编制集装箱装箱单(Container Load Plan)。

整箱货一般由发货人或货运代理负责装箱,并将已加海关封志的整箱货运到货运站。货运站根据订舱单,核对集装箱场站收据(Dock Receipt,D/R)及装箱单验收货物。

货运站在验收货物和/或箱子后,即在场站收据上签字,并将签署后的场站收据交还给发货人或货运代理。

4. 换取提单。普通船的货运提单,是在货物实际装船完毕后,经船方在收货单上签署,表明货物已装船,发货人据经船方签署的收货单(大副收据)交船公司或其代理公司换取的已装船提单。集装箱运输下的货运提单则是以码头收据换取的,它与普通船运输下签发的已装船提单不同,是一张收货待运提单。所以,在大多数情况下,船公司根据发货人的要求,在提单上填注具体的装船日期和船名后,该收货待运提单也便具有了与已装船提单同样的性质和作用。

发货人或货运代理凭场站收据向集装箱运输经营人或其代理换取提单,然后去银行办理结汇。

5. 装船通知。集装箱装卸区根据装货情况,制订装船计划,并将出运的箱子调整到集装箱码头前方堆场,待船靠岸后,即可装船出运。货运代理要对大宗货箱掌握装船进度,船开后代出口人向国外卸港代理发送装船通知。

(二)出口货物集装箱运输的主要单证

在集装箱货物进出口业务中,除采用了与传统的散杂货运输中相同的商务单证(如商业发票、报关单、检验检疫证书、磅码单、装箱单、货物托运单、装货单、提单等各种单证)以外,在运输单证中根据集装箱运输的特点,还采用了空箱提交单、设备交接单、集装箱装箱单、场站收据、提货通知书、到货通知书、交货记录、卸货报告和待提集装箱报告等。

集装箱出口单证流转流程如图 5-7 所示。

图 5-7 中各步骤涉及的具体单证如下:①货运委托书、报关委托书;②订舱单;③设备交接单、装箱单;④堆存信息/查验、监管信息;⑤装货单、商业发票、出口许可证、商品说明书等;⑥装货单、大副收据、场站收据;⑦预配清单、预配船图、危险品清单、温控箱清单、危险品货物积载申报单等;⑧配载图、装船顺序单;⑨外轮理货计数单、实际积载图;⑩场站收据;⑪实际积载图、舱单、危险品清单、温控箱清单、残损箱清单等。

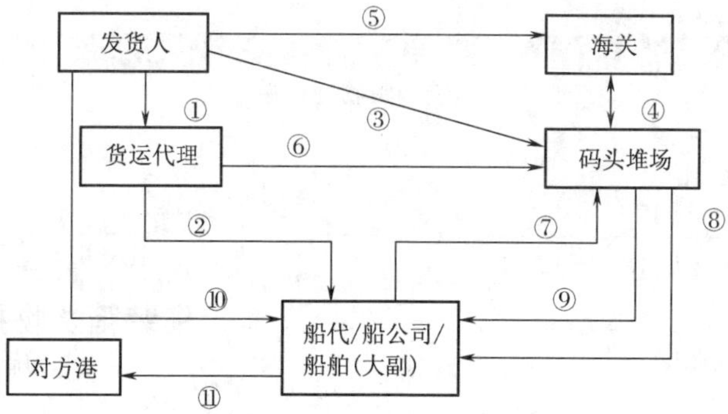

图 5-7 集装箱出口单证流转流程

下面主要介绍出口货物集装箱运输中的场站收据联单、集装箱装箱单、集装箱设备交接单。

1. 场站收据联单。场站收据联单的内容、流转程序及填制要求如下。

(1)场站收据联单的主要内容。与传统件杂货班轮运输所使用的托运单证相比,场站收据联单是一份综合性的单证。为了提高集装箱货物托运的效率,场站收据联单把货物托运单(订舱单)、装货单(关单)、大副收据、理货单、配舱回单、运费通知等单证汇成了一份。

场站收据联单是由承运人发出的证明已收到托运货物并开始对货物负责的凭证。场站收据一般是在托运人口头或书面订舱,与船公司或船代达成了货物运输的协议,船代确认订舱后,由船代交托运人或货代填制,在码头堆场、集装箱货运站或内陆货站收到整箱货或拼箱货后签发生效的。托运人或其货运代理人可凭场站收据,向船代换取已装船或待装船提单。

当货运代理去船公司订舱的时候用的就是场站收据联单(十联单[①]),内容如下。

---

① 场站收据十联单中第一联为货主留底备查,第二至四联是给船公司的,订好舱船公司就拿走了。后三联(第五、第六、第七联)是报关用的。第五联在报关完成后,海关在上面盖放行章,作为放行之用。第六联交各港口外轮理货。第七联就是场站收据联,场站收据又称码头收据,相当于传统杂货班轮运输的大副收据,是证明船公司收到了上船的箱子,盖上场站收据章后,拿回来给操作部门,作为签发提单之用。第九、第十联用于送货进仓。目前,有的口岸将其简化为七联单:第一联,集装箱货物托运单,船代留底;第二联,装货单,场站收据副本;第三联,场站收据副本,大副联;第四联,场站收据正本;第五联,装箱理货留底;第六联,货代留底;第七联,配舱回单。

第一联：集装箱货物托运单[①]（货主留底）（B/N）（样本见表 5-2 所示）。

表 5-2　　　　集装箱货物托运单

D/R No.（编号）

集装箱货物托运单

货主留底

第一联

Shipper （发货人）

Consignee（收货人）

Notify Party（通知人）

Pre-carriage by（前程运输）　Place of Receipt（收货地点）

Particulars Furnished by Merchants

Ocean Vessel（船名）　Voy. No.（航次）　Port of Loading（装货港）

Port of Discharge（卸货港）　Place of Delivery（交货地点）				Final Destination for Merchant's Reference（目的地）	
Container No.（集装箱号）	Seal No.（封志号）Marks & Nos.（标记与号码）	No. of Containers of Pkgs.（箱数或件数）	Kind of Packages; Description of Goods（包装种类与货名）	Gross Weight 毛重（千克）	Measurement 尺码（立方米）
Total Number of Containers or Packages（in Words）集装箱数或件数合计（大写）					

① 集装箱货物托运单的填制与杂货班轮货物托运单基本相同，但除应填写与杂货班轮托运单相似的栏目外，还应标明托运货物的交接方式，如 CY/CY、CFS/CFS 等，以及集装箱货物的种类如普通、冷藏、液体等。

续表

FREIGHT & CHARGES (运费与附加费)	Revenue Tons (运费吨)	Rate(运费率) Per(每)	Prepaid (运费预付)	Collect (到付)

Ex Rate: (兑换率)	Prepaid at(预付地点)	Payable at(到付地点)	Place of Issue(签发地点)
	Total Prepaid(预付总额)	No. of Original B(s)/L (正本提单份数)	

Service Type on Receiving □-CY. □-CFS. □-DOOR	Service Type on Delivery □-CY. □-CFS. □-DOOR	Reefer Temperature Required(冷藏温度)	℉	℃

Type of Goods (种类)	□Ordinary □Reefer □Dangerous □Auto (普通)(冷藏)(危险品)(裸装车辆)	危险品	Glass: Property: IMDG Code Page: UN No.
	□Liquid □Live Animal □Bulk □________ (液体) (活动物) (散货)		

可否转船:	可否分批:
装　　期:	效　　期:
金额:	
制单日期:	

第二联:集装箱货物托运单(船代留底)。

第三联:运费通知(1)。

第四联:运费通知(2)。

第五联:场站收据(装货单)(S/O)(样本见表5-3所示)。

表 5-3 集装箱货物装货单

Shipper （发货人）

Consignee（收货人）

Notify Party（通知人）

Pre carriage by（前程运输） Place of Receipt（收货地点）

Ocean Vessel（船名） Voy. No.（航次） Port of Loading（装货港）

D/R No.（编号）

装 货 单

场站收据副本

第五联

Received by the carrier the total number of containers or other packages or units stated below to be transported subject to the terms and conditions of the Carrier's regular form of Bill of Lading（for combined transport or port to port shipment）which shall be deemed to be incorporated herein

Date（日期）

场站章

Port of Discharge（卸货港） Place of Delivery（交货地点） | Final Destination for Merchant's Reference（目的地）

Particulars Furnished by Merchants

Container No.（集装箱号）	Seal No.（封志号）Marks & Nos.（标记与号码）	No. of Containers or Pkgs（箱数或件数）	Kind of Packages. Description of Goods（包装种类与货名）	Gross Weight 毛重（千克）	Measurement 尺码（立方米）

Total Number of Containers or Packages（in Words）集装箱数或件数合计（大写）		

Container No.（箱号） Seal No.（封志号） Pkgs.（件数） Container No.（箱号） Seal No.（封志号） Pkgs.（件数）

续表

<table>
<tr><td colspan="3"></td><td colspan="3">Received(实收) by Terminal Clerk(场站员签字)</td></tr>
<tr><td rowspan="2">Freight
&
Charges</td><td>Prepaid at(预付地点)</td><td>Payable at(到付地点)</td><td>Place of Issue(签发地点)</td><td colspan="2"></td></tr>
<tr><td>Total Prepaid(预付总额)</td><td>No. of Original B(s)/L
(正本提单份数)</td><td>Booking Approved by
(订舱确认)</td><td colspan="2"></td></tr>
</table>

<table>
<tr><td>Service Type on Receiving
□-CY. □-CFS.
□-DOOR</td><td>Service Type on Delivery
□-CY. □-CFS.
□-DOOR</td><td>Reefer Temperature
Required(冷藏温度)</td><td>℉</td><td>℃</td></tr>
<tr><td rowspan="2">Type
of
Goods
(种类)</td><td>□Ordinary □Reefer □Dangerous □Auto
(普通)(冷藏)(危险品)(裸装车辆)</td><td rowspan="2">危险品</td><td colspan="2" rowspan="2">Glass:
Property:
IMDG Code Page:
UN No.</td></tr>
<tr><td>□Liquid □Live Animal □Bulk □________
(液体) (活动物) (散货)</td></tr>
</table>

第五联副本:缴纳出口货物港务费申请书。

第六联:大副联(场站收据副本)。

第七联:场站收据(Dock Receipt,D/R)(样本见表 5-4 所示)。

第八联:货代留底。

第九联:配舱回单(1)。

第十联:配舱回单(2)。

(2)场站收据联单的流转程序。场站收据十联单的流转程序如图 5-8 所示。

①货运代理(以下简称货代)接受托运人的委托后填制一式十联场站收据,并将第一联(货主留底联)由货主留存以备查询,将其余 9 联送船公司或船代申请订舱。

②船公司或船代经审核确认接受订舱申请,确定船名、航次,给每票货物一个提单号,将提单号填入 9 联单相应栏目,并在第五联(装货单联)加盖确认订舱章,然后留下第二至第四联,其余第五至第十联退还托运人或货代。

③货代留下第八联(货代留底联)用于编制货物流向单及作为留底以备查询,并将第九联即配舱回单(1)联退给托运人作为缮制提单和其他货运单证的依据;如果由货代缮制单证,不需退还给托运人。

表 5-4 集装箱货物场站收据

Shipper （发货人）	D/R No.（编号） **场站收据** DOCK RECEIPT 第七联
Consignee（收货人）	Received by the carrier the total number of containers or other packages or units stated below to be transported subject to the terms and conditions of the Carrier's regular form of Bill of Lading (for combined transport or port to port shipment) which shall be deemed to be incorporated herein Date（日期）：
Notify Party（通知人）	
Pre Carriage by（前程运输） Place of Receipt（收货地点）	
Ocean Vessel（船名） Voy. No.（航次） Port of Loading（装货港）	场站章

Port of Discharge（卸货港） Place of Delivery（交货地点）	Final Destination for Merchant's Reference（目的地）

Particulars Furnished by Merchants

Container No.（集装箱号）	Seal No.（封志号） Marks & Nos.（标记与号码）	No. of Containers or Pkgs.（箱数或件数）	Kind of Packages. Description of Goods（包装种类与货名）	Gross Weight 毛重（千克）	Measurement 尺码（立方米）

Total Number of Containers or Packages (in Words) 集装箱数或件数合计（大写）		

Container No.（箱号） Seal No.（封志号） Pkgs.（件数） Container No.（箱号） Seal No.（封志号） Pkgs.（件数）

续表

			Received(实收) By Terminal clerk(场站员签字)	
Freight & Charges	Prepaid at(预付地点)	Payable at(到付地点)	Place of Issue(签发地点)	
	Total Prepaid(预付总额)	No. of Original B(s)/L (正本提单份数)	Booking Approved by (订舱确认)	

Service Type on Receiving □-CY. □-CFS. □-DOOR	Service Type on Delivery □-CY. □-CFS. □-DOOR	Reefer Temperature Required(冷藏温度)	℉	℃

TYPE OF GOODS (种类)	□Ordinary □Reefer □Dangerous □Auto (普通)(冷藏)(危险品)(裸装车辆)	危险品	Glass: Property: IMDG Code Page: UN No.
	□Liquid □Live Animal □Bulk □________ (液体) (活动物) (散货)		

④货代将第五至第七联(已盖章的装货单联、缴纳出口货物港务申请书联、场站收据大副联、场站收据正本联)随同报关单和其他出口报关用的单证向海关办理货物出口报关手续。

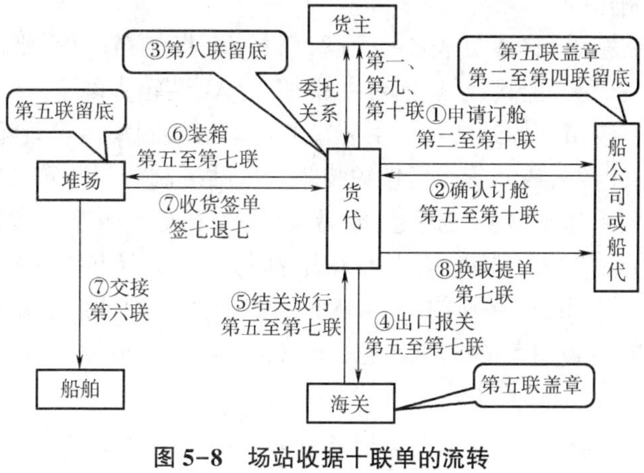

图 5-8　场站收据十联单的流转

⑤海关接受报关申报后，经过查验合格后对申报货物进行放行，在第五联（装货单联）上加盖海关放行章，并将第五至第七联退还给货代。

⑥货代将退回的第五至第七联及第十联即配舱回单（2）联随同集装箱或待装货物送装箱地点（货主指定地方、堆场或货运站）装箱。

⑦堆场或货运站查验集装箱或货物后，先查验第五联的海关放行章，再检查进场货物的内容、箱数、货物总件数是否与单证相符。若无异常情况则在第七联（场站收据正本联）上加批实收箱数并签字、加盖场站收据签证章，在第十联上签章；如实际收到的集装箱货物与单证不符，则需在第五联、第十联上做出批注，并将其退还货代或货主，而货代或货主则须根据批注修改已缮制的提单等单证。场站留下第五联和第六联：第五联（装货单联）归档保存以备查询；第五联附页用来向托运人或货代结算费用；第六联（大副收据联）连同配载图应及时转交理货部门，由理货员在装船完毕后交船上大副留底。第七联（场站收据正本联）应退回托运人或货代。

⑧托运人或货代拿到第七联（场站收据正本联），并凭此要求船代签发正本提单（装船前可签发收货待运提单，装船后可签发已装船提单）。但在实际业务中，托运人或货代并不取回第七联，而是在集装箱装船 4 小时内，由船代在港区和现场人员与港区场站签证组交接将其带回，船代据此签发装船提单。

2. 集装箱装箱单。集装箱装箱单的内容、作用、流转程序细述如下。

（1）集装箱装箱单的内容及作用。集装箱装箱单是记载集装箱内所有装载货物的名称、重量、尺码、数量等内容的单证，它是装箱人根据实际装入箱内的货物制作的。

集装箱装箱单（样本见表 5-5 所示）每一个集装箱一份，纸质装箱单一式五联，其中：码头、船代、承运人各一联，发货人、装箱人两联。

货物在集装箱货运站装箱时由装箱的货运站缮制集装箱装箱单；由发货人装箱时，由发货人或其货运代理的装箱货运站缮制。集装箱装箱单填制准确与否直接关系到出口货物进港、装船、运输的安全及效率。集装箱装箱单是发票的补充单据，它列明了信用证（或合同）中买卖双方约定的有关包装事宜的细节，在信用证有明确要求时，就必须严格按信用证约定制作。集装箱装箱单记载内容必须与场站数据保持一致；所装货物如品种不同必须按箱子前部到箱门的先后顺序填写。

集装箱装箱单是记载出口货物信息的重要单证之一，其作用主要表现在七个方面：

其一，它是船公司了解集装箱内所装货物的明细表。

表 5-5　　　　集装箱货物装箱单

<table>
<tr><td colspan="4" rowspan="2">装　箱　单
CONTAINER LOAD PLAN</td><td colspan="2">集装箱号
Container No.</td><td colspan="3">集装箱规格
Type of Container: 20　40</td></tr>
<tr><td colspan="2">铅封号
Seal No.</td><td colspan="3">冷藏温度　℉　℃
Reefer. Temp. Required</td></tr>
<tr><td>船　名
Ocean Vessel 航次
Voy. No.</td><td colspan="2">收货地点
Place of Receipt
□-场 CY　□-站 CFS
□-门 Door</td><td>装货港
Port of Loading</td><td colspan="2">卸货港
Port of Discharging</td><td colspan="3">交货地点
Place of Delivery
□-场 CY　□-站 CFS　□-门 Door</td></tr>
<tr><td>箱主
Owner</td><td>提单号码
B/L No.</td><td>1. 发货人
Shipper
2. 收货人
Consignee
3. 通知人
Notify Party</td><td>标志和号码
Marks & Numbers</td><td>件数及包装种类
No. & Kind of Pkgs.</td><td>货　名
Description of Goods</td><td>重 量
(千克)
Weight kg.</td><td colspan="2">尺码
(立方米)
Measurement Cu. M.</td></tr>
<tr><td></td><td></td><td colspan="2">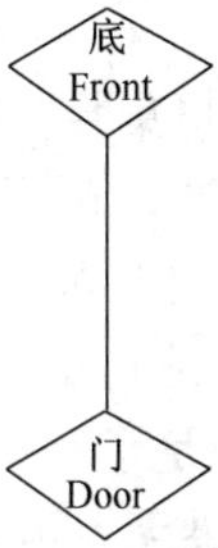</td><td></td><td>总件数
Total Number of Packages
重量及尺码总计
Total Weight & Measurement</td><td></td><td colspan="2"></td></tr>
<tr><td rowspan="3">危险品要注明危险品标志分类及闪点
In case of dangerous goods, please enter the label classification and flash point of the goods</td><td colspan="2">重新铅封号
New Seal No.</td><td>开封原因
Reason for Breaking Seal</td><td colspan="2">装箱日期 Date of Vanning...........
装箱地点 at:..........
(地点及国名 Place & Country)</td><td></td><td colspan="2">皮　重
Tare Weight</td></tr>
<tr><td>出口
Export</td><td>驾驶员签收
Received by Drayman</td><td>堆场签收
Received by CY</td><td colspan="2" rowspan="2">装箱人
Packed by:
发货人　货运站
(Shipper/CFS)
....
(签署) Signed</td><td></td><td colspan="2">总毛重
Gross Weight</td></tr>
<tr><td>进口
Import</td><td>驾驶员签收
Received by Drayman</td><td>货运站签收
Received by CFS</td><td colspan="3">发货人或货运站留存
I. SHIPPER/CFS
(1) 一式十份 此栏每份不同</td></tr>
</table>

其二,它是集装箱船舶计算船舶吃水和稳性的基本数据来源。

其三,它是集装箱装、卸两港编制装、卸船计划的依据。

其四,它可作为发货人、集装箱货运站与集装箱堆场之间货物交接的依据。

其五,它便于国外买方在货物到达目的港时供海关检查和核对货物。

其六,它是作为办理保税内陆运输以及货物从码头堆场运出手续的依据,亦可作为集装箱货运站办理掏箱、分类、交货的依据。

其七,它是处理货损、货差索赔时的重要单据之一。

(2)集装箱装箱单的流转。发货人或货运站将货物装箱,缮制装箱单一式五联后,连同装箱货物一起送至集装箱堆场。集装箱堆场的业务人员在五联单上签收后,留下码头联、船代联和承运人联,将发货人、装箱人联退还给送交集装箱的发货人或集装箱货运站。发货人或集装箱货运站除自留一份备查外,将另一份寄交收货人或卸箱港的集装箱货运站,供拆箱时使用。

对于集装箱堆场留下的三联装箱单,除集装箱堆场自留码头联,据此编制装船计划外,还须将船代联及承运人联分送船舶代理人和船公司,据此缮制积载计划和处理货运事故。

(3)电子装箱单系统。电子装箱单是出口集装箱进港前,由货运代理、仓库、运输公司将装箱数据先行预录并送给码头的电子单证,该电子单证便于码头及时了解进港集装箱的装箱信息,提高码头进箱效率。同时,在集装箱进港后,码头根据用户提供的电子装箱单数据生成运抵报告发送给海关,作为用户报关的依据之一。电子装箱单系统满足了码头、海关、用户的需求,并备有手机客户端应用,解决了集装箱深夜进港无人预录的业务难题。

3. 集装箱设备交接单。集装箱设备交接单(Equipment Interchange Receipt,EIR)是集装箱进出港区、场站时,用箱人、运箱人与管箱人及其代理人之间交接集装箱的凭证。纸质的设备交接单共6联,进场和出场各3联,分别为管箱人(船公司、船代)联;码头/堆场联;用箱人/运箱人联。集装箱设备交接单是证明双方交接时集装箱状态的凭证和划分双方责任的依据。设备交接单为一单一箱,即一份设备交接单只能用于一个自然箱。设备交接单的主要内容有:船名航次、提箱地点、返回/收箱地点、订舱号、箱型、箱主或营运人、用箱人/运箱人、出厂目的/状态、进场目的/状态等。设备交接单分进场(IN)(样本见表5-6所示)和出场(OUT)两种。设备交接单中各栏目必须如实填写,正确无误。码头工作人员审核的内容有:船名(Vessel)、航次(Voyage No.)、箱号(Container No.)、箱型(Size / Type)、提箱及收箱地点、箱的外表状况、运输集卡牌号等。

表 5-6　　　　集装箱设备交接单

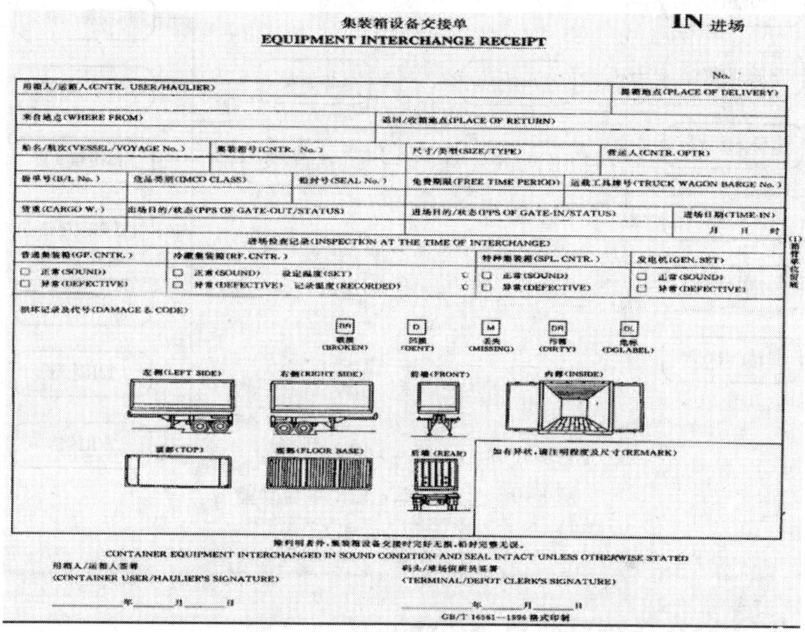

集装箱设备交接单
EQUIPMENT INTERCHANGE RECEIPT
IN 进场
No.
用箱人/运箱人(CNTR. USER/HAULIER)
提箱地点(PLACE OF DELIVERY)
来自地点(WHERE FROM)
返回/收箱地点(PLACE OF RETURN)
船名/航次(VESSEL/VOYAGE No.)
集装箱号(CNTR. No.)
尺寸/类型(SIZE/TYPE)
营运人(CNTR. OPTR)
提单号(B/L No.)
危品类别(IMCO CLASS)
铅封号(SEAL No.)
免费期限(FREE TIME PERIOD)
运载工具牌号(TRUCK WAGON BARGE No.)
货重(CARGO W.)
出场目的/状态(PPS OF GATE-OUT/STATUS)
进场目的/状态(PPS OF GATE-IN/STATUS)
进场日期(TIME-IN)
月 日 时
进场检查记录(INSPECTION AT THE TIME OF INTERCHANGE)
普通集装箱(GP. CNTR.)
□ 正常(SOUND)
□ 异常(DEFECTIVE)
冷藏集装箱(RF. CNTR.)
□ 正常(SOUND) 设定温度(SET) ℃
□ 异常(DEFECTIVE) 记录温度(RECORDED) ℃
特种集装箱(SPL. CNTR.)
□ 正常(SOUND)
□ 异常(DEFECTIVE)
发电机(GEN. SET)
□ 正常(SOUND)
□ 异常(DEFECTIVE)
(1)箱管单位留底
损坏记录及代号(DAMAGE & CODE)
BR 破损(BROKEN)
D 凹损(DENT)
M 丢失(MISSING)
DR 污箱(DIRTY)
DL 危标(DGLABEL)
左侧(LEFT SIDE)
右侧(RIGHT SIDE)
前端(FRONT)
内部(INSIDE)
顶部(TOP)
底部(FLOOR BASE)
箱门(REAR)
如有异状,请注明程度及尺寸(REMARK)
除列明者外,集装箱设备交接时完好无损,铅封完整无误。
CONTAINER EQUIPMENT INTERCHANGED IN SOUND CONDITION AND SEAL INTACT UNLESS OTHERWISE STATED
用箱人/运箱人签署
(CONTAINER USER/HAULIER'S SIGNATURE)
码头/堆场值班员签署
(TERMINAL/DEPOT CLERK'S SIGNATURE)
____年____月____日
____年____月____日
GB/T 16561—1996 格式印制

集装箱设备交接单(EIR)在规范集装箱作业方面发挥了重要作用,但随着信息化程度的提高,纸质单证模式已成为提升港口物流效率和降低成本的阻碍。近年来,我国一些港口加快 EIR 电子化公共平台(e EIR 系统)建设,全面实行 EIR 电子化,使得集装箱信息得以高速流转,降低了大量人力和物流成本。下面以上海口岸 e EIR 平台为例阐述 EIR 的电子化。

上海口岸 e EIR 平台(http://eeir. sipg. com. cn)是上港集团在上海口岸服务办公室牵头组织下,设计开发的集装箱设备交接单(EIR)电子化公共平台。目前,该平台已完成业务标准化、标准接口开发和基础传输平台搭建,实现所有业务实体信息接入和共享的全流程操作。其业务功能如图 5-9 所示。

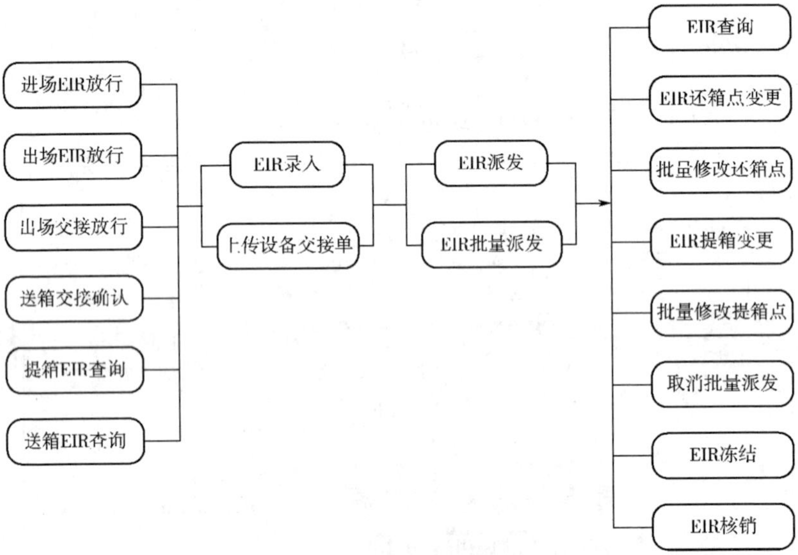

图 5-9　上海口岸 e EIR 平台功能

二、进口货物集装箱运输代理业务

下面分进口货物集装箱运输代理业务流程和货运单证两部分来阐述。

（一）进口货物集装箱运输代理业务流程

进口货物集装箱运输流程如图 5-10 所示。

从货运代理的角度，进口货物集装箱运输的流程可简化为如下步骤：办理订舱、洽船公司①、国外港口接货、收集整理进口单证②（包括商务单证和货

---

① 如果货物以 FOB 等价格术语成交，货运代理接受收货人委托后就负有订舱或租船的责任，并有将船名、装船日期通知发货人的义务。

② 这一步骤具体为：①起运港的船公司或其代理寄送资料。起运港的船公司或其代理应在货轮抵港前（近洋 24 小时前，远洋 7 天前）采用传真或电传或邮寄的方式向卸货港的船公司或其代理提供提单副本、舱单、装箱单、积载图、危险货物集装箱清单、危险货物说明书、冷藏箱清单等有关的必要卸船资料。②分发单证。卸货港的船公司或其代理应及时地将起运港寄来的有关货运单证分别送给有关的进口货代或收货人、堆场和货运站，以便各有关单位在货轮抵港前做好各项准备工作。③发到货通知。船公司或其代理应向进口货代或收货人预告货轮抵港日期，并应于船舶到港后发正式到货通知。

运单证)、保险(接到装船信息后立刻投保)、换单(船到卸货港后凭正本提单和到货通知书向船代换取提货单和交货记录)、报检报关①、凭海关放行的提货单提取整箱、拼箱拆箱(凡拼箱货物填写拆箱申请单,货箱运至货运站拆箱)、提取拼箱货物(凭正本提单和到货通知书换取交货记录和提货单办理海关手续后在货运站提取货物②)、索赔(货物灭失或损坏属于船公司责任的,向船公司或保险公司提出索赔,属于发货人责任的,由收货人提出索赔)、单证整卷归档。

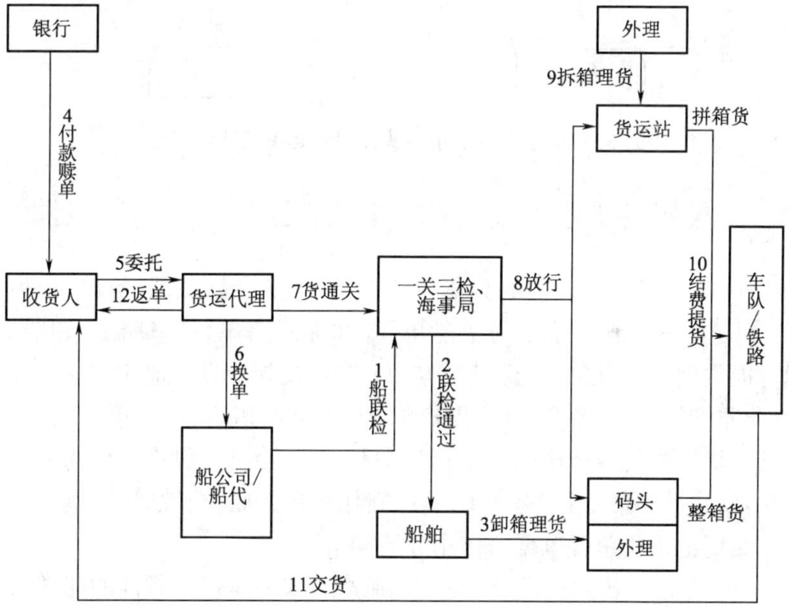

图 5-10　进口货物集装箱运输流程

① 进口货物入境后,一般在港口报关放行后再内运,但如收货人要求,经海关核准也可运往另一设关地点办理海关手续,称为转关运输货物,属于海关监管货物。

② 货运代理向货主交货有两种情况:一是象征性交货,即以单证交接,货物到港经海关验收,并在提货单上加盖海关放行章,将该提货单交给货主,即为交货完毕;二是实际性交货,即除完成报关放行外,货运代理负责向港口装卸区办理提货,并负责将货物运到货主指定地点,交给货主。集装箱整箱货运输中通常货代还应负责空箱的还箱工作。以上两种交货,都应做好交货工作的记录。

（二）进口货物集装箱运输的主要运输单证

进口货物集装箱运输的单证流转流程如图5-11所示。

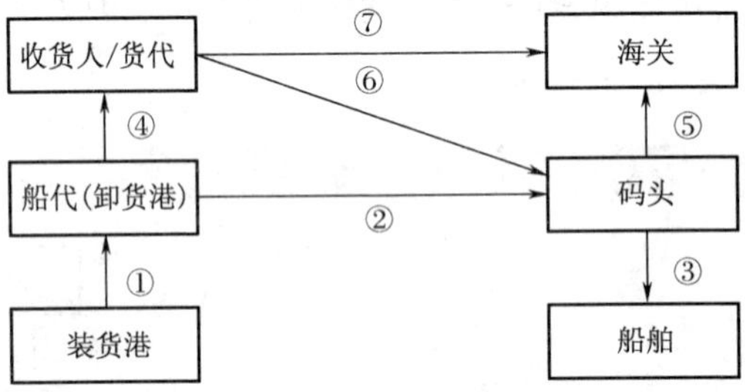

图5-11　港口集装箱码头进口货运单证流转流程

图5-11中各步骤涉及的具体单证如下：①实际配载图、舱单、特种箱清单等；②同上，船代同时提供海关舱单；③卸船顺序单、进口船图，卸船后，外轮理货提供理货计数单；④到货通知书（提单换提货单），收货人；⑤堆存信息，查验监管等；⑥设备交接单、提货单；⑦进口货物海关申报单。

进口货物集装箱运输的主要运输单证是交货记录联单。交货记录联单共五联：到货通知书一联，提货单一联，费用账单二联，交货记录一联。

1. 交货记录联单各单据的作用分述如下。

（1）到货通知书（Arrival Notice）。到货通知书是在卸货港的船舶代理人在集装箱卸入集装箱堆场，或移至集装箱货运站，并办好交接准备后，向收货人发出的要求收货人及时提取货物的书面通知。

到货通知书是在集装箱卸船并做好准备后，将五联单中的第一联（到货通知联）寄交收货人或通知人。收货人持正本提单和到货通知书到船公司或船代处付清运费，换取其余四联。

（2）提货单（Delivery Order）。提货单是船公司或其代理人指示负责保管货物的集装箱货运站或集装箱堆场的经营人，向提单持有人交付货物的非流通性单据。

收货人或其货运代理凭到货通知和正本提单换取费用账单两联、盖章后的提货单一联和交货记录一联，共四联，随同进口货物报关单到海关办理货物进口通关,海关核准放行后,在提货单上盖海关放行章,收货人或其货运代理再持单到集装箱堆场或货运站,场站留下提货单和二联费用账单,在交货记录上盖章,收货人凭交货记录提货。

(3)交货记录(Delivery Record)。交货记录是承运人将集装箱货物交给收货人或其代理时双方共同签署的,证明货物已经交付以及该批货物交付时情况的单证。交货记录在签发提货单的当时交给收货人或其代理人,再出示给集装箱货运站或集装箱堆场经营人。

作为船公司代理人的集装箱货运站或集装箱堆场的经营人在向收货人或其代理人交货时,要检查货物的件数和外表状态,如有损坏或灭失等情况,应把损害的内容记载在摘要栏内,双方签字后完成交接手续。

在收货人提取集装箱货物时,堆场或货运站的发货人员凭交货记录发放集装箱货物,收货人在交货记录上签收,堆场或货运站留存。

在集装箱运输中,船公司的责任是从接收货物开始到交付货物为止。因此,场站收据是证明船公司责任开始的单据,而交货记录是证明其责任终了的单据。

(4)费用账单。费用账单是场站凭以向收货人结算费用的单据。其主要内容包括:收货人名称、地址、开户银行与账号、船名、航次、起运港、目的港、提单号、交付条款、到付海运费、卸货地点、到达日期、进库场日期、第一程运输、标记与集装箱号、货名、集装箱数、件数、重量、体积、费用名称、港务费、港建费、堆存费、装卸费、其他费用、费用合计等栏目;还有计费吨、单价、金额;另外有收货人章、收款单位财务章、港区场站受理章、核算章、复核章、开单日期等。收货人或其代理人结算港口费用,提取货物。

2. 交货记录联单的流转如下。

(1)在船舶抵港前,由船舶代理根据装货港航寄或传真得到的舱单或提单副本,制作交货记录一式五联。

(2)在集装箱卸船并做好交货准备后,由船舶代理向收货人或其代理人发出到货通知书。

(3)收货人凭正本提单和到货通知书向船舶代理换取提货单、费用账单、交货记录共四联,对运费到付的进口货物结清费用,船舶代理核对正本提单后,在提货单上盖专用章。

(4)收货人持提货单、费用账单、交货记录共四联随同进口货物报关单一起送海关报关,海关核准后,在提货单上盖放行章,收货人持上述四联送场站业务员。

(5)场站核单后,留下提货单联作为放货依据,费用账单由场站凭以结算费用，交货记录由场站盖章后退收货人。

(6)收货人凭交货记录提货，提货完毕时，交货记录由收货人签收后交场站留存。

3. 交货记录联单的填制要求。交货记录在船舶抵港前由船舶代理依据舱单、提单副本等卸船资料预先制作。到货通知书除进库日期外，所有栏目由船舶代理填制，其余四联相对应的栏目同时填制完成。提货单盖章位置由责任单位负责盖章，费用账单剩余项目由场站、港区填制，交货记录出库情况由场站、港区的发货员填制，并由发货人、提货人签名。

第三节　国际货运代理的集拼业务

有条件的国际货运代理公司一般还承办集拼业务。集拼(Consolidation，简称 Consol，承办者称为 Consolidator)是指接受客户尺码或重量达不到整箱要求的小批量货物，把不同收货人、同一卸货港的货物集中起来，拼凑成一个 20 英尺或 40 英尺整箱的货运的做法。

一、集拼业务概述

从事集拼业务的国际货运代理具有双重身份，一般应具备相应的条件。

(一)集拼业务的一般流程

图 5-12 简单表示了集拼业务的一般流程。

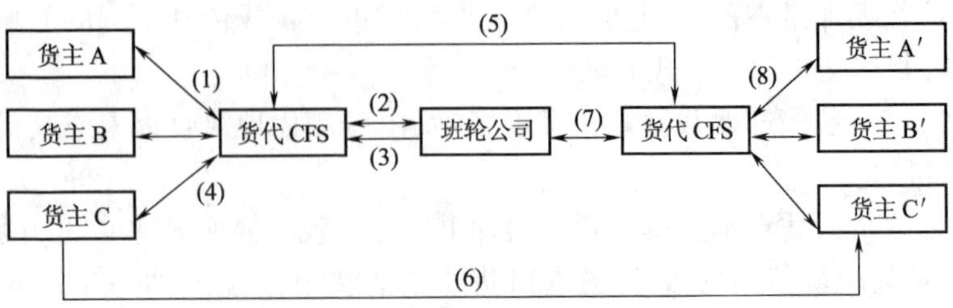

图 5-12　集拼业务的一般流程

图 5-12 中各步骤具体操作如下。

(1)A,B,C 等不同货主(发货人)将不足一个集装箱的货物(LCL)交货运代理(即集拼经营人)。

(2)货运代理将拼箱货拼装成整箱后,向班轮公司办理整箱货物运输。

(3)整箱货装船后,班轮公司签发 B/L 或其他单据(如海运单)给货运代理。

(4)货运代理在货物装船后签发自己的提单(House B/L)给每一个货主。

(5)货运代理将货物装船及船舶预计抵达卸货港等信息告知其卸货港的机构或其代理人,同时还将班轮公司 B/L 及货运代理的 House B/L 的复印件等单据交卸货港代理人,以便向班轮公司提货和向收货人交付货物。

(6)货主之间办理包括 House B/L 在内的有关单据的交接。

(7)货运代理在卸货港的代理人凭班轮公司的提单提取整箱货。

(8)A′,B′,C′等不同货主(收货人)凭 House B/L 在卸货港货运代理的 CFS 处提取拼箱货。

(二)从事集拼业务的国际货运代理的性质

从事集拼业务的国际货运代理具有双重身份。对货主而言,国际货运代理虽不是国际贸易合同的当事人,但由于其签发了自己的提单(House B/L),要受该提单条款约束,因与货主订立运输合同而对货物运输负有责任,故通常被货主视为承运人。然而,对真正运输货物的集装箱班轮公司而言,国际货运代理又是货物托运人,国际货运代理本人不拥有海上运输工具。

(三)承办集拼业务的货运代理一般应具备的条件

集拼是对规模要求极高的业务,规模的取得部分是靠内部集中,部分靠与同行的合作。承办集拼业务的货运代理一般应具备如下三个条件。

第一,具有集装箱货运站(CFS)装箱设施和装箱能力。

第二,与国外卸货港有拆箱分运能力的航运或货运代理企业建有代理关系。

第三,经政府部门批准有权从事集拼业务并有权签发自己的仓至仓提单(House B/L)。

二、集拼出口业务

集拼业务的操作比较复杂,先要区别货种,合理组合,待拼成一个 20 英尺或40英尺箱时可以向船公司或其代理人订舱。

集拼的每票货物各缮制一套托运单(场站收据托运联),附于一套汇总的托运单(场站收据)上,例如有5票货物拼成一个整箱,这5票货物须分别按其货名、数量、包装、重量、尺码等各自缮制托运单(场站收据),另外,缮制一套总的托运单(场站收据),货名可做成"集拼货物"(Consolidated Cargo),数量是总的件数(Packages),重量、尺码都是5票货的汇总数,目的港是统一的,关单(提单)号也是统一的编号,但5票分单的关单(提单)号则在这个统一编号之尾缀以A,B,C,D,E,以资区分。货物出运后船公司或其代理人按总单签一份海运提单(Ocean B/L),托运人是货代公司,收货人是货代公司的卸货港代理人,然后,货代公司根据海运提单,按5票货的托运单(场站收据)内容签发5份海运代理人的仓至仓提单(House B/L),House B/L编号按海运提单号,尾部分别缀以A,B,C,D,E,其内容则与各托运单(场站收据)相一致,分发给各托运单位供银行结汇之用。

另一方面,货代公司须将船公司或其代理人签发的海运提单正本连同自签的各House B/L副本快递给其卸货港代理人,卸货港代理人在船到时向船方提供海运提单正本,提取该集装箱到自己的货运站(CFS)拆箱,通知House B/L中各个收货人持正本House B/L前来提货。

海运提单(Ocean B/L)与仓至仓提单(House B/L)的区别见表5-7所示。

表5-7　　　　海运提单与仓至仓提单的区别

项目	海运提单	仓至仓提单
发货人	出口地的无船承运人(货代)	真正的发货人
收货人	无船承运人(货代)进口地的代理人	真正的收货人
承运人	班轮公司	无船承运人(货代)
流转方式	通过快递邮寄	通过银行
运输条款	CY—CY	CFS—CFS
可否用来银行结汇	不可以	可以
可否用来向船公司提货	可以	不可以

三、集拼进口业务

装运港货运代理接受客户尺码或重量达不到整箱要求的小批量货物,把不同收货人、同一卸港的货物集中起来,运到目的港后再拆箱分票提货。大致流程如下:

第一,装运港货运代理接受客户的小批量货物的订舱,拼凑成 20 英尺或 40 英尺标准箱,向船公司或船代订舱,并向客户签发自己的 House B/L,供客户银行结汇用,并向客户收取拼箱海运费及装箱费。

第二,货运代理将收集到的零星货物进行分类,合理组合,把同一卸货港的小票货物集中起来,集拼成 20 英尺或 40 英尺的整箱。

第三,货运代理将集拼成的 20 英尺或 40 英尺整箱向船公司或船公司代理订舱、装运。

第四,船公司或船公司代理向订舱货代签发一份整箱海运提单,提单的托运人为装货港货代公司,收货人则为货运代理在卸货港的代理人。货代公司按整箱运价向船公司或代理公司支付海运费。

第五,货代公司将船公司或船代公司签发的海运提单正本连同自签的各份 House B/L 副本快递给起卸港代理人。此外,海运提单亦可做电放[①]处理。

第六,卸货港代理人在船到时向船方提供海运提单正本(或电放证明),提取该集装箱到自己的货运站(CFS)拆箱。

第七,作为托运方的货代公司要求承运船公司或船方卸货港代理按货代公司签发的 House B/L 做提单分票处理,并通知各持有 House B/L 正本的收货人来换取船公司签发的提货单。

第八,收货人凭船公司签发的提货单报关。

第九,通关后,收货人或其代理凭海关放行的提货单去货运站(CFS)提货,卸货港代理将提货单与 House B/L 副本核对无误后放货。

第十,卸货港代理向收货人或其代理收取 CFS 拆箱费及装车费等,并开具出门证给提货人。

第十一,如果该货运站属海关监管仓库,则须经海关人员出具报关单复印件。

---

① 电放是凭电报(电传、传真)放货的简称,它是指正本提单未到收货人手中,或根据托运人的请求在装船港收回正本提单,或不签发正本提单,以传真、电传的形式通知卸货港代理将货交给提单收货人或托运人指定的收货人。

第四节　集装箱海运的运费

集装箱海运运价实质上也属于班轮运价的范畴。我国现行集装箱海运运输下的拼箱货运费计收,与普通杂货班轮运输下的件杂货运费计收方法基本相同。整箱货有最高运费和最低运费的计收规定。而且,集装箱货物最低运费的计收不是某一规定的金额,而是规定了一个最低运费吨,又称计费吨。这一概念与杂货班轮运输下最低运费的规定是不同的。

一、集装箱海运的运费构成

集装箱货物在进行门到门运输时,一般通过多种运输方式完成整个运输过程。该过程可分出口国内陆运输、装船港运输、海上运输、卸船港运输、进口国内陆运输五个组成部分。集装箱海运运费构成可参见图 5-13。

内陆运输	港区运输	海上运输	港区运输	内陆运输
(1)	(2)	(3)	(4)	(5)

注:(1)发货地国家内陆运输费和有关费用。
(2)发货地国家港区(码头堆场)费用。
(3)海上运费。
(4)收货地国家港区(码头堆场)费用。
(5)收货地国家内陆运输费和有关费用。

图 5-13　集装箱海运的运费构成

总体来说,集装箱的运费主要包括海运运费、港区服务费、集散运费。

集装箱海运运费是指海上运输区段的费用,包括基本海运运费及各类海运附加费,是集装箱运费收入最主要部分。一般由集装箱运输承运人根据班轮公会或班轮公司运价本的规定,向托运人或收货人计收。

港区服务费包括集装箱码头堆场服务费和货运站服务费。堆场服务费或称码头服务费,包括图 5-13 中的(2)及(4)两部分:装船港堆场接收出口的整箱货,以及堆存和搬运至港口码头装卸桥下的费用;同样在卸船港包括在装卸桥下接收进口箱,以及将箱子搬运至堆场和堆存的费用,并包括在装卸港的单证等费用。货运站服务费指拼箱货物经由货运站作业时的各种操作费用,包括提还空箱、装箱、拆箱、封箱、做标记,在货运站内货物的正常搬运与堆存,签发场站收据、装箱单,必要的分票、理货与积载等费用。

集散运费分为经由水路和陆路集散的运费。水路支线运费是指将集装箱货物由收货地经水路(内河、沿海)集散港运往集装箱堆场的集装箱运费,或由集装箱堆场经水路(内河、沿海) 集散港运往交货的集装箱运费。内陆运输费指经陆路(公路或铁路)将集装箱货物运往装船港口的运输费用或将集装箱货物经陆路(公路或铁路)运往交货地之间的运输费用。

集装箱不同交接方式下的运费构成见表 5-8 所示。

表 5-8　　不同交接方式下的运费构成

交接方式	交接形态	费用结构						
		发货地集散运费	装港码头货运站服务费	装港码头堆场服务费	海运运费	卸港码头堆场服务费	卸港码头货运站服务费	收货地集散运费
门到门(Door/Door)	FCL/FCL	√		√	√	√		√
门到场(Door/CY)	FCL/FCL	√		√	√	√		
门到站(Door/CFS)	FCL/LCL	√		√	√	√	√	
场到门(CY/Door)	FCL/FCL			√	√	√		√
场到场(CY/CY)	FCL/FCL			√	√	√		
场到站(CY/CFS)	FCL/LCL			√	√	√	√	
站到门(CFS/Door)	LFC/FCL		√	√	√	√		√
站到场(CFS/CY)	LCL/FCL		√	√	√	√		
站到站(CFS/CFS)	LCL/LCL		√	√	√	√	√	

船公司通常负责出口国集装箱货运站或码头堆场至进口国码头堆场或集装箱货运站的运输,这一范围通常是集装箱运输下所包括的范围。这一点与普通船仅从事海上运输的部分并按海运运费计收有较大区别。由于船公

司支付了集装箱货物在运输过程中的全部费用,所以集装箱货物的运费构成包括海上运输费用、内陆运输费用及各种装卸费用、搬运费、手续费、服务费等。上述费用一般被定为一个计收标准,以确保船公司在整个运输过程中全部支出后均能得到相应的补偿。

二、集装箱海运运费的计收

集装箱海运运费是其海上运输的费用,包括基本运费及各类附加费。其结构与传统杂货班轮运费类似,但由于集装箱运输的特殊性,一般根据集装箱货物的交接方式分为整箱货(FCL)及拼箱货(LCL)两种。它们在运费计收方式上不同。

(一)整箱货运费的计收

整箱货一般按箱计收运费。包箱运价(Freight for All Kinds,FAK)是指集装箱运输的基本费率。它不分货类,不计货量,统一按货柜的大小,每一个货柜收若干运费。按箱计收运费的费率即包箱费率,它又分为商品包箱费率和均一包箱费率两种。

商品包箱费率是按不同商品和不同类型、尺寸的集装箱规定不同的包箱费率。按不同货物等级制定的包箱费率,其等级的划分与杂货班轮运输的货物等级分类基本相同,但是集装箱货物大多数分为四个级别费率,如1~7级,8~10级,11~15级,16~20级;或1~8级,9级,10~11级,12~20级等;还有的分为三个等级费率。

均一包箱费率是每个集装箱不细分箱内所装货物种类,不计货物重量或尺码(重量在限额之内),统一收取的运费。

在普通杂货班轮运输中没有最高运费的概念,承运人按托运人托运货物的数量及规定的费率计收运费。但在集装箱整箱货运输的情况下,如果采用普通杂货班轮运输海运运费的计算方法计收运费,当托运人使用承运人的集装箱装货时,承运人计收的整箱货运费则有最低运费和最高运费的计算方法。

最高运费是指即使托运人实际装箱的货物尺码超出对集装箱规定的计费吨,承运人仍按对集装箱规定的计费吨收取运费,超出部分免收运费。

【例5-1】某20FT干货集装箱最高计费吨为21.5立方米,而箱内实载10级货物28立方米,超出部分6.5立方米。其最高运费=21.5×10级货物运费率。

使用最高运费作为集装箱运费计算的一种方法,其目的在于鼓励托运人采用集装箱装运货物,并能最大限度地利用集装箱的内容积。为此,在海上集装箱运输的运费计算中,航运公会或班轮公司多为各种类型和规格的集装箱制定一个按集装箱内容积折算的最高运费吨,最高运费吨通常是按集装箱内容积的85%计算。最高运费的计算仅适用于按尺码吨计算运费的容积货物,而不适用于按重量计算运费的重量货物。

集装箱运输下整箱货的最低运费规定,不是普通船运输下所规定的最低运费金额,而是规定一个最低运费吨,也叫计费吨,是计收每一种货物运费时所使用的计算单位。不同的船公司对不同类型、不同用途的集装箱分别确定了它们各自的最低运费吨。规定最低计费吨的目的在于,如货物是由货主自己装载,箱内所装货物又没有达到所规定的最低运费吨时,货主需支付亏箱运费,以确保承运人的利益。显然,最低运费吨乘上费率得出的全部运费中已包括了亏箱运费。

【例5-2】某箱最低运费吨规定为21.5立方米,由货主装箱,实际装箱尺码吨为18立方米,运费计算则仍按21.5立方米计收,其得出的全部运费中已包括3.5立方米的亏箱运费。

(二)拼箱货运费的计收

拼箱货按所运货物的计费吨计收运费,这与传统的件杂货班轮运费计收方式颇为类似,只是费率水平不同。其运费计算公式如下:

拼箱货海运运费=基本运费+各项附加费=基本运价×计费吨+各项附加费

式中:基本运价参照各航线不同结构(等级)的运价率;计费吨按运价本规定的计费标准确定[①];附加费以运价本的规定为标准计收。

拼箱货附加费有超重附加费、超长附加费等,但不存在拼箱货的选港附加费与变更卸货港附加费。

此外,拼箱货也规定起码运费,如运价表规定,每一提单不足1运费吨时,则按1运费吨计收运费。

(三)基本运费的估算

在进口交易中,采用FOB贸易术语成交的条件下,进口商往往商请货运代理核算海运费。

最大装箱数量估算方法举例

整箱货物采用包箱费率的计费方法计算集装箱海运基本运费十分方便,即只需要根据具体航线、货物等级(或不分等级)及箱型的费率乘以箱数就可得出基本

① 通常采用重量吨(W)、尺码吨(M)或重量、尺码择大(W/M)、从价费率(Ad. Val)几种标准。

运费。

按体积核算海运费时，首先要根据进口数量算出产品体积，再查找到对应该批货物目的港的运价。如果进口数量正好够装整箱（20 英尺或 40 英尺），则直接取其运价为海运费；如果不够装整箱，则用产品总体积乘以拼箱的价格来算出海运费。

【例 5-3】商品 A，从加拿大进口，卸货港是大连新港。商品 A 的体积是每纸箱 0.164 立方米，每箱装 60 只。试分别计算进口数量为 5 000 只和 9 120 只时的海运费。

解：

第 1 步，计算产品体积。

进口数量为 5 000 只，总体积 = 5 000÷60×0.164 = 13.667（立方米）

进口数量为 9 120 只，总体积 = 9 120÷60×0.164 = 24.928（立方米）

第 2 步，查运价：

查得蒙特利尔港运至大连新港的海运费分别是：每 20 英尺集装箱 USD 1 350，每 40 英尺集装箱 USD 2 430，拼箱每立方米 USD 65。

20 英尺集装箱的有效容积为 25 立方米，40 英尺集装箱的有效容积为 55 立方米。根据第 1 步计算出的体积结果来看，5 000 只的运费宜采用拼箱，9 120 只的海运费宜采用 20 英尺集装箱。

进口数量为 5 000 只，海运费 = 13.667×65 = 888.36（美元）

进口数量为 9 120 只，海运费 = 1 350（美元）

思政思考

中国的集装箱运输发展

党的二十大报告的主题是"高举中国特色社会主义伟大旗帜，全面贯彻新时代中国特色社会主义思想，弘扬伟大建党精神，自信自强、守正创新，踔厉奋发、勇毅前行，为全面建设社会主义现代化国家、全面推进中华民族伟大复兴而团结奋斗。"习近平总书记在党的二十大报告"建设现代化产业体系"中提出"交通强国"建设，要求"实施产业基础再造工程和重大技术装备攻关工程，支持专精特新企业发展，推动制造业高端化、智能化、绿色化发展。"

在国际物流的集装箱运输方面，我们常有一种自豪感。例如目前世界上主要的集装箱装卸设备的厂家,通过市场份额的占比,可以看出我国在港口制造业领域具有举足轻重的地位。我国拥有世界最大修造船基地——长兴岛造船基地,有世界第一大港上海港的集装箱码头,上海振华重工集团有限公司在港口装卸设备制造方面具有优势地位。

【思考题】通过参观集装箱码头或网上学习,写一篇坚定“四个自信”、抒发民族自豪感的心得,思考如何进一步强化大国“工匠精神”。

案例研究

案例一

某轮从广州港装载杂货——人造纤维,体积为 20 立方米、毛重为 17.8 吨,运往欧洲某港口,托运人要求某货运代理选择卸货港 Rotterdam 或 Hamburg,Rotterdam 和 Hamburg 都是基本港口,基本运费率为 USD80.00/FT,三个以内选卸港的附加费率为每运费吨加收 USD 3.0,“W/M”。

案例思考与讨论:

1. 该托运人应支付多少运费(以美元计)?
2. 如果改用集装箱运输,海运费的基本费率为 USD 1 100.00/TEU,货币附加费 10%,燃油附加费 10%。改用集装箱运输时,该托运人应支付多少运费(以美元计)?
3. 若不计杂货运输和集装箱运输两种运输方式的其他费用,货运代理从节省海运费考虑是否应选择改用集装箱运输?

案例二

某集装箱货物,其提单内显示以下内容:

Shipper:ABC Co. ,Ltd.
Consignee:To Order
Notify Party:XYZ Co. ,Ltd.
Ocean Vessel:M. V. Gloria
Port of Loading:Shanghai
Port of Discharging:Yokohama
Marks:1234CN/5678JP
Description of Goods:Vehicles 2×20′S. T. C 4 Units

COSU8001215 S. O. C 802376

Freight Prepaid

No. of Original B/L:Two

For delivery:QRS Co. ,Ltd. Tel No. 12345678

DEF Co. ,Ltd. as Agent For GHI Co. ,Ltd. as Carrier

案例思考与讨论:

1. 该提单应由谁首先背书?
2. 作为收货人的代理人,你如何知道找谁提货?
3. 收货人提货时应交出几份提单?
4. 收货人提货时是否应支付海运费?
5. 谁是承运人?
6. 该提单下有几个集装箱?
7. XYZ Co. ,Ltd. 是否一定是收货人?

案例三

A 国际货运代理企业经营国际集装箱拼箱业务。某年9月15日,A 国际货运代理企业在 KOBE 港自己的货运站(CFS)将分别属于6个不同发货人的拼箱货装入一个20英尺的集装箱,然后向某班轮公司托运。该集装箱于9月18日装船,班轮公司签发给 A 国际货运代理企业 CY/CY 交接的 FCL 条款下的 Master B/L 一套;A 国际货运代理企业然后向不同的发货人分别签发了 CFS/CFS 交接的 LCL 条款下的 House B/L 共6套,所有的提单都是清洁提单。9月23日载货船舶抵达提单上记载的卸货港。第二天,A 国际货运代理企业从班轮公司的 CY 提取了外表状况良好和铅封完整的集装箱(货物),并在卸货港自己的 CFS 拆箱,拆箱时发现两件货物损坏。9月25日收货人凭 A 国际货运代理企业签发的提单前来提货,发现货物损坏。

案例思考与讨论:

1. 收货人向 A 国际货运代理企业提出货物损坏赔偿的请求时,A 国际货运代理企业是否要承担责任? 为什么?

2. 如果 A 国际货运代理企业向班轮公司提出集装箱货物损坏的赔偿请求,班轮公司是否要承担责任? 为什么?

3. A 国际货运代理企业如何防范这种风险?

案例研究参考答案

思考与练习

一、名词解释

集装箱运输、CFS、FCL、LCL、截单期、船卡、集拼、包箱运价

二、简答题

1. 集装箱运输运用领域不断扩大,这主要表现在哪些方面?
2. 简述集装箱运输的特点。
3. 除货主及其代理人外,集装箱运输的关系人还主要包括哪些?
4. 列举集装箱货物的交接方式(五种以上)。
5. 从货运代理的角度,简述出口货物集装箱运输的流程。
6. 简述集装箱场站收据和装箱单的主要作用。
7. 简述场站收据联单的流转过程。
8. 从货运代理的角度,简述进口货物集装箱运输的流程。
9. 简述交货记录联单的流转过程。
10. 分别阐述集拼进出口业务的做法。
11. 简述集装箱运输的运费构成。
12. 整箱货的运费是如何计收的?

第六章 国际航空运输代理实务

International Air Freight Forwarder Practice

通过本章的学习，要求学生：(1) 了解国际空运航线；(2)掌握国际航空运输代理业务；(3)能够计算国际航空运输运费并在代理业务中运用；(4) 熟悉国际货运托运书、航空货运单并能正确缮制。

学习要点

By studying this chapter, students are expected to: (1) understand the difference between international flight course; (2) master the operation of international air freight forwarder; (3) be able to calculate the international air freight charge and put into practice in forwarder service; (4) be familiar with Shipper's Letter of Instruction and Air Waybill, and could make out these documents correctly.

第一节 国际航空运输概述

航空货物运输作为国际贸易运输的一种方式被越来越多的企业采用。国际货物运送速度快,商品和原材料的供应就及时,生产周期就能大幅度缩短,企业的竞争力就会大幅上升,这对货主无疑具有巨大的吸引力。从订货到把货物交付到收货人手里的时间(称为“前置时间”)的角度比较,航空运输无疑具有明显的比较优势。特别是某些对保鲜要求较高的货物如食品、海鲜、鲜花、水果,某些价值昂贵的货物如电脑芯片、电子产品、家用电器,还有某些高档消费品,对运价的承受能力都很好,适用于国际航空运输。

一、航空货物运输的特点

航空运输(Air transportation)是使用飞机、直升机及其他航空器运送人员、货物、邮件的一种运输方式。航空货物运输所提供的产品是一种特殊形态的产品——“空间位移”,其产品形态是改变航空运输对象在空间上的位置,在服务、运价、技术标准、经营管理和法律法规的制定实施等方面,都要受国际统一标准的制约和国际航空运输市场的影响。直到第二次世界大战前,世界航空货运几乎只局限在紧急救援和邮件运输上,航空运输作为一种国际贸易运输方式是在第二次世界大战以后才出现的。现在,航空货物运输已成为国际空运物流的核心功能,是实现货物快捷运输的途径,邮政运输的手段,同时也是实现多式联运的一种重要运输方式。

航空货物运输的优点表现在以下几个方面。

第一,运输速度快。这是航空货物运输最大的优势和主要特点。现代化的运输机是迄今为止最快捷的交通工具。当今国际市场竞争激烈,行情瞬息万变,因此,航空货物运输成为国际市场上强有力的竞争手段。

第二,不受地面条件影响,机动性大。较之火车、汽车、船舶要依附蜿蜒曲折的铁路、公路或航道行驶,航空运输则不受严格限制。飞机一般选择在两点间做直线飞行,受航线条件限制的程度相对较小,可跨越地理障碍将任何两地连接起来。

第三,可以节约包装、保险、利息等费用。采用高速且管理完善的航空运输方式,货物在途时间短,商品周转速度快,可以简化商品包装,大大降低企业存货数量,加快企业资金周转,节约利息费用和仓储费用。

第四,基本建设周期短,投资少。航空货运的基础设施主要有机场、导航设施和飞机,建设周期短,投资少,收效快,不像铁路、公路运输需要在线路上花大量投资。而且空运筹备开航所需的准备时间也短。一般来说,在相距 1 000 公里的城市间建一条交通线,开设航线只需 2 年,而铁路的建设周期为 5~7 年;回收航空线投资只需 4 年左右的时间,而铁路回收投资需 30 多年的时间。

航空货物运输虽然有着其他运输方式无可比拟的优越性,但也有自身的局限性。例如,航空运输运量较小,不适于运送大件货物或大批量货物;运费较高,航空运输的成本高于其他运输方式的成本;飞机飞行会受到天气条件的影响;航空运输业存在较强的周期性,受经济波动和突发事件等的影响大。

总之,航空货物运输的上述特点使得航空货物运输适于高附加值、低重量、小体积的物品运输、急快件货物运输以及时效性和季节性强的货物运输。

二、航空货物运输系统

航空货物运输系统主要包括:飞机、机场、飞行航线、空中交通管理系统和货运服务站等。这四个部分有机结合,分工协作,共同完成航空运输的各项业务活动。

(一)飞机

航空运输的主要工具是民用航空运输飞机和集装器。

1. 民用航空运输飞机。按运输类型的不同,民用飞机可分为运送旅客和货物的各种运输机。在舱位结构方面,一般飞机主要分为两种舱位,即主舱和下舱①。各种飞机也有相应的装载限制,如对货物的重量和体积的限制;每份运单上货物的申明总价值不得超过 10 万美元等。

民用航空运输飞机的分类方式主要有两种。

(1)按机身的宽窄,飞机可以分为窄体飞机和宽体飞机。

窄体飞机(Narrow-body Aircraft):窄体飞机的机身宽约三米,旅客座位之间有一个走廊,这类飞机往往只在其下货舱装运散货。

宽体飞机(Broad-body Aircraft):宽体飞机的机身较宽,客舱内有两条走廊,三排座椅,机身宽一般在 4. 72 米以上,这类飞机可以装运集装货物和散货。

(2)按飞机使用用途来分,民用飞机可划分为全货机、全客机和客货混用机三种。

全货机:主舱(Main Deck)及下舱(Lower Deck)全部载货。

全客机:只在下舱载货。

---

① 但波音 747 分为三种舱位,分别为上舱(Upper Deck)、主舱和下舱。

客货混用机:在主舱前部设有旅客座椅,后部可装载货物,下舱内也可装载货物。

常见的飞机类型见表 6-1 所示。

表 6-1 常见的飞机类型

生产商	常见的窄体飞机	常见的宽体飞机
Airbus Industries	A318,A319,A320,A321	A300-B,A310,A330,A340,A380
Boeing	B707,B717,B727,B737,B757	B747,B767,B777
Fokker	F100	
McDonnell Douglas	DC-8,DC-9,MD-80 series,MD90	DC-10,MD-11
Antonov	AN-72/74	AN-124
Lockheed		L1011 Tristar
Ilyushin		IL-86,IL-96

2. 航空集装器。航空集装器(Unit Load Device,ULD)是随着航空运输的发展而产生的一种货物集装设备。注册(Certified)集装器与飞机匹配,可以看作是飞机的一部分;非注册集装器未经有关部门授权生产,与飞机不匹配,不能看成是飞机的一部分,一般不允许装入飞机的主货舱,仅适合特定机型的特定货舱。

航空集装器的种类主要有以下三种。

(1)集装板和网套。集装板(Pallet)有不同的型号,以适应不同的机型和飞机的不同部位,其四周带有卡锁轨和网带卡锁眼。网套用来固定板上的货物。

(2)集装棚。集装棚(Igloo)的目的是用来保护飞机的内壁,分结构式与非结构式。结构式集装棚带有固定在底板上的外壳设备,它实际上形成了一个完整的集装箱。非结构式集装棚就是在集装板和网套之间增加一个非结构的棚罩。

(3)集装箱。集装箱(Container)类似于结构式集装棚,主要有三种类型,即空陆联运集装箱、主货舱集装箱、下货舱集装箱。空陆联运集装箱尺寸相对固定,只能装于全货机或装于客机的主货舱内,主要有 20 英尺×8 英尺×8 英尺和 40 英尺×8 英尺×8 英尺两种规格。主货舱集装箱只能用于全货机或客机的主货舱内。下货舱集装箱只能用于宽体飞机的下货舱内。

（二）机场

航空集装器的代码

机场（航空站）是提供飞机起飞、着陆、停驻、维护、补充给养及组织飞行保障活动的场所，也是旅客和货物的起点、终点或转折点。机场是空运货物物流的节点。

机场按航线性质分，可分为国际航线机场（国际机场）和国内航线机场；按机场在民航运输网络中所起的作用划分，可分为枢纽机场、干线机场和支线机场。按机场所在城市的性质、地位划分，可分为Ⅰ类机场、Ⅱ类机场、Ⅲ类机场和Ⅳ类机场。机场按照最大起飞全重，分为一、二、三、四级。按照年旅客吞吐量或货物运输吞吐量分小型、中小型、中型、大型、特大型五级。

（三）航线

空运航线是空运货物物流的路径。民航飞机从事运输飞行，必须按照规定的线路进行，这种路线叫作航空交通线，简称航线（Air Route）。航线由飞行的起点、经停点、终点、航路、机型等要素组成。航线按飞机飞行的路线分为国内航线和国际航线。飞机飞行的线路起讫点、经停点均在国内的称为国内航线；飞机飞行的线路跨越本国国境，通达其他国家的称为国际航线。飞机按照民航管理当局批准的民航运输飞行班期时刻表由始发站起飞按照规定的航线经过经停站至终点站做运输飞行称为航班（Flight Service）[1]。

世界重要航空线有：

其一，西欧—北美的北大西洋航空线。主要往返于西欧的巴黎、伦敦、法兰克福与北美的纽约、芝加哥、蒙特利尔等机场。

其二，西欧—中东—远东航空线。该航线连接西欧各主要机场至远东的北京、香港、东京等各机场。途经的重要航空站有雅典、开罗、德黑兰、卡拉奇、新德里、曼谷和新加坡等。

其三，远东—北美的北太平洋航空线。这是远东的北京、香港、东京等主要国际机场经北太平洋上空至北美西海岸的温哥华、西雅图、旧金山和洛杉矶等国际机场，再连接北美大西洋岸的航空中心的航线。太平洋上的檀香山、阿拉斯加的安克雷奇国际机场是该航线的重要中间加油站。

---

① 我国国际航班的航班号是由执行该航班任务的航空公司的二字代码和三个阿拉伯数字组成，其中最后一个数字为奇数者，表示由基地出发的去程航班；最后一个数字为偶数者，表示返回基地的回程航班。如 MF851 指厦门航空公司承担的自厦门飞往新加坡的国际航班。

此外,还有北美—南美、西欧—南美、西欧—非洲、西欧—东南亚—澳新、远东—澳新、北美—澳新等重要国际航空线。

目前,我国已有多条国际航线,从北京、上海、广州、昆明、大连、厦门等国际机场启程,可飞往亚洲、非洲、欧洲、大洋洲、北美洲等地的城市。

(四)空中交通管理系统及空运货运站

空中交通管理系统是为了保证航空器飞行安全及提高空域和机场飞行区的利用效率而设置的各种助航设备和空中交通管制机构及规则。

航空运输的机场一般为客货兼营,在机场内设有空运货运站。空运货运站是空运货物集结、暂存、装卸搬运、信息处理的场所。

三、航空货运代码

航空货运代码具有识别容易、简洁明了的特点,方便了单证的制作和业务操作,对航空货运的顺畅运作起到了重要作用。

航空公司在航空货运代码中使用英文字母 2 字代码①或使用数字 3 字代码。例如中国国际航空公司(Air China),其 2 字代码为 CA,其 3 字代码为 999。英国航空公司(British Airlines), 其 2 字代码为 BA,其 3 字代码为 125。

国家用 2 字代码表示。例如中国的代码为 CN,美国的代码为 US,英国的代码为 GB,德国的代码为 DE,日本的代码为 JP(参见表 6-2)。

表 6-2　国家代码举例

中文名	英文名	代码
中国	CHINA	CN
美国	UNITED STATES OF AMERICA	US
英国	UNITED KINGDOM	GB
日本	JAPAN	JP
法国	FRANCE	FR
德国	GERMANY	DE
加拿大	CANADA	CA
澳大利亚	AUSTRALIA	AU

① 少数航空公司的 2 字代码中也使用数字和英文字母的组合。例如 UPS 国际快递公司的 2 字代码为 5X。

城市用3字代码表示。例如北京的代码为GJS,上海的代码为SHA,广州的代码为CAN,伦敦的代码为LON,东京的代码为TYO,巴黎的代码为PAR(参见表6-3)。

表6-3　　城市代码举例

中文名	英文名	代码
北京	BEIJING	GJS
上海	SHANGHAI	SHA
广州	GUANGZHOU	CAN
伦敦	LONDON	LON
纽约	NEW YORK	NYC
东京	TOKYO	TYO
巴黎	PARIS	PAR
汉堡	HAMBURG	HAM
首尔	SEOUL	SEL

机场用3字代码表示。例如北京首都国际机场的代码为PEK,上海浦东国际机场的代码为PVG,英国希斯罗机场的代码为LHR,法国戴高乐机场的代码为CDG,首尔国际机场的代码为SEL(参见表6-4)。

表6-4　　机场代码举例

中文名	英文名	代码
首都国际机场	BEIJING CAPITAL	PEK
浦东国际机场	SHANGHAI	PVG
英国希斯罗机场	LONDON HEATHROW	LHR
美国约翰肯尼迪机场	NEW YORK NY/NEW ARK KENNEDY	JFK
法国戴高乐机场	PARIS DE GAULLE	CDG
东京成田国际机场	TOKYO NARITA	NRT
首尔国际机场	SEOUL KIMPO INTL	SEL

四、航空货运的主要当事人及其关系

在空运物流运作的各环节中，所涉及的相关当事人主要有：发货人、航空货运代理、航空公司（承运人）、地面运输公司和收货人等。

（一）航空公司

航空公司是航空运输的承运人，它拥有飞机，从事航空运输（包括客运、货运）以及接受办理与其能力相适应的航空运输业务。其主要任务是把所接受委托的客、货，按指定要求从一机场运往另一机场。

《统一航空运输某些规则的公约》（Convention for the Unification of Certain Rules Relating to International Carriage by Air，简称《华沙公约》），对承运人的责任做了明确的规定。例如，《华沙公约》第 18 条第 1 款规定："对于交运的行李或货物因毁灭、遗失或损坏而产生的损失，如果造成这种损失的事故发生在航空运输期间①，承运人应负责任。"《华沙公约》第 22 条第 2 款规定："如交运的行李或货物的一部分或者货物中任何物件发生遗失、损坏或者延误，以致影响同一份货运单所列的另一包装件或者其他包装件的价值，在确定责任限额时，另一包装件的总重量也应当考虑在内。"

（二）航空货运代理

航空货运代理又称航空货运公司，是随航空运输的发展及航空公司运输业务的集中化而发展起来的一种服务性组织。

航空货运代理主要从事航空货物在始发站交航空公司前的揽货、接货、集中托运、报关、订舱或物流服务及在目的地从航空公司处接货、报关或送货等一系列业务。根据国际航空运输协会的规定，航空货运代理可从航空公司收取订舱佣金（5%）以及运价回扣。按航空公司发布的运价费率代发货人交付运费，并向发货人收取所提供相关服务的手续费。

航空货运代理具有两种职能：一是向货主提供服务，代替货主向航空公司办理托运或提取货物；二是为航空公司服务，部分航空货运代理人还代替航空公司接收货物，出具航空公司的总运单和自己的分运单。因此，航空货运代理不同于传统意义上的货运代理，它在运输过程中具有双重角色。

1. 对各个发货人来说，其地位相当于承运人，要承担的是货物的运输责

---

① 《华沙公约》所说的航空运输期间"包括行李或货物在承运人保管的期间，不论在航空站内、在航空器上或在航空站外降停的任何地点"。

任，而不仅仅是在始发地将货物交给航空公司，在目的地提取货物并转交给不同的收货人。

2. 对航空公司来说，其又是托运人，集中托运一整批货物，而不承担从机场到机场的空中运输责任。

3. 收货人身份。在目的地，货运代理人可以自己的名义接收货物，同样可以成为收货人。

4. 托运人的代理人。当货运代理人从不同的托运人手中接收货物，以托运人的名义与航空公司签订运输合同时，货运代理人是托运人的代理人，航空公司是承运人。

5. 承运人的代理人。当货运代理人以承运人的名义与托运人签订运输合同并向托运人签发航空货运单时，货运代理人是承运人的代理人。

（三）各有关当事人的关系

航空公司与航空货运代理之间职责分明。航空公司通过航空货运代理接揽货物，增加运量，延伸服务功能；航空货运代理则通过航空公司将货物按委托人旨意运送至收（发）货人，是航空公司与收（发）货人之间联系的纽带。在航空货物运输中，各有关当事人的责任划分，如图 6-1 所示。

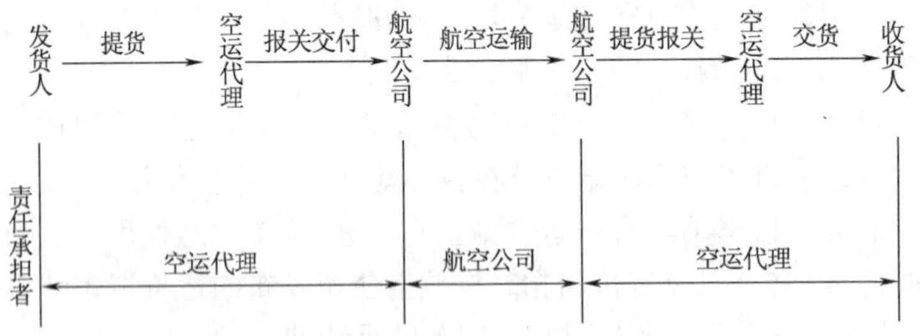

图 6-1 航空货物运输中各有关当事人的责任划分

为协调航空货物运输中各有关当事人的关系，促进航空货物运输的发展，一些国际航空运输组织相继成立，如国际民用航空组织（International Civil Aviation Organization，ICAO）、国际航空运输协会（International Air Transport Association，IATA）、国际货运代理协会联合会（International Federation of Freight Forwarders Association，FIATA）等。我国是 ICAO 的理事国。国际航空

运输日常工作中所使用的《航空货运价手册》(The Air Cargo Tariff)和《ABC航空货运指南》(ABC Air Cargo Guide)都是由IATA制定的。中国民航未参加IATA,但有非正式联系。

第二节 国际航空运输的经营方式

航空货物运输发展至今,其运输方式主要有以下几种:班机运输、包机运输、集中托运、航空快递和陆空联运。

一、班机运输

班机运输(Scheduled Airline)是指在固定航线上定期开航的有固定始发站、到达站和经停站的飞机运输方式。班机运输有客运航班、货运航班及客货混合航班之分。其中,客货混装是班机运输的主要形式。

班机运输有固定的航线、停靠机场、航班和到港时间,不仅速度快,而且交货时间准确。货物收、发货人对贵重物品、市场上急需的商品、鲜活易腐货物的运送一般采用班机运输。但班机运输由于多采用客货混合机型,航班以客运服务为主,货物舱位有限,不能满足大批量货物及时出运的要求,往往只能分批运输。再有,不同季节同一航线客运量的变化也会直接影响货物装载的数量,使得班机运输在货物运输方面存在很大的局限性。随着航空货运市场的发展和航空技术的进步,一些有固定客户且货物运输量大的大型航空公司在一些货源充足的航线上使用全货机,开辟定期的货运航班。

班机运输的经营方式主要有包舱、包板(集装箱)①。

包舱、包板(集装箱)是指托运人根据所运输的货物在一定时间内需要单独租用航空公司飞机的部分或全部机舱、集装箱、集装板,而由承运人给予事先承诺,并保证舱位的一种运输经营方式。

包舱、包板(集装箱)的实质就是包租固定的舱位。目前在航空货物运输经营中,由于包舱运输给承运人和代理人都带来了不少的好处,因此已成为最常见的一种方式。对于航空公司,因为舱位包租给了他人,飞机的正常营运有了保证,减少了自身的风险;对于货运代理企业,因为它能为航空公司带来稳定的货源,使其在承运人那里获得较低的运价成为可能,可以取得更多的利润。包舱业务对于货运代理人来讲,还可以在同行的竞争中获得优势,

---

① 人们也将集中托运、航空快递归纳到班机运输中。本书将集中托运、航空快递作为单独的运输方式进行介绍。

只要有一定数量且固定的货源就可以获得较大的利益。

二、包机运输

包机运输(Chartered Carrier)主要是不定期运输,是相对班机运输而言的另一种运输形式。由于这种运输方式是针对某一批货物或某一些有特殊需要的客户,没有固定的航线、时间和起落站,也没有固定的费率,一切都依照货主与托运人和航空公司洽谈的条件和订立的包机合同而定。包机运输分为整架包机和部分包机两种形式。

整架包机即托运人包租整架飞机,是指航空公司或包机代理公司按照与租机人事先约定的条件和费率,将整架飞机的某个航次包租给包机人,从一个航空站或几个航空站将货物运往指定的目的地。整架包机的特点是运输量比较大,时间比较灵活,运费相对比较低。

部分包机主要有两种形式:一种是由几家航空货运代理公司或多个发货人联合包租整架飞机;另一种是由包机公司把整架飞机包租后,将舱位分租给若干个航空货运代理公司。部分包机适合于货量比较大,但不足整架包机的货物运输。

包机运输可以解决班机运输舱位不足的问题;包机运输比班机运输更具灵活性,不用中转,可以弥补直达航班的不足;可以减少货损、货差或货物丢失;货物全部由包机运出,可以避免多次发货的手续,节省时间;在空运旺季,可以缓解航班紧张状况;可以解决海鲜品、活动物的运输问题。但包机运输要等待其他货主备妥货物等,往往不能按时起飞。此外,各国政府出于安全的需要,常对从事包机业务的外国航空公司实行各种限制,各国还通过制定复杂烦琐的审批手续来增加他国航空公司包机运输的营运成本,因此目前包机业务并不盛行。

包机运输的运费一般为一次一议,并随着国际市场供求情况的变化而变化。包机运输在原则上是按每一飞行公里的固定费率核收费用。如果是单程运输,则要按每一飞行公里费用的80%收取空载费。因此,采用包机运输方式,最好争取来回程都有货载,这样才能降低单位运输成本。在整机包机这种运输方式下,包机人一般要在货物装运前一个月与航空公司联系,以便航空公司安排运载和向起降机场及政府有关部门申请、办理过境或入境的有关手续。

三、集中托运

集中托运(Consolidation)是指航空货运代理公司将若干批单独发运的货

物组成一整批，向航空公司办理托运，采用一份航空总运单集中发运到同一目的站，由集中托运人在目的地指定的代理收货，再根据集中托运人签发的航空分运单分拨给各实际收货人的运输方式。目前这种运输方式是航空货物运输中开展最为普遍的一种运输方式。

简单点说，集中托运是将从同一始发站运往同一目的地的众多托运人的小件货物，集合成批量货物进行集中运输。其过程如图 6-2 所示。

集中托运实际上是一种代理形式的货运业务。由于航空运价是根据货物计费重量的增加而逐步递减的，货物越重，货运代理就可以在航空公司获得更加优惠的运价。在航空运输市场上，运价对代理企业的经营效益起着相对重要的作用，因而集中托运的经营方式是航空代理企业增加收益的重要手段。

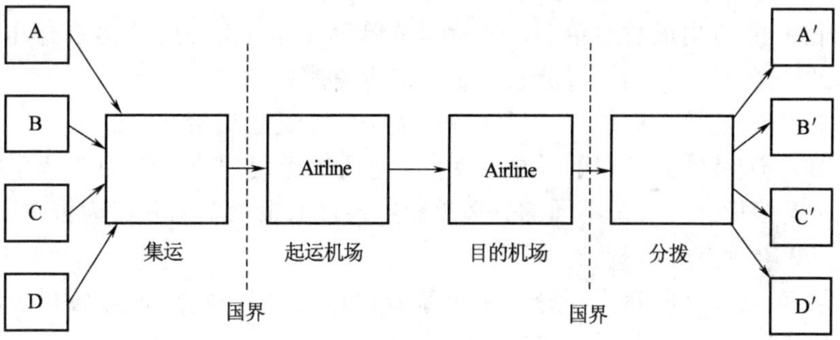

图 6-2 航空货物集运过程

在航空集运过程中，向航空公司托运货物的是航空货运代理企业。航空货运代理企业在收取每个托运人的货物时必须出具凭证，这个凭证就是代理企业自己签发的航空货物分运单（House Air Waybill，HAWB），表明托运人已把货物交给了代理人。代理企业本身没有分运单的也可以用航空公司的运单代替。分运单的托运人栏和收货人栏是实际的托运人和收货人。

适合集中托运的货物

代理人在收取众多托运人的货物以后，进行集中托运，需要把来自不同托运人的货物集中起来，交由航空公司运输。代理人与航空公司之间也需要一种凭证，这个凭证就是主运单（Master Air Waybill，MAWB）。主运单上的有关信息就是航空公司进行航空运输的依据。主运单上的托运人和收货人,必须是办理出口集运航空代理企业和其在进口地的代理企业。

在集中托运的运输方式下,主运单下还要配有集中托运的货物舱单(Manifest),主要列明主运单下每票货物的分运单号,实际的收、发货人,运送目的地,件数,重量,体积等具体信息。

对于集中托运货物,必须在每票货物上贴上识别的标签,标明该票货物的主运单和分运单的号码,以便在运输过程中对货物进行核对和清点。

集中托运的具体做法是:

第一步,将每一票货物分别缮制航空运输分运单,即出具货运代理的运单 HAWB (House Air Waybill)。

第二步,将所有货物区分方向,按照其目的地相同的同一国家、同一城市来集中,缮制出航运公司的总运单 MAWB(Master Air Waybill),总运单的发货人和收货人均为航空货运代理公司。

第三步,打出该总运单项下的货运清单(Manifest),即此总运单有几个分运单,号码各是什么,其中件数、重量各多少,等等。

第四步,把该总运单和货运清单作为一整票货物交给航空公司。

第五步,货物到达目的地机场后,当地的货运代理公司作为总运单的收货人负责接货、分拨,按不同的分运单制定各自的报关单据并代为报关,为实际收货人办理有关接货、送货事宜。

第六步,实际收货人在分运单上签收以后,目的站货运代理公司以此向发货的货运代理公司反馈到货信息。

四、航空快递

航空快递(Air Express),也叫航空快运或航空速递,是指具有独立法人资格的企业将进出境的货物或物品从发件人(Consignor)所在地,通过自身或代理的网络运达收件人(Consignee)的一种快速运输方式。其运作流程如图6-3所示。其中采用这种运输方式进出境的货物、物品被称为“快件”。快件业务又可分为快件文件和快件包裹两大类。快件文件主要指商务文件、资料等无商业价值的印刷品,也包括银行单证、合同、照片、机票等。快件包裹指一些贸易成交的小型样品、返修零配件及采用快件运送方式运送的一些进出口货物和物品。

航空快递企业负责整个过程中除航空运输以外的所有事务,包括到发货人所在地接货、货物托运事宜、办理进出境通关手续和将货物送达收货人等。

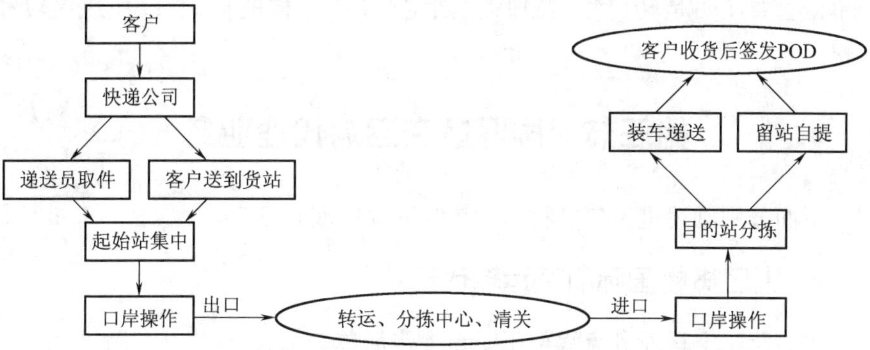

图 6-3 国际航空快递运作流程

五、陆空联运

陆空联运是指包括空运在内的两种以上运输方式的联合运输。陆空运输的主要形式有以下三种:火车—飞机—卡车(Train—Air—Truck, TAT);火车—飞机(Train—Air,TA);卡车—飞机(Truck—Air,TA)。

航空快递与传统的航空货运业务及邮政运送业务的区别

我国空运出口货物往往采用陆空联运方式。用火车、卡车、轮船等运输工具将货物运到国际航空港口岸,再采用航空运输方式,将货物转运到目的地。采取这种运输方式的最大好处是节省了运费。因为我国幅员辽阔,而国际航空港口岸主要有北京、上海、广州等。虽然省会城市和一些主要城市每天都有班机飞往上海、北京、广州,但班机所带货量有限,费用比较高。如果采用国内包机,费用更贵。因此在货量较大的情况下,往往采用陆运至航空口岸,再与国际航班衔接。由于汽车具有机动灵活的特点,在运送时间上更可掌握主动,因此一般都采用"TAT"方式组织出运。

我国长江以北的外运公司多采用火车或卡车将货物送至北京、上海航空口岸出运。我国长江以南的外运公司目前办理陆空联运的具体做法是用火车、卡车或船将货物运至香港,然后利用香港航班多,到欧洲、美国运价较低的条件(普通货物),把货物从香港运到目的地,或运到中转地,再通过当地代理,用卡车送到目的地。这种情况下,陆空联运货物发运前,空运代理要事前与在香港的收转人联系,满足香港的收转人对单证的要求,便于提前订舱。

各地发货时,可使用空运代理的航空分运单,也可使用"承运货物收据"。有关单据上要注明是转口货,要加盖"陆空联运"字样的标记,以加速周转和避税。

第三节　国际航空运输代理业务

下面分别阐述进出口货物国际航空运输代理业务。

一、出口货物国际航空运输代理业务

出口货物空运业务流程可用图 6-4 来简单表示。

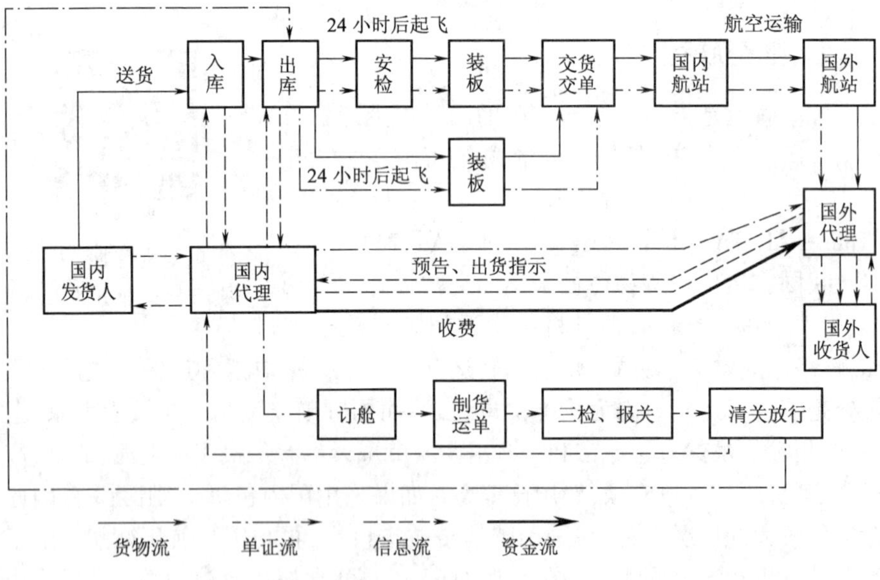

图 6-4　出口货物空运业务流程

出口货物空运的托运流程可归纳为图 6-5。

图注如下:

(1)办理托运。货主填写"国际货物托运委托书"并发送给其航空货运代理作为承办航空货物托运的书面依据。航空货运代理接受委托书并备齐货证

后,依据货主委托书制作纸质托运单或电子托运数据向航空公司办理托运手续。

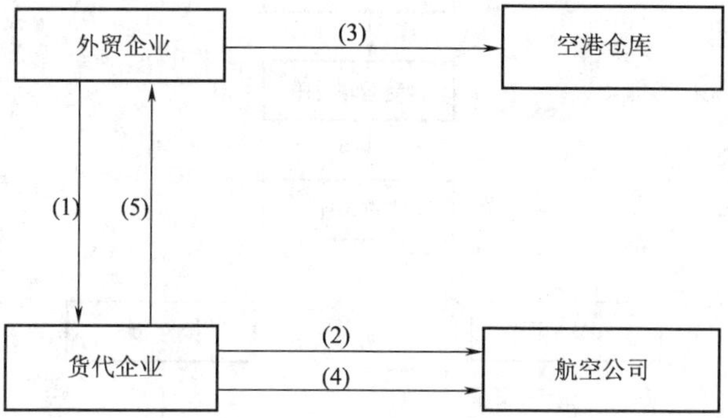

图 6-5 航空出口货物托运流程

(2)预订舱。航空货运代理对相关单证(如商业发票、报关单、装箱单等)进行初步审核后进行预订舱,初步确定航班、日期、运价后,正式通知货主交货。

(3)收运货物。货主按照货代通知的仓库、进仓时间和编号将货物送入指定仓库并取得仓库收货凭据。航空货运代理则代表航空公司收运货物,对货物编号、件数、重量、尺寸进行核查,将清点称重和丈量后的实际数据记录在收货凭据上。

(4)正式订舱。航空货运代理在起飞 24 小时前向海关办理出口货物报关手续。然后根据待运货物件数、重量、体积与实际舱容进行正式配舱,并向航空公司吨控部门申请订舱。

(5)填制货运单。经由航空公司正式确认舱位的货物,航空货运代理填制该货物的总运单。如果是由航空货运代理汇总各个企业的出口货物后再向航空公司集中托运的货物,则还需要为每一票货物填开分运单。

最后,航空公司或其代理验收单据和货物后,在交接单上签字并将货物装上飞机准备出运。

出口货物航空货运代理作业是指航空货运代理从发货人手中接到货物并将货物交到航空公司发运的一系列活动。主要业务环节如图 6-6 所示。

下面就图 6-6 中的一些主要业务环节进行阐述。

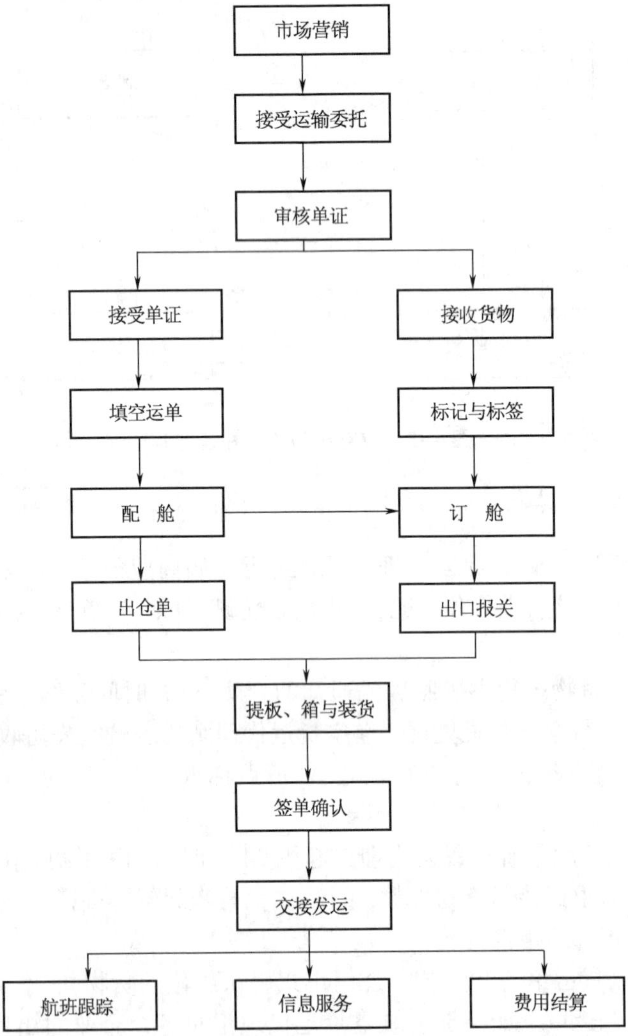

图 6-6　出口货物国际航空运输代理业务流程

（一）市场营销与接受运输委托

1. 市场营销。这里所说的市场营销就是通常所说的揽货，是指航空货运代理到有进出口经营权的企业去组织货源，销售航空公司的舱位。为承揽货物,航空货运代理需及时向托运人介绍本公司的业务范围、服务项目、各项收费标准,特别应向出口公司介绍优惠运价、公司的服务优势等。

2. 接受委托。航空货运代理与货主(出口商)就出口货物运输事项达成意向后,航空货运代理向托运人提供所代理的航空公司的"国际货物托运书"(Shipper's Letter of Instruction)。货主应向航空货运代理提交填好的"国际货物委托书"和出口合同副本及有关单证。对需要包机运输的大宗货物,货主应在发运货物前 40 天填写"包机委托书"送交航空货运代理。对需要紧急运送的货物或必须在中途转运的货物,应在委托书中说明,以便航空货运代理设法利用直达航班运送和安排便于衔接转运的航班运送。

国际货物托运书(样本见表 6-5 所示)是托运人用于委托承运人或其代理人填开航空运单的一种表单,表单上列有填制航空运单所需各项内容,并应印有授权于承运人或其代理人代其在运单上签字的文字说明。国际货物托运书应由货主(托运人、发货人)自己填写,而且必须在上面签字或盖章,保证托运书所填写的内容准确无误。实际业务中,国际货物托运书也可由航空货运代理填写,但须由货主(托运人、发货人)在上面签字或盖章。

航空货运代理在接受托运人委托后,要对托运书中的价格、航班日期等进行审查,审核无误后必须在托运书上签字并写上日期以表示确认。航空货运代理确认后,航空货运代理与托运人双方的委托关系即确立。

国际货物托运书上要写明货物名称、体积、重量、件数、目的港和要求出运的时间等内容。其主要栏目填制注意事项如下:

(1)托运人(Shipper's Name and Address),应填写托运人的全称、街名、城市名称、国家名称、电话、电传或传真号码。

(2)收货人(Consignee's Name and Address),应填写收货人的全称、街名、城市名称、国家名称(特别是在不同国家内有相同城市名称时,必须填上国名)、电话、电传或传真号码。本栏内不得填写"Order"或"To Order of the Shipper"(按托运人的指示)等字样,因为航空货运单不能转让。

(3)始发站机场(Airport of Departure),填写始发站机场全称。

(4)到达站机场(Airport of Destination),填写到达站机场全称。如遇到有重名的机场,还应注明机场的国别。不知道机场名称时,可填城市名称。

(5)要求的路线(Requested Routing),填写选择的运输路线及承运人代号,如后者不指定只填路线亦可。如二者均不指定,可填"FRAV"。至(TO):填城市名称英文的三字代号。本栏在航空公司安排运输路线时使用,但如果托运人有特别要求,也可填入本栏。

(6)托运人声明的价值(Shipper's Declared Value):

表 6-5

中国民用航空局
THE CIVIL AVIATION ADMINISTRATION OF CHINA
国际货物托运书
SHIPPER'S LETTER OF INSTRUCTION

货运单号码
NO. OF AIR WAYBILL

<table>
<tr><td colspan="2" rowspan="4">托运人姓名及地址
SHIPPER'S NAME AND ADDRESS</td><td colspan="2" rowspan="4">托运人账号
SHIPPER'S ACCOUNT NUMBER</td><td colspan="2">供承运人用
FOR CARRIER USE ONLY</td></tr>
<tr><td>航班/日期
FLIGHT/DAY</td><td>航班/日期
FLIGHT/DAY</td></tr>
<tr><td></td><td></td></tr>
<tr><td></td><td></td></tr>
<tr><td colspan="2">收货人姓名及地址
CONSIGNEE'S NAME AND ADDRESS</td><td colspan="2">收货人账号
CONSIGNEE'S ACCOUNT NUMBER</td><td colspan="2">已预留吨位
BOOKED</td></tr>
<tr><td colspan="4">代理人的名称和城市
ISSUING CARRIER'S AGENT NAME AND CITY</td><td colspan="2" rowspan="2">运费
CHARGES</td></tr>
<tr><td colspan="4">始发站
AIRPORT OF DEPARTURE</td></tr>
<tr><td colspan="4">到达站
AIRPORT OF DESTINATION</td><td colspan="2">另请通知
ALSO NOTIFY:</td></tr>
<tr><td colspan="4">托 运 人 声 明 的 价 值
SHIPPER'S DECLARED VALUE</td><td rowspan="2">保险金额
AMOUNT OF INSURANCE</td><td rowspan="2">所附文件
DOCUMENTS TO ACCOMPANY AIR WAYBILL</td></tr>
<tr><td colspan="2">供运输用
FOR CARRIAGE</td><td colspan="2">供海关用
FOR CUSTOMS</td></tr>
<tr><td colspan="6">处理情况(包括包装方式、货物标志及号码等)
HANDLING INFORMATION (INCL. METHOD OF PACKING, IDENTIFYING MARKS, AND NUMBERS, ETC.)</td></tr>
<tr><td>件数
NO. OF PACKAGES</td><td>实际毛重(千克)
ACTUAL GROSS WEIGHT(KG.)</td><td>运价类别
RATE CLASS</td><td>收费重量(千克)
CHARGEABLE WEIGHT</td><td>费率
RATE/CHARGE</td><td>货物品名及数量(包括体积或尺寸)
NATURE AND QUANTITY OF GOODS (INCL. DIMENSIONS OR VOLUME)</td></tr>
<tr><td></td><td></td><td></td><td></td><td></td><td></td></tr>
</table>

托运人证实以上所填全部属实并愿遵守承运人的一切载运章程。

THE SHIPPER CERTIFIES THAT THE PARTICULARS ON THE PAGE HEREOF ARE CORRECT AND AGREES TO THE CONDITIONS OF CARRIAGE OF THE CARRIER.

托运人签字 SIGNATURE OF SHIPPER	日期 DATE	经手人 AGENT	日期 DATE

①供运输用(For Carriage),填写托运人向承运人声明的货物价值,该价值亦为承运人负责赔偿的限额。如果所交运的货物毛重每千克不超过20美元(或其等值货币),无须填写声明价值金额,可填“NVD”(No Value Declared)。如本栏空着未填写,承运人或其代理人可视为货物未声明价值。

②供海关用(For Customs),填写托运人向到达站海关申报的货物价值,若无需要,本栏可不填。国际货物通常要受到目的站海关的检查,海关根据此栏所填数额征税。

(7)保险金额(Amount of Insurance),本栏可空着不填。因为中国民航各空运企业暂未开展国际航空运输代保险业务。

(8)所附文件(Documents to Accompany Air Waybill),填写随附货运单带往到达站的文件的名称。

(9)处理情况(包括包装方式、货物标志及号码等)[Handling Information (Incl. Method of Packing Identifying Marks and Numbers . etc)],填写货物的包装方式、标志和号码以及在运输、中转、装卸、储存时需要特别注意的事项。

(10)另请通知(Also Notify),托运人为防备收货人因故不能收货,希望在货物到达的同时通知他人,在此填写被通知人的全称和地址。

(11)实际毛重(千克)[Actual Gross Weight(kg)],填货物的总重,尾数不足0.10kg的四舍五入。本栏内的重量应由承运人或其代理人在称重后填入。如托运人已经填上重量,承运人或其代理人必须进行复核。

(12)运价类别(Rate Class),填写所采用的运价类别代号。采用等级运价时,标明百分比。本栏可空着不填,由承运人或其代理人填写。

(13)收费重量(千克)[Chargeable Weight (kg)],填计算运费的重量。本栏内的计费重量应由承运人或其代理人在量过货物的尺寸(以厘米为单位),由承运人或其代理人算出计费重量后填入,如托运人已经填上,承运人或其代理人必须进行复核。

(14)费率(Rate/Charge),填适用的每千克运价,如为最低运费,也应填本栏。本栏可空着不填。

(15)货物品名及数量(Nature and Quantity of Goods),填写货物的具体名称,如果一票货物包括多种物品,应分别申报货物品名。对危险品应注明其专有名称和包装级别。

(16)已预留吨位(Booked),填已预留吨位(包括已订妥或已发电申请预留吨位)的航班号和日期。

(17)运费(Charges),填全部到付或全部预付。到付用(cc)表示,预付用(pp)表示。

(18)托运人签字。托运人必须在本栏内签字。

(19)日期。填托运人或其代理人交货的日期。

(二)审核、接受单证、接收货物

审核、接受单证、接收货物简称审单、接单、接货。

1. 审单。航空货运代理对托运人提交的"国际货物托运书"和随附单证①必须进行审核,如发现单证不符或缺少,应要求托运人尽快修改或补交。

航空货运代理应着重检查托运书上以下栏目的填写。

(1)货物品名栏(包括体积及尺寸)。检查货物品名栏内的品名是否填写得过于笼统,如"鱼罐头"不应笼统地填写为"食品"。另外应检查托运人所填写的货物尺寸是否注明计量单位,对于危险物品,则应要求注明其专用名称和包装级别。

(2)收货人姓名和地址栏。代理人应了解收货人所在城市名称是否属于不同国家中的重名城市,遇有此种情况时,必须要求加上国名,运往美国的货物则还应加上州名。本栏不得出现"To Order"字样。

(3)货物重量栏。如托运人自己将货物重量填入栏内,则代理人必须进行复核。代理人对货物应进行称重和量尺寸,以便计算出计费重量。

(4)运费栏。在计算运费前,必须准确地确定费率,计算完运费后,必须进行复核。

(5)托运人签字栏。检查托运人签字栏内是否有托运人的签字。

2. 接单。航空货运代理接受托运人送交的已经审核确定的托运书及报关单和收货凭证后,与电脑中的收货记录与收货凭证进行核对,制作操作交接单,填上所收到的各种报关单证的份数,给每份交接单配一份总运单或分运单。如果货未到或未全到,可以按照托运书上的数据填入交接单并注明,货物到齐后再进行修改。

3. 接货。接货就是航空货运代理和货主交接货物,并将货物运至航空货运代理公司仓库或直接运至航空公司仓库的过程。航空货运代理接货最重要的工作是根据货主提供的发票和装箱单清点货物,核对货物的数量、重量、品名、包装等是否与货运单据上列明的一致。如有遗漏或破损要及时与货主

---

① 根据货物的不同种类,托运人应提供以下有关文件:①进、出口货物过境海关所需文件;②货物的内容清单;③托运危险品、动物证明;④在国际航协3区和1区之间托运指定商品时,必须提供商业发票。

联系,整理补足后,与货主办理交接手续。如果货主通过空运或铁路从内地将货物运往出境地,航空货运代理可代为提货,如货主已在当地办理了清关手续,则应要求对方提供当地海关的关封。

航空货运代理接货后要填写收货单。收货单是客户与航空货运代理之间收交货物的凭证,也是货运单上数据更改的依据。收货单的主要内容包括:客户名称、进舱编号、分运单号、货物目的地、收货日期、货物件数、重量、体积、收货人签名等。收货单分客户、仓库和出口业务部三联。

(三)填制航空运单

航空货运代理根据发货人提供的国际货物托运书,缮制航空运单,包括总运单,也称主运单(Master Air Waybill,MAWB)(样本见表6-6所示)和分运单(House Air Waybill,HAWB)(样本见表6-7所示)。

1. 航空运单的作用。航空运单是托运人和承运人之间在承运人的航线上运输货物所订立运输契约的凭证,是托运人或其代理人所使用的最重要的货运文件,其作用归纳如下:一是承运人与托运人之间缔结运输契约的凭证;二是承运人收运货物的证明文件;三是运费结算凭证及运费收据;四是承运人在货物运输组织的全过程中运输货物的依据;五是国际进出口货物办理清关的证明文件;六是保险证明。

2. 航空运单的特点和国际惯例如下:

(1)一张货运单只能用于一个托运人在同一时间、同一地点托运的,由承运人承运的,运往同一目的站同一收货人的一件或多件货物。

(2)航空运单可以代表航空公司身份,该货运单由航空公司印制。航空运单还可以不是由航空公司印制的不代表任何一个航空公司的中性运单。

(3)运单的右上端印有"不可转让"(Not Negotiable)字样,其意义是指航空运单仅作为货物航空运输的凭证,所有权属于出票航空公司,与可以转让的海运提单恰恰相反。因此,任何IATA成员都不允许印制可以转让的航空运单,运单上的"不可转让"字样不可被删去或篡改。

(4)空运交货方式下的航空运单不同于海运提单,不是通过转让单据来转让货物所有权。航空货运单不是货物所有权的凭证,也不能通过背书转让。收货人提货不是凭航空货运单,而是凭航空公司的提货通知单。

(5)《UCP600》规定,航空运单只有在特别要求实际发运日期时,才以运单批注的发运日期为装运日期,否则均以签发日期作为装运日期。因此,航空运单签发日期不能超过交单的限期,否则会违反信用证的规定。

表 6-6　　航空主运单

999　　999-

<table>
<tr><td>Shipper's Name and Address</td><td>Shipper 's Account Number</td><td rowspan="2">NOT NEGOTIABLE 中国民航 CAAC
AIR WAYBILL(AIR CONSIGNMENT NOTE.
ISSUED BY: THE CIVIL AVIATION ADMINISTRATION OF CHINA BEIJNG CHINA)</td></tr>
<tr><td colspan="2" rowspan="2"></td></tr>
<tr><td>Copies 1, 2 and 3 of this Air Waybill are originals and have the same validity</td></tr>
<tr><td>Consignee's Name and Address</td><td>Consignee's Account Number</td><td rowspan="2">It is agreed that the goods described herein are accepted in apparent good order and condition(except as noted) for carriage SUBJECT TO THE CONDITONS OF CONTRACT ON THE REVERSE HEREOF. THE SHIPPER'S ATTENTION IS DRAWN TO THE NOTICE CONCERNING CARRIER'S LIMITATION OF LIABILITY. Shipper may increase such limitation of liability by declaring a higher value for carriage and paying a supplemental charge if required.
ISSUING CARRIER MAINTAINS CARGO ACCIDENT LIABILITY INSURANCE</td></tr>
<tr><td colspan="2"></td></tr>
<tr><td colspan="2">Issuing Carrier's Agent Name and City</td><td rowspan="3">Accounting Information</td></tr>
<tr><td>Agent's IATA Code</td><td>Account No.</td></tr>
<tr><td colspan="2">Airport of Departure (Addr. of First Carrier) and Requested Routing</td></tr>
</table>

<table>
<tr><td rowspan="2">to</td><td rowspan="2">by First Carrier</td><td rowspan="2">Routing and Destination</td><td rowspan="2"></td><td rowspan="2"></td><td rowspan="2">to</td><td rowspan="2">by</td><td rowspan="2">to</td><td rowspan="2">by</td><td rowspan="2">Currency</td><td rowspan="2">Chgs Code</td><td colspan="2">WT/VAL</td><td colspan="2">Other</td><td rowspan="2">Declared Value for Carriage</td><td rowspan="2">Declared Value for Carrige</td></tr>
<tr><td>PPD</td><td>COLL</td><td>PPD</td><td>COLL</td></tr>
</table>

<table>
<tr><td>Airport Destination</td><td>Flight/ Date</td><td>for Carrier Use only</td><td>Flight/ Date</td><td>Amount of Insurance</td><td>INSURANCE if carrier offers insurance, and such insurance is requested in accordance with conditions on reverse hereof, indicate amount to be insured in figures in box marked amount of insurance</td></tr>
<tr><td colspan="6">Handling Information
(for USA only) Those commodities licensed by U. S. for ultimate destination. . . Diversion contrary to U. S. law is prohibited</td></tr>
</table>

续表

No. of Pieces RCP	Gross Weight	Kg/Lb	Rate Class Commodity ltem No.	Chargeable Weight	Rate/Charge	Total	Nature and Quantity of Goods (incl. Dimensions or Volume)

Prepaid	Weight Charge	Collect
	Valuation Charge	
	Tax	
	Total Other Charges Due Agent	
	Other Charge	
	Total Other Charges Due Agent	
	Total Other Charges Due Carrier	
	Shipper certifies that the particulars on the face hereof are correct and that insofar as any part of the consignment contains dangerous goods, such part is properly described by name and is in proper condition for carriage by air according to the applicable Dangerous Goods Regulations ------------------------------ Signature of Shipper or His Agent	
Total Prepaid	Total Collect	
Courrency Conversion Rates	CC Charges in Dest. Currency	------------------------------ Executed on(date) at(place) Signature of Issuing Carrier or His Agent
For Carriers Use only at Destination	Charges at Destination	Total Collect Charge
		999 –

表 6-7 航空分运单

Airport of Departure	Airport of Destination	Master Air Waybill Number	Air Waybill Number

Routing And Destination

to	by First Carrier		to	by		to	by

Consignee's Account Number	Consignee's Name and Address

Also Notify

Shipper's Account Number	Shipper's Name and Address

NOT NEGOTIABLE
AIR WAYBILL
(AIR CONSIGNMENT NOTE)
ISSUED BY
中国对外贸易运输总公司
China National Foreign Trade
Transportation Corporation
Beijing. China.
Member of FIATA

Copies 1,2 and 3 of this Air Waybill are originals and have the same validity

It is agreed that the goods described herein are accepted in apparent good order and condition (except as noted) for carriage SUBJECT TO THE CONDITIONS OF CONTRACT ON THE REVERSE HEREOF, THE SHIPPER'S ATTENTION IS DRAWN TO THE NOTICE CONCERNING CARRIERS' LIMITATION OF LIABILITY. Shipper may increase such limitation of liability by declaring a higher value for carriage and paying a supplemental charge if required.

Executed on ---------- at ----------
(Date) (Place)

Signature of Issuing Carrier or its Agent

Currency	WT/VAL		Other		Declared Value for Carriage	Declared Value for Customs	Amount of Insurance	INSURANCE if Carrier offers insurance, and such insurance is requested in accordance with conditions on reverse hereof, indicate amount to be insured in figures in box marked amount of insurance
	PPD	COLL	PPD	COLL				

续表

<table>
<tr><td>No. of Packages RCP</td><td>Actual Gross Weight</td><td>Kg / Lb.</td><td>Rate Class
Commodity Item No.</td><td>Chargeable Weight</td><td>Rate</td><td>Weight Charge</td><td>Nature and Quantity of Goods (incl. Dimensions or Volume)</td></tr>
<tr><td></td><td></td><td></td><td></td><td></td><td></td><td></td><td rowspan="6"></td></tr>
<tr><td colspan="7"></td></tr>
<tr><td colspan="7">Special Handling Information (Including Marks, Numbers and Method of Packing)</td></tr>
<tr><td rowspan="2">Prepaid</td><td colspan="2">Weight Charge</td><td colspan="2">Other Charges</td><td colspan="2">Total Other Charges</td></tr>
<tr><td colspan="2">Valuation Charge</td><td colspan="2"></td><td colspan="2">Total Prepaid</td></tr>
<tr><td rowspan="2">Collect</td><td colspan="2">Weight Charge</td><td colspan="4" rowspan="2">Other Charges</td><td>Total Other Charges</td></tr>
<tr><td colspan="2">Valuation Charge</td><td>Total Collect</td></tr>
</table>

The shipper certifies that the particulars on the face hereof are correct and agrees to the Conditions of Carriage of the carrier.

No.

ORIGINAL 3(FOR SHIPPER)

3. 航空运单的填制责任。根据《华沙公约》《海牙议定书》和承运人运输条件的条款规定，托运人有责任填制航空运单。规定明确指出，托运人应自行填制航空运单，也可以要求承运人或承运人授权的代理人代为填制。托运人对货运单所填各项内容的正确性、完备性负责。由于航空运单所填内容不准确、不完全，致使承运人或其他人受到损失，托运人负有责任。托运人在航空运单上的签字，证明其接受航空运单正本背面的运输条件。根据《中华人民共和国民用航空法》第113条和第114条的规定，托运人应当填写航空运单正本一式三份，连同货物交给承运人。承运人有权要求托运人填写航空运单,托运人有权要求承运人接受该航空运单。托运人未能出示航空运单,航空运单不符合规定或航空运单遗失,不影响运输合同的存在或者有效。

在实务中航空运单一般由托运人的货运代理或承运人或其代理代为填开。货主所托运的货物如果是直接发给国外收货人的单票托运货物,货运代理填写航空公司总运单即可。但货物如果属于以国外货代为收货人的集中托运货物,货运代理必须先为每票货物填写分运单,再填写总运单,以便国外代理对总运单下的各票货物进行分拨。总运单下有几份分运单时,需制作航空货物清单。总运单上货物的件数必须与相对应的几份分运单的件数相同。

4. 我国的航空运单。我国国际航空运单由一式 12 联组成,包括 3 联正本、6 联副本和 3 联额外副本。3 联正本中,第一联正本交给货主;第二联承运人(航空公司)留存,为运费账单和发票,作为各方费用结算的凭证;第三联注有"Original for the consignee"字样,作为随机单据,到目的地后交收货人,作为核收货物的依据,第三联正本也是收货人报关的主要凭证之一。

5. 航空运单的填写。填写航空运单的主要依据是发货人提供的国际货物托运书。航空货运单一般用英文大写字母填写。目的地为香港地区的航空货运单可以用中文填写。托运书上的各项内容都应体现在航空货运单上。各栏内容必须准确、清楚、齐全,不得随意涂改①。已订舱的货物或运费到付的货物,运单上要注明已订妥的航班号、航班日期。对于运输途中需要特殊对待的货物还应在航空货运单"Handling Information"栏中注明。

(四)做标记与标签、配舱、订舱

航空运单的主要内容与填写

1. 刷上标记和贴上标签。在航空货物运输中一定要刷上标记和贴上标签。

标记是在货物外包装上刷上有关事项和记号,如托运人和收货人的姓名、地址、联系电话、传真、合同号、运输操作事项等内容。

标签是承运货物的标志。航空货运代理必须为每件货物拴挂或粘贴上有关的标签。对于一票货物,如果航空货运代理公司出

① 航空运单已填内容在运输过程中需要修改时,必须在修改项目的近处盖章注明修改货运单的空运企业名称、地址和日期。修改货运单时,应将所有剩余的各联一同修改。

具了分运单，则除了航空公司主标签外，还要加挂航空货运代理公司的分标签。对需要特殊处理或照管的货物要粘贴指示性标签。

2. 配舱。航空货运代理配舱时要核对托运书上预报的数量与货物的实际件数、重量、体积的差异，根据预订的舱位、板箱合理搭配，按照各航班机型、板箱型号、高度、数量进行配载。对货物晚到、未到情况以及未能顺利通关放行的货物进行调整处理，为制作配舱单做准备。

3. 订舱。订舱是指航空货运代理公司将所接收的空运货物向航空公司正式提出运输申请并订妥舱位。首先，航空货运代理接到托运人的发货预报，向航空公司吨控部门领取并填写订舱单，同时提供相关信息，包括货物的名称、体积、重量、件数、目的地、要求出运的时间及其他运输要求。其次，航空公司接受订舱后，签发舱单，同时给予装货集装箱领取凭证，以表示舱位已订妥。航空货运代理在订舱时，应依照托运人的要求选择最佳的航线和最佳的承运人，为托运人争取最低、最合理的运价。

（五）出口货物报检、报关

在发运货物之前，发货人或其代理人要申报报关单，向海关办理出口货物报检报关手续。海关放行后，航空货运代理要将盖有海关放行章的运单与货物一起交给航空公司，航空公司验收单、货无误后在交接单上签字。

（六）出仓单、提板、箱与装货

1. 编制出仓单。配舱方案制订后，就可编制出仓单。出仓单用于仓库安排货物出库计划及供装板、装箱部门作为仓库提货的依据和仓库交货的凭证，同时也是制作《国际货物交接清单》的依据。出仓单上应载明出仓日期、承运航班日期、装载板箱形式及数量、货物进仓顺序编号、总运单号、件数、重量、体积、目的地三字代码和仓库交货的凭证。

2. 提板、箱与装货。一般情况下，航空货物均以集装箱或集装板形式装运。因此，航空货运代理要根据订舱计划向航空公司申请板、箱并办理相关手续。提板、箱时，应领取相应的塑料薄膜和网。对使用的板、箱要登记、销号。

装板、装箱应注意如下事项：不要用错集装箱、集装板，不要用错板型、箱型；不要超过装箱、装板尺寸；要垫衬、封盖好塑料薄膜，以防潮、防雨淋；集装箱、集装板内货物尽可能配装整齐，结构稳定，接紧网索，防止运输途中倒塌；对于大宗货物，尽可能将整票货物装载在一个或几个板、箱内运输。

大宗货物、集中托运货物可以在货运代理公司自己的仓库、场地、货棚装板、装箱,亦可在航空公司指定的场地装板、装箱。

(七)签单、交接发运

1. 签单。航空货运代理在货运单盖好海关放行章后,还应到航空公司签单,航空公司审核确定运价使用是否正确以及货物性质是否适合航空运输。只有签单确定后才允许将单、货交给航空公司。

2. 交接发运。交接发运是指航空货运代理向航空公司交单交货,航空公司接货,并安排运输。

交单就是将随机单据和应由承运人留存的单据交给航空公司,随机单据包括第二联航空运单正本、发票、装箱单、产地证明、品质鉴定书等。交货就是将与单据相符的货物交给航空公司。航空货运代理交货之前,必须粘贴或拴挂货物标签。交货时要清点和核对货物,填制货物交接清单。大宗货、集中托运货,以整板、整箱称重交接。零散小货按票称重,计件交接。航空公司核对清点后,在交接清单上签收。

航空公司接单接货后,将货物存入出口仓库,单据交吨控部门,以便缮制舱单、吨位控制与配载。航空公司制订配舱方案后编制出仓单。

货物装机完毕,由航空公司签发航空总运单,货运代理公司签发航空分运单。

(八)航班跟踪、结算费用等发运后的事宜

1. 航班跟踪与信息服务。单、货交给航空公司后,航空公司可能会因为各种原因不能按预定时间运出,所以航空货运代理从单、货交给航空公司后就需对航班、货物进行跟踪。

航空货运代理从接受发货人委托开始,就须在多个方面为客户做好信息服务。航空货运代理应向委托人提供的信息主要有:订舱信息、审单情况、报关信息(货主委托航空货代报关的情况下)、称重信息、仓库收货信息、集中托运信息、单证信息、一程及二程航班信息等。

航空货运代理应将盖有放行章和验讫章的出口货物报关单、出口货物收汇核销单、运单正本第三联(在集中托运情况下仅交付分运单第三联,总运单留存货运代理人手中)等单据交付托运人(货主)。

2. 变更运输。由于托运人的原因改变运输,称为自愿变更运输。由于天气、机械故障、货物积压、禁运和承运人的其他原因而改变已订妥的航班和运输路线,称为非自愿变更运输。

3. 结算费用。货主(出口商)凭航空货运代理签发的分运单向银行办理结汇。航空货运代理发货后与货主结算航空运费和地面服务费。航空货运代理在收讫运费后,在规定的时间内与航空公司结算航空运费。

4. 发出装运通知。货物装机后,货主即可向买方发出装运通知,以便对方准备付款、赎单和办理收货。

二、进口货物国际航空运输代理业务

进口货物空运业务流程可用图 6-7 简单表示。

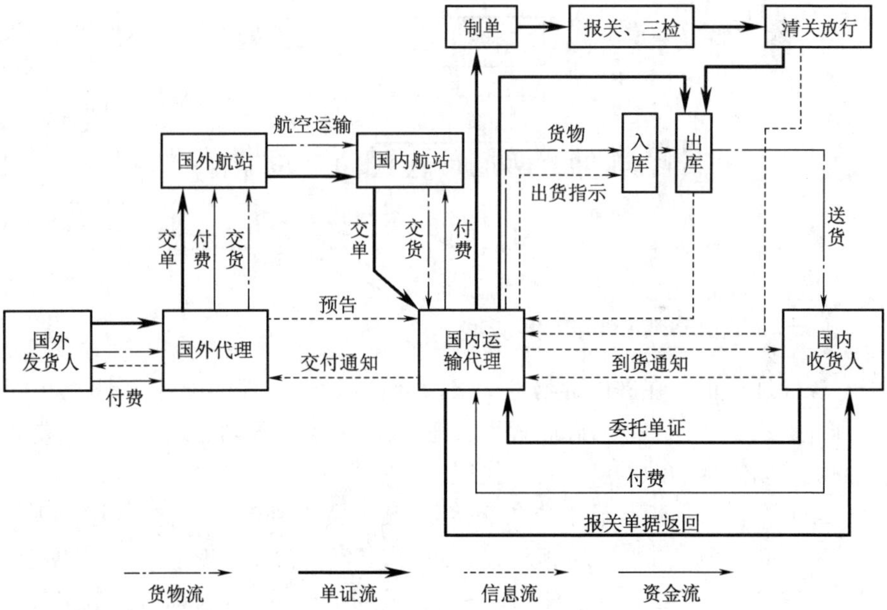

图 6-7 进口货物空运业务流程

进口货物航空货运代理业务是指航空货运代理接受收货人委托办理接货手续,完成货物从入境到提取或转运整个流程的各个环节所需办理的手续及准备相关单证的全过程。主要业务环节如图 6-8 所示。

下面就图 6-8 中的主要业务进行阐述。

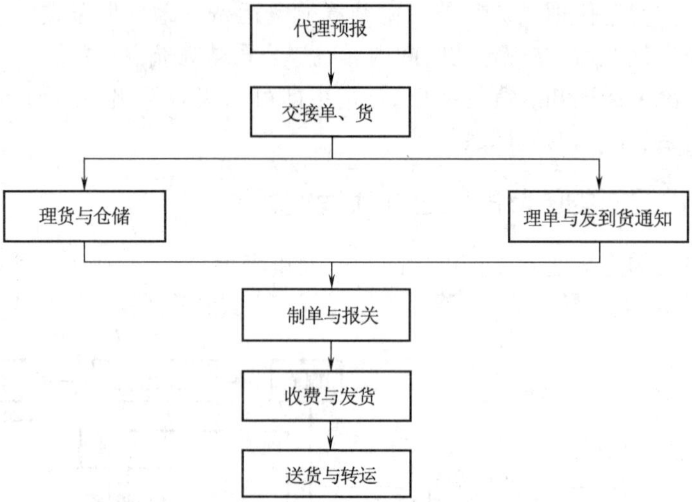

图 6-8　进口货物国际航空运输代理业务流程

(一)代理预报与交接单、货

1. 代理预报。在进口货物发运之前,航空货运代理的国外代理将运单、航班、件数、重量、品名、实际收货人及地址、联系电话等内容通过传真或电子邮件发给国内目的地的航空货运代理。

2. 航空货运代理与航空公司交接单、货。货物到达后,航空货运代理接到航空公司的到货通知时①,应从机场或航空公司营业处或航空公司的地面代理取单(指航空运单第三联正本——Original for the Consignee)。航空公司的地面代理向航空货运代理交接的有国际货物交接清单、总运单、随机文件与货物。航空货运代理与航空公司交接时要单单核对、单货核对。

收货人或者其代理人提取货物,未提出异议,即视为货物已经在完好状态下按照运输合同有效交付。交货时如发现缺少、残损等情况,航空货运代理应向航空公司索取商务记录,然后交货主向航空公司索赔,也可根据货主委托代办索赔。如货物包装外表完好,但内部货物的质量或数量有问题,属

---

① 货物运达目的地后,承运人应当及时向收货人发出货物到达通知,对未收到或者未按时收到此通知的,承运人不承担责任。

于“原残”,应由货主向商检部门申请检验出证并向国外发货人交涉赔偿。此外,承运人按适用的法律,已将货物交付给海关或者其他行政当局的,应当视为有效交付。

(二)理货与仓储、理单与发到货通知

航空货运代理与航空公司进行单货交接后要理货、理单并向收货人发到货通知。

航空货运代理公司的理单人员需对总运单、分运单与随机单证、国外代理先期寄达的单证进行审核、编配。单证齐全、符合报关条件的即转入制单、报关程序。如果单证不齐,应立即与货主联系,催其交齐单证,使之符合报关条件。

同时,货运代理应尽快发出到货通知。如货主自行报关,要提醒货主配齐有关单证,尽快报关,为货主减少仓储费,避免海关滞报金。

(三)收费与发货、送货与转运

1. 收费与发货。办完报关、报检等手续后,货主凭盖有海关放行章、检验检疫章的进口提货单到所属监管仓库付费提货。航空货代公司仓库在发货前一般要先将费用收妥。收费内容主要有:到付运费及垫付佣金、单证报关费、仓储费、装卸费、铲车费、航空公司到港仓储费,海关预录入及商检费等代收代付费用、关税及垫付佣金。

仓库发货时,须再次检查货物外包装情况,遇有破损、短缺,应向货主做出交代,应指导并协助货主合理安排安全装车,以提高运输效益,保障运输安全。

2. 送货与转运。送货是指航空货代将进口清关的货物用汽车直接运送到货主单位,也叫送货上门。航空货代在货主的委托下将进口清关的货物用火车、飞机、汽车、水运、邮政等方式转运到货主所在地,叫转运业务。

如果一张运单上有两个或两个以上的收货人,航空货运代理应按照合同或分拨单上的品名、数量、规格、型号,开箱办理分拨与分交。收货人应向航空货运代理出具收货证明并签字、注明日期。

第四节　国际航空运输运价与运费

航空运价又称费率(Rates),是指承运人为运输货物对规定的重量单位(或体积)收取的费用,特指机场与机场间的空中费用,不包括承运人、代理人

或机场收取的其他费用。运费（Transportation Charges）是根据适用运价计得的发货人或收货人应当支付的每批货物的运输费用。

航空公司按国际航空运输协会（IATA）所制定的三个区①划分费率收取国际航空运费。计算货物的运费公式为：

货物运费=适用的运价×计费重量

计算空运货物运费时主要应考虑三个因素，即计费重量、运价种类、货物的声明价值及其他规定。

一、航空运输计费重量

计费重量是指用以计算货物航空运费的重量。航空运费中货物的计费重量分为实际毛重、体积重量、计费重量三种。

（一）实际毛重

实际毛重是货物净重与包装件重量的总和，以0.1kg为计算单位。

（二）体积重量

由于货舱空间体积的限制，一般对于低密度的货物，即轻泡货，其体积重量可能会成为计费重量。

体积重量用货物的体积按一定的比例折合成重量，以0.1kg为计算单位。国际航空货物运输组织规定在计算体积重量时，以7 000 cm^3 折合为1kg。我国民航则规定以6 000 cm^3 折合为1kg为计算标准。

不论货物的形状是否为规则的长方体或正方体，计算货物体积时，均应以最长、最宽、最高的三边的厘米长度计算。长、宽、高的小数部分按四舍五入取整，体积重量的折算，换算标准为每6 000cm^3 折合1kg，其公式为：

体积重量（kg）= 货物体积÷6 000cm^3

（三）计费重量

在货物体积小、重量大时，按实际重量计算；在货物体积大、重量小时，按体积计算。在集中托运时，如果一批货物由几件不同的货物组成，有轻泡货，

---

① IATA划分的三个区域为IATA一区、IATA二区、IATA三区3个区域。IATA一区包括：全部南、北美洲大陆及临近岛屿，格陵兰，百慕大，西印度群岛及加勒比海岛屿，夏威夷群岛（包括中途岛和巴尔米拉环礁）。IATA二区包括：欧洲（包括俄罗斯联邦的欧洲部分）及临近岛屿冰岛，北大西洋的亚苏尔群岛，全部非洲及临近岛屿，南大西洋的阿森松岛，亚洲西部地区（含伊朗）。IATA三区包括：除IATA二区部分以外的全部亚洲地区及临近岛屿，东印度群岛，澳大利亚、新西兰及临近岛屿，太平洋岛屿（属IATA一区部分除外）。

也有重货,其计费重量则采用整批货物的总毛重或总的体积计量,按两者之中较高的一个计算。

计费重量以 0.5kg 为最小单位,重量尾数不足 0.5kg 的,按 0.5kg 计算;0.5kg 以上不足 1kg 的,按 1kg 计算。例如:105.001kg 计为 105.5kg,105.501kg 计为 106.0kg。

【例 6-1】某批货物两箱,包装尺寸分别为:100×80×80(cm^3)、90×82×70(cm^3),总体积为 1 156 600 cm^3。该批货物的毛重为 167kg。按 6 000cm^3 折合 1 kg,计得体积重量为:192.77 kg。计费重量取实际重量和体积重量的高者,故计费重量应取 192.77 kg。0.5 kg 以上不足 1 kg 按 1 kg 计算,故最终计费重量应为:193 kg。

二、运价的种类及使用方法

航空运价的特点有:①运价是指从一机场到另一机场,而且只适用于单一方向。②运价不包括其他额外费用,如提货、报关、接交和仓储费用等。③运价一般以运输始发地的本国货币公布,有的国家以美元代替其本国货币公布。④运价一般以千克或磅为计算单位。⑤航空运单中的运价是按出具运单之日所适用的运价。

按运价制定的途径划分,国际航空货物运价可分为协议运价和国际航协(IATA)运价。

协议运价是指同行的双方或几方航空公司通过磋商达成协议,并且报请各国政府获得批准后共同使用并遵守的运价。

国际航协运价是指 IATA 在航空货运价手册(The Air Cargo Tariff,TACT)上公布的运价。

按照 IATA 货物运价公布的形式划分,国际航协运价可分为公布直达运价和非公布直达运价。公布直达运价分普通货物运价、指定商品运价、等级货物运价、起码运价。如从始发地至目的地无公布直达运价可以使用,那么采用非公布直达运价,方法有二:其一是比例运价构成全程运价;其二是分段相加运价构成全程运价①。

非公布的直达航空运价

上述国际货物运价的使用原则是:①优先使用协议运价。②其次使用公布直达运价。③最后使用非公

① 美国和加拿大不使用比例运价,而只能使用分段相加运价。

布直达运价,即比例运价、分段相加运价。④使用的运价应为填开运单之日的有效运价。⑤使用时要注意运输路线的方向性,不得使用反方向运价。

(一)普通货物运价(GCR)

不含有贵重元素,并按普通货物运价收取运费的货物称普通货物。为普通货物制定的运价称为普通货物运价(General Cargo Rate,GCR)。普通货物运价也称一般货物运价。

普通货物运价的代号为:

N——标准运价(45kg 以下普通货物运价)(Normal Rate);

Q——45kg 以上普通货物运价(Quantity Rate)。

普通货物运价以 45kg(或 100 磅)为划分点,45kg 以上较 45kg 以下的运价低。普通货物运价还公布有"Q45""Q100""Q300"等不同重量等级分界点的运价。"Q45"表示 45kg 以上(包括 45kg)普通货物的运价,依此类推。

普通货物运费计算方法是:货物的计费重量乘以相应重量等级的运价所得的运费,与较高重量等级的起始重量乘以相应的运价所得的运费进行比较,取其低者①。

【例 6-2】从北京到荷兰阿姆斯特丹空运一批货(Bamboo Basket),其毛重为 38.6kg,体积为 $101 \times 58 \times 32(cm^3)$,公布运价如下,请计算该批货物的运费。

BEIJING	CN	BJS
Y. RENMINBI	CNY	KGS
AMSTERDAM NL	M	320.00
	N	50.22
	Q45	41.53
	Q300	37.52

解:①按实际重量计算:

体积:$101 \times 58 \times 32cm^3 = 187\ 456cm^3$

计费重量:$187\ 456cm^3 \div 6\ 000cm^3/kg = 31.24kg = 31.5kg$(不足 0.5kg 的按 0.5kg 计算)

① 由于 45kg 以上较 45kg 以下的运价低,所以对不足 45kg 的货物计算运费时要比较按实际重量计算的运费与采用较高重量分界点的运价计算的运费,取运费较低者为实际运费。

毛重:38.6kg

计费重量:39.0kg(0.5kg 以上不足 1kg 按 1kg 计算)

适用运价:N 为 50.22 元/kg

运费:39.0×50.22=1 958.58(元)

②采用较高重量分界点的较低运价计算:

计费重量:45.0kg

适用运价:Q 为 41.53 元/kg

运费:41.53×45.0=1 868.85(元)

①与②比较,取运费较低者。

运费应为 1 868.85 元,而不是 1 958.58 元。

本题应填开运单如表 6-8 所示。

表 6-8　　航空运单主要栏目

No. of Pieces RCP	Gross Weight	Kg/Lb	Rate Class		Chargeable Weight	Rate/ Charge	Total	Nature and Quantity of Goods (incl. Dimensions or Volume)
			Q	Commodity Item No.				
1	38.6	K			45	41.53	1 868.85	Bamboo Basket DIMS; $101 \times 58 \times 32cm^3$

运用下列公式,可求得在两个相邻重量分界点之间,按较高重量分界点的起始重量与相应运价计算运费的起码重量。

$$W_x = W_2 \times A_2 / A_1$$

式中:W_2 为较高重量等级的起始重量,单位为 kg;相邻重量等级的运价,A_1 为较低重量等级,A_2 为较高重量等级,单位为元/kg。

【例 6-3】上海运往旧金山的普通货物两批,第一批 30kg,第二批 40kg,分别计算两批货物的航空运费。

运价资料:　　上海—旧金山

M　　420 元

N　　51.59 元/kg

Q45　　38.71 元/kg

解:计算按高重量分界点的起码重量:

$W_x = W_2 \times A_2 / A_1 = 45 \times 38.71 / 51.59 = 33.8 = 34$kg

两批货物适用的运价:

第一批货物重 30kg,小于 34kg,所以,按 N=51.59 元/kg 和 30kg 运费计算;第二批货物重量 40kg,大于 34kg,所以,按 Q=38.71 元/kg 和 45kg 运费计算。

第一批货物运费:51.59×30=1 547.7 元

第二批货物运费:38.71×45=1 741.95 元

该两批货物采用上述方法计算的航空运费均大于货物运输的起码运费 M。

正由于航空运费按计费重量大小,分成几个等级,航空运输代理就可以从运价级差中获利。例如,代号为 M 表示 5kg 以下,代号为 N 表示 45kg 以下,代号为 Q 表示 45kg 以上。级次越高,费率越低;计费重量越大,费率越低。航空运输以 1 张运单作为计算运费单位,如果有 3 批各为 35kg 计费重量的货物,运往西雅图分制 3 张运单,则每批都按 N 级运价 49.12 元计费。若把这三批货物合在一起,做成 1 张运单,则按 100kg 以上运价 34.41 元计费。但 1 张运单只能是 1 个收货人,因此,有些货运代理把收集起来运往同一目的地不同收货人的多批货物,用 1 张运单送给目的地的货运代理,货物运抵目的地后由其按不同货物标记,分交不同的收货人,这样,运输代理就可以从运价级差中获利。

总之,航空运费的计算步骤主要有如下三步。

第一步,求出货物的体积,除以 6 000cm^3 折合成体积重量。

第二步,将体积重量与实际毛重比较,选择两者之中的高者作为计费重量。

第三步,应用计算公式,航空运费=计费重量×费率。

(二)特种货物运价(SCR)

特种货物运价(Special Cargo Rate, Specific Commodity Rate, SCR),也称指定货物的运价,通常是承运人根据在一定航线上经常性运输某一类货物的托运人的请求,或为促进某地区间某一货物的运输,经 IATA 同意所提供的优惠运价。这种运价通常低于一般货物运价。

特种货物运价的代号为 C。就目前我国出口商品的特点,采用航空运输方式的特种货物主要是纺织品、食品、海产品、药品等。国际航空运输协会公布特种货物运价时将货物编为一个对应的组号,如 0850,9999 等。

普通货物运价和特种货物运价的使用

在航空运输中使用特种货物运价时,所运输的货物满足如下三个条件,运输始发地和运输目的地就可以直接使用特种货物运价:一是运输始发地至目的地之间有公布的特种货物运价,例如,目前北京至美国、加拿大和日本的一些货物就有指定商品运价;二是托运人所交运的货物,其品名与有关特种货物运价的货物品名相吻合;三是货物的计费重量满足特种货物运价使用的最低重量要求。

【例 6-4】北京运往大阪的蘑菇两批,分别为 150kg 和 50kg,试计算航空运费(蘑菇适合编号为 0850 的指定商品运价)。

M		200 元
N		38.69 元/kg
Q45		29.04 元/kg
0850	100	14.89 元/kg
0850	500	13.83 元/kg

解:所托运的第一批货物 150kg 符合 0850 运价使用的最低要求,第二批货物没有达到指定商品的最低重量要求。

第一批重量符合指定商品运价:运费=14.89×150=2 233.50(元)

第二批按照指定商品运价:运费=14.89×100=1 489(元)

按照普通货物运价计算:运费=29.04×50=1 452(元)

比较得出:第一批货物运费为 2 233.50 元;第二批货物运费为 1 452 元。

(三)等级货物运价(CCR)

等级货物运价(Class Cargo Rate, CCR),是指适用于规定的地区或地区之间的少数货物的运价。等级货物运价是在一般货物运价的基础上增加或减少一定百分比而构成的,起码重量规定为 5kg。

适用等级货物运价的货物一是在一般货物运价基础上增加百分比的货物,如我国至世界各地的贵重货物,按照普通货物 45kg 以下运价的 200%收费。活动物、贵重物品、尸体等一般用“S”表示高于普通货物运价的等级货物运价 (Surcharge);二是在一般货物运价基础上降低百分比的货物,如出土文物、行李、出版物等,一般用“R”表示低于普通货物运价的等级货物运价,即折扣货物运价(Reduction)。

(四)起码运价(M)

起码运价(Minimum Rate, MR)是航空公司办理一批货物所能接受的最低运价,即不论货物的重量或体积多少,在两点间运输一批货物应收取的最低金额。一批货物计算运费时,使用计费重量乘以所适用的运价,不管使用哪一种运价,运费不能低于公布的起码运价。不同地区有不同的起码运价。

总之,在上述这几种运价中,运费只选择其中之一计算。

如遇两种运价均适用,则首先应选用特种货物运价,其次是等级货物运价,再次才是普通货物运价。

如果一批货物既没有可适用的等级运价,也没有特种货物运价,就须使用普通货物运价。

在使用特种货物运价时,首先是决定货物属于哪一类特种货物,然后再查阅在所要求的航线上有哪些特种货物运价,进而查阅《航空货物运价表》上的《货物明细表》,选择与货物一致的号码。如果该货物号码有更详细的内容,则选择最合适的细目。最后,根据适用该货物的起码重量,选择合适的特种货物运价。

【例 6-5】有一票热带鱼,毛重 120kg,体积 0.504 立方米。需从我国某地空运至韩国首尔,问应如何计算其运费?(设一般货物运价:45kg 以上,每千克为 9 港元;等级货物运价:每千克为 16.70 港元;特种货物运价:每千克为 7.59 港元)

解:根据上述运价进行比较计算:

按 GCR 运价,应为:9×120=1 080(港元)

按 CCR 运价,应为:16.70×120=2 004(港元)

按 SCR 运价,应为:7.59×120=910.8(港元)

可见,此票热带鱼应选用 SCR 运价算。

三、货物的声明价值和其他规定

根据《华沙公约》的规定,由于承运人的失职而造成货物损坏、丢失或延误等,承运人应承担责任,其最高赔偿限额为每千克(毛重)20 美元或 7.675 英镑或等值的当地货币。如果货物的实际价值每千克超过上述限额,且发货人要求在发生货损货差时全额赔偿,发货人在托运货物时就应向承运人或航空货运代理声明货物的价值。如果发货人不办理声明价值,应在运单的有关栏内填上“N. V. D”(No Value Declared)字样,这种情况下,承运人的最高赔偿额为毛重每千克不超过 20 美元。

【例 6-6】12 月,一票货物 5kg,无运输声明价值,在目的地遗失,该货物在目的地的实际价值为人民币 1 500 元,但民航部门最高赔偿限额为 100 美元,约合人民币 710 元。

当声明的价值毛重每千克超过 20 美元时,承运人将向托运人收取一定的费用,这个费用称为声明价值附加费。该附加费为声明价值毛重每千克超过 20 美元部分的0.5%。声明价值附加费的最低收费为人民币 10 元。其计算公式为:

声明价值附加费=(声明价值-实际毛重×20 美元)×0.5%

托运人自愿办理声明价值,其声明价值一般不超过 10 万美元。若超过 10 万美元,货运代理可以按下列方法办理:第一,请托运人分票办理;第二,和有关的承运人事先取得联系,待证实后方可收运。

航空运输附加费除声明价值附加费外,航空公司还可能收取运费到付服务费、货运单费、中转手续费和地面运输费等。

运费到付服务费(Charge Collect Fee),是由发货人与承运人之间预先安排,然后由承运人在货物运到后交给收货人的同时收回的运单上列明的金额。这项金额由发货人填入运单货到付款栏内,在金额前填上相应的货币名称。

运费到付服务费的收取方法如下:凡是运费到付的货物,按货运单上按重量计算的运费和声明价值附加费总额的 2%向收货人收取运费到付服务费。最低运费到付服务费为 10 美元。

思政思考

高效航空物流服务体系

近年来,大数据、移动互联网发展迅速,各行各业的发展离不开互联网的支持。大数据、移动互联、共享经济、云储存等已深入我们的日常生活,大数据统计应用与分析贯穿于各行各业。与此同时,传统单一的线下经济逐渐萎缩,传统实体行业都在或多或少地向互联网投怀送抱,特别是移动互联。经济模式逐步向大数据分析指导下的"移动互联+实体经济"高度结合的模式过渡。作为现代航空物流业,同样离不开大数据的支持,更离不开与移动互联的高度结合。以"出行一张脸、物流一张单、通关一次检、运行一张网、监管一平台"为场景驱动,加快航空物流服务数字化转型升级,对提高行业全要素生产率十分重要。

习近平总书记在党的二十大报告中提出加快建设网络强国、数字中国,"加快发展数字经济,促进数字经济和实体经济深度融合,打造具有国际竞争力的数字产业集群。"2023 年 7 月 3 日,民航局发布《关于印发落实数字中国建设总体部署,加快推动智慧民航建设发展的指导意见》(以下简称《指导意见》)。

《指导意见》表示,到2027年,智慧民航建设数字化转型取得重要进展,数字基础设施高效联通,数字安全保障能力全面提升,数字政府建设成效显著,数字化发展环境更加完善,数字技术应用创新活跃,数据资源融合共享,数据要素价值有效释放,全面推动民航创新能力、安全水平、运行效率、服务质量和治理效能大幅提升。到2035年,智慧民航建设数字化发展水平进入世界前列,数据资源和要素体系完备,数字技术叠加效应、数据要素乘数效应全面释放,民航数字化生态圈全面形成,为民航实现安全、便捷、高效、绿色、经济发展提供有力支撑。

其中,在推进航空服务普惠便捷中提到要打造高效航空物流服务体系。推动航空物流与其他运输方式、海关标准对接、安检互认,加强货品、单证、载具、安检、结算等重点领域信息交互联通,打造"一单到底"的智慧物流联运服务体系,促进物流提质降本增效。构建货物提取时间精准可控、位置实时可查、状态全面感知的全流程追踪服务,提高"准时达"服务可靠性。

【思考题】你如何理解数字中国建设?如何构建大数据时代下的"移动互联+航空物流"营销模式?如何打造高效航空物流服务体系?

案例研究

案例一

KD货运代理公司揽货后发现有四笔精密仪器都需从北京空运香港。它们的重量分别为10kg,20kg,35kg,40kg。从北京空运香港,一般货物的起码运费为65港元,45kg以下每千克3港元,45kg以上每千克2.5港元。

案例思考与讨论:

如果单纯从运费角度考虑,KD货运代理公司是采取分别托运,还是采取集中托运?

案例二

某空运代理人代理一批空运货物,其中有一包是易碎货,即陶器和瓷器(如盘子、茶杯等)。发货人在托运单上正确地描述了包裹中货物的性质,但在其负责填写的航空运单中,却未写明该包裹中易碎货物的性质。在目的地,卸货操作人员不知晓该包裹中货物的性质。至交货时发现该批货物已严重受损,收货人向承运人提出索赔。承运人拒绝赔付。

案例思考与讨论:

本案中承运人拒绝赔付是否有理?空运代理人是否有赔偿责任?

案例三

青岛某货主将一批价值 USD 10 000,计 10 箱的丝织品通过 A 航空公司办理空运经北京出口至法国巴黎。货物交付后,由 B 航空公司的代理人 A 航空公司于 1 月 1 日出具了航空货运单一份。该货运单注明:第一承运人为 B 航空公司,第二承运人为 C 航空公司,货物共 10 箱,重 250 千克。货物未声明价值。B 航空公司将货物由青岛运抵北京,1 月 3 日准备按约将货物转交 C 航空公司时,发现货物灭失。为此,B 航空公司于当日即通过 A 航空公司向货主通知了货物已灭失。为此,货主向 A 航空公司提出书面索赔要求,要求 A 航空公司全额赔偿。

案例思考与讨论:

1. 本案中,A、B、C 航空公司的法律地位是什么?
2. 谁应当对货物的灭失承担责任?
3. 货主要求全额赔偿有无依据?
4. 航空公司应该赔偿的数额是多少?

案例研究参考答案

思考与练习

一、名词解释

IATA、集中托运、航空快递、POD、航空运价、GCR、SCR、CCR、起码运价、运费到付

二、简答题

1. 世界重要航空线有哪几条？

2. 国际航空运输有哪 6 种主要方式？

3. 简述航空货物运输相关当事人及其责任关系。

4. 简述空运货物集中托运与直接运输的区别。

5. 简述航空货代的优势与两种主要职能。

6. 简述出口货物航空货运代理作业的主要内容。

7. 我国国际航空运单共为一式几联？其中包括几份正本？其主要作用有哪些？

8. 填写航空货运单的主要依据是什么？

9. 简述空运运单的特点。

10. 进口货物航空货运代理作业主要有哪几个环节？

11. 简述航空快递出口业务的主要步骤。

12. 计算空运货物运费时主要应考虑哪些因素？

13. 简述 GCR,SCR,CCR 主要运价的使用规则。

第七章 国际货物铁路运输代理实务

International Railway Freight Forwarder Practice

通过本章的学习，要求学生：(1)了解世界主要铁路货物运输干线以及我国通往邻国的铁路干线；(2)熟悉国际货物铁路联运各种类别及其特点，并能在实际业务中灵活运用；(3)掌握国际货物铁路联运货运代理的程序；(4)了解国际铁路货物联运费用的计算和核收原则。

学习要点

By studying this chapter, students are expected to: (1) be acquainted with the main world arterial railways and railway mainlines connecting us with neighboring countries; (2) be familiar with the various kinds of International Railway Through Goods Traffic and their characteristics respectively, and be able to use them freely; (3) master the procedure of International Railway Through Goods Traffic forwarder; (4) understand the calculation and acceptance check rule of International Railway Through Goods Traffic freight charge.

第一节 国际货物铁路运输概述

铁路运输(Rail Transportation)的运行速度较快,载运量较大且在运输中遭受的风险较小,一般能保持终年正常运行,具有高度的连续性,运输成本较低,这使得铁路运输成为国际货物运输中仅次于国际海运的一种主要的运输方式。国际货物运输中的主要铁路干线在国际铁路运输中发挥着重要作用。

除传统的国际货物铁路联运外,随着我国产业结构变化以及中欧班列、中亚班列等国际铁路多式联运及铁水联运的大力发展,铁路集装箱运输成为中国铁路货运和多式联运近年来的增长点。

【思政阅读】

推动铁路现代物流体系建设

党的二十大报告强调:建设高效顺畅的流通体系,降低物流成本。我国铁路部门近年来加快推进铁路现代物流体系建设,助力降低全社会物流成本,服务实体经济发展。截至2024年4月,中国国家铁路集团在全国规划的40个铁路物流中心挂牌成立,我国铁路现代物流体系建设取得了重要进展。

2024年3月24日,满载54个集装箱淀粉货品的铁海快线班列,从黑龙江富锦站启程,经鲅鱼圈集港出海,发往广州新沙港,这是我国东北地区开行的首趟"一单制""门到门"铁海快线班列。这趟班列最大的特点就是企业只需要与铁路承运人签订一份单据、进行一次结算,免去不少物流环节,以往则需要企业分别同铁路、港口、船运公司等好几家单位进行对接,手续烦琐。与传统多式联运相比,"一单制"铁海快线具有"一次委托、一份单证、一次结算、一箱到底"的特点,直接由铁路部门统筹整个物流环节,运输效率提升40%。

加快推进多式联运"一单制"发展是有效降低物流成本的创新举措之一。今后,我国将大力发展以铁路运输为骨干的多式联运,科学调配运力资源,优化运输流程,加快推动铁路现代物流体系建设。成立铁路物流中心,通过建立与市场相适应的现代物流组织体系,加强物流的全链条管理,减少中间环节,提高运输效率,降低物流成本。

一、国际货物铁路运输的特点

国际铁路运输目前在我国国际物流中起着非常重要的作用。我国通过铁路把欧、亚大陆连成一片，从而为发展我国与亚洲、欧洲各国之间的经济贸易联系提供了十分有利的条件；铁路也是我国内地与港、澳地区进行贸易的重要运输方式；铁路运输在进出口货物的集散和省与省之间外贸物资的调拨方面同样起着重要的作用。

与其他运输方式相比，铁路运输的特点是运量较大、速度较快、可靠性高、距离长、运费低、污染轻、受气候影响小、能自动化。因此从它诞生那天起，就显示了强大的生命力，成为陆上运输的主力军。具体来说，铁路货物运输具有如下特点。

第一，运输量比较大。一列铁路货物列车一般能运送 3 000～5 000 吨货物。

第二，铁路运输速度比较快。一般货车可达 100 公里/小时左右，有的能达到 250 公里/小时左右。

第三，铁路运输安全可靠，风险远比海上运输小。

第四，铁路运输的准确性和连续性强。

第五，铁路运输成本较低。铁路运输费用仅为汽车运输费用的几分之一到十几分之一；运输耗油约是汽车运输的二十分之一。

第六，受气候因素影响较小。

但铁路运输受路线与货站限制，不够灵活、中途编组停滞时间长、资本密集、固定资产投资大、设施设备较难维护。

铁路运输系统由铁路运输线路、铁路运输工具、运输节点组成。其中铁路运输线路就是铁路；铁路运输工具即运输车辆，主要就是铁路机车和铁路车辆；铁路运输节点主要就是铁路运输场站。

二、国际货物运输中的主要铁路干线

国际铁路运输线及联运线是国际货物流动的重要路径之一。我国已经形成了覆盖全国的铁路路网。而且，我国铁路路网把欧、亚大陆连成一片，促进了我国与亚洲、欧洲各国之间的经济贸易发展。我国与朝鲜、蒙古、独联体、越南等国的进出口货物，绝大部分是通过铁路来运输的。我国与东欧、西欧、北欧和中东地区一些国家之间的外贸货物，也可以通过国际铁路联运或西伯利亚大陆桥等运输方式来完成。

（一）世界主要铁路货物运输干线

世界主要铁路货物运输干线有以下四条。

1. 西伯利亚大铁路干线。西伯利亚大铁路干线东起俄罗斯远东日本海之滨的符拉迪沃斯托克，经伯力、赤塔、伊尔库茨克、新西伯利亚、鄂木斯克、车里雅宾斯克、古比雪夫，止于莫斯科，全长 9 300 多千米。以后东端又延伸到东方港和纳霍德卡港。

在西伯利亚大铁路干线的东段与之连接的其他干线有：①符拉迪沃斯托克—清津港—咸兴—平壤铁路；②大连—沈阳—长春—哈尔滨—赤塔铁路；③广州—长沙—武汉—郑州—北京—大同—乌兰巴托—乌兰乌德铁路。

西伯利亚大铁路干线西端的连接干线有：①莫斯科—圣彼得堡—赫尔辛基—斯德哥尔摩—奥斯陆铁路；②莫斯科—华沙—柏林—科隆—布鲁塞尔—巴黎铁路；③莫斯科—罗斯托夫—第比利斯—卓勒法—德黑兰铁路。

我国与独联体、东欧国家及伊朗之间的贸易，主要通过西伯利亚大铁路干线进行。

2. 加拿大连接东西两大洋的铁路干线。加拿大连接东西两大洋的铁路干线主要有两条。

（1）鲁珀特港—埃德蒙顿—温尼伯—魁北克（加拿大国家铁路）。

（2）温哥华—卡尔加里—温尼伯—散德贝—蒙特利尔—圣约翰—哈利法克斯（加拿大太平洋大铁路）。

3. 美国连接东西两大洋的铁路干线。美国连接东西两大洋的铁路干线主要有四条。

（1）西雅图—斯波坎—俾斯麦—圣保罗—芝加哥—底特律（北太平洋铁路）。

（2）洛杉矶—阿尔布开克—堪萨斯城—圣路易斯—辛辛那提—华盛顿—巴尔的摩（圣菲铁路）。

（3）洛杉矶—图森—帕索—休斯敦—新奥尔良（南太平洋铁路）。

（4）旧金山—奥格登—奥马哈—芝加哥—匹兹堡—费城—纽约（联合太平洋铁路）。

4. 中东—欧洲铁路干线。中东—欧洲铁路干线从伊拉克的巴士拉，向西经巴格达、摩苏尔、叙利亚的穆斯林米亚、土耳其的阿达纳、科尼亚、厄斯基色希尔至博斯普鲁斯海峡东岸的于斯屈达尔，过博斯普鲁斯大桥至伊斯坦布尔，接巴尔干铁路，向西经索菲亚、贝尔格莱德、布达佩斯至维也纳，连接中、西欧铁路网。

（二）我国通往邻国的铁路干线及中欧班列运行线

1. 我国通往邻国的铁路干线。

(1)滨洲线。自哈尔滨起向西北至满洲里,该线经满洲里可直通卡雷斯克亚,与西伯利亚铁路相连接。由于我国与独联体国家的铁路轨距不同,对外贸易货物需要在国境车站办理换装作业后才能继续运送。

(2)滨绥线。自哈尔滨起,向东经绥芬河与俄罗斯远东地区铁路相连接。绥芬河车站是滨绥线的终点站,是我国对俄罗斯远东地区和库页岛进出口货物的国境交换站和换装站。

(3)集二线。自京包线的集宁站,向西北到二连浩特。进出口货物的换装作业在二连站进行。从北京到莫斯科,经由二连浩特比经由满洲里可缩短1 141 千米的路程。

(4)沈丹线。自沈阳至丹东,越过鸭绿江与朝鲜铁路相接。由于中朝两国铁路轨距相同,车辆无须换装,原车过轨。

(5)长图线。自吉林长春,东至图们,横过图们江,与朝鲜铁路相连接。

(6)梅集线。自吉林省梅河口至集安,越过鸭绿江直通朝鲜满浦车站。

(7)湘桂线。自湖南衡阳起,经广西柳州、南宁到达终点站凭祥。货物须在凭祥车站办理换装。

(8)昆河线。自云南昆明经碧色寨到河口。由于中越铁路轨距相同,车辆无须换装,可原车过轨。

(9)北疆线。自乌鲁木齐到阿拉山口。该线连接连云港和鹿特丹两大亚欧港口,是新亚欧大陆桥的重要枢纽。因两国轨距不同,货物需要换装(出口在友谊站,进口在阿拉山口),才能进行运送。

(10)中老昆万线。中老昆万铁路,即“中老国际铁路通道”,简称“中老铁路”,是一条连接中国云南省昆明市与老挝万象市的电气化铁路,由昆玉段、玉磨段、磨万段组成,其中:昆玉段由昆明南站至玉溪站,全长 79 千米;玉磨段由玉溪站至磨憨站,全长 507 千米;磨万段由磨丁站至万象南站,全长418 千米。中老昆万铁路由中国按国铁 I 级标准建设,是第一个以中方为主投资建设、共同运营并与中国铁路网直接连通的跨国铁路 。

我国通往邻国的铁路干线、国境站站名、货物和车辆的交换地点如表7-1 所示。

表 7-1　　我国通往邻国的铁路干线

我国与邻国	我国铁路干线	我国国境站站名	邻国国境站站名
中俄间	滨洲线	满洲里	后贝加尔
	滨绥线	绥芬河	格罗迭科沃
	珲马线	珲春	卡梅绍娃亚
中哈间	北疆铁路	阿拉山口	德鲁日巴
中蒙间	集二线	二连	扎门乌德
中朝间	沈丹线	丹东	新义州
	长图线	图们	南阳
	梅集线	集安	满浦
中越间	湘桂线	凭祥	同登
	昆河线	山腰	老街
中老间	昆万线	磨憨	磨丁

需要注意的是：

第一，我国与俄罗斯、哈萨克斯坦、蒙古的铁路轨距不同，进出口货物需换装。独联体国家与蒙古的铁路轨距相差 4 毫米，货车可以直接过轨。

第二，中朝铁路轨距相同，货车可以直接过轨。

第三，越南铁路连接我国铁路凭祥一段线路，为准轨和米轨的混合轨，我国铁路同越南铁路间经由凭祥的联运货车可以相互过轨。我国昆明铁路局的昆河线为米轨铁路，由于中越铁路轨距相同，车辆无须换装，可原车过轨。

2. 中欧班列运行线。中欧班列（CHINA RAILWAY Express，CR express）是按照固定车次、线路、班期和全程运行时刻开行，运行于中国与欧洲以及“一带一路”沿线国家间的集装箱铁路国际联运列车。中国国家铁路集团有限公司按照“六统一”，即统一品牌标志、统一运输组织、统一全程价格、统一服务标准、统一经营团队、统一协调平台，强化机制和装备保障的原则，由集装箱公司全面推进中欧班列服务平台建设，设立单证中心和客户服务中心，统一向中欧班列客户提供单证服务，定点定时向客户推送班列追踪信息和客户服务，加强境内外营销组织，为客户提供优质的全程物流服务。

依托新亚欧大陆桥和西伯利亚大陆桥,我国已形成西、中、东三条中欧铁路运输通道:西部通道由我国中西部经阿拉山口(霍尔果斯)出境,中部通道由我国华北地区经二连浩特出境,东部通道由我国东南部沿海地区经满洲里(绥芬河)出境。主要班列运行线如下:

中欧班列(重庆—杜伊斯堡),即中欧班列(渝新欧),实行两条运行路线。常规路线是经新疆出境,途经哈萨克斯坦、俄罗斯、白俄罗斯、波兰,最终抵达德国杜伊斯堡。跨"两海"路线是从霍尔果斯口岸出境,途经哈萨克斯坦、阿塞拜疆、格鲁吉亚、罗马尼亚等国家,再以铁海联运方式跨越里海、黑海,最后抵达目的地。

中欧班列(成都—罗兹)。从成都城厢站始发,由阿拉山口出境,途经哈萨克斯坦、俄罗斯、白俄罗斯,至波兰罗兹站。

中欧班列(郑州—汉堡)。从郑州圃田站始发,由阿拉山口出境,途经哈萨克斯坦、俄罗斯、白俄罗斯、波兰至德国汉堡站。

中欧班列(苏州—华沙)。从苏州站始发,由满洲里出境,途经俄罗斯、白俄罗斯至波兰华沙站。

中欧班列(武汉—捷克、波兰)。从武汉吴家山站始发,由阿拉山口出境,途经哈萨克斯坦、俄罗斯、白俄罗斯,到达波兰、捷克、斯洛伐克等国家的相关城市。

中欧班列(长沙—杜伊斯堡)。始发站在长沙霞凝货场,实行"一主两辅"运行路线。"一主"为长沙至德国杜伊斯堡,通过新疆阿拉山口出境,途经哈萨克斯坦、俄罗斯、白俄罗斯、波兰、德国。"两辅":一是经新疆霍尔果斯出境,最终抵达乌兹别克斯坦的塔什干;二是经二连浩特(或满洲里)出境后,到达俄罗斯莫斯科。

中欧班列(义乌—马德里)。从义乌铁路西站到西班牙马德里,通过新疆阿拉山口出境,途经哈萨克斯坦、俄罗斯、白俄罗斯、波兰、德国、法国、西班牙,几乎横贯整个欧亚大陆。

中欧班列(广州—莫斯科)。从广州大朗站始发,由满洲里出境,直达俄罗斯莫斯科。

亚欧之间的物流通道主要包括海运通道、空运通道和陆运通道,中欧班列以其运距短、速度快、安全性高的特征,以及安全快捷、绿色环保、受自然环境影响小的优势,已经成为国际物流陆路运输的骨干方式,成为丝绸之路经济带发展战略的重要组成部分。

中欧班列为代表的铁路运输是以一条线的方式开展贸易物流,沿线各站点之间都可以产生新的贸易流量。中欧班列的开行为陆路贸易规则和标准的探索实践提供重要平台，进一步丰富了全球运输服务供给，为沿线产业链、供应链带来更加经济便捷的效益。中欧班列已成为国际经贸合作富有成效的贸易通道和新型国际物流公共产品。

中欧班列跑出“加速度”

第二节　国际货物铁路联运的货运代理业务

在国际铁路物流中，一般涉及两个或两个以上国家铁路运送。在两个或两个以上国家铁路运送中，使用一份运送票据，并以连带责任办理货物的全程运送，并且在由一国铁路向另一国铁路移交货物时，无须发货人、收货人参加，这种运输方式称为国际铁路货物联运（International Through Railway Transport，International Railway Through Goods Traffic）。国际铁路联运是我国国际货物铁路运输的主要方式。

一、国际铁路货物联运的特点及业务类别

国际铁路货物联运作为国际货物运输的重要运输方式之一，在我国改革开放的进程中，处于十分重要的位置。特别是在与周边国家的经济交流中，国际铁路联运更是我国不可缺少的主要货物运输方式。在我国与周边国家的对外经贸交往中，援外项目和海外投资项目越来越多，也由于周边国家虽然经济较为落后，但多是资源富集国家，如蒙古的铁矿、煤矿、铜矿，哈萨克斯坦、土库曼斯坦的原油、天然气，乌兹别克斯坦的棉花、短绒等产品。中国企业会越来越多地去投资建矿、建厂、建立我国的能源和原料基地。这样，通过国际铁路货物联运的货运量会迅速增长，成为我国国际货运代理和物流企业的主要业务。

与国内铁路运输相比，国际铁路货物联运有自己的特点。国际铁路货物联运的办理种别分为整车、零担和大吨位集装箱货物运输，以及货物随旅客列车挂运。

（一）国际铁路货物联运的特点

与国内铁路运输相比，国际铁路货物联运有以下五个特点。

1. 涉及面广。每运送一批货物都要涉及两个或两个以上国家、几个国境站。

2. 运输条件高。要求每批货物的运输条件（如包装、转载、票据的编制，添附文件及车辆使用）都要符合有关国际联运的规章、规定。

3. 办理手续复杂①。货物必须由两个或两个以上国家的铁路部门参加运送，在办理国际铁路联运时，其运输票据、货物、车辆及有关单证都必须符合有关规定和一些国家的正当要求。

4. 用一份铁路联运票据完成货物的跨国运输。

5. 运输责任方面采用统一责任制。按国际货协运单承运货物的铁路部门，负责完成货物运送全程的运输合同，直到在到达站交付货物时为止；如将货物转发送到未参加国际货协的国家，则负责完成到按另一种国际铁路直通货物联运协定的运单办完运送手续时为止。每一继续运送的铁路部门，自接收附有运单的货物时起，即认为参加了这项运输合同，并承担由此而产生的责任和义务。国际铁路货物联运的上述责任也称为国际铁路货物联运的连带责任。

目前，国际铁路联运主要应用于我国内地出口芬兰、俄罗斯、阿富汗、蒙古、朝鲜和越南的货物运输。这种运输方式的最大缺陷在于，由于俄罗斯和蒙古铁路的轨距与我国不同，因此在边境口岸需要进行货物换装业务。

（二）国际铁路货物联运办理种别

国际铁路货物联运的办理种别分为整车、零担和大吨位集装箱货物运输，以及货物随旅客列车挂运。

1. 整车货物运输。根据《国际铁路货物联运协定》（Agreement on International Railroad through Transport of Goods，以下简称《国际货协》）第7条，凡按一张运单办理的需要单独车辆运送的一批货物，即为整车货物。托运货物时，发货人必须在运单“办理种别”栏内注明“整车或零担”。整车货物运输装载量大，运输费用较低，运输速度快，能承担的运量也较大，是铁路的主要运输形式。

2. 零担货物运输。凡按一张运单办理的重量不超过5 000kg的，并按其体积又不需要单独车辆运送的一批货物，即为零担货物。对零担货物，应在每件货物上做出标记。

中朝铁路相互间和从朝鲜通过中国运往越南、蒙古及相反方向运送的零担货物，不受《国际铁路货物联运协定》第7条有关每批零担货物重量不应超

① 但国际铁路货物联运免除了货主和托运人的繁多的手续和环节，由参加国际铁路货物联运协定的国家铁路承担连带责任，把货物运送到另一国家的目的地（到达站）。

过 5 000kg 的规定限制。

3. 集装箱货物运输。根据《国际铁路货物联运协定》附件第 5 号,联运集装箱分为:小型集装箱、大型集装箱以及其他铁路集装箱。容量 1~3 立方米、总重小于 2.5 吨的集装箱为小型集装箱。容量超过 3 立方米、总重 2.5~5 吨的集装箱为大型集装箱。用其他的铁路集装箱,其中包括专用集装箱运送货物时,只在参加运送的各铁路商定后,才准许办理。

4. 慢运、快运和整车货物随旅客列车挂运。国际铁路联运货物按运送速度可分为慢运和快运。根据《国际铁路货物联运协定》的规定,慢运整车每昼夜应为 200 运价千米,零担应为每昼夜 150 运价千米;快运整车应为每昼夜 320 运价千米,零担应为每昼夜 200 运价千米;挂旅客列车运送的整车每昼夜应为 420 运价千米。

根据有关铁路间的商定,整车货物可随旅客列车挂运。

二、国际铁路联运合同与国际铁路货物运输代理合同

参加国际铁路联运的国家主要分两个集团:一个是以英、法、德等 32 个国家组成并签订有《国际铁路货物运输公约》的"货约"集团;另一个是以苏联为首的 12 个国家组成并签订有《国际铁路货物联运协定》的"货协"集团。尽管"货协"中的苏联政体在 20 世纪 80 年代解体了,但铁路联运业务并未终止,原"货协"的运作制度仍被沿用。"货协"的东欧国家又是"货约"的成员国,这样"货协"国家的进出口货物可以通过铁路转运到"货约"的成员国去,这为沟通国际铁路货物运输提供了更为有利的条件。我国 1953 年加入"货协",是"货协"的成员国,凡经由铁路运输的进出口货物均按"货协"的规定办理。

自苏联解体以来,国际铁路货物联运业务变化很大,其中一个重要变化是,《国际货协》各铁路之间的普通车运输和由原来的各路之间相互清算改为由铁路认可的各货运代理人之间清算。由此导致国际铁路货物联运中法律关系的变化,原来只有一个法律关系,即国际联运承运人与托运人之间的国际联运合同关系;变化之后有两个法律关系,即原来的国际铁路联运合同关系和新产生的国际铁路货物运输代理人与货主之间的国际货物铁路运输代理合同关系。

(一)国际铁路联运合同

1. 国际铁路联运合同的当事人。国际铁路联运合同的当事人有两方,即承运人和托运人。承运人是所有参加运送货物的各国经批准的铁路企业,托

运人是指本人或者委托他人以本人名义或者委托他人为本人与承运人订立国际联运合同的人,一般称为发货人。收货人并不是国际联运合同的当事人,而是合同一方当事人或托运人的关系人。

2. 国际联运合同的性质及特征。国际联运合同属于国际运输合同,是托运人同国际联运承运人签订的就国际铁路货物联运明确有关各方权利和义务的协议。它的标的是跨国运送货物的行为,该合同的履行必须以货物交付收货人为终点,发货人和/或收货人应按规定付给承运人运费。

3. 国际联运合同的形式。国际联运合同是以书面形式表现的联运运单和必要的添附文件,具有格式合同的特点。

联运运单是承运人与托运人之间缔结的运送契约,它规定了参加联运各国铁路和发/收货人在货物运送整个过程中的权利和义务,对各方当事人具有法律约束力。

我国出口货物必须填附"出口货物明细单"和"出口货物报关单"以及"出口外汇核销单"。另外,根据有关规定及合同的要求还要添附出口许可证、品质证明书、检验证、卫生检疫证、动植物检验检疫证以及装箱单、磅码单、化验单、产地证和发运清单等有关单证。

4. 合同的订立。联运合同订立的一般程序是:托运人向承运人提报联运计划;取得代表承运人的发送路对该计划同意后,由发货人按照联运运单要求认真填写所要求的各项内容并签字;发货人再将运单连同货物以及必要的文件一起交发送路有资格的发送站,经该站审核无误,确认符合国际联运条件后,在运单上加盖承运戳,并把运单副本交发货人,合同即成立并同时生效。

(二)国际铁路货物运输代理合同

1. 国际铁路货物运输代理合同的当事人。国际铁路货物运输代理合同有两方当事人,即代理人和被代理人。此外,该代理关系还涉及代理行为的相对人。

我国的国际铁路货运代理人必须是经商务部审批,并经铁道部认可的从事国际铁路货物运输代理业务的合法企业,被代理人是国际联运的发货人或收货人。代理行为的相对人是国际联运的承运人,在实践中,该承运人一般不是参加运送货物的所有各国铁路,而是参加运送货物的一个或两个国家铁路。

2. 国际铁路货物运输代理合同的性质及特征。国际铁路货物运输代理合同属于委托代理合同,它是代理人与被代理人之间订立的由代理人代替被代理人从事某些国际联运行为的协议。

代理人以被代理人的名义向承运人支付运费，在实践中，主要体现在国际联运运单第20栏（“发货人负担下列过境铁路的费用”）的记载上；代理人在代理合同规定的权利范围内独立行使代理行为，代理人在具体如何及何时代理支付运费上具有独立性；代理人支付运费行为的法律后果归属于被代理人，如果代理人未能履行代理支付运费的义务，承运人依据联运运单有权要求发货人或收货人（被代理人）而不是代理人支付运费。当然，由于代理人的过失给被代理人造成损失的，代理人应承担相应责任。

我国国际铁路货物运输代理合同的形式、订立、履行、变更和解除、违反合同的法律责任适用我国《民法通则》及有关规定。

（三）国际联运合同与国际铁路货物运输代理合同之间的联系

国际联运合同与国际铁路货物运输代理合同有着明显区别；同时，两个合同又联系紧密，相互依赖。国际联运合同是国际铁路货物运输代理合同存在的基础，没有国际联运合同，国际铁路货物运输代理合同就不能存在；另一方面，国际铁路货物运输代理合同又是国际联运合同得以履行的保障，没有国际铁路货物运输代理合同，联运运费的正常支付就会出现问题，国际联运合同也就无法得到正常履行。

因此，作为两个合同关系当事人的托运人（被代理人）尤其要处理好两个合同之间的关系，其中任何一个合同不能履行或不能很好地履行，都将对最终结果产生不利影响。

三、国际铁路联运业务

下面对进出口货物的国际铁路联运进行分别阐述。

（一）出口货物国际铁路联运

我国出口货物国际铁路联运运输组织工作的流程如图7-1所示。

对货主（出口商或发货人）来说，主要就是货物的托运。对货运代理来说，主要应完成如下四项工作。

1. 接受货主委托，向铁路部门提出要车计划。货运代理办理出口货物国际铁路联运事宜，首先要接受货主委托书。

凡发送整车货物，均需具备铁路部门批准的月度要车计划和旬度要车计划。因此，货运代理要根据货主的贸易合同、备货和国际市场的需要等情况，按所在地铁路部门规定的月度要车计划提出时间，填写印有“国际联运”的月度要车计划表,向铁路局(分局、站)提出下月要车计划。

货运代理要制订装车方案,铁路部门要制定配载装车表。

2. 代理货物的托运。货物的托运可由货主办理,也可由货运代理代为办理。在托运前必须将货物的包装和标记严格按照合同中的有关条款以及国际货协等规定的有关条款办理。货物包装应能充分防止货物在运输中灭失和腐坏,保证货物多次装卸而不致毁坏。货物标记、标示牌及运输标记、货签等字迹均应清晰,不易擦除,保证多次换装中不致脱落。

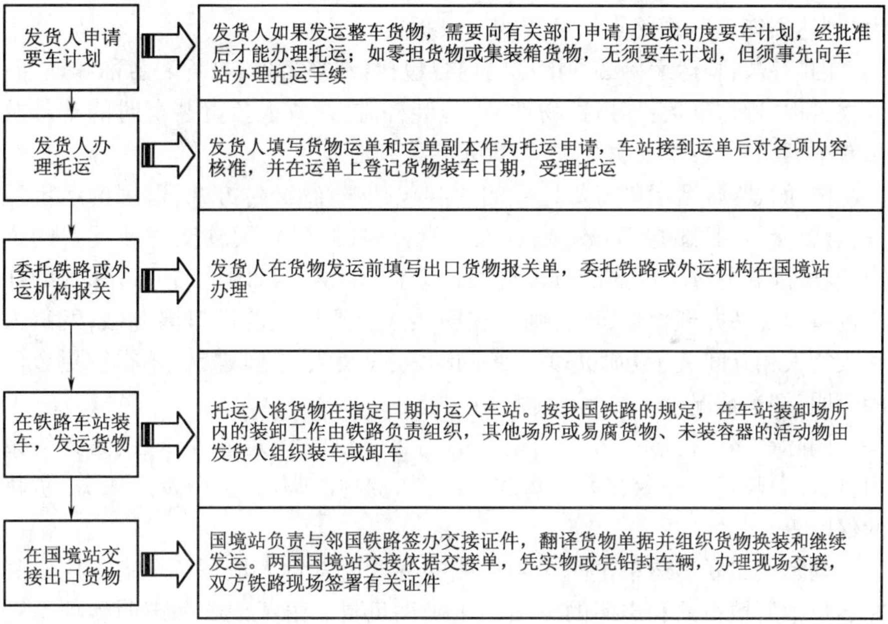

图 7-1　出口货物国际铁路联运的流程

(1)整车货托运的基本程序。整车货托运主要有如下四步。

第一步,向铁路车站填报国际铁路联运运单。国际铁路联运运单(International Through Railway Bill)是参加国际铁路货物联运的铁路与发货人、收货人之间缔结的运输合同。它体现了参加联运的各国铁路和发货人、收货人之间在货物运送上的权利、义务、责任和豁免,对铁路和发货人、收货人都具有法律效力。运单签发即表示承运人已收到货物并受理托运,装车后加盖承运日戳即为承运。运单正本随同货物送至终点站交收货人,是铁路同收货人交接货物、核收运杂费用的依据。运单副本加盖日戳后是卖方办理银行结算的凭证之一。国际铁路联运运单与提单不同,它不是物权凭证,因此不能转让。

国际铁路联运运单一式五联。第一联为“运单正本”,它随货走,到达终点站时连同第五联和货物一并交收货人;第二联为“运行报单”,亦随货走,是铁路部门办理货物交接、清算运送费用、统计运量和收入的原始凭证,由铁路部门留存;第三联为“运单副本”,由始发站盖章后交发货人凭以办理货款结算和索赔用;第四联为货物交付单,随货走,由终点站铁路部门留存;第五联为“到达通知单”,由终点站随货物交收货人。

国际铁路联运运单必须记载的内容包括:到站名称;收货人名称和地址;货物名称;货物重量;零担货物件数、包装标志;发货人负责装车时的车号及私有车辆的自重;单证明细表;发货人名称和地址。

国际铁路联运运单需要记载的内容包括:货物交付方式;适用的运价规程;货物交付利息的金额数;发货人负责支付的费用;现款交付和运费的金额;发送国和各过境国的出口国境站,如有可能从出口国境站通过邻国的几个进口国境站办理货物运送,则应注明运送所要通过的进口国境站;发货人和收货人相互间关于办理海关手续的约定;发货人关于收货人不得变更合同的声明;押运情况。

国际铁路联运运单可附加记载的内容仅供收货人参考,对铁路无约束力,用以向收货人提示有关货物的情况,如货物的来向、去向及运输方、货物的保险等。

国际铁路联运运单正面未划粗线的各栏由发货人填写。发货人应对其在运单中所填报的和声明的事项的正确性负责。由于记载和声明事项不正确、不确切或不完备,以及由于未将应报事项记入运单而发生的一切后果,均由发货人负责。铁路有权检查发货人在运单中所做的记载是否正确,但途中检查货物内容,仅限于在海关和其他规章有规定的情况下,以及为保证途中行车安全和货物完整。

第二步,车站接到运单后进行审核,对整车货物检查是否有批准的月度、旬度货物运输计划和要车计划,检查货物运单各项内容是否正确,如确认可以承运,给予签证。车站在运单上签订货物应进入车站的日期或装车日期,即表示受理托运。

第三步,按签证指定的日期将货物搬入车站或指定的货位。

第四步,车站根据运单查对货物,如无问题,待装车后由始发站在运单上加盖承运日期戳，负责发运。对棚车、保温车、罐车必须施封，由发货人装车的由发货人施封，由铁路部门装车的由铁路部门施封。铅封内容有站名、封志号、年、月、日。

整车货物一般在装车完毕后，由始发站在货物运单上加盖承运日期戳，即为承运。承运是铁路部门负责运送货物的开始，表示铁路部门开始对发货人托运的货物承担运送义务，并负运送上的一切责任。

(2)零担货物的托运程序。与整车货物不同，零担货物的托运不需要编制月度、旬度要车计划，即可凭运单向车站申请托运。车站受理托运后，发货人应按签证指定的日期将货物搬进货场，送到指定的货位上，经查验、过磅后，即交由铁路部门保管。当车站将发货人托运的货物，连同货物运单一同接受完毕，在货物运单上加盖承运日期戳时，即表示货物业已承运。铁路部门对承运后的货物负保管、装车发运责任。

3. 报检、报关。在货物发运前，货运代理要查验发货人提供的报检、报关文件，随车递交口岸站或在发运站报检、报关。铁路车站承运后，应在货物报关单上加盖站戳，货物报关单与运单一同随货同行，以便国境车站向海关办理申报。

国际铁路联运货物的进口申报手续有边境口岸报关和到达站报关两种形式。一般国际铁路联运货物在边境口岸报关和交纳海关应收、代收的税款。如在到达站设有驻在海关或有海关监管条件，在向海关提出申请后，可办理监管转关运输，运抵到达站报关，办理进口通关手续并交纳税费。

国际铁路货物联运中海关监管的特殊规定

4. 办理发运后事项。铁路部门对承运后的货物负保管、装车发运、在国境站的交接责任，货运代理要办理好发运后的事项。主要的发运后事项有三项。

(1)登记。在发货后，要将发货经办人员的姓名和货物名称、数量、件数、毛重、净重、发站、到站、经由口岸、运输方式、发货日期、运单号、车号及运费等项目，详细登记在发运货物登记表内，作为原始资料。

(2)信息传递。例如：将车号等信息通知口岸代理和国外代理，向货主递送运单三正三副以对外结汇，向国外代理递送运单副本一份，口岸代理办理货物交接时通知发货人交接时间，通知收货人等。

(3)与国外代理结算。根据协议与国外代理结算费用，向货主通报货物在国外的交付信息。

（二）进口货物国际铁路联运

进口货物的国际铁路联运工作流程如图 7-2 所示。

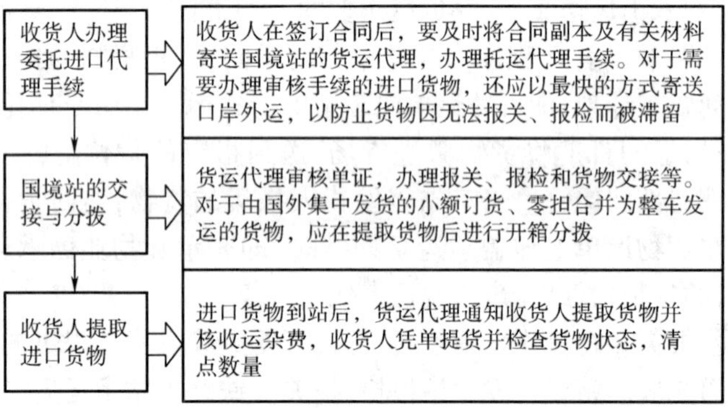

图 7-2 进口货物的国际铁路联运工作流程

进口货物国际铁路联运的发运工作是由国外发货人根据合同规定，向该国铁路车站办理的。根据《国际货协》的规定，我国从参加《国际货协》的国家通过铁路联运进口货物，凡国外发货人向其所在国铁路部门办理托运，一切手续和规定均按《国际货协》和该国国内规章办理。我国国内有关进口商及货运代理处理联运进口货物的工作主要包括：联运进口货物在发运前编制运输标志；审核联运进口货物的运输条件，向国境站寄送合同资料；国境站交接、分拨、交付进口货物给收货人以及运到逾期计算，等等。

对货运代理来说，要做好如下工作。

1. 接受货主委托。货运代理要与货主（收货人）签订代理协议，沟通运输细节。收货人应提出确切的到达站的车站名称和到达路局的名称，注明货物经由的国境站，即注明货物是经二连还是满洲里抑或阿拉山口进境。

2. 编制运输标志。我国规定联运进口货物在订货工作开始前，由国家统一编制向国外订货的代号，作为收货人的唛头，进口商必须按照统一规定的收货人唛头对外签订合同。

3. 向国境站外运机构寄送合同资料。货运代理应及时将贸易合同的副本、附件、补充协议书、变更申请书、确认函电、交货清单等寄送国境站外运机构，在这些资料中有合同号、订货号、品名、规格、数量、单价、经由国境站、到达路局、到站、唛头、包装及运输条件等内容。事后如有某种变更事项也应及时将变更资料抄送外运机构。

4. 代理报检、报关。在口岸站委托报检报关代理办理报检、报关、换装、运输等事宜，并将代理费和关税交报检报关代理或海关。

5. 进口货物在国境站的交接与分拨。联运进口货物的交接程序与做法是：我国国境站根据邻国国境站货物列车的预报和确报，通知交接所及海关做好到达列车的检查准备工作。进口货物列车到达后，铁路部门会同海关接车，由双方铁路部门进行票据交接，然后将车辆交接单及随车带交的货运票据呈交接所，交接所根据交接单办理货物和车辆的现场交接。海关则对货物列车执行实际监管。我国国境站交接所通过内部联合办公，开展单据核放、货物报关和验关工作，然后由铁路部门负责将货物调往换装线进行换装作业，并按流向编组向国内发运。

货运代理要根据国外发货人提供的发货运输信息在口岸站安排接运事宜。货物到站向收货人发到货通知；收货人接到通知向铁路部门付清运送费用后，铁路部门将其背面已由铁路部门记载各段运输情况，并盖有各种运输戳记的运单第五联交给收货人或货运代理，收货人或货运代理凭运单第五联办理提货，在取货时应在运单上加盖收货戳记。提货时如发现货物部分或全部灭失或毁损，必须要求铁路部门编制商务记录。货运代理根据收货人的委托可办理国内运输，将货送交收货人。

6. 运费核收。货运代理要在国内到站核收口岸至到站的运费和口岸站产生的换装费用。

进口货物国际铁路联运还涉及运到逾期的问题。铁路部门承运货物后，应在最短期限内将货物运至最终到站，货物从发站至到站所允许的最大限度运送时间，即为货物运到期限。货物运到期限，应从承运货物的次日零时起开始计算，不足 1 天按 1 天计算。如承运的货物在发送前需预先保管，运到期限则从货物指定装车的次日零时起开始计算。货物实际运到天数超过规定的运到期限天数，表示该批货物运到逾期。如果货物运到逾期，造成逾期的铁路部门应按该部门收取的运费的一定比例，向收货人支付逾期罚款。逾期罚款的规定及计算方法如下：

$$\text{逾期罚款}=\text{运费}\times\text{罚款率}$$

$$\text{逾期百分率}=\frac{\text{实际运送天数}-\text{按规定计算运到期限天数}}{\text{按规定计算运到期限天数}}\times 100\%$$

【例 7-1】某公司从保加利亚进口一批机器，该批货物按规定计算的运到期限天数为 60 天。保加利亚瓦尔纳港口站于某年 3 月 10 日以慢运整车承运。该批货物经由鲁塞东/翁格内、后贝加尔/满洲里，5 月 16 日到达北京东站。铁路部门所收运费为 8 000 欧元。问题：你认为该批货物是否运到逾期？假如逾期，铁路部门应向收货人支付多少逾期罚款？

《国际铁路货物联运协定》对运到逾期罚款率的规定

解：①计算该批货物从 3 月 11 日至 5 月 16 日的实际运送时间为 67 天(从承运货物的次日零时起开始计算，不足一天按一天计算)。该批货物按规定计算的运到期限天数为 60 天，因此，该批货物运到逾期。

②计算逾期百分率：

$$逾期百分率=(67-60)/60\times100\%=11.67\%$$

$$逾期百分率按公式计算为 11.67\%=1.167/10$$

③逾期罚款率是根据逾期百分率决定的，其逾期超过总运到期限的 1/10，但不超过 2/10 时，逾期罚款率按运费的 12% 支付。

④按逾期罚款公式计算，逾期罚款 = 8 000 欧元×12% = 960 欧元，运到逾期的铁路部门对该批货物应支付逾期罚款 960 欧元。

第三节　国际铁路货物联运费用的计算和核收

国际铁路货物联运运送费用的计算和核收，必须遵循《国际货协》《统一货价》和中华人民共和国铁道部《铁路货物运价规则》(简称《国内价规》)的规定。联运货物运送费用包括货物运费、押运人乘车费、杂费和其他费用。

一、运送费用核收的规定

(一)参加国际货协各铁路间运送费用核收的原则

发送路的运送费用——在发站向发货人或根据发送路国现行规定核收。

到达路的运送费用——在到站向收货人或根据到达路国现行规定核收。

过境路的运送费用——按《统一货价》在发站向发货人或在到站向收货人核收。

（二）国际货协参加路与非国际货协铁路间运送费用核收的规定

发送路和到达路的运送费用与上同。

过境路的运送费用，按下列规定计收：

其一，参加国际货协并实行《统一货价》各过境路的运送费用，在发站向发货人（相反方向运送则在到站向收货人）核收。但办理转发送国家铁路的运送费用，可以在发站向发货人或在到站向收货人核收。

其二，过境非国际货协铁路的运送费用，在到站向收货人（相反方向运送则在发站向发货人）核收。

其三，在港口站所发生的杂费和其他费用，在这些港口站向发货人或收货人的代理人核收。

二、国际铁路货物联运国内段运送费用的计算

根据《国际货协》的规定，我国通过国际铁路联运的进出口货物，其国内段运送费用的核收应按照我国《铁路货物运价规则》进行计算。运费计算的程序如下：

第一，根据货物运价里程表确定从发站至到站的运价里程。

第二，根据运单上填写的货物品名查找货物品名检查表，确定适用的运价号。

第三，根据运价里程和运价号，在货物运价率表中查出相应的运价率。

第四，按《铁路货物运价规则》确定的计费重量与该批货物适用的运价率相乘，算出该批货物的运费。

运费计算公式如下：

整车货物每吨运价（运价率）= 发到基价+运行基价×运价公里

运费=运价率×计费重量

重量以吨为单位，吨以下四舍五入。

【例 7-2】某公司从国外进口一整车的矿石，该货物的品名分类代码为“04”，经查该商品的运价号为“4”，按照《铁路货物运价规则》的规定，使用矿石车、平车、砂石车经铁路局批准装运“铁路货物运输品名分类与代码表”中“01”“0310”“04”“06”“081”和“14”类货物按 40 吨计费，国内段从发站至到站的运价里程为 200 公里，试根据如表 7-2 所示的运价表核算该票货物的国内段运费？

表 7-2 铁路货物运价率

类别	运价号	发到基价		运行基价	
		单　位	标　准	单　位	标　准
整车	1	元／吨	7.40	元／吨公里	0.056 5
	2	元／吨	7.90	元／吨公里	0.065 1
	3	元／吨	10.50	元／吨公里	0.070 0
	4	元／吨	13.80	元／吨公里	0.075 3
	5	元／吨	15.40	元／吨公里	0.084 9
	6	元／吨	22.20	元／吨公里	0.114 6

解：计算如下。

第一步，根据商品的运价号为“4”，从表 7-2 可以确定该批货物的发到基价为 13.80 元/吨，货物的运行基价为 0.075 3 元/吨公里。

第二步，该批货物整车货物每吨运价为：

发到基价+运行基价×运价公里＝13.80+0.075 3×200＝28.86（元/吨）

第三步，计算总运费。

总运费＝运价率×计费重量＝28.86 元/吨×40 吨＝1 154.40（元）

该票货物的国内段运费为 1 154.40 元。

三、国际铁路货物联运过境运费的计算

国际铁路货物联运过境运费是按照《统一货价》的规定计算的。其运费计算的程序如下。

第一，根据运单记载的应通过的国境站，在《统一货价》过境里程表中分别找出货物所通过的各个国家的过境里程。

第二，根据货物品名，查阅《统一货价》中的通用货物品名表，确定所运货物应适用的运价等级。

第三，根据货物运价等级和各过境路的运送里程，在《统一货价》中找出符合该批货物的运价率。

第四，《统一货价》对过境货物运费的计算是以慢运整车货物的运费额为基础的（即基本运费额），其他种别的货物运费则在基本运费额的基础上分别乘以不同的加成率。

运费计算公式如下：

$$总运费=基本运费额\times加成率$$

$$基本运费额=货物运价率\times计费重量$$

思政思考

西部陆海新通道和中欧班列的快速发展

习近平主席在二十国集团领导人杭州峰会上的开幕辞中指出，我们应该发挥基础设施互联互通的辐射效应和带动作用，帮助发展中国家和中小企业深入参与全球价值链，推动全球经济进一步开放、交流、融合。

随着我国在国际贸易中的占比持续提升，国际物流网络不断延伸拓展。其中，铁路国际合作深入推进，中老铁路、亚吉铁路、蒙内铁路开通运营，西部陆海新通道建设成效显著。2021 年，西部陆海新通道班列开行 6 117 列、发送货物 57 万标箱，同比分别增长 33%和 57.5%，呈现强劲增长态势。班列目的地已覆盖新加坡、德国等 100 多个国家和地区的 300 多个港口，实现了与中欧班列的无缝对接。2021 年，中欧班列全年开行 1.5 万列、运送 146 万标箱。2022 年上半年，俄乌冲突给中欧班列带来自诞生以来最大的危机和考验。中欧班列努力消化俄乌冲突带来的影响，并重回增速发展轨道。截至 2024 年 3 月底，中欧班列已累计开行超 8.7 万列，通达欧洲 25 个国家 222 个城市。

【思考题】运输方式和物流路径的变化一般会推动贸易分销体系的重大变革。中欧班列为代表的铁路运输是以一条线的方式开展贸易物流，沿线各站点之间都可以产生新的贸易流量。你认为如何优化中欧班列运输线？

案例研究

案例一

北京某机械公司从罗马尼亚进口一批农机具，该批货物按规定计算的运到期限天数为 75 天。罗马尼亚车站于某年 4 月 15 日以慢运整车承运。该批货物经由翁格内、满洲里等地，6 月 18 日到达北京东站。

案例思考与讨论：

你认为该批货物实际运送时间为多少天？是否运到逾期？

案例二

有一票货物从郑州通过国际联运普通车经满洲里/后贝加尔(MANZHOULI/ZABAIKALASK)运往莫斯科，郑州的托运人承担全程运输费用。该托运人与北京的一货运代理订立了国际铁路货物运输委托代理协议，约定由代理人代替托运人支付从满洲里至莫斯科区段的运费。同时，托运人与承运人订立了国际联运合同。此后货物从郑州某车站发出，并顺利通过满洲里，不久抵达莫斯科某车站。到达站通知收货人货物已到，并要求收货人支付俄罗斯区段运费，否则留置该货物。经调查得知，联运运单第20栏关于俄罗斯区段运费支付人的记载因被涂抹而模糊不清。托运人因此与代理人发生纠纷，欲通过诉讼解决，于是，托运人向郑州铁路运输中级人民法院(郑铁中院)起诉。托运人向郑铁中院起诉的理由是：(1)代理人没有全面履行委托代理协议和《国际货协》规定的支付运费的义务，导致货物被留置；(2)郑州是国际联运的始发地。

案例思考与讨论：

1. 托运人向郑铁中院提起诉讼正确吗？
2. 结合案例阐述国际联运合同与国际铁路货物运输代理合同之间的区别与联系。

案例三

武汉A公司出口100吨钢管到俄罗斯，并与武汉M货运代理公司订立了国际铁路货物运输委托代理合同，武汉M货运代理公司与铁路部门订立了国际联运合同，采用整车运输，在武汉M货运代理公司的努力下，不久，该批钢管顺利抵达莫斯科。

案例思考与讨论：

1. 该批货物可以采用哪条运输线路？
2. 武汉M货运代理公司如何实施这批货物的运输？
3. 这批货物会涉及哪些运输费用？

案例研究参考答案

思考与练习

一、名词解释

国际铁路货物联运、整车货物、零担货物、国际铁路联运运单、运到逾期

二、简答题

1. 简述国际铁路运输的优点。
2. 简述国际铁路货物联运的特点。
3. 办理国际铁路货物联运时主要应遵循哪些规章?
4. 国际铁路货物联运的种别有哪些?
5. 简述整车货托运的基本程序。
6. 进口货物铁路联运向国境站外运机构寄送合同资料主要包括哪些内容?

第八章

国际货物多式联运实务

Multimodal Transport Practice

通过本章的学习，要求学生：(1)熟悉国际货物多式联运的优点及组织形式；(2) 了解主要的国际多式联运线；(3)理解国际多式联运的一般业务流程；(4)掌握国际多式联运单证的特点及流转；(5)熟悉大陆桥运输的路线与业务运作要点。

学习要点

By studying this chapter, students are expected to: (1) understan d the advantages and organizations of Multimodal Transport; (2) be acquainted with the main Multimodal Transport routes; (3) be familiar with the general operational process of Multimodal Transport; (4) master the characteristic and transform of Multimodal Transport documents; (5) comprehend the routes and operational gist of land bridge transport.

第一节　国际货物多式联运概述

到20世纪80年代集装箱运输已进入多式联运时代。与传统的运输方式相比,多式联运在经营管理、运输技术、运输法规、运输单证、运输责任划分等方面都有较大的区别与变化。多式联运主要用于国际货物的运输,因而主要表现为国际多式联运。

一、国际多式联运的特征与优点

国际多式联运是一种利用集装箱进行联运的新的运输组织方式,具有自身的特点和优越性。

(一)国际多式联运的含义与特征

由两种及以上的交通工具相互衔接、转运而共同完成的运输过程统称为复合运输,我国习惯上称之为多式联运(Multimodal Transport)。它通常是以集装箱为运输单元,将不同的运输方式有机地组合在一起,构成连续的、综合性的一体化货物运输。例如,我国内贸集装箱联运形式(公路—近海—公路,公路—铁路—公路,公路—近海—铁路—公路,公路—内河—公路等)就是常用的多式联运。

多式联运不仅仅是不同运输工具进行的联合运输,更重要的是在全程运输中只有一份运输合同,由多式联运经营人作为合同承运人统一组织全程运输,负责将货物从接货地运往交货地。因此,多式联运在本质上不同于分段联运,它是一种以实现货物整体运输的最优化效益为目标的联运组织形式。

多式联运作为一种跨运输方式的一体化解决方案,能够提高货物运输的效率和安全性,降低运输成本。国际货运代理企业开展多式联运业务,有利于提升物流服务水平。随着信息技术的发展,多式联运将实现更加智能、精细化的管理,为企业创造更大的价值。

所谓国际多式联运,按照《联合国国际货物多式联运公约》的定义,是指多式联运经营人按照多式联运合同,以至少两种不同的运输方式,将货物从一国境内接管货物的地点运至另一国境内指定交付货物的地点的运输方式。

根据《联合国国际货物多式联运公约》对国际多式联运定义的描述,国际多式联运表现出以下特征。

第一,要有一个多式联运合同,明确规定多式联运经营人(承运人)和联运人之间的权利、义务、责任、豁免的合同关系和多式联运的性质。

第二,必须使用一份全程多式联运单证(Multimodal Transport Documents, M. T. D.),即证明多式联运合同及证明多式联运经营人已接管货物并负责按照合同条款交付货物所签发的单据。

第三,必须是两种或两种以上不同运输方式的连贯运输。《联合国国际货物多式联运公约》对运输方式的种类未做限制,可以由陆海、陆空、海空等运输方式组成,但我国《海商法》规定必须有一程为海运。

第四,必须是国际货物运输,这是区别于国内运输和是否适用国际法规的限制条件。

第五,必须有一个多式联运经营人对全程运输负总的责任,这是多式联运的一个重要特征,由多式联运经营人去寻找分承运人实现分段的运输。

第六,必须对货主实现全程单一运费费率。多式联运经营人在对货主负全程运输责任的基础上,制定一个货物发运地至目的地的全程单一费率,并以包干形式一次性向货主收取。

(二)国际多式联运的优点

国际多式联运将传统的国际海运"港到港"运输发展成为"门到门"运输(如图 8-1 所示)。

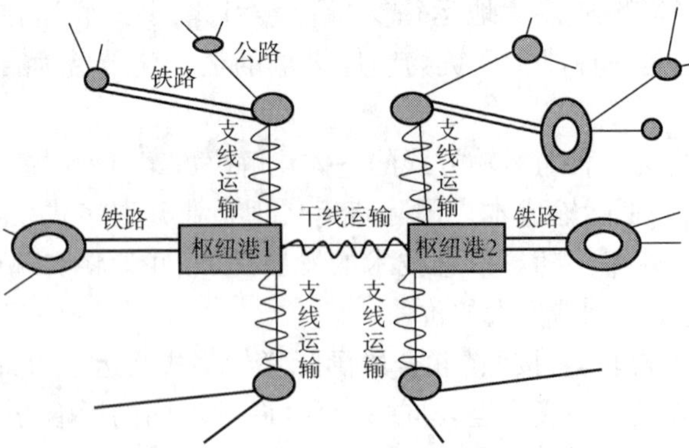

图 8-1　国际多式联运运输网络

国际多式联运采用海、陆、空等两种以上的运输手段，完成国际的连贯货物运输，从而打破了过去海运、铁路、公路、航空等单一运输方式互不连贯的传统做法，把海、陆、空、公路、江河等多式、多段复杂的运输手续大大简化，具有简化货运手续，加快货运速度，降低运输成本和节省运杂费用，实现合理运输的优越性和经济性。

但由于国际多式联运业务的开展与国内和国外的基本条件、基础设施、相关的配套设施和法律适用都息息相关，目前国际上多式联运还存在着一些问题。例如，各国的集装箱标准尚未统一，各国集装箱运输的发展不平衡，尤其是国际多式联运的法律问题尚未统一，这些都妨碍了国际多式联运的发展。《联合国国际货物多式联运公约》至今尚未达到 30 个国家的有效批准而未能生效。尽管国际货运代理协会联合会(FIATA)制定了多式联运单证，但是，由于各国船公司、承运单位及其企业规模的大小不同，以及各国的法律不同，使得多式联运单证及其背面条款所规定的有关多式联运经营人的责任存在差异，加之国际上尚无一个可为各国通用的、统一规范的标准联运单证，因而造成了多式联运单证纷繁杂乱的状态。

二、国际多式联运的经营人

在开展多式联运业务时，货物从发货人仓库到收货人仓库以及海、陆、空等运输区段，必须有人负责整个全程运输的安排、组织、协调与管理工作，这个负责人就是联运经营人，或称契约承运人。国际多式联运的经营人(Multimodal Transport Operator，MTO)是指本人或委托他人以本人名义与托运人订立一项国际多式联运合同并以承运人身份承担完成此项合同责任的人。国际多式联运的经营人是多式联运的总承运人，对全程运输负责，对货物灭失、损坏、延迟交付等均承担责任。国际多式联运的经营人既不是发货人的代理或代表，也不是承运人的代理或代表，而是一个独立的法律实体(签订多式联运合同且负有履行责任的法人)。他们具有双重身份，对货主来说他们是承运人，对实际承运人(分承运人)来说他们又是托运人。他们一方面与货主签订多式联运合同，另一方面又与实际承运人签订运输合同。

(一)国际多式联运的经营人应具备的技术条件

开展国际多式联运应具备比单一运输方式更为先进、更为复杂的技术条件。这些条件主要包括以下几个。

1. 建立国际多式联运线路与集装箱货运站。国际多式联运的线路，从理论上说，可以是从某一国的任何一地到另一国的任何一地。但事实上这是不可能的，世界上许多经营多式联运的公司通常只能是重点办好几条多式联运线路。确定建立一条多式联运线路，首先需要进行国际货物流向、流量的调查，在此基础上，选择货物流量较大且较稳定的路线；其次要考虑联运线路的全程应具备适当规模的运输能力。此外，由于国际多式联运通常以集装箱运输为主，所以联运线路需要有一定的装卸、运送集装箱的设备条件。

2. 建立国内外联运网点。国际多式联运是跨国运输，不可能仅由一国一家完成，需要国内外有关单位的共同合作才能进行有效的联合运输。因此，经营国际多式联运必须根据业务的需要建立国内外业务合作网，不仅要在国内外的沿海、沿江港口有自己的分支机构或代理，而且在国内外的内陆大城市也要有自己的分支机构或代理，负责办理国内外运输、交接手续。多式联运经营人只有具备这样的网络才能把两种或两种以上的不同运输方式联成一体以完成一批货物的连贯运输。

3. 制定多式联运单一费率。采用单一费率是国际多式联运的基本特征之一，因此，经营多式联运要制定一个单一的联运包干费率。由于多式联运环节多，费率又是揽取业务的关键，所以制定单一费率是一个复杂而又重要的问题，需要综合考虑各种因素，使制定的费率具有竞争性，以利于联运业务的顺利进行。国际集装箱多式联运全程运费主要由运输费用（国内外内陆段运费、海运段运费或国际铁路、航空运费）、经营管理费用以及利润三大部分组成，该单一费率因货物的交接地点和业务项目的不同而异。

4. 制定国际多式联运单据。作为国际多式联运经营人，必须具有自己的多式联运单据或提单。多式联运单据是经营人与货主之间运输合同的证明，它具有有价证券的性质，可以进行转让和向银行抵押贷款。在多式联运中，当多式联运经营人收到托运人交付的货物时，应当向托运人签发多式联运单证。

（二）国际多式联运经营人的主要经营方式

常见的国际多式联运的经营方式主要有以下三种。

1. 多式联运经营人独立经营的方式。这种方式由多式联运经营人在运输线路的两端、转接点设立子公司或办事机构，办理运输、作业、转运、仓储等运输过程作业，整个运输过程在企业内部控制下完成。该种经营方式一般在固定的多式联运线路中使用，且多式联运经营人具有较强的实力。

2. 委托代理运作方式。这种方式是由多式联运经营人将在各地的运输业务委托给当地的代理人办理的运作方式。由多式联运经营人独立负责，各地的代理人只根据委托办理运输事务,不承担多式联运运输合同责任。在不固定线路的多式联运中只能采取该组织形式,固定线路的也可以采取该方式。

3. 合作联运方式。这种方式由多家企业联合,分别在不同国家内处理多式联运在境内的运作,共同合作完成联运过程。所有参与合作的企业为一个整体承担多式联运经营人的责任,内部之间按照合作的协议分担责任和分配利益。

(三)国际多式联运经营人的责任

国际多式联运经营人的责任关系如图 8-2 所示。

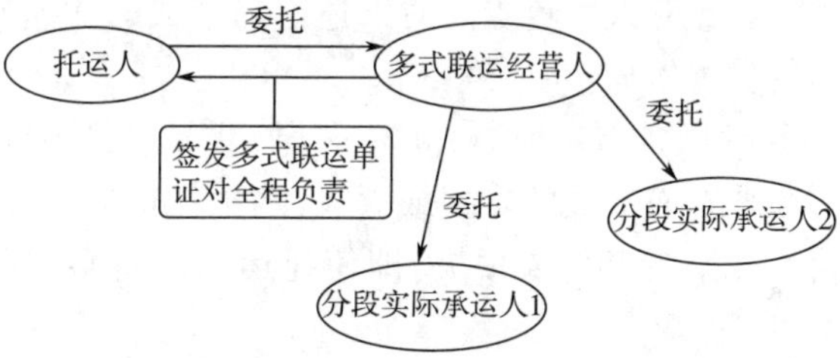

图 8-2 国际多式联运经营人的责任关系

国际多式联运经营人的责任期间是从接收货物之时起到交付货物之时为止,在此期间,其对货主负全程运输责任。但在责任范围和赔偿限额方面,根据目前国际上的做法,可以分为统一责任制、网状责任制。此外,在某些特定情况下,多式联运经营人可免责。

1. 统一责任制。统一责任制(Uniform Liability System)又称同一责任制,是多式联运经营人负货物损害责任的一种赔偿责任制度。按照这种制度,统一由签发联运提单的承运人对货主负全程运输责任,即货损货差不论发生在哪一个运输阶段,都按同一的责任内容负责。如果能查清发生损害的运输阶段,联运经营人在赔偿以后,可以向该段运输的实际承运人追偿。

2. 网状责任制。网状责任制(Network Liability System)又称分段责任制,是多式联运经营人负货物损害责任的一种赔偿责任制度。按照这种制度,签发联运提单的承运人虽然仍对货主负全程运输的责任,但对损害赔偿不像统一责任制那样，而是按发生损害的运输阶段的责任内容负责。例如，对损害发生在海上运输阶段的，按国际货运规则办理；如损害发生在铁路或公路运输阶段，则按有关国际法或国内法处理。

具体来说，国际多式联运经营人在从接收货物起到交付货物止的过程中，其主要责任有：

(1)托运人委托多式联运经营人负责装箱、计数的，后者应对箱内货物不是由于商品自身包装和质量问题而造成的污损和灭失负责。

(2)托运人委托装箱时，多式联运经营人对未按托运人要求，因积载不当、衬垫捆扎不良而造成的串味、污损、倒塌、碰撞等货损负责。

(3)多式联运经营人对在责任期间内因责任事故致使的货物损坏或灭失负责。

(4)多式联运经营人对货物的延迟交付负责。

3. 国际多式联运经营人的免责。对下述原因造成的货损或灭失，国际多式联运经营人不负责。例如：

(1)托运人所提供的货名、种类、包装、件数、重量、尺码及标志不实，或由于托运人的过失和疏忽而造成的货损或灭失，均由托运人自行承担责任。如对多式联运经营人或第三者造成损失，即使托运人已将多式联运单证转让，托运人仍应承担责任。

(2)发生损失的货物是由托运人或其代理装箱、计数或封箱的。

(3)货物品质不良，外包装完好而内包装货物短缺、变质。

(4)货物装载于托运人自备的集装箱内的损坏或短少。

(5)由于运输标志不清而造成的损失。

(6)对危险品等特殊货物的说明及注意事项不清或不正确而造成的损失。

(7)对有特殊装载要求的货物未加标明而引起的损失。

(8)由于海关、商检、承运人等行使检查权所引起的损失。

由上可见，国际多式联运经营人的责任是以过失责任为基础的。

【例8-1】某年1月18日，某工贸公司委托某货运代理办理一批参加巴拿马国际博览会的展品货物的出口运输，并向其递交了一份出口货物托运单。1月22日，货运代理签发了一份全程多式联运提单，提单载明：海运船舶为驶往巴拿马的定期班轮"N"轮。货物由汽车运往香港，装上"N"轮，中途曾被卸下，由他船转运至巴拿马。货物运抵巴拿马，已超过合同约定的期限，未能参展。该工贸公司遂向法院提起诉讼，认为：由于被告擅自转船，导致货物迟延交付，错过了参展日期，因此，要求被告赔偿其经济损失。

法院审理认为：被告擅自将承运的货物转船运输，是导致货物延期运到的根本原因，被告不能证明有转船的必要，应承担不合理转船造成货物延误的责任。

分析：

本案中，被告某货运代理以自己的名义签发全程多式联运提单，其作为多式联运经营人的地位是毫无异议的。尽管货运代理对于转船无实际过错，但这并不能免除其作为多式联运经营人对全程运输应负的责任。

【思政阅读】

推动绿色发展，助力国际货物运输低碳化

“创新、协调、绿色、开放、共享”是新时代的发展理念。习近平总书记在党的二十大报告中指出，我们要推进美丽中国建设，推动绿色发展，促进人与自然和谐共生。“推动经济社会发展绿色化、低碳化是实现高质量发展的关键环节。”

绿色环保运输是指使用环保技术和策略，减少运输过程对环境的负面影响。国际货物多式联运在实现绿色环保运输方面有一些常见的解决方案和措施：

一是运输方式的优化。铁路运输、水路运输单位能耗大约分别只有公路运输的1/5、1/7，单位碳排放大约分别只有公路运输的1/11、1/8。采用多种交通方式（如公路、铁路、水路、空运等）相结合的运输模式，减少对某一种运输方式的过度依赖，降低碳排放和能源消耗。多式联运可以根据不同货物和路线的特点，选择最经济、最环保的运输方式。

二是采用集货或拼货运输，做好货物配载优化。通过整合多个货主的货物，实现资源共享和货物共同运输，减少空载率，提高运输效率，降低碳排放。通过合理的货物配载和路线规划，减少空车和重载车辆的数量，降低能源消耗和碳排放。

三是尽量采用运输环保包装。物流包装设计的时候，要选择绿色包装材料，减少包装废弃物对环境的污染。建立包装材料回收体系，对可回收的包装材料进行再利用，减少包装废弃物的产生和对资源的浪费。

四是引入智能物流规划技术。利用智能算法模型、大数据和人工智能等技术，对物流运输过程进行智能化规划等优化管理措施，实现运输路线、车辆调度、货物配送等的优化，以降低能源消耗和运输成本。

第二节　国际多式联运的组织形式

由于国际多式联运具有其他运输组织形式无可比拟的优越性,因而这种国际运输新技术已在世界各主要国家和地区得到广泛的推广和应用。

一般的海海、陆陆、空空等形式虽也是联运,但仍是同一种运输工具之间的运输方式,而国际多式联运是采用两种或两种以上不同运输方式(如海陆、陆空、海空等)进行联运的运输组织形式。按联合的运输方式的不同分类,国际多式联运的组织形式可分为海陆联运、大陆桥运输、海空联运、陆空联运等。

一、海陆联运

海陆联运(Sea-Land)是国际多式联运的主要组织形式,也是远东/欧洲多式联运的主要组织形式之一。这种组织形式以航运公司为主体,签发联运提单,与航线两端的内陆运输部门开展联运业务,与大陆桥运输展开竞争。

具体的做法是,内陆地区的托运人或收货人与航运企业或无船承运人签订由内陆出口地到内陆进口地的国际多式联运协议,托运人在内陆集装箱场站将货物转交承运人控制,得到多式联运提单。或者多式联运经营人派遣车辆将空的海运集装箱调拨到托运人内陆仓库,装上货物,签发多式联运提单。随后,货物通过铁路运输或公路运输运抵海运段的装货港,在装货港(也可以在内陆出口地)完成出口报关,装上远洋船舶运到预定的卸货港,再转由铁路或公路送达收货人仓库(当然也可以由收货人到港口自提货物)。

二、大陆桥运输

在国际多式联运中,大陆桥运输是远东/欧洲国际多式联运的主要形式。大陆桥运输(Land Bridge Transport)是指采用集装箱专用列车或卡车,把横贯大陆的铁路或公路作为中间"桥梁",使大陆两端的集装箱海运航线与专用列车或卡车连接起来的海—陆—海的一种连贯运输方式①。

---

① 严格地讲,大陆桥运输也是一种海陆联运形式。只是因为其在国际多式联运中的独特地位,故人们将其单独作为一种运输组织形式。人们把使大陆两端的集装箱海运航线与专用列车连接起来的海—陆的连贯运输方式又称为小陆桥运输(Mini-land Bridge Transport)。

大陆桥(Land Bridge)是指把海与海连接起来的横贯大陆的铁路。目前广泛使用的大陆桥有西伯利亚大陆桥、新亚欧大陆桥和北美大陆桥(包括美国大陆桥和加拿大大陆桥)。

(一)西伯利亚大陆桥

西伯利亚大陆桥(Siberian Land Bridge,SLB)把太平洋远东地区与波罗的海、黑海沿岸及西欧大西洋岸连接起来,为世界最长的大陆桥。这条大陆桥运输路线的西端已从英国延伸到了包括西欧、中欧、东欧、南欧、北欧的整个欧洲大陆和中东各国;其东端也不只是到日本,而发展到了韩国、菲律宾、中国内地和中国香港等地。从西欧到远东,经大陆桥为13 000千米,比海上经好望角航线缩短约1/2的路程,比经苏伊士运河航线缩短约1/3的路程,同时,运费要低20%~25%,时间也可节省3~5天。西伯利亚大陆桥的运输线路如图8-3所示。

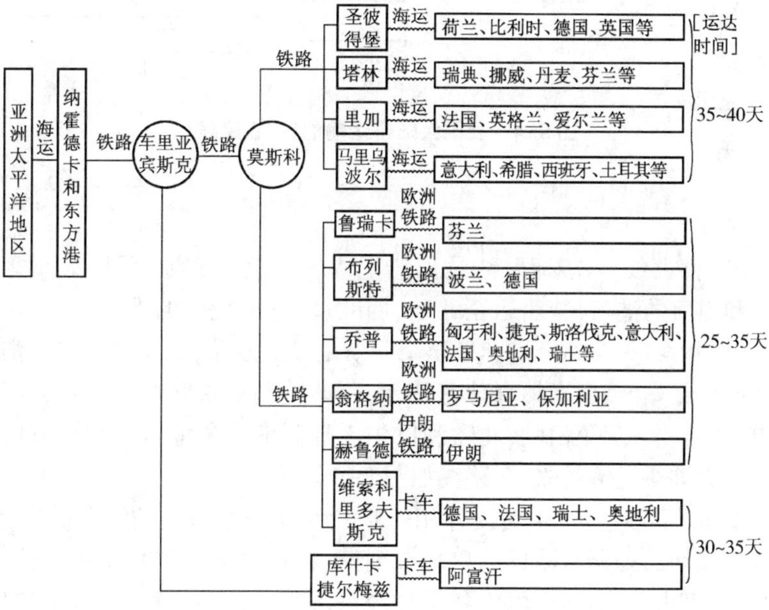

图8-3　西伯利亚大陆桥的运输线路

目前,经过西伯利亚往返于欧亚之间的大陆桥运输路线主要有三条。

1. 铁/铁路线。铁/铁路线即由日本、中国等地用船把货箱运至俄罗斯的纳霍德卡和东方港,再用火车经西伯利亚铁路运至白俄罗斯西部边境站,然后继续运至欧洲和伊朗或相反方向。

我国开办大陆桥运输业务主要是铁/铁路线(如图 8-4 所示),即从国内各车站运至满洲里或二连浩特、阿拉山口出口,通过俄罗斯后贝加尔站或通过蒙古扎门乌德站至纳乌什基站,利用西伯利亚铁路转至亚洲的伊朗、阿富汗或东欧、西欧铁路再运至欧洲等地或相反方向的运输。

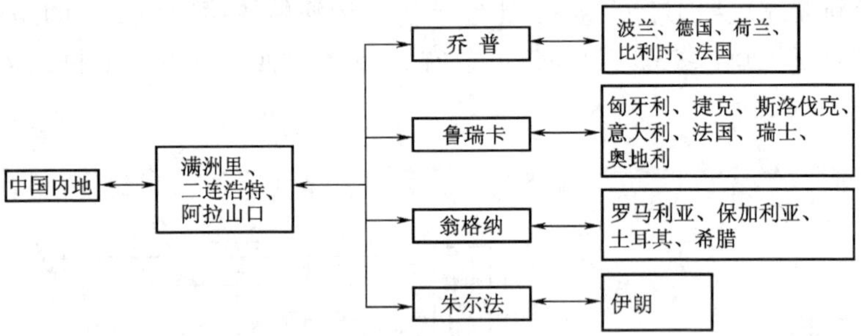

图 8-4 我国大陆桥运输的铁/铁路线

2. 铁/海路线。铁/海路线是用船把货箱运至东方港,再用火车运到波罗的海和黑海的港口,装船运至北欧、西欧、巴尔干地区的港口,最终交收货人。或由国内各火车站经满洲里至俄罗斯后贝加尔站,以及经由二连浩特至蒙古扎门乌德站、俄罗斯纳乌什基站,利用西伯利亚铁路运至波罗的海和黑海港口,再装船转运至西欧、北欧和巴尔干地区的主要港口及相反方向的运输。我国大陆桥运输的铁/海路线如图 8-5 所示。

3. 铁/卡路线。铁/卡路线即用船把货箱运至东方港,再用铁路运至俄罗斯西部边境布列斯特附近的奥托布列斯特,再用卡车把货箱运至德国、瑞士、奥地利等国;或由我国国内各车站经满洲里或二连浩特、阿拉山口出口,通过蒙古、俄罗斯铁路再转至俄罗斯奥托布列斯特转公路运至欧洲各地及相反方向运输。

我国大陆桥运输的铁/卡路线如图 8-6 所示。

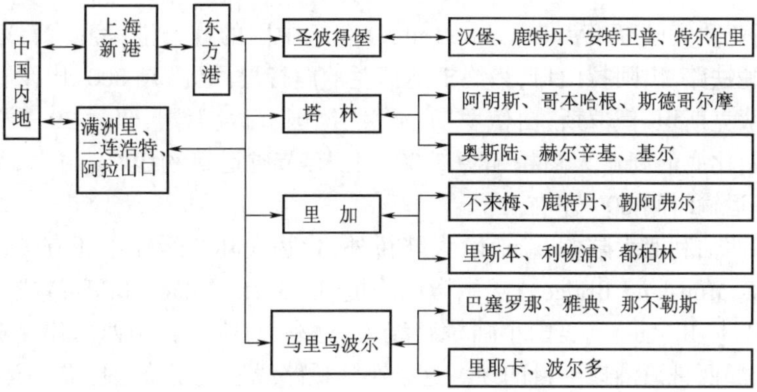

图 8-5 我国大陆桥运输的铁/海路线

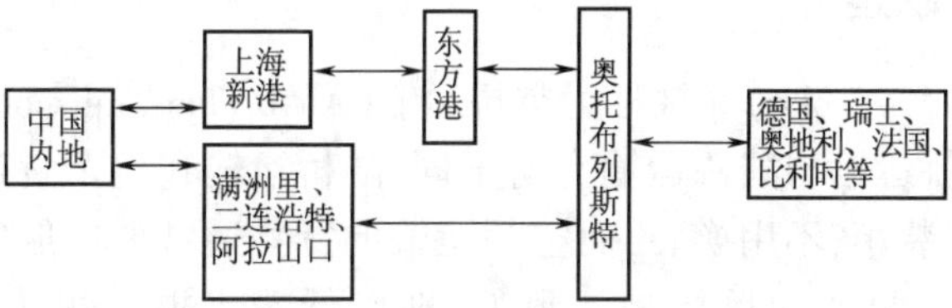

图 8-6 我国大陆桥运输的铁/卡路线

我国对外出口成交的货物利用大陆桥集装箱运输时大多采用大陆桥专门价格术语 CIF,即在买方的国内铁路部门车站车皮上交货价。根据该术语,我国出口方要负担至合同指定的进口方国内到站的运费和保险费。为此,出口商一般委托货运代理办理大陆桥出口运输事宜。西伯利亚大陆桥进口运输业务根据交货条件不同,承运人所承担的责任和义务也不同。以中国对外贸易运输(集团)总公司(以下简称中国外运总公司)为例,对于进口货物在欧洲某站发货(FCA ×× railway station)或工厂交货的运输,中国外运总公司可以接受我国买方委托,以收货人全权代理的身份负责组织全程运输;对于进口货物在中国边境(如 CIP Manchouli)或内陆城市(如 CIP Wuhan)交货的运输,中国外运总公司可以作为接受国外货运代理人委托的分承运人办理我国境内的运输工作。

（二）新亚欧大陆桥

新亚欧大陆桥（A－E. Land Bridge）东起中国的连云港，经陇海线、兰新线、北疆铁路，出阿拉山口，最终抵达荷兰的鹿特丹，全长10 800千米，途经中国、哈萨克斯坦、俄罗斯、白俄罗斯、波兰、德国、荷兰七国，辐射30多个国家和地区，比西伯利亚大陆桥缩短2 000千米，节省运费约30%，与海运比较，可节省运输时间60%左右。

除西伯利亚大陆桥、新亚欧大陆桥外，货物大陆桥运输中还有美国小陆桥（U. S. Mini-land Bridge）、美国微型路桥（U. S. Micro-land Bridge）或半路桥（Semi-land Bridge）。美国小陆桥路线为：远东、日本—美国西海岸—美国东海岸或墨西哥湾港口—目的地。这条小陆桥路线避免了绕道巴拿马运河，可以享受铁路集装箱专用列车优惠运价，从而减低了成本，缩短了路径，运输方式为海—铁。

三、海空联运

海空联运（Sea-Air）又被称为空桥运输（Air-bridge Transport）。在运输组织方式上，空桥运输与陆桥运输有所不同：陆桥运输在整个货运过程中使用的是同一个集装箱，不用换装，而空桥运输的货物通常要在航空港换入航空集装箱。不过，两者的目标是一致的，即以低费率提供快捷、可靠的运输服务。

这种方式兼有海运的经济性和空运的速度，可以在控制运输成本的基础上缩短运输时间，因而受到了某些货主的欢迎。在远东、欧洲、中南美洲等的国际贸易中运用越来越广泛，适用于电器、电子产品、计算机和照相器材等高价值商品以及玩具、时装等季节性需求较强的商品。不过，由于航空运输与海运的巨大差异，特别是海运集装箱和空运集装箱的不兼容性，导致海空联运受到一定的限制。

四、陆空联运

长途运输（尤其是国际长途运输）中，航空与公路/铁路运输的联合十分常见，行包运输和件杂货运输就常使用该种联合方式。在欧洲和美国，很多航空货物由卡车经长途运输到达各大航空公司的基地，再由飞机运往目的地。欧洲的许多大型航空公司为此建立了卡车运输枢纽作为公路运输经营的据点。

陆空联运（Air-Land）方式既弥补了全程空运费用高的弊端，又巧妙利用了航空运输枢纽的有利地位,提高了运送速度。如内地的货物首先通过公路/铁路运输方式到达香港,再借助香港航线多的优越条件利用空运转运到北美、欧洲等。

第三节 国际多式联运业务

国际多式联运业务主要包括:与发货人订立多式联运合同,组织全程运输,完成从接货到交付过程的合同事项等基本内容。由于多式联运是依托不同运输方式、跨国跨地区的物流业务,不同的运输方式的组合,其具体业务运作也不尽相同。

下面分进出口两方面分别阐述国际多式联运经营人的进出口运作。

一、国际多式联运经营人的出口运作

对于不同运输方式的组合,国际多式联运经营人出口运作的具体业务会不尽相同。例如,CIF 条件下国际集装箱铁—海多式联运[①]出口业务,主要包括如下环节:接受托运申请,订立多式联运合同→编制作业计划,(向铁路部门、船公司)订车、租船订舱→提取空箱,安排货物进库场→办理货物装车→报检报关→签发全程多式联运提单→传递货运信息和寄送相关单证→办理货物在中转港的海关手续及制作货运单据→货交船公司,船公司签发提单→传递货运信息及寄送相关单证→提取货物与交付货物→货物事故处理。

但总体来说,国际多式联运经营人在出口运作时大致需要经过:营销揽货→接受托运申请,订立多式联运合同→编制作业计划,(向铁路部门、船公司、航空公司)订车、租船订舱→接货、空箱发放、提取、装箱、运送→出口报检报关→办理货物保险→签发多式联运提单,组织完成货物的全程运输→单证寄送→办理运输过程中的海关业务→货物交付→货物事故处理等环节。

(一)营销揽货

营销揽货环节的工作内容就是向货主承揽运输业务。经过与竞争者的费率进行比较,调整各种费用报价,询问货主拟委托的业务项目向货主提出

① 这里所说的国际集装箱铁—海多式联运出口,是指货方采取铁—海联运方式,在内地口岸将出口集装箱装上铁路集装箱班列,由铁路集装箱班列运至集装箱码头后,换装海运船舶,由海运船泊继续将集装箱运至目的港,并交付收货人。

报价单,报价经货主接受后,双方签订协议书,正式成交。

(二)接受托运申请,订立多式联运合同

多式联运经营人根据货主提出的托运申请和自己的运输线路等情况,判断是否接受该托运申请。如果能够接受,则双方协定有关事项后,签订多式联运合同。

【例 8-2】多式联运合同样本。

多式联运合同

甲方(托运人):
法定代表人:
法定地址 : 邮编:
经办人: 联系电话: 传真:
银行账户 :
乙方(承运人):
法定代表人:
法定地址 : 邮编:
经办人: 联系电话: 传真:
银行账户 :

甲乙双方经过友好协商,就办理甲方货物多式联运事宜达成如下合同。

1. 甲方应保证如实提供货物名称、种类、包装、件数、重量、尺码等货物状况,由于甲方虚报给乙方或者第三方造成损失的,甲方应承担损失。

2. 甲方应按双方商定的费率在交付货物________天之内将运费和相关费用付至乙方账户。甲方若未按约定支付费用,乙方有权滞留提单或者留置货物,进而依法处理货物以补偿损失。

3. 托运货物为特种货或者危险货时,甲方有义务向乙方做详细说明。未做说明或者说明不清的,由此造成乙方的损失由甲方承担。

4. 乙方应按约定将甲方委托的货物承运到指定地点,并应甲方的要求,签发联运提单。

5. 乙方自接货开始至交货为止,负责全程运输,对全程运输中乙方及其代理或者区段承运人的故意或者过失行为而给甲方造成的损失负赔偿责任。

6. 乙方对下列原因所造成的货物灭失和损坏不负责任:

(1)货物由甲方或者代理人装箱、计数或者封箱的,或者装于甲方的自备箱中;

(2)货物的自然特性和固有缺陷;

(3)海关、商检、承运人行使检查权所引起的货物损耗;

(4)天灾,包括自然灾害,例如但不限于雷电、台风、地震、洪水等,以及意外事故,例如但不限于火灾、爆炸、由于偶然因素造成的运输工具的碰撞等;

(5)战争或者武装冲突;

(6)抢劫、盗窃等人为因素造成的货物灭失或者损坏;

(7)甲方的过失造成的货物灭失或者损坏;

(8)罢工、停工或者乙方雇佣的工人劳动受到限制;

(9)检疫限制或者司法扣押;

(10)非由于乙方或者乙方的受雇人、代理人的过失造成的其他原因导致的货物灭失或者损坏,对于第(7)项免除责任以外的原因,乙方不负举证责任。

7. 货物的灭失或者损坏发生于多式联运的某一区段,乙方的责任和赔偿限额,应该适用该区段的法律规定。如果不能确定损坏发生区段,应当适用调整海运区段的法律规定,不论是根据国际公约还是根据国内法。

8. 对于逾期支付的款项,甲方应按每日万分之五的比例向乙方支付违约金。

9. 由于甲方的原因(如未及时付清运费及其他费用而被乙方留置货物或滞留单据或提供单据迟延而造成货物运输延迟)所产生的损失由甲方自行承担。

10. 合同双方可以依据《中华人民共和国合同法》的有关规定解除合同。

11. 乙方在运输甲方货物的过程中应尽心尽责,对于因乙方的过失而导致甲方遭受的损失和发生的费用承担责任,以上损失不包括货物因延迟等原因造成的经济损失。在任何情况下,乙方的赔偿责任都不应超出每件________元人民币或每千克________元人民币的责任限额,两者以较低的限额为准。

12. 本合同项下发生的任何纠纷或者争议,应提交中国海事仲裁委员会,根据该会的仲裁规则进行仲裁。仲裁裁决是终局的,对双方都有约束力。

本合同的订立、效力、解释、履行、争议的解决均适用中华人民共和国法律。

13. 本合同从甲乙双方签字盖章之日起生效,合同有效期为________天,合同期满之日前,甲乙双方可以协商将合同延长________天。合同期满前,如果双方中任何一方欲终止合同,应提前________天,以书面的形式通知另一方。

14. 本合同经双方协商一致可以进行修改和补充,修改及补充的内容经双方签字盖章后,视为本合同的一部分。

本合同正本一式________份。

甲方:　　　　　　　　　　乙方:

年　　月　　日　　　　　　年　　月　　日

(三)编制作业计划、订车、租船订舱

多式联运经营人接受货主委托后安排相关作业。例如:

其一,总承运人与分承运人及运输的各连接点之间签订合同,与船公司、航空公司、铁路部门、具体作业的部门、仓库、港口、商检、理货签订合同。合同可以有不同的方式,有的签订正式合同,有的沿用已有的协议,有的办理委托手续或填写委托书、申请表。

其二,收集托运人出口所需的各种单证。

其三,编制作业计划,填制作业安排书。作业计划应包括货物的运输线路、区段的划分、各区段实际承运人的选择确定及各区段间衔接地点的到达、起运时间等内容。货物运输计划的安排必须科学并留有余地。工作中应相互联系,根据实际情况调整计划,避免彼此脱节。

其四,国际多式联运经营人根据具体情况向合适的实际区段的承运人租船、订舱或要求列车车皮进行货物运输。多式联运经营人向分承运人租船订舱或订车是经营人独立的业务活动,与货主无关。

(四)接货、空箱发放、提取、装箱、运送

国际多式联运经营人按托运人的托运要求安排运输线路、接货、安排内陆运输、仓储。多式联运中使用的集装箱一般应由经营人提供。这些集装箱的来源可能有三个:一是经营人自己购置使用的集装箱;二是向租箱公司租用的集装箱,这类集装箱一般在货物的起运地附近提箱而在交付货物地点附近还箱;三是由全程运输中的某一分运人提供,这类集装箱一般需要在多式联运经营人为完成合同运输,与该分运人(一般是海上区段承运人)订立分运合同后方可获得使用权。

如果双方协议由发货人自行装箱,则多式联运经营人应签发提箱单或者将租箱公司或分运人签发的提箱单交给发货人或其代理人,由他们在规定的日期到指定的堆场提箱并自行将空箱托运到货物装箱地点,准备装货。如发货人委托亦可由经营人办理从堆场到装箱地点的空箱托运(这种情况需加收空箱托运费)。

如是拼箱货(或是整箱货但发货人无装箱条件而不能自装)时,则由多式联运经营人将所用空箱调运至接收货物的集装箱货运站,做好装箱准备。

若是发货人自行装箱,发货人或其代理人提取空箱后在自己的工厂和仓库组织装箱。装箱工作一般要在报关后进行,并请海关派员到装箱地点监装和办理加封事宜。如需理货,还应请理货人员现场理货并与之共同制作装箱单。

如是拼箱货物,发货人应负责将货物运至指定的集装箱货运站,由货运站按多式联运经营人的指示装箱。

无论装箱工作由谁负责,装箱人均需制作装箱单,并办理海关监装与加封事宜。

由货主自装箱的整箱货物被运至双方协议规定的地点,多式联运经营人或其代表(包括委托的场站业务员)在指定地点接收货物。如是拼箱货,经营人在指定的货运站接收货物。验收货物后,代表联运经营人接收货物的人应在堆场收据正本上签章并将其交给发货人或代理人。

国际多式联运经营人按托运人的托运要求将货物送至实际承运人指定的车站、堆场或港口,实际承运人向多式联运经营人签发提单或运单。

(五)出口报检报关

若联运从港口开始,应在港口报检报关;若从内陆地区开始,应在附近的内陆地点办理报检报关。出口报检报关事宜一般由发货人或其代理人办理,也可委托多式联运经营人代为办理。

(六)办理货物保险

在发货人方面,应投保货物运输险。该保险由发货人自行办理,或由发货人承担费用由多式联运经营人代为代理。货物运输保险可以是全程,也可分段投保。

在多式联运经营人方面,应投保货物责任险和集装箱保险,由经营人或其代理人负责办理。

（七）签发多式联运提单，组织完成货物的全程运输

多式联运经营人的代表收取货物后，经营人应向发货人签发多式联运提单。在把提单交给发货人前，应注意按双方协定的付费方式及内容、数量向发货人收取全部应付费用。

多式联运经营人有完成和组织完成全程运输的责任和义务。在接收货物后，要组织各区段实际承运人、各派出机构及代表人共同协调工作，完成全程中各区段的运输、各区段之间的衔接工作以及运输过程中所涉及的各种服务性工作，并做好运输单据、文件及有关信息等的组织和协调工作。

国际多式联运经营人要做好货物运输过程中的跟踪监管，定期向发货人或收货人发布货物位置等信息，通知其货物抵达目的地的时间，并要求目的地代理人办理货物进口手续。

（八）单证寄送

货物装船（车、飞机）发运后，国际多式联运经营人将船名（车号、航空运单号）、集装箱、发运日期、中转地、目的地等项内容，先以电传通知国外代理，然后填制发运单或指示（Shipping Notification，Shipping Instruction），连同联合运输单据副本、承运单证、装箱单等有关发运单据寄国外代理，由其凭以办理接货、交货或转运工作。

（九）办理运输过程中的海关业务

按照国际多式联运的全程运输（包括进口国内陆段运输）均应视为国际货物运输，因此该环节工作主要包括货物及集装箱进口国的通关手续、进口国内陆段保税（海关监管）运输手续及结关等内容。如果陆上运输要通过其他国家海关和内陆运输线路，则还应包括这些海关的通关及保税运输手续。

这些涉及海关的手续一般由多式联运经营人的派出机构或代理人办理，也可由各区段的实际承运人作为多式联运经营人的代表代为办理。由此产生的全部费用，应由发货人或收货人负担。

如果货物在目的港交付，则结关应在港口所在地海关进行。如在内陆目的地交货，则应在口岸办理保税（海关监管）运输手续，海关加封后方可运往内陆目的地，然后在内陆海关办理结关手续。

（十）货物交付

当货物运至目的地后，由国际多式联运经营人在目的地的代理通知收货人提货。收货人需凭多式联运提单提货，多式联运经营人或其代理人需按合同规定，收取收货人应付的全部费用，收回提单签发提货单（交货记录），提货人凭提货单到指定堆场和地点提取货物。如是整箱提货，则收货人要负责至拆箱地点的运输，并在货物取出后将集装箱运回指定的堆场，运输合同方终止。

（十一）货运事故处理

如果全程运输中发生了货物灭失、损害和运输延误，无论是否能确定损害发生的区段，发（收）货人均可向多式联运经营人提出索赔。多式联运经营人根据提单条款及双方协议确定责任并做出赔偿。如果确知事故发生的区段和实际责任者，多式联运经营人则可向其进一步进行索赔。不能确定事故发生的区段时，一般按在海运段发生处理。如果已对货物及责任投保，则存在要求保险公司赔偿和保险公司进一步追索的问题。如果受损人和责任人之间不能取得一致意见，则需通过在诉讼时效内提起诉讼和仲裁来解决。

联运人赔偿的责任限额

二、国际多式联运经营人的进口运作

国际多式联运经营人的进口运作业务主要有如下一些环节：接受托运申请，订立多式联运合同→向船公司和铁路部门或航空公司申请租船、订舱、订车→收货人通知托运人准备集装箱装船等事宜，签发全程多式联运提单和收取海运提单→传递货运信息和寄送相关单证→办理货物在中转港的海关转关手续及制作货运单据→办理海关手续，提取货物与交付货物。

下面主要阐述国际多式联运港口代理进口货运运作、国际多式联运内地代理进口货运运作。

（一）国际多式联运港口代理进口货运运作

国际多式联运港口代理进口货运运作主要包括以下步骤：

1. 多式联运单证由国外代理或船舶代理寄交多式联运港口代理人（以下简称港代）。

2. 港代将卸船和其他货运资料送交港口单位。

3. 港代向内陆代理发到货通知书。

4. 办理报关和转关手续(整箱运输)。

5. 港口卸船。

6. 港代或货代用海运提单向船代换取提货单。

7. 港代向船公司办好提货手续,凭提货单向港口提货。

8. 海关整箱加封监管。

9. 港代委托的陆运承运人向内地收货地运箱。

10. 拆箱货海关放行后由陆运承运人直接运往收货人仓库。

11. 向内地代理寄送发货通知书,寄交有关单证,关封、报关单证随车送交内地代理。

(二)国际多式联运内地代理进口货运运作

国际多式联运内地代理进口货运运作主要包括以下步骤:

1. 接口岸代理到货通知向收货人发到货通知。

2. 收货人或其代理向银行付款,领取多式联运提单向多式联运内地代理换取提货单。

3. 货方或委托内地代理报关。

4. 海关验货放行。

5. 港代的承运人将整箱货运抵多式联运内地代理仓库进行掏箱。

6. 货方或货代凭提货单到多式联运内地代理仓库缴纳费用后提货。

7. 货方自提或仓库代运至收货人仓库。

8. 内地代理向港口代理沟通信息,结算有关费用。

9. 收货人验货后发现货物短损、运输延误可向多式联运经营人提出索赔,多式联运经营人通过各段代理人向各段承运人追索。

10. 多式联运的索赔单证包括索赔通知书、联运单据副本、权益转让书、检验证明书、商业发票和装箱单。

三、国际多式联运运费

国际多式联运路线长、环节多,费率的构成很复杂,但一般都制定单一的费率,向托运人一次收取即可。费率的制定主要考虑如下因素:

其一,两种以上运输方式各区段的运费。如海空陆联运,需支付海运费和空运费、陆运费。

其二,装运港包干费。主要包括:内陆运费,如公路费用包括过桥过境费等;市内运费,如提箱费、仓库到仓库、仓库到机场、港口、码头等费用;仓储费;装拆费;报关费;港建费、港杂费;服务费等。包干费率有大包干和小包干之分。例如,国际多式联运经营人从南京托运人仓库接货到上海港货物装船为止,所需费用总称为大包干费;货物从南京托运人仓库由托运人将货物送至上海国际多式联运经营人仓库,以后由上海国际多式联运经营人安排货物直至港口装上船为止所需的费用称为小包干费。无论大包干费还是小包干费,其费率的构成内容是一样的。

其三,中途港的中转费用,包括目的地交货前的费用。也就是说货物到了中转港,由一种运输方式转移至另一种运输方式所产生的各种费用。这种费用主要有中途运费、堆存费、吊卸吊装费,必要时还有拆装箱费、服务费等。

其四,特殊费用与适当利润。

第四节　国际多式联运的单证

在多式联运中,当多式联运经营人收到托运人交付的货物时,应当向托运人签发多式联运单证。所谓多式联运单证就是证明多式联运合同存在及多式联运经营人接管货物并按合同条款提交货物的证据。它由承运人或其代理人签发。

一、多式联运单证的一般内容及单证系统的构成

关于多式联运单证的表现形式,目前并没有统一的格式。实践中,多式联运单证可以各种不同的格式、名称出现,其记载的内容和特点可能也有差别。常见的有 FIATA 的 FBL(1992)、FWB(1997)以及波罗的海航运公会1995 年缮制的多式联运提单,此外,很多名为联合运输单据,甚至联运单据的单证也时常出现在多式联运中,履行着多式联运单证的职能。

多式联运单证依托运人的要求,可以是可转让的单据,也可以是不可转让的单据。在实践中,只有单据的签发人(即多式联运经营人)承担全程责任时,多式联运单证才有可能做成可转让的单据。此时,多式联运单证具有物权凭证的性质和作用。在作为可转让的多式联运单证时,其应当列明按指示或者向持票人交付。如果是凭指示交付货物的单证,则该单证经背书才可转让;向持票人交付货物时,则该单证无须背书即可以转让。当签发一份以上可转让多式联运单证正本时,应当注明正本份数,收货人只有提交可转让多式联运单证正本时才能提取货物,多式联运经营人按其中一份正本交货后,

即履行了交货人的义务;如果签发副本,则应当注明“不可转让副本”字样。如果多式联运经营人按托运人的要求签发了不可转让多式联运单证,则应当指明记名的收货人,多式联运承运人将货物交给不可转让单证所指明的记名收货人才算履行了交货义务。

以出口为例,国际多式联运出口单证系统如图 8-7 所示。

从图 8-7 来看,国际多式联运单证系统由以下两部分组成。

其一是在国际多式联运经营人与货主(托运人、收货人)之间流转的单证。由于没有可适用的国际公约,世界上并不存在国际上认可的、统一的多式联运单证。实务中使用的多式联运单证是通过订立合同产生的,它既可以是可转让的,也可以是不可转让的,但目前以使用可转让的多式联运提单最为常见。

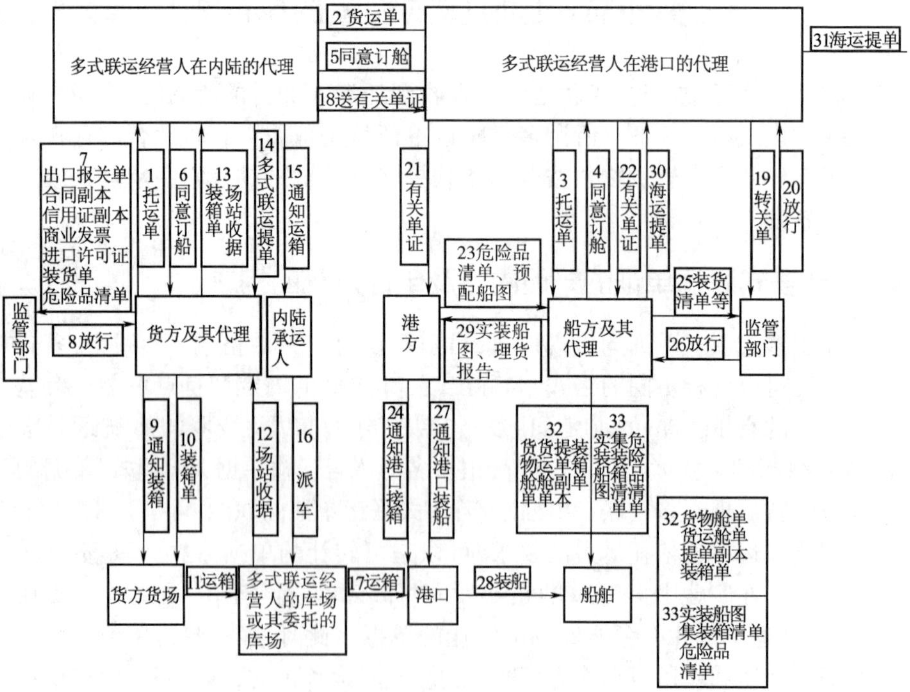

图 8-7 国际多式联运出口单证系统流转示意

其二是国际多式联运经营人与各区段实际承运人之间流转的单证。这部分单证采用该区段运输方式所使用的运输单证。

二、国际多式联运提单

多式联运提单(Combined Transport[①] B/L 或 Multimodal Transport[②] B/L),是指多式联运经营人对经由两种以上不同运输方式运输的货物所出具的全程提单,多式联运经营人对全程运输承担责任。多式联运提单是由承运人或其代理人签发的,证明多式联运合同以及证明多式联运经营人接管货物并负责按合同条款交付货物的单据。其作用与海运提单相似,既是货物收据也是运输契约的证明;在单据做成指示抬头或不记名抬头时,可作为物权凭证,经背书可以转让。

多式联运提单表面上和联运提单(Through B/L)相仿,但联运提单承运人只对自己执行的一段负责,而多式联运承运人对全程负责。联运提单由船公司签发,包括海洋运输在内的全程运输;多式联运提单由多式联运承运人签发,包括全程运输的多种运输方式,可以不包含海洋运输。联运提单属于已装船提单,装船后在装运港或承运人所在地签发,而多式联运提单属于收货待运提单,在收货地或多式联运经营人所在地收货后签发。

(一)多式联运提单的作用

1. 多式联运提单是发货人和多式联运经营人双方在合同确定的货物运输关系中权利、义务和责任的准则。发货人提出托运申请,多式联运经营人根据自己的情况表示可以接受后,双方即达成了协议,多式联运合同已告成立。签发多式联运提单只是多式联运经营人履行合同的一个环节。因此,多式联运提单与其他单一方式运输中使用的运单是不同的,不是运输合同而只能是合同的证明。

2. 多式联运提单是多式联运经营人接管货物的证明和收据。多式联运经营人向发货人签发的提单是证明运送提单上记载的货物,已经从发货人手中接受并占有了该货物,因此,多式联运提单具有接收货物收据和证明多式联运经营人开始对货物负责的作用。

与海运提单一样,当多式联运提单在发货人手中时,它是承运人已按其上所载情况收到货物的初步证据,假如多式联运经营人实际收到的货物和提

---

① Combined Transport 出自国际商会制定的《联运单证统一规则》。

② Multimodal Transport 出自《联合国国际货物多式联运公约》。

单内容不符,经营人可以提出反证。如果提单"转让至善意的第三者或提单受让人",除提单上订明有效的"不知条款"外,提单成为经营人按其记载的内容收到货物的绝对证据,经营人不得提出实际收到货物与提单上记载不符的任何反证。

3. 多式联运提单是收货人提取货物和多式联运经营人交付货物的凭证。无论多式联运经营人签发的是哪一种类的提单,也不论该提单是否发生了转让,收货人或受让人在目的地提货时都必须凭多式联运提单才能换取提货单(或收货记录);反过来,多式联运经营人或其代表也只能将货物交付给提单持有人。

提单是在目的地双方交接货物的凭证。提单上证明该提单正本有多份时,经营人或其代表已按照其中一份正本交货后,其余正本即告作废。

4. 多式联运提单是货物所有权的证明,可以用来结汇、流通、抵押等。谁拥有提单,在法律上就表明其拥有提单上记载的货物。提单持有人虽然不直接占有货物,但可以用它来结汇、流通买卖和抵押等,如发货人可用它来结汇,收货人可在目的港要求多式联运经营人交付货物,或用背书或交付提单的方式处理货物(转让),且可以将其作为有价证券办理抵押等。

(二)多式联运提单的签发

多式联运提单一般是在多式联运经营人收到货物后签发的,由于联运的货物主要是集装箱货物,因此多式联运经营人接收货物的地点可能是集装箱码头或内陆港堆场、集装箱货运站和发货人的工厂或仓库。由于接收货物地点不同,提单签发的时间、地点及联运经营人承担的责任也有较大区别。

1. 在发货人工厂或仓库收到货物后签发的提单。这种情况属于在发货人的"门"接收货物,场站收据中应注明,提单一般在集装箱装上运输工具后签发。在该处签发的提单意味着发货人应自行负责货物报关、装箱、制作装箱单、联系海关监装及加封,交给多式联运经营人或其代表的是外表状况良好、铅封完整的整箱货物;而经营人应负责从发货人工厂或仓库至码头堆场(或内陆港场站)的运输和至最终交付货物地点的全程运输。

2. 在集装箱货运站收货后签发的提单。在这种情况下,多式联运经营人是在他自己的或由其委托的集装箱货运站接收货物。该货运站可在港口码头附近,也可以在内陆地区。接收的货物一般是拼箱运输的货物(有时在货主没有装箱能力时也接收整箱货,但这属于受发货人委托提供装箱服务,另收服务费)。提单签发时间一般是在货物交接入库后。在该处签发提单意味着发货人应负责货物报关,并把货物(以原来形态)运至指定的集装箱货运站，而多式联运经营人（或其委托CFS）负责装箱、填制装箱单、联系海关加封等业务，并负责将拼装好的集装箱运至码头（或内陆港）堆场。

3. 在码头（或内陆港）堆场收货后签发的提单。这种情况属于码头（或内陆港）堆场接收货物，一般由发货人将装好的整箱货运至多式联运经营人指定的码头（或内陆港）堆场，由多式联运经营人委托的堆场的业务人员代表其接收货物，签发正本场站收据给发货人，再由发货人用该正本收据至多式联运经营人或其代表处换取提单。多式联运经营人收到该正本收据，并收取应收费用后即应签发提单。

在该处签发的提单一般意味着发货人应自行负责货物装箱、报关、加封等工作，并负责这些整箱货物从装箱地点至码头（或内陆港）堆场的内陆运输，而多式联运经营人应负责完成或组织完成货物由该堆场至目的地的运输。

（三）多式联运提单应载明的事项

多式联运提单是多式联运经营人、发货人、收货人甚至实际承运人等当事人之间进行业务活动的凭证，是接收货物的收据和交货的凭证，因此提单不仅应能证明合同及其内容（包括多式联运经营人、发货人、收货人的名称、地址，货物交接日期、地点、期限，运费支付情况等），也要证明货物的情况（包括外表状况、数量、品质等），提单内容是否准确、清楚、完整，对保证货物正常交接、安全运输和划分责任具有重要的意义。同时，由于国际多式联运要使用两种或两种以上的运输方式，提单的内容也应适应不同运输方式和集装箱运输的实际需要。因此，多式联运提单的内容与各种单一方式运单和提单的内容也有一定的区别。

根据多式联运公约规定，多式联运提单应载明下列事项：

1. 货物的品类，识别货物所必需的主要标志。哪些属危险货物，其危险特性的明确声明，包件数、货物的毛重或以其他方式表示的数量等，所有这些事项均由发货人提供。

2. 货物的外表状况、包装形式。

3. 多式联运经营人的名称和主要营业场所。

4. 发货人、收货人（必要时可有通知人）名称。

5. 多式联运经营人接管货物的地点和日期。

6. 交付货物的地点。

7. 双方确定协议的交付货物地点，交货时间、期限。

8. 表示该提单为可转让或不可转让的声明。

9. 多式联运提单签发的地点和日期。

10. 多式联运经营人或经其授权的人的签字。

11. 经双方明确协议的有关运费支付的说明,包括应由发货人支付的运费及货币,或由收货人支付的其他说明。

12. 有关运输方式、运输线路、转运地点的说明。

13. 有关声明与保留。

14. 在不违背签发多式联运提单所在国法律的前提下,双方同意列入提单的其他事项等。

以上一项或者多项内容的缺乏,不影响单据作为多式联运单证的性质。各多式联运经营人印制的多式联运提单一般都应能注明上述各项内容。这些内容通常由发货人填写,或由多式联运经营人或其代表根据发货人提供的有关托运文件及双方协议情况填写。如属于跟单信用证下的贸易,提单上填写的内容应与信用证内容及《跟单信用证统一惯例》的规定完全一致,以保证顺利结汇。

(四)多式联运提单的流转程序

在实际业务中,多式联运提单和各区段实际承运人的货运单证的缮制大多交由多式联运经营人的各区段代理负责,多式联运经营人主要充当全面控制和发布必要指示的角色。图 8-8 以一程是公路运输,二程是海上运输,三程是铁路运输的多式联运为例,说明了多式联运经营人签发的多式联运提单及各区段实际承运人签发的运输单证的流转程序。

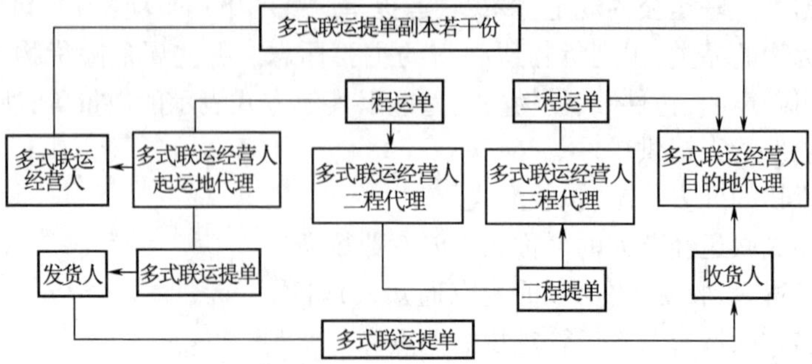

图 8-8　多式联运提单及各区段单证的流转程序

图 8-8 的具体说明如下。

第一,多式联运经营人起运地分支机构或代理缮制并签发全程多式联运提单。其中的正本交给发货人,用于结汇;副本若干份交给多式联运经营人,用于多式联运经营人留底和送交目的地分支机构或代理。

第二,多式联运经营人起运地分支机构或代理将货物交一程承运人后,一程承运人签发以多式联运经营人或其起运地分支机构或代理为托运人、以多式联运经营人或其二程分支机构或代理为收货人的公路运单,运单上应注有全程多式联运提单的号码。多式联运经营人起运地分支机构或代理在货物出运并取得运单后,立即以最快的通信方式将运单、舱单等寄交多式联运经营人二程分支机构或代理,以便二程分支机构或代理能用此提货;同时向多式联运经营人提供运单副本以及载运汽车离站时间及预计抵达时间等信息,以便多式联运经营人能全面了解货运进展和向二程分支机构或代理发出必要的指示。

第三,多式联运经营人二程分支机构或代理收到运单后,凭此从一程承运人或其代理处提取货物,并交付二程承运人或其代理。二程承运人或其代理收到货物后,签发以多式联运经营人或其二程分支机构或代理为托运人,以多式联运经营人或其三程分支机构或代理为收货人的提单(当然也可以是指示提单,但通知方应为多式联运经营人三程分支机构或代理),提单上注明全程多式联运提单号码。多式联运经营人二程分支机构或代理在货物出运并取得提单后,以最快的通信方式将正本提单、舱单等寄交多式联运经营人三程分支机构或代理,以便三程分支机构或代理能用此提货;同时向多式联运经营人提供提单副本以及船舶离港报告等,以便多式联运经营人能全面了解货运进展和向三程分支机构或代理发出必要的指示。

第四,多式联运经营人三程分支机构或代理收到提单后,凭此从二程承运人或其代理处提取货物,并交付三程承运人或其代理。三程承运人或其代理收到货物后,签发以多式联运经营人或其三程分支机构或代理为托运人,以多式联运经营人或其目的地分支机构或代理为收货人的铁路运单,运单上注明全程多式联运提单号码。多式联运经营人三程分支机构或代理在货物出运并取得运单后,以最快的通信方式将运单等寄交多式联运经营人目的地分支机构或代理,以便目的地分支机构或代理能用此提货;同时,向多式联运经营人提供运单副本以及火车动态等,以便多式联运经营人能全面了解货运进展和向目的地分支机构或代理发出必要的指示。

第五,多式联运经营人目的地分支机构收到铁路运单后,可凭此从承运人或其代理处提取货物,并向收货人发出提货通知。收货人付款赎单后取得多式联运经营人签发的全套正本多式联运提单,凭此全套正本提单可向多式联运经营人目的地分支机构或代理办理提货手续。多式联运经营人目的地分支机构或代理经与多式联运经营人寄交的副本提单核对,并在收取应收取的运杂费后,将货物交付收货人。

思政思考

中国—中亚贸易通道建设

中国与中亚诸国的互联互通正在持续深化。数据显示,中亚国家与中国之间的贸易额近20年增长了24倍以上,其间中国对外贸易额增长了8倍。2022年,中国与中亚五国双边贸易额达702亿美元,创历史新高。中国—中亚运输通道不断延展,逐步挖掘了中亚国家的过境运输潜力,逐步将中亚国家内陆区位劣势转化为过境枢纽优势,实现物流运输方式多元化,为中国—中亚贸易往来创造了有利条件。

2023年5月19日,中国—中亚峰会在陕西西安举行。习近平主席在峰会上发表了《携手建设守望相助、共同发展、普遍安全、世代友好的中国—中亚命运共同体》主旨讲话。习近平主席提出了包括“加强机制建设”“拓展经贸关系”“深化互联互通”等战略和举措。在“深化互联互通”方面,习近平主席指出,中方将全面提升跨境运输过货量,支持跨里海国际运输走廊建设,提升中吉乌、中塔乌公路通行能力,推进中吉乌铁路项目对接磋商;加快现有口岸现代化改造,增开别迭里口岸,大力推进航空运输市场开放,发展地区物流网络;加强中欧班列集结中心建设,鼓励优势企业在中亚国家建设海外仓,构建综合数字服务平台。

【思考题】中国—中亚峰会将指引国际货物运输方式的创新。随着“一带一路”建设的不断推进,沿线国家的运输方式逐渐多样化,如航空运输,铁路运输、多式联运、管道运输等。请以“一带一路”沿线某一国家为例,分组讨论如何通过国际货物多式联运更好服务“一带一路”建设。

案例研究

案例一

新疆A畜产品进出口公司有一批山羊绒出口到英国利物浦,价值为

199 463.30 英镑。国际多式联运方式运输,自发货到收到提单用了 17 天,国际多式联运运费折合人民币 10 794.73 元。

新疆 B 畜产品进出口公司同样一批山羊绒出口到英国利物浦,价值也为 199 463.30 英镑。采用先铁路运输到上海再采用海运方式运输,自发货到收到提单用了 35 天,运费折合人民币为 15 818.72 元。

新疆 A 畜产品进出口公司由于比新疆 B 畜产品进出口公司提前议付结汇 18 天,还节省了货款利息人民币 2 084.63 元。

案例思考与讨论:

结合上述资料,分析国际多式联运的优越性。

案例二

一票货物从上海到南非的约翰内斯堡(JOHANNESBURG),经过了海运——从上海到德班(DURBAN),再经陆运——德班到约翰内斯堡。

案例思考与讨论:

这是否是国际多式联运?

案例三

山东 W 出口企业同某国 A 公司达成一笔交易,买卖合同中规定:支付方式为即期付款交单;装运自济南至汉堡;多式运输单据可以接受,禁止转运。山东 W 出口企业按期将货物委托 B 外运公司承运,货物如期在济南被装上火车经上海改装轮船运至香港,再在香港转船至汉堡,并由 B 外运公司于装车日签发多式运输单据。但货到目的港后,A 公司已宣布破产倒闭。当地 C 公司竟伪造假提单从第二程船公司在当地的代理人处提走了货物。山东 W 出口企业装运货物后,曾委托银行按跟单托收(付款交单)方式收款。但因收货人已倒闭,货款无着落,后又获悉货物已被冒领,山东 W 出口企业遂与 B 外运公司交涉,凭其签发的多式联运单据要求其交出承运货物。B 外运公司却以承运人只对第一程负责,对第二程不负责为由,拒绝赔偿,于是山东 W 出口企业向法院提起诉讼。

案例思考与讨论:

你认为法院应如何判决?理由何在?

案例四

甘肃某多式联运经营人从天水车站发运一个20英尺的集装箱,箱内装有艺术陶瓷,经满洲里去波兰华沙。货物发运后1年,国外收货人尚未收到货,经多式联运经营人及其总公司多次与国外代理联系查找,尚无货物下落。多式联运经营人虽电传答复货在俄罗斯段,但又说不清在俄罗斯段何处。这样造成国外收货人拒付货款,直接经济损失5万美元。

案例思考与讨论:

在责任一时不能查清的情况下,该多式联运经营人是否应该进行赔付?如果需要赔付,它该如何减少其损失?

案例研究参考答案

思考与练习

一、名词解释

国际多式联运、同一责任制、大陆桥、大陆桥运输

二、简答题

1. 国际多式联运有何特点?
2. 国际多式联运经营人应具备什么条件?
3. 简述国际多式联运与一般国际货物运输的区别。
4. 国际多式联运的经营方式主要有哪几种?
5. 什么是国际多式联运的统一责任制?
6. 简述国际多式联运出口业务。
7. 国际多式联运单证系统主要分哪几类?
8. 简述国际多式联运提单的性质及与联运提单的区别。
9. 《联合国国际货物多式联运公约》关于联运人赔偿的责任限额有哪些主要规定?
10. 经过西伯利亚往返于欧亚之间的大陆桥运输路线主要有哪几条?
11. 国际多式联运运费主要包括哪几个部分?

第九章 国际货物的通关与投保

Customs Clearance of International Goods

通过本章的学习要求学生:(1)掌握进出境货物报检、报关的基本流程和基本做法;(2)掌握进出口货物报检单的主要内容，并能根据合同、发票等相关资料填制;(3)掌握国际货物运输保险与国际货运代理责任险。

学习要点

By studying this chapter, students are expected to: (1) master the basic process and operation of quarantine and entry for goods across the border; (2) master the main content of the customs declaration form, and be able to fill in the customs declartion form according to relevant information, such as contracts and invoices; (3)master the insurance of international cargo transportation insurance and international freight forwarder liability insurance.

第一节　海关与国际货物通关的模式

国际物流与国内物流的不同之处之一在于存在着国境或关境，因而需要繁杂的检验检疫等贸易和通关手续。通关即结关、清关，是指进出口货物和转运货物，进出入一国海关关境时，进出口货物的收发货人或其代理人必须办理海关规定手续。只有在办理海关申报、查验、征税、放行等手续后，货物才能放行，同样，载运进出口货物的各种运输工具进出境或转运，也均需向海关申报，办理海关手续，得到海关的放行许可。货物在结关期间，不论是进口、出口或转运，都是处在海关监管之下，不准自由流通。我国海关已建立起国际物流监控系统，这一物流监控系统主要分为审单前物流监控、查验监控、放行监控、审单后物流监控（如图9-1所示）。

一、海关

海关是进出境的监督管理机关，海关的监督管理是国家行政执法活动，这是海关的基本性质。在对外开放的口岸和海关监管业务集中的地点设立海关是我国海关的设关原则。

（一）海关的主要职责

《海关法》赋予海关四项基本任务，即监管、征税、查缉走私和编制海关统计。海关总署的主要职责主要表现在以下几个方面：

1. 负责全国海关工作，垂直管理全国海关。

2. 负责组织推动口岸“大通关”建设。

3. 负责海关监管工作。制定进出境运输工具、货物和物品的监管制度并组织实施。

4. 负责进出口关税及其他税费征收管理。

5. 负责出入境卫生检疫、出入境动植物及其产品检验检疫。

6. 负责进出口商品法定检验。监督管理进出口商品鉴定、验证、质量安全等。负责进口食品、化妆品检验检疫和监督管理，依据多双边协议实施出口食品相关工作。

7. 负责海关风险管理。

8. 负责国家进出口货物贸易等海关统计。

9. 负责全国打击走私综合治理工作。

10. 负责海关领域国际合作与交流。

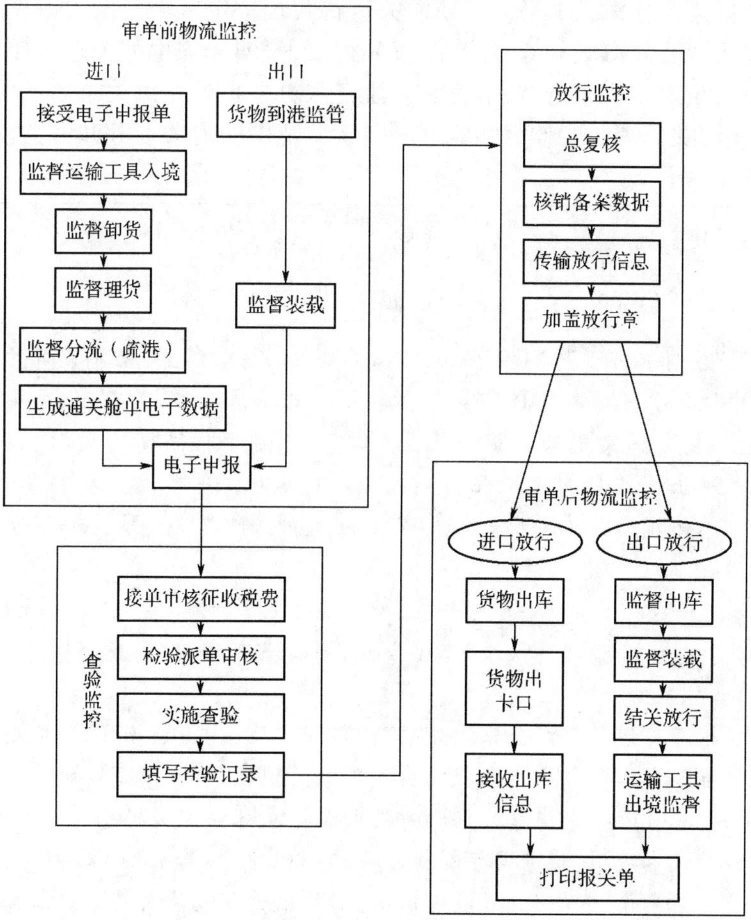

图 9-1　海关对国际物流的监控流程

(二)我国海关的管理体制和机构

海关总署是国务院的直属机构。“国务院设立海关总署,统一管理全国海关”“海关依法独立行使职权,向海关总署负责”“海关的隶属关系,不受行政区划的限制”,这就是我国海关的管理体制。也就是说,我国海关事务属中央事权;采取集中统一管理的垂直领导体制,海关隶属关系不受行政区划限制;海关独立行使职权,向海关总署负责。

我国海关机构的设置为海关总署、直属海关和隶属海关三级。隶属海关负责办理具体海关业务。直属海关负责管理一定区域范围内海关业务。隶属海关由直属海关领导，向直属海关负责，直属海关由海关总署领导，向海关总署负责。广东分署、上海和天津特派员办事处是海关总署的派出机构，代表海关总署负责监督和管理一定区域范围的海关业务和海关内部相关事宜。

【思政阅读】

智慧海关建设

习近平总书记2023年9月11日在给红其拉甫海关全体关员的重要回信中强调，海关要当好让党放心、让人民满意的国门卫士，为强国建设、民族复兴积极贡献力量。海关处在国内国际双循环的交汇枢纽，作为国家进出境监督管理机关，守国门保安全是最基本最重要的职责，必须贯彻总体国家安全观，以有力有效的监管保障重点领域安全，切实维护国门安全。

习近平总书记对智慧海关建设寄予殷切期望、做出重大安排，提出“智慧海关、智能边境、智享联通”重要合作倡议，宣布实施“智慧海关”合作伙伴计划。

世界海关组织倡议全球海关“拥抱数字文化、构建数据生态、促进数字转型”，世界各国海关都在积极探索实现海关现代化的有效路径。

海关总署近年来以习近平新时代中国特色社会主义思想为指引，加强现代科学技术应用，推进国际贸易“单一窗口”平台、专业技术机构等建设，提升海关信息化、数字化、智能化水平，不断推进智慧海关建设。智慧海关以数字化转型、智能化升级为核心，推动海关监管服务越来越“智能”、越来越“自动”。其重点是围绕守国门、促发展职责使命，以数字化转型、智能化升级为核心，运用数字技术这一创新驱动发展的先导力量，推进海关监管理念、制度机制、业务模式的全方位、系统性转型升级，构建网络化互联、数字化感知、智能化分析、自动化作业的海关监管服务新形态，营造安全、便利、高效的海关智治新生态。2024年起，智慧海关建设进入全面实施阶段，海关总署提出重点建设九大标志性工程，具体包括：智慧海关业务流程体系、大数据池、参数库、知识库、模型库、生态系统、装备设施体系、一站式服务平台、业务运行监控体系。

二、我国检验检疫通关的基本模式

通关顺畅与否已经成为衡量一个地区对外开放软环境竞争力和国际化的重要标准,也直接影响现代物流活动的效率。我国检验检疫货物通关的基本原则可概括为监管有效、便利通关。近年来,我国不断深化关检融合,改进海关、检验检疫监管和服务,实现口岸管理部门"信息互换、监管互认、执法互助",实施"单一窗口"和"一次申报,一次查验,一次放行"的通关作业模式,推行全国通关一体化。

(一)关检资质合一

我国《海关法》规定:"进出口货物,除另有规定的外,可以由进出口货物收发货人自行办理报关纳税手续,也可以由进出口货物收发货人委托海关准予注册的报关企业办理报关纳税手续。"根据这一规定,外贸企业(进出口货物的收发货人)可以自行办理报关,也可以委托代理报关单位(如国际货运代理企业)代理报关。

按照报关的行为性质,报关分为自理报关和代理报关两类[①]。相应地,报关单位也可分为自理报关单位和代理报关单位。进出口货物收货人、发货人为自理报关单位。代理报关单位则称报关企业,是指经海关准予备案,接受进出口货物收发货人的委托,以进出口货物收发货人名义或者以自己的名义,向海关办理代理报关业务,从事报关服务的境内企业法人。

1. 自理报关。进出口货物收发货人自行办理报关手续称为自理报关。我国的进出口货物收发货人主要有贸易型企业、生产型企业、仓储型企业等。根据我国海关目前的规定,自理报关单位必须在海关备案;进出口货物收发货人及其在海关备案的分支机构可以在全国办理进出口报关业务,进出口货物收发货人应当对其分支机构的行为承担法律责任;自理报关单位只能办理本单位进出口货物的报关业务,不能代理其他单位报关。

2. 代理报关。代理报关是指代理报关企业接受委托,代理进出口货物收发货人报关的行为。

---

① 虽然按照进出境的流向,报关可分为进口报关和出口报关,按照报关对象,报关可分为货物报关、运输工具报关和物品报关。但从报关的实质上讲,进出口报关的形式就是以自理报关和代理报关表现的,因为,不管是进口报关还是出口报关,都可以自理报关或委托报关企业代理报关。因此,自理报关或委托报关企业代理报关,是我国报关的主要形式。

目前我国的代理报关企业主要有两类:一类是接受进出口货物收发货人的委托,向海关办理进出口货物报关纳税等海关事务的报关企业,它也被称为专业报关企业、报关公司或报关行;另一类是接受进出口货物收发货人的委托,除承揽货物的运输外,还以收发货人的名义或自己的名义,将所承揽的运输货物向海关报关的国际物流企业或货物运输代理企业。

我国报关企业在海关备案后,同时取得报关报检资质。报关人员备案后同时取得报关和报检资质。

(二)单一窗口申报

按照联合国贸易便利化和电子商务中心的解释,单一窗口是指参与国际贸易和运输的各方,通过单一的平台提交标准化的信息和单证以满足相关法律法规及管理的要求。

中国国际贸易单一窗口简称国际贸易单一窗口或单一窗口(https://www.singlewindow.cn)(如图 9-2),依托中国电子口岸平台,为国际贸易提供"一站式"在线办理的窗口,是全国通关一体化的重要依托和平台,已完成货物申报、舱单申报、运输工具申报、许可证件申领、原产地证书申领、加工贸易、税费办理、企业资质办理和查询统计等基本功能建设。企业向口岸多个部门申报,只需要通过国际贸易"单一窗口"标准版一个平台即可完成。

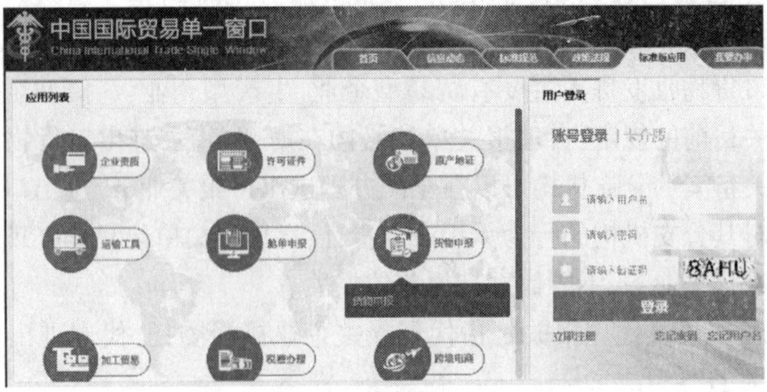

图 9-2 国际贸易单一窗口登录页面

申报人通过"单一窗口"标准版一点接入、一次性提交满足口岸管理和国际贸易相关部门要求的标准化单证和电子信息,实现共享数据信息,实施职能管理，优化通关业务流程。

（三）“三个一”通关作业模式

“一次申报，一次查验，一次放行”的通关作业模式，简称“三个一”通关作业模式，如图 9-3 所示。

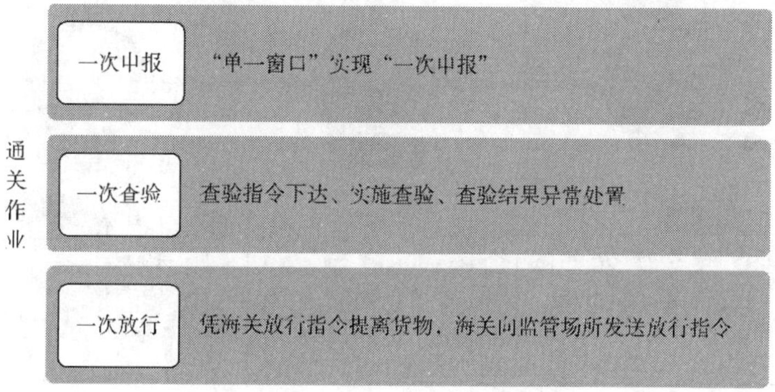

图 9-3 “三个一”通关作业模式

1. 一次申报，实现报关和报检录入项目的整合申报。企业对于依法须报关报检的货物，通过统一录入界面的客户端（例如国际贸易单一窗口），一次录入报关报检数据，向海关申报报检电子数据、报关电子数据。

2. 一次查验。“一次查验”即一次开箱、海关依法查验/检验检疫。海关接受企业申报后，对需查验的货物，在约定时间内实施一次开箱，依法查验，从而减少企业重复移箱、开箱、装卸货物的状况。“一次查验”模式实现了海关查验指令在电子口岸“一次查验”平台上的对碰，码头可立即根据平台的查验指令安排移箱操作。

3. 一次放行。海关向监管场所发送放行指令，在放行环节核碰，实现一次放行。收发货人凭海关放行指令提离货物。

（四）实行“一次申报、分步处置”通关作业流程

“一次申报、分步处置”通关作业流程的主要内容是对进出口货物完成合法进出口等要素甄别后，海关先放行货物，其他手续通关后完成。企业在货物通关时一次申报，海关分步处置。货物放行前，在口岸海关处置安全准入

风险；货物放行后，在属地海关开展税收后续管理。

“一次申报、分步处置”的通关作业流程如图 9-4 所示。

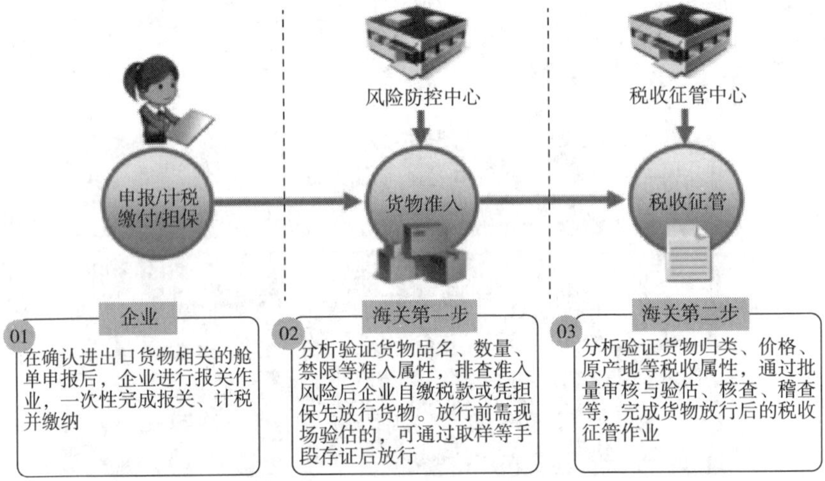

图 9-4 “一次申报、分步处置”的通关作业流程

（五）实行汇总征税和自报自缴

汇总征税是海关总署为推进贸易便利化、降低通关成本而推出的一种集约化征税模式，简单来说就是“先放后税，汇总缴税”。在汇总征税模式下，海关对符合条件的进出口纳税义务人在一定时期内多次进口货物应纳税款实施汇总计征，即企业无须向海关逐票申报纳税再提取货物，可以在提供税款担保后先行提取货物，事后在规定的纳税周期内汇总缴付税款。

汇总征税不仅能够大幅缩短企业通关时间、提高通关效率，更有效缩减了进出口企业资金压力，降低通关成本。其具体做法是：在企业提供税收担保的基础上，进口货物在通关时海关不打印税单征税，而是在企业提供的税收担保额度内，通过核扣担保额度的方式先予办理货物放行手续，企业于次月第 5 个工作日前对前一月已放行应税货物集中缴纳税款，海关集中打印税单。

自报自缴是海关税收征管方式“自主申报，自行缴税”的简称，是以企业诚信管理为前提，由进出口企业依法如实、规范、正确申报报关单税收要素，并自主计算、申报税费后自行缴税。海关抽查审核，并把重点放在后续的审查和处理上，从而压缩了货物在口岸的滞留时间，节省了通关时间，降低通关成本。自报自缴的通关作业流程如图 9-5 所示。

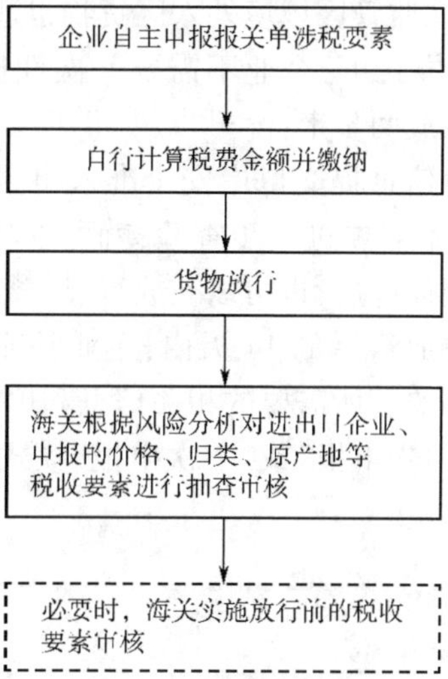

图 9-5　自报自缴的业务流程

企业可以在申报环节选择“自报自缴”模式，一次性完成报关、计税、缴纳，即：通过中国国际贸易单一窗口货物申报系统如实、规范录入报关单涉税要素及各项目数据，利用系统的海关计税（费）服务工具计算应缴纳的相关税费，并对系统显示的税费计算结果进行确认，连同报关单内容一并提交海关，收到海关通关系统发送的回执后，自行办理相关税费缴纳手续。

已在海关办理汇总征税总担保备案的进出口企业可在申报时选择“汇总征税”模式。

货物放行后，海关对进出口企业申报的价格、归类、原产地等税收要素进行抽查审核；特殊情况下，海关实施放行前的税收要素审核。相关进出口企业应当根据海关要求，配合海关做好税收征管工作。

税费的计算

（六）实行两步申报与两段准入

"两步申报"是进口货物"概要申报、完整申报"的简称，是海关为适应国际贸易的特点和安全便利的需要，所采取的一项重要通关改革措施。海关特殊监管区域境外入区货物也适用"两步申报"。

在"两步申报"通关模式下，企业不需要一次性提交全部申报信息及单证，整个提交过程可以分成两步走：

第一步，企业凭提单信息提交口岸安全准入申报需要的相关信息，进行"概要申报"。货物如果不需要进一步查验，就可以马上被放行、提离。涉税的货物，在提供了税款担保以后，也可以被放行、提离。

第二步，货物在口岸放行后的14天内，企业补充提交满足税收征管、合格评定、海关统计等整体监管所需要的相关信息和单证。

企业可自主选择"两步申报"或"一次申报"模式。采用两步申报后通关的基本流程如图9-6所示。

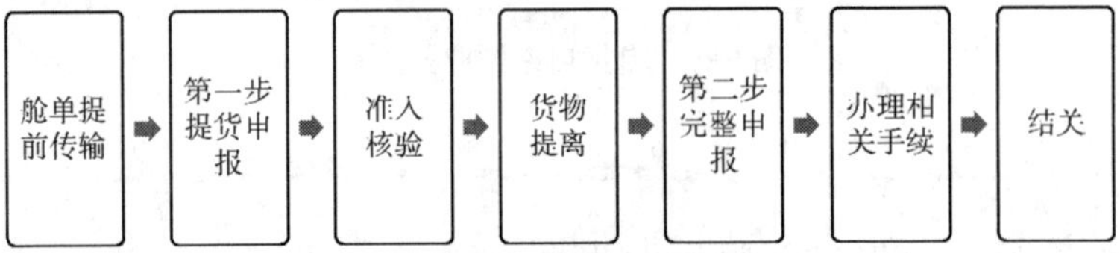

图9-6 "两步申报"通关的基本流程

【例9-1】"两步申报"案例。

上海申步公司进口零部件一批，包括灌装机用电气开关、硅胶胶水等，海关监管条件为法定检验、3C证书免办证明、两用物项和技术进口许可证，并采用运保费到付。

上海申步公司如果选择"一次申报"模式，则需取得全部监管证件和单据，其中运保费需货物到港后才能确定，无法提前申报。如果采取"两步申报"，则货物在运输途中，企业获得提单、进口许可证信息后即可提前报关。其中，第一步只需概要申报，上海申步公司录入提单号、HS编码、监管方式、监管证件号等概要信息，确认由提单号关联的相关信息，并提供税款担保，货物到港后如无须口岸查验，即可提离。在运输工具进境申报后14日内上海申步公司进行第二步完整申报，即在第一步申报信息基础上补全报关单其他信息，提交运保费证明、3C 免办证明等，并配合海关检验。

两步申报的好处是申报人可以在货物提离以后 14 天之内，按照规定完成相关手续，既保障了企业权益、降低了企业成本，又提高了通关效率。此外，如果选择"一次申报"模式，企业需一次性全部提交相关信息，信息验证以后才能提离货物，而货物申报时难免出现错报、漏报，需要进行修改和调整，货物通关时间较长。如果采取两步申报则可有效降低上述申报过程中的风险。

"两段准入"是指以进口货物准予提离进境地口岸海关监管作业场所（含场地）为界，分段实施"是否允许货物入境"和"是否允许货物进入国内市场销售或使用"两类监管作业（分别简称"第一段监管""第二段监管"）的海关监管方式，如图 9-7 所示。

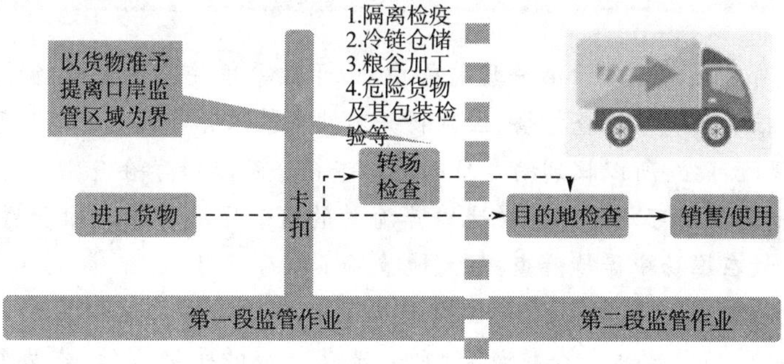

图 9-7 "两段准入"作业流程

符合"两段准入"的企业可在国际贸易单一窗口货物申报中提交"两段准入"申请。海关在进境地口岸海关、目的地海关分两段对进口货物实施准入监管，完成相应监管作业后，企业凭海关通知准予将货物提离口岸进入中国关境、对货物实施销售或使用等处置。

"两段准入"监管作业是海关进一步优化口岸营商环境、促进贸易便利化的重要举措。

【例 9-2】两步申报与两段准入案例。

"两步申报"与"两段准入"是海关总署全面深化业务改革的重要措施，实现了信息流和物流的一体统筹，发挥出了改革的叠加效应。

3月22日,A公司到旅顺海关请求帮助:3月26日即将到港一批钢材,但在年初的疫情防控期间企业因贸易链条复工不足导致生产原材料供应短缺,急需快速提离投入生产。但这批货物的HS编码被列入了需实施检验检疫的进出境商品目录中,必须接受海关的检验。根据我国《进出口商品检验法》及其实施条例,法定检验的商品未经检验的,不准销售和使用。旅顺海关综合该货物的各种情况及企业需求,提出了"两步申报+两段准入"的办法。A公司的申报做法如图9-8(1)所示。

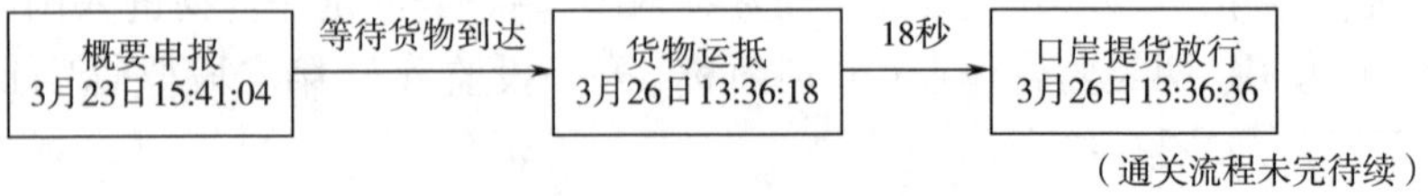

图9-8(1)　A公司的申报做法

这票货物此时正处于第一段监管中,由于该票报关单中有货物涉检,所以在概要申报后触发了检查指令,但货物并不涉及禁限管制或其他高风险商品安全,属于风险可控,所以收到的是目的地检查指令而非口岸检查指令,没有口岸检查指令,货物就可以提离进境地口岸海关的监管区域自行运输和存放了,不需要一直放在堆场中等待检查,极大地节省了堆存费用。

货物在提离口岸监管区域后就进入了第二段监管。这批货物既有目的地检查要求,又需要进行合格评定,所以要将相应的手续办结,在办结后才可以用来销售或使用。A公司的完整申报做法如图9-8(2)所示。

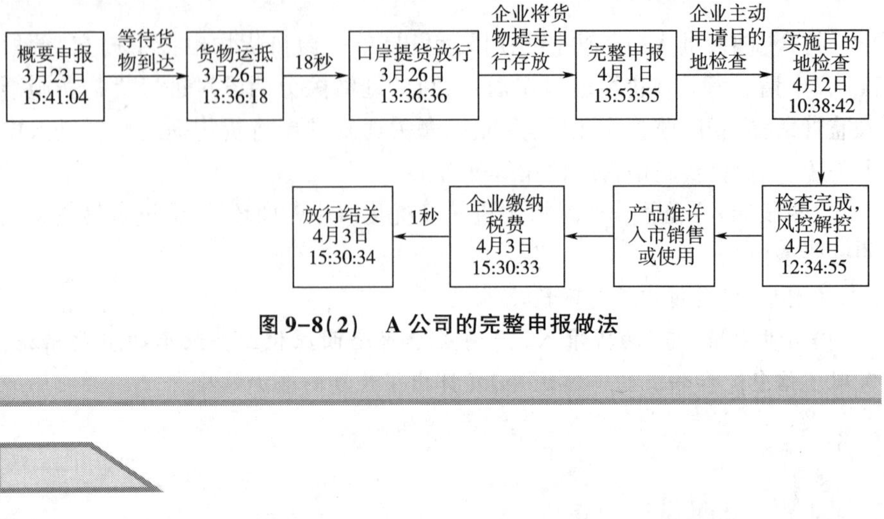

图9-8(2)　A公司的完整申报做法

（七）全国通关一体化

海关总署为加快转变政府职能，适应开放型经济新体制要求，深化简政放权、放管结合、优化服务，不断通过信息互换、监管互认、执法互助推进全国通关一体化改革。

1. 建设两个中心。全国海关设立风险防控中心和税收征管中心，统一风险分析防控，集中统一实施税收征管，实现全国海关风险防控、税收征管等关键业务集中、统一、智能处置。

风险防控中心对进出口货物统一实施安全准入（准出）风险分析、监控和处置。目前海关总署分别设立了上海、青岛、广州黄埔风险防控中心。

税收征管中心前置税收风险分析，对少量存在重大税收风险且放行后难以有效稽（核）查或追补税的，实施必要的放行前排查处置；对存在一定税收风险，但通过放行后批量审核、验估或稽（核）查等手段，能够进行风险排查处置及追补税的，实施放行后风险排查处置。目前海关总署分别设立了上海、广州、京津税收征管中心。

对企业而言，同一企业在不同海关将面对统一的海关监管政策和要求，享受统一的通关便利待遇，无论在哪里通关，海关都是同一个执法口径和标准，全国是一关。

2. 通关一体化模式下的通关流程。海关传统的通关流程是接受申报、审单、查验、征税、放行的"串联式"监管作业流程。从海关方面看，海关对进出口货物监管的业务程序是：接受申报、查验货物、征收税费、结关放行。作为进出境货物的收发货人，其相应的报关手续应为：提出申报、接受查验、缴纳税费、凭单取货或装船出运（如图 9-9 所示）。

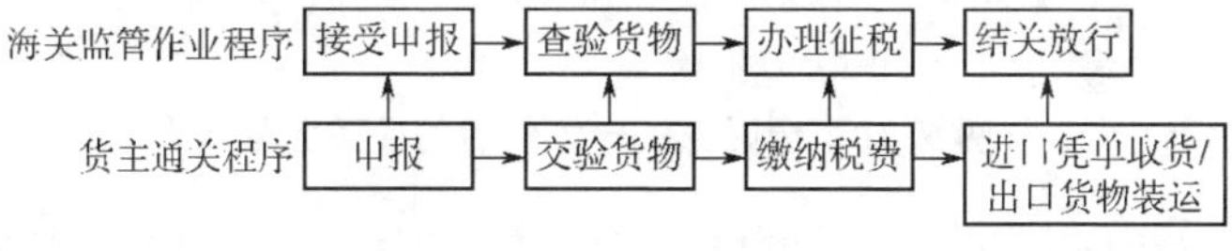

图 9-9　进出口货物通关的基本环节

全国海关通关一体化后，一是企业可以选择在任意地点进行报关，消除了申报的关区限制；二是海关执法更统一，在"两个中心"的处置下，全国通关的政策和规定执行标准更加一致;三是效率大大提高,简化了口岸通关环节的手续,压缩了口岸通关的时间。

在通关一体化模式下,企业拥有更多的自主选择权,无论选择哪个口岸出口,都可以向属地海关报关,可以按照实际物流需求,自主选择通关地点和方式,任意设计最适合自身的物流方案。这种"多地通关,如同一关"的模式,打破了地域限制和关区的行政界线,在简化手续的同时,有效提高了物流速度。例如,一家生产机械的重庆企业,需要从我国台湾地区进口一些零配件,以往的流程是海运到上海港,上海代理报关后办理转关,然后再水路运到重庆。但是,全国通关一体化实现后,货物只要到达上海港,重庆企业可以在重庆海关报关缴税,经过审定后放行指令就直接传到上海海关,货物直接放行(如图 9-10 所示),这样通关成本大幅降低,企业进口成本随之减少。

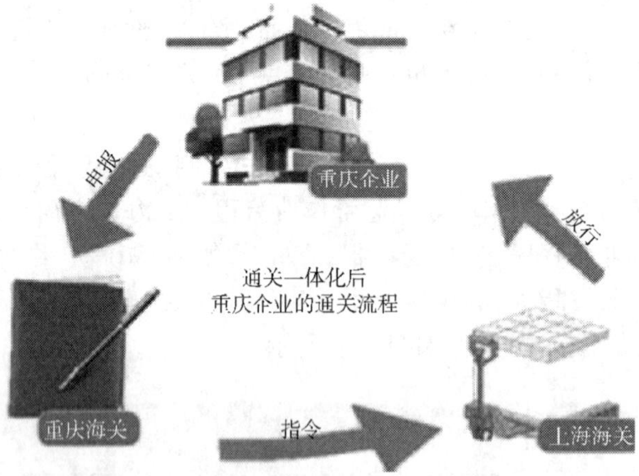

图 9-10 全国通关一体化后的通关流程

第二节 国际货物的检验检疫及报检

检验检疫工作,是指检验检疫机构依照进出口国有关法律、行政法规及国际惯例的规定,实施对报检人申报出入境的货物、交通运输工具、货物包装、集装箱以及人员等进行检验检疫、认证和签发官方检验检疫证明等监督管理业务的统称。海关是我国卫生检疫、动植物检疫、商品检验、进出口食品安全等职责的实施主体。海关在出入境检验检疫方面主要履行经济调节、市场监督、口岸把关、公共服务等职能,其主要工作内容是出入境卫生检疫、动植物检疫、商品检验、鉴定、认证和监督管理。各地海关的检验检疫机构或部门负责办理出入境检验检疫业务。

一、法定检验检疫

法定检验检疫又称强制性检验检疫,是指海关作为检验检疫机构依照国家法律、行政法规和规定,对必须检验检疫的出入境货物、交通运输工具、人员及其他事项等依照规定的程序实施强制性的检验检疫措施。

法定检验检疫的货物,货主或其代理人应在规定的时限和地点向检验检疫机构报检。检验检疫机构依法对指定的进出口商品实施法定检验,检验的内容包括商品的质量、规格、重量、数量、包装及安全卫生等项目。经检验合格并签发证书以后,方准出口或进口。

非法定检验检疫

法定检验的实施机构是各直属海关、隶属海关负责进出口商品法定检验的部门。

须实施法定检验检疫的范围包括:①有关法规如《出入境检验检疫机构实施检验检疫的进出境商品目录》中规定的商品;②对进出口食品的卫生检验和进出境动植物的检疫;③对装运出口易腐烂变质食品、冷冻品的船舱、集装箱等运载工具的适载检验;④对出口危险货物包装容器的性能检验和使用鉴定;⑤对有关国际条约规定或其他法律、行政法规规定须经检验检疫机构检验的进出口商品实施检验检疫;⑥国际货物销售合同规定由检验检疫机构实施出入境检验时,当事人应及时提出申请,由检验检疫机构按照合同规定,对货物实施检验并出具检验证书。

《出入境检验检疫机构实施检验检疫的进出境商品目录》(简称《实施检验检疫的进出境商品目录》或《法检目录》)是以《商品分类和编码协调制度》为基础编制而成的,包括了大部分法定检验检疫的货物,是检验检疫机构依法对出入境货物实施检验检疫的主要执行依据。列入检验检疫《法检目录》的进出境商品,必须经海关实施检验检疫和监管。

每条目录由商品编码①、商品名称及备注、计量单位、海关监管条件和检验检疫类别五栏组成(见表 9-1)。其中商品编码、商品名称及备注和计量单位是以 HS 编码为基础,并依照最新的海关《商品综合分类表》的商品编号、商品名称、商品备注和计量单位编制。

表 9-1 《出入境检验检疫机构实施检验检疫的进出境商品目录》举例

海关商品编码	商品名称	计量单位	海关监管条件	检验检疫类别
0810903	鲜龙眼	千克	A/B	P. R/Q. S
28469029	其他氯化稀土	千克	/B	N

其中,海关监管条件、检验检疫类别代码含义如下:

海关监管条件代码:

A:表示对应商品须实施进境检验检疫;

B:表示对应商品须实施出境检验检疫(电子底账)。

检验检疫类别代码:

M:表示对应商品须实施进口商品检验;

N:表示对应商品须实施出口商品检验;

P:表示对应商品须实施进境动植物、动植物产品检疫;

Q:表示对应商品须实施出境动植物、动植物产品检疫;

R:表示对应商品须实施进口食品卫生监督检验;

S:表示对应商品须实施出口食品卫生监督检验;

L:表示对应商品须实施民用商品入境验证。

二、出入境货物检验检疫的流程

【思政阅读】

认知逃避商检的法律后果

党的二十大报告强调"坚决维护国家安全"。进出口商品检验应当根

① 商品编码即 HS 编码(Harmonized System Code),是按照《商品名称及编码协调制度》(The Harmonized Commodity Description and Coding System,HS)的相关规定,对每一种进出口货物进行商品归类,以确定该种商品的唯一性商品编码,是商品在国际市场上流通的"身份证"号码,是各国海关、商品出入境管理机构确认商品类别、进行商品分类管理、审核关税标准、检验商品品质指标的最基本的要素。HS 编码有的简称为 H. S. 编码或 H. S 编码,本书统一简称 HS 编码。

据保护人类健康和安全、保护动物或者植物的生命和健康、保护环境、防止欺诈行为、维护国家安全的原则，由海关制定、调整必须实施检验的进出口商品目录并公布实施。

法定检验货物须经海关检验。《中华人民共和国进出口商品检验法实施条例》规定，擅自销售、使用未报检或者未经检验的属于法定检验的进口商品，由海关没收违法所得，并处商品货值金额5%以上20%以下罚款；构成犯罪的，依法追究刑事责任。

例如，某公司于某年6月25日以一般贸易方式向海关申报出口一票“接骨木提取物”，申报税则号列2938909090（出口退税率为13%、无监管条件），经查验，海关认定该货物应当归入税则号列1302199099（出口退税率为13%、监管证件代码AB、检验检疫类别MPR/NQS）。该公司对法定检验的出口商品不予报检，逃避出口商品检验，根据《中华人民共和国进出口商品检验法实施条例》第四十五条第一款，海关对该公司处以罚款人民币3万余元。

我国《刑法》第二百三十条规定：“违反进出口商品检验法的规定，逃避商品检验，将必须经商检机构检验的进口商品未报经检验而擅自销售、使用，或者将必须经商检机构检验的出口商品未报经检验合格而擅自出口，情节严重的，处三年以下有期徒刑或者拘役，并处或者单处罚金。”逃避商检罪是指违反进出口商品检验法的规定，逃避商品检验，将必须经商检机构检验的进口商品未报经检验而擅自销售、使用，或者将必须经商检机构检验的出口商品未报经检验合格而擅自出口，情节严重的行为。

（一）出入境货物检验检疫的一般工作流程

海关出入境货物检验检疫的工作流程可概括为三个环节：受理报检→检验检疫和鉴定→签证。

1. 受理报检。报检也称报验，是指申请人向海关就进出口货物报请检验检疫，是海关受理报检的前提和基础。海关检验检疫机构接受申请人报检，是检验检疫工作的开始。

报检企业须为国际货物销售合同（包括购销合同）或合约的关系人，或持有上述关系人的委托书。

出口货物的生产、经营单位，进口货物的收货、用货单位可以自理报检，也可以委托有报检报关资质的国际物流企业或货运代理企业代理报检。

不同类的货物如一般货物、动植物以及一些有特殊规定的检验检疫货物,其报检要求是不同的。报检人报检时必须履行的工作主要有三项:申报报关单检务信息;上传或提交相应的单证;按规定配合检验检疫。

我国实行电子报检。电子报检是指报检人使用电子报检软件将报检数据以电子方式传输给海关,经检验检疫业务管理系统和检务人员处理后,将受理报检信息反馈报检人,实现远程办理进出境检验检疫报检的行为。企业申请开通电子报检报关,需要完成必要的业务准备,如用户注册、企业资质备案以及办理申报平台的卡介质。

我国实行关检融合"整合申报项目"。报关报检面向企业端整合形成"四个一",即"一张报关单、一套随附单证、一组参数代码、一个申报系统"。其中"一个申报系统"就是指国际贸易单一窗口。申报人通过中国国际贸易单一窗口(https://www.singlewindow.cn)(如图9-11)完成货物报检与报关申报。

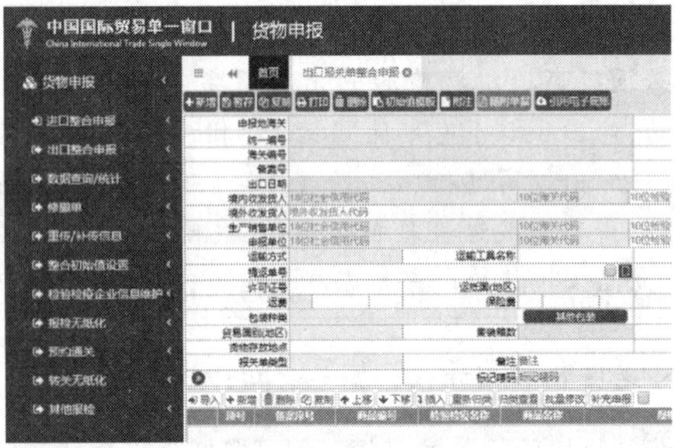

图9-11 国际贸易单一窗口货物整合申报页面截图

方式一,登录后点"标准版应用"→货物申报→进(出)口整合申报→进(出)口报关单整合申报。

方式二,登录后点"我要办事"→选择地区(省份)→中央标准版应用→货物申报→进(出)口整合申报→进(出)口报关单整合申报。

报关单整合申报电子数据项目包括基本申报项目、表头折叠项目和表体折叠项目。其中基本申报项目整合了报关报检所需的基本申报项目,表头折叠项目和表体折叠项目主要为检务申报项目。申报人按照海关总署发布的《进出口货物申报项目录入指南》填报检务申报项目。

报关单表头折叠项目主要包括：企业资质类别；企业资质编号；启运日期；B/L号；目的地海关；关联号码及理由；使用单位联系人；使用单位联系电话；原箱运输；特殊业务标识；所需单证；检验检疫签证申报要素。在国际贸易单一窗口货物申报系统进口/出口货物整合申报下的报关单整合申报页面，申报人填写基本信息后，如果需要填写涉检基本信息，点击页面左下角蓝色方向按钮，可弹出涉检报关信息录入区域，如图9-12所示。

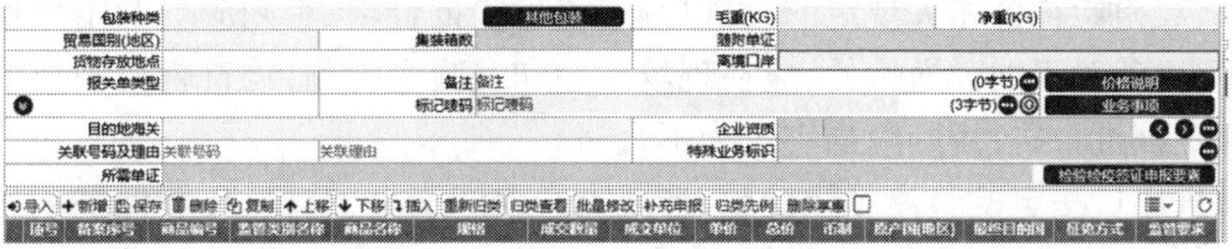

图9-12　检务申报项目截图(一)

报关单表体折叠项目主要包括：检验检疫货物规格；产品资质（产品许可/审批/备案）；货物属性；用途；危险货物信息。如图9-13所示。

图9-13　检务申报项目截图(二)

注：在图标1处录入商品的检务申报内容；在图标2处点击后按弹出页面录入检验检疫货物规格；在图标3处点击后录入商品资质相关内容；在图标4处点击后可以选择正确货物属性；图标5，如果商品是危险化学品需要点击后录入相关信息。

海关对申报人报检资格、报检时限和地点、电子报检数据和报检单据进行审核,受理报检。

2. 检验检疫和鉴定。海关根据有关工作规范、企业信用类别、产品风险等级,判别是否需要实施现场检验及是否需要对产品实施抽样检测。海关对进出口商品实施检验的内容,包括是否符合安全、卫生、健康、环境保护、防止欺诈等要求以及相关的品质、数量、重量等项目。在检验检疫和鉴定环节,报检人应事先约定抽样、检验检疫和鉴定的时间,并须预留足够的取采样、检验检疫和鉴定的工作日,同时须提供进行取采样、检验检疫和鉴定等必要的工作条件。

海关对检验检疫的货物进行合格评定。对于仅实施现场检验的进出口商品,经检验符合相关规定的,可以判定该检验批合格,否则应当判定该检验批不合格;对于抽样送检的,应在现场检验和实验室检测,均符合相关要求的可判定该批合格,否则应当判定为不合格。

进出口法定检验商品经检验,涉及人身财产安全、健康、环境保护项目不合格的,由海关责令当事人销毁,或者出具退货处理通知单;其他项目不合格的,可以在海关的监督下进行技术处理,经重新检验合格的,方可销售或者使用。

3. 签证。对出境货物,国外要求签发有关检验检疫证书的,海关根据对外贸易关系人的申请,经检验检疫合格的,签发相应的检验检疫证书;经检验检疫不合格的,签发出境货物不合格通知单。凡法律、行政法规、规章或国际公约规定须经检验检疫机构检验检疫的入境货物,海关接受报检后,经检验检疫合格的,签发《入境货物检验检疫情况通知单》;不合格的,对外签发检验检疫证书,供有关方面对外索赔。

实践中,海关已采用检验检疫证明集约签证。检验检疫证明集约签证是指海关通过整合内部资源,如签证兽医官、签证植物检疫官等专家资源,将原本分散的签证业务集中处理,采用线上方式办理,实现检验检疫证单签发的高效化和电子化。企业可以通过登录"单一窗口"系统下载电子版的检验检疫证明,无须再到现场领取纸质证书,大大提高了办事便利性和效率。

(二)出境货物检验检疫的一般工作流程

凡经检验不合格的货物,一律不得出口。在出口货物托运环节中,未经检验合格是不能装船出运的,因而在托运的同时,应办理报检。出境货物最迟应在出口报关或装运前 7 天报检,对于个别检验检疫周期较长的货物,应留有相应的检验检疫时间。需隔离检疫的出境动物在出境前60天预报，隔离前7天报检。

出境货物的检验检疫工作是先检验检疫，后通关放行，即出境货物的发货人或者其代理人向海关报检，海关受理报检后实施检验检疫。其一般流程可归纳为：报检（电子申报）→受理报检→检验检疫→合格评定→转通关放行，如图9-14所示。

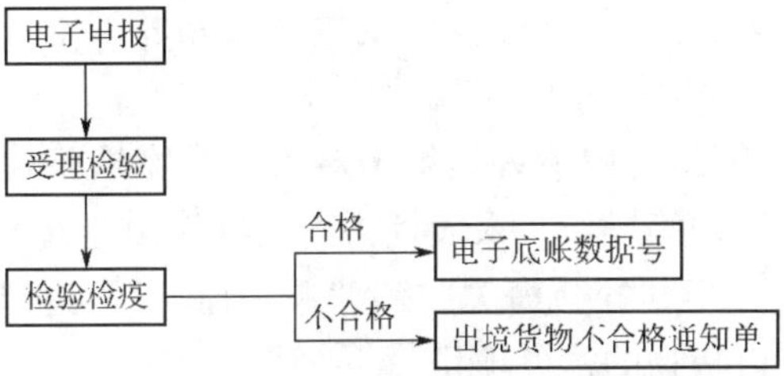

图9-14　出境货物检验检疫工作的一般流程

出境货物检验检疫遵循产地检验检疫原则，但海关可以根据便利对外贸易和进出口商品检验工作的需要，指定在其他地点检验。一般情况下，实施出口检验检疫的货物，企业应在报关前向产地/组货地海关提出申请。报检企业通过国际贸易单一窗口进行货物申报。海关实施检验检疫监管后建立电子底账，向企业反馈电子底账数据号，符合要求的按规定签发检验检疫证书。企业在报关时应填写电子底账数据号，办理出口通关手续。对于经检验检疫不合格的货物，该批货物不能出口。

（三）入境货物检验检疫的一般工作流程

入境货物的检验检疫工作程序是报检后先放行通关，再进行检验检疫。法定检验检疫入境货物的货主或其代理人自主选择在口岸或目的地海关报检，货物在目的地海关实施检验检疫[①]。一般情况下，入境货物货主或其代理人首先向卸货口岸或到达站的海关报检；海关受理报检后，施检部门签署意

① 大宗散装商品、易腐烂变质商品、可用作原料的固体废物以及已发生残损、短缺的商品，应当在卸货口岸检验。海关总署也可以根据便利对外贸易和进出口商品检验工作的需要，指定进口商品在其他地点检验。

见,对来自疫区,可能传播检疫传染病、动植物疫情及可能夹带有害物质的入境货物的交通工具或运输包装实施必要的检疫、消毒、卫生除害处理后,签转检验检疫编号,供报检人办理海关的通关手续;货物通关放行 20 日内,入境货物的货主或其代理人在目的地海关,联系对货物实施检验检疫。经检验检疫合格的入境货物,海关签发入境货物检验检疫证明;经检验检疫不合格的入境货物,签发检验检疫处理通知书,货主或其代理人应在海关的监督下进行处理,无法进行处理或处理后仍不合格的,入境货物的货主做退运或销毁处理。对检验不合格的进口成套设备及其材料,签发不准安装使用通知书。经技术处理,并经出入境检验检疫机构重新检验合格的,方可安装使用。需要索赔的入境货物,海关签发检验检疫证书。

国际贸易单一窗口为申请人提供了对入境货物检验检疫申请数据进行录入、暂存、删除、打印等操作。入境货物货主或其代理人可以通过国际贸易单一窗口(包括通过“互联网+海关”接入“单一窗口”)进口整合申报页面向海关申报,填制进口货物的检务项目。

一般进口货物在进口整合申报菜单的报关单整合申报页面的检务信息各栏目中申报。企业应当在报关单随附单证栏中填写报检电子回执上的检验检疫编号。

第三节 国际货物的报关

海关对国际货物监管的基本任务,是根据《海关法》和国家有关进出口政策、法律、法规,监督货物和运输工具的合法进出,检查并处理非法进口、偷漏税等走私违法活动。

海关对国际货物的监管依据是:进出口货物的收发货人(或他们的代理人)填写的进出口货物报关单以及商务管理部门签发的进出口货物许可证,或有关主管部门的批准文件以及正常的商务单据。海关监管审核进出境货物是否“合法进出”的依据之一,是商务部和其他政府有关部门签发的相关进出口许可证件。凡实行进出口许可证管理的货物,对外贸易经营者应当在进出口前按规定向指定的发证机构申领进出口许可证,海关凭进出口许可证接受申报和验放。实践中,这些进出口环节的监管证件一般通过网上办理、网上申报,海关实现联网核查、自动比对。

国际贸易货物在进出口时是否需要办理相关对外贸易管制许可证件,必须先进行海关 HS 编码的商品归类,然后根据每年出版发行的《中华人民共和国海关进出口税则及申报指南》或相关网络在线查询该商品的“海关监管条件”，便可知道该商品需要申领哪种进出口许可证件。

一、代理报关的委托

报关是进出口收发货人或其代理人，向海关办理货物、物品、运输工具进出境手续及相关海关事务的过程。报关是海关受理进出口货物通关的前提和基础。

进出口货物，除另有规定的外，可以由进出口货物收发货人自行办理报关纳税手续，也可以由进出口货物收发货人委托海关准予备案的报关企业办理报关纳税手续。因此，外贸企业（进出口货物的收发货人）可以自行办理报关，也可以委托代理报关企业（如国际货运代理企业）代理报关。外贸企业委托国际货运代理企业代理报关的流程见图 9-15。

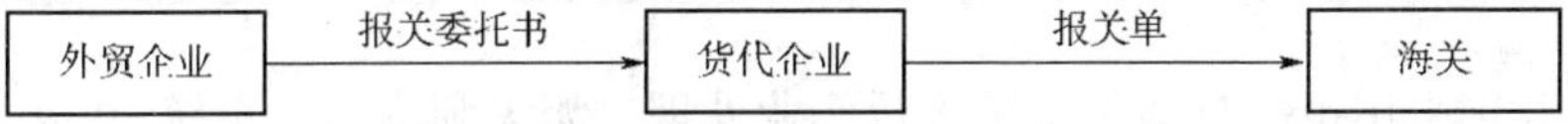

图 9-15　外贸企业委托国际货运代理企业代理报关的流程

进出口货物收发货人委托代理报关企业报关须办理报关委托，签订《代理报关委托书》《委托报关协议》。《代理报关委托书》和《委托报关协议》作为代理报关时报关单的必备随附单证使用。

实践中，进出口货物收发货人（委托方）和报关企业（受托方）主要通过国际贸易单一窗口签订电子代理报关委托书，建立委托关系。货物进出口报关申报时派生电子代理报关委托书（委托协议），连同报关单向海关通关管理系统申报。

代理报关委托书的主要内容如表 9-2 所示。

二、一般进出口货物报关流程

一般进出口货物的通关过程以及通关的后续监管如图 9-16、图 9-17 所示。

表 9-2　　代理报关委托书示例

代理报关委托书
编号：□□□□□□□□□□□□□□□ 我单位现　(A 逐票、B 长期)委托贵公司代理　等通关事宜。(A、报关查验 B、垫缴税款 C、办理海关证明联 D、审批手册、E、核销手册 F、申办减免税手续 G、其他)详见《委托报关协议》。 我单位保证遵守《海关法》和国家有关法规，保证所提供的情况真实、完整、单货相符。否则，愿承担相关法律责任。 本委托书有效期自签字之日起至　　年　　月　日止。 委托方(盖章)： 法定代表人或其授权签署《代理报关委托书》的人(签字) 年　　月　　日

我国采用报关自动化系统进行作业处理。海关利用通关系统，可实现电子审单、放行。一般进出口货物报关的基本流程可细分为电子申报、集中审单、现场通关—接单、现场通关—查验、现场通关—税费征收、现场通关—单证放行、口岸通关—实货放行、进出口货物报关单数据流转与打印、取货或装运等九大环节(如图 9-18 所示)。下面就电子申报进行阐述。

电子申报这一步骤的主要内容是：货物的收发货人或其代理人根据《中华人民共和国海关进出口货物报关单填制规范》和海关监管、征税、统计等要求录入电子报关数据并通过网络传输方式向海关传输电子数据，进行电子申报。

申报前的准备工作主要有：①进口须接到进口提货通知，出口须备齐出口货物。②委托报关者须办理报关委托，代理报关者须接受报关委托。③准备报关单证，包括基本单证、特殊单证、预备单证。④在实际进出口行为中，如遇《海关进出口商品税则》无具体列明或无法确定的疑难归类商品，可事先向当地海关的关税部门申请归类咨询或申请《海关进出口商品预归类决定书》。

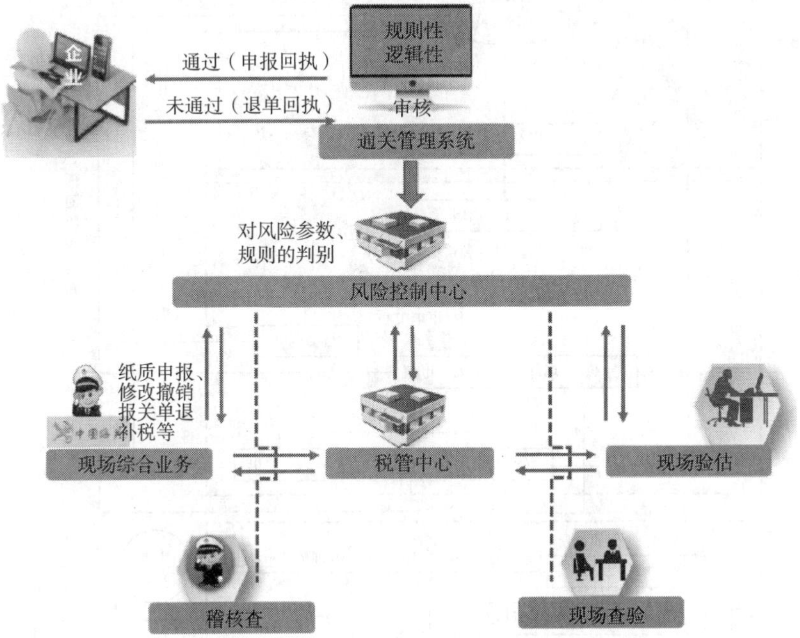

图 9-16　进出口货物的一般通关过程

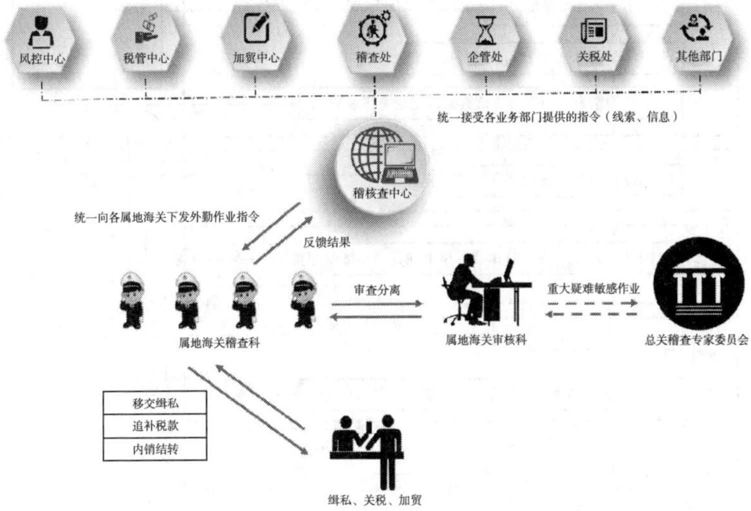

图 9-17　进出口货物通关的后续监管

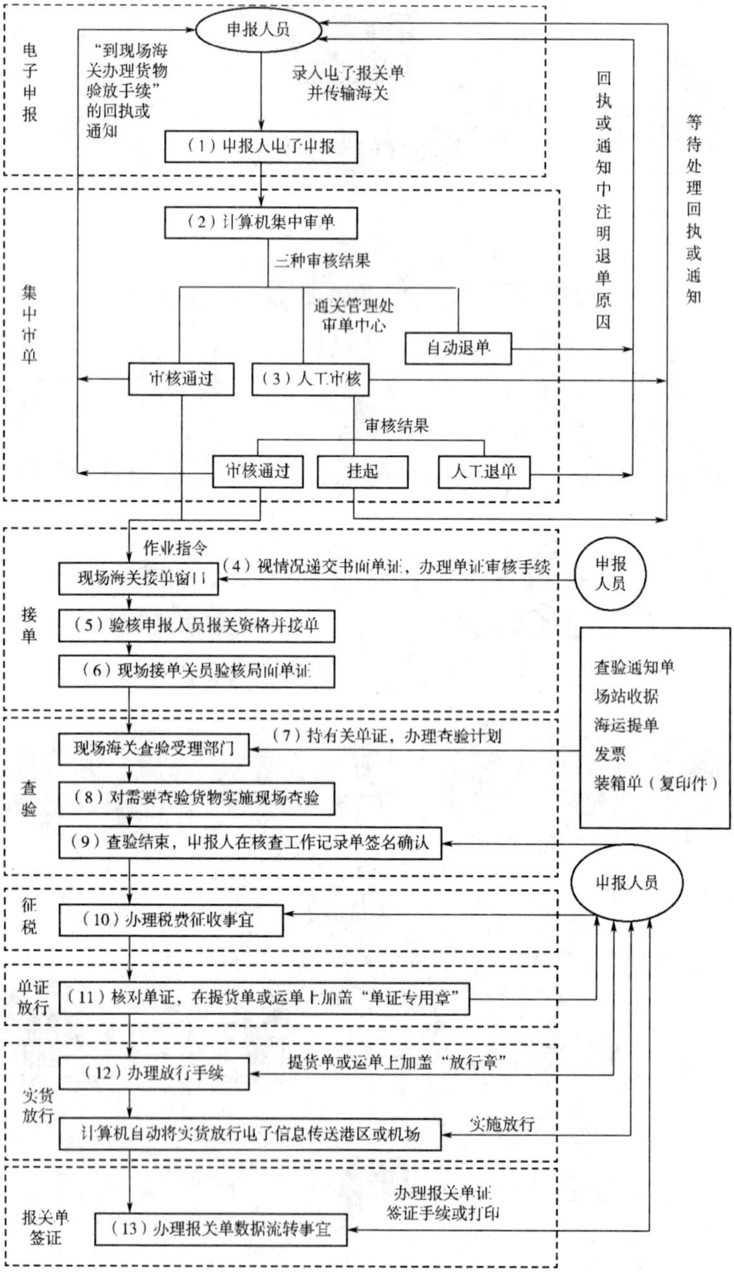

图 9-18　进出口货物的通关流程

【例 9-3】报关企业和报关人员要做遵纪守法的践行者。

习近平总书记在党的二十大报告中指出“加快建设法治社会”“法治社会是构筑法治国家的基础。弘扬社会主义法治精神,传承中华优秀传统法律文化,引导全体人民做社会主义法治的忠实崇尚者、自觉遵守者、坚定捍卫者。”报关人员须培养“遵守程序、业务规范、办事诚信”的职业素养,做遵纪守法的践行者。

A 公司是一家从事物流运输、报关服务的国际货运代理公司,一次在代理客户报关时,A 公司业务人员由于工作疏忽将部分货物的品名、规格报错,导致客户漏缴了一部分税款,A 公司会被处罚吗?

分析:如果是 A 公司过错导致上述违法行为,A 公司会被处罚。根据《海关法》第八十六条规定,违反本法规定,进出口货物、物品或者过境、转运、通运货物向海关申报不实的,可以处以罚款,有违法所得的,没收违法所得。根据《海关行政处罚实施条例》第十五条规定,进出口货物的品名、税则号列、数量、规格、价格、贸易方式、原产地、启运地、运抵地、最终目的地或者其他应当申报的项目未申报或者申报不实,影响国家税款征收的,处漏缴税款 30%以上 2 倍以下罚款,有违法所得的,没收违法所得。根据该实施条例第十七条规定,报关企业、报关人员对委托人所提供情况的真实性未进行合理审查,或者因工作疏忽致使发生本实施条例第十五条规定情形的,可以对报关企业处货物价值 10%以下罚款,暂停其 6 个月以内从事报关活动;情节严重的,禁止其从事报关活动。本案中,A 公司作为提供报关服务的货代公司,由于业务人员工作疏忽将部分进口货物的品名、规格型号报错导致漏缴税款,可由海关予以处罚。

(一)申报的期限

出口货物报关期限与进口货物报关期限是不同的。出口货物的发货人或其代理人除海关特许外,应当在装货的 24 小时以前向海关申报。进口货物的收货人或其代理人应当自载运该货物的运输工具申报进境之日起 14 天内向海关办理进口货物的通关申报手续。如果在法定的 14 天内没有向海关办理申报手续,海关将征收滞报金。滞报金的日征收金额为进口货物完税价格的 0.5‰。进口货物滞报金期限的起算日期为运输工具申报进境之日起第 15 日;邮运的滞报金起算日期为收件人接到邮局通知之日起第 15 日。

(二)申报的方式

实践中办理进出口货物的海关申报手续主要采用电子数据报关单的形

式。电子数据报关单与纸质报关单具有同等的法律效力。

中国国际贸易单一窗口是报关单整合申报的主要平台,具有进出口货物进出口报关单录入、导入、保存、申报、查询、打印以及关检数据的互相调用、关联生成等功能。申报人可以从“单一窗口”标准版网站(https://www.singlewindow.cn)或“互联网+海关”网上办事平台(http://online.customs.gov.cn/)进入“货物申报”页面(见图9-11)。

(三)需申报或交验的单证

申报的有关单证系指与所报货物相适应的、凭以支持报关单填报的单据和证件。申报单证可以分为主要单证和随附单证两大类。其中,主要单证就是报关单;随附单证包括基本单证、特殊单证和预备单证。基本单证是指与进出口货物直接相关的商业和货运单证,主要包括发票、装箱单、提(装)货凭证(或运单、包裹单)、进出口货物征免税证明。特殊单证是指国家有关法律规定实行特殊管理的证件,主要包括配额许可证管理证件和其他各类特殊管理证件。预备单证是指供海关认为必要时查阅或收取的单证,包括合同、货物原产地证明、委托单位的工商营业执照证书、账册资料及其他有关单证。

海关为深入推进通关作业无纸化改革工作,一些单据在申报时可不向海关提交,海关审核时如需要再提交。

【例9-4】中国石油化工进出口公司从委内瑞拉进口原油20万吨,由一艘船舶装运进口。

问题:在进口报关时除应向海关申报进口货物报关单外,还应具有哪些报关单证?

分析:

原油为国营贸易商品,属于自动进口许可证目录所列商品。因此,报关时除应向海关申报进口货物报关单外,还应具有进口货物提货单、商业发票、装箱单和自动进口许可证。

(四)提前申报

报关企业提前申报的,应当先取得提(运)单或载货清单(舱单)数据。

1. 出口提前申报。出口货物发货人、受委托的报关企业在货物备齐并取得预配舱单电子数据后,可在货物运抵海关监管场所前3日内向海关办理申报手续;在货物运抵海关监管场所(场地),并在海关收到运抵报告电子数据后,海关办理货物查验、放行手续。提前申报并采取边运抵边装船的海运大宗散装货物，经海关船边实际验核，必须在申报后 3 日内装载完毕。超期未装载完毕的，须经海关批准。提前申报的出口转关货物必须在报关单电子数据申报之日起 5 日内运抵启运地海关监管作业场所（场地），办理转关和验放等手续，超过期限的，海关一律直接撤销报关单。

2. 进口提前申报。进口提前申报是指在舱单数据提前传输的前提下，进口货物的收货人、受委托的报关企业提前申报报关单，海关提前办理单证审核及税费征收，待货物实际到港后办理查验及放行手续。进口货物的收货人、受委托的报关企业提前申报的，应当先取得载货清单（舱单）数据。对于采用无纸化方式申报、电子支付税款且不涉及布控查验的货物，企业可利用货物运输阶段完成申报前准备和申报手续，实现货物到港即提离，大幅提升通关效率。

（五）报关单及其填制

按进出口状态分，报关单可分为中华人民共和国海关进口货物报关单和中华人民共和国海关出口货物报关单。按表现形式分，报关单可分为纸质报关单和电子报关单。在实际操作中，一般通过计算机系统先申报电子数据报关单，再根据需要[①]打印纸质报关单提交给海关。

电子报关单的录入项目包括基本申报项目、表头折叠项目和表体折叠项目（见图 9-19）。其中：基本申报项目包括表头项目、表体项目、集装箱项目、随附单证项目；表头折叠项目和表体折叠项目为检务申报项目。

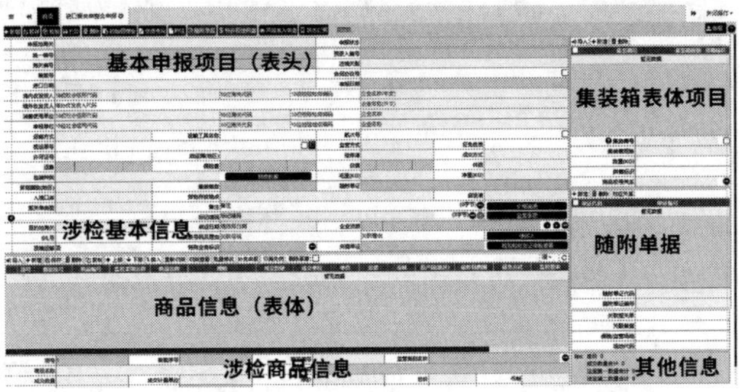

图 9-19　国际贸易单一窗口货物申报进口报关单申报页面结构

① 比如：有纸申报、需要现场查验、需要无纸申报转有纸申报，或者是出现异常情况，需要现场来处理，就需要打印纸质报关单，向海关提交纸质单据。

纸质报关单并不是电子报关单所有数据的打印版，纸质报关单的主要内容见表 9-3、表 9-4 所示。

表 9-3　　　　中华人民共和国海关出口货物报关单

预录入编号：　　　　　　　　　　　　　　　　　　海关编号：

<table>
<tr><td>境内发货人</td><td colspan="2">出境关别</td><td colspan="2">出口日期</td><td colspan="2">申报日期</td><td>备案号</td></tr>
<tr><td>境外收货人</td><td colspan="2">运输方式</td><td colspan="2">运输工具名称及航次号</td><td colspan="3">提运单号</td></tr>
<tr><td>生产销售单位</td><td colspan="2">监管方式</td><td colspan="2">征免性质</td><td colspan="3">许可证号</td></tr>
<tr><td>合同协议号</td><td colspan="2">贸易国(地区)</td><td colspan="2">运抵国(地区)</td><td colspan="2">指运港</td><td>离境口岸</td></tr>
<tr><td>包装种类</td><td>件数</td><td>毛重
(千克)</td><td>净重
(千克)</td><td>成交方式</td><td>运费</td><td>保费</td><td>杂费</td></tr>
<tr><td colspan="8">随附单证及编号</td></tr>
<tr><td colspan="8">标记唛码及备注</td></tr>
<tr><td colspan="8">项号　商品编号　商品名称及规格型号　数量及单位　单价/总价/币制　原产国(地区)　最终目的国(地区)　境内货源地　征免</td></tr>
<tr><td colspan="8"></td></tr>
<tr><td colspan="8"></td></tr>
<tr><td colspan="8"></td></tr>
<tr><td colspan="8">特殊关系确认：　　价格影响确认：　　支付特许权使用费确认：　　自报自缴：</td></tr>
<tr><td colspan="3">报关人员　报关人员证号
电话
申报单位</td><td colspan="3">兹申明对以上内容承担如实申报、依法纳税之法律责任
申报单位(签章)</td><td colspan="2">海关批注及签章</td></tr>
</table>

表 9-4　　中华人民共和国海关进口货物报关单

预录入编号：　　　　　　　　　　　　　　　　海关编号：

<table>
<tr><td>境内发货人</td><td colspan="2">进境关别</td><td colspan="2">进口日期</td><td colspan="2">申报日期</td><td>备案号</td></tr>
<tr><td>境外收货人</td><td colspan="2">运输方式</td><td colspan="2">运输工具名称及航次号</td><td colspan="2">提运单号</td><td>货物存放地点</td></tr>
<tr><td>消费使用单位</td><td colspan="2">监管方式</td><td colspan="2">征免性质</td><td colspan="2">许可证号</td><td>启运港</td></tr>
<tr><td>合同协议号</td><td colspan="2">贸易国(地区)</td><td colspan="2">启运国(地区)</td><td colspan="2">经运港</td><td>入境口岸</td></tr>
<tr><td>包装种类</td><td>件数</td><td>毛重
(千克)</td><td>净重
(千克)</td><td>成交方式</td><td>运费</td><td>保费</td><td>杂费</td></tr>
<tr><td colspan="8">随附单证及编号</td></tr>
<tr><td colspan="8">标记唛码及备注</td></tr>
<tr><td colspan="8">项号　商品编号　商品名称及规格型号　数量及单位　单价/总价/币制　原产国(地区)　最终目的国(地区)　境内目的地　征免</td></tr>
<tr><td colspan="8"></td></tr>
<tr><td colspan="8"></td></tr>
<tr><td colspan="8"></td></tr>
<tr><td colspan="8">特殊关系确认：　　价格影响确认：　　支付特许权使用费确认：　　自报自缴：</td></tr>
<tr><td colspan="3">报关人员　报关人员证号
电话
申报单位</td><td colspan="3">兹申明对以上内容承担如实申报、依法纳税之法律责任
申报单位(签章)</td><td colspan="2">海关批注及签章</td></tr>
</table>

申报人在填制报关单时，应当依法如实向海关申报，对申报内容的真实性、准确性、完整性和规范性承担相应的法律责任。报关单填报必须真实，做到“两个相符”：①单、证相符，即所填报关单各栏目的内容必须与合同、发票、装箱单、提单以及批文等随附单据相符；②单、货相符，即所填报关单各栏目的内容必须与实际进出口货物情况相符。申报人必须按照《海关法》《货物申报管理规定》和海关总署公布的报关单填制规范的有关规定和要求，向海关如实申报。

报关人向海关发送报关单后，海关接受报关、审单。海关计算机系统根据预先设定的各项参数对电子报关数据的规范性、有效性和合法性进行电子审核，审核结果将通知申报人。申报人配合海关查验和税费征收，获得海关放行后凭单取货或装运出口货物。

第四节　国际货物运输保险与国际货运代理责任险

在国际贸易中，买卖双方所在的国家相距遥远，进出口货物在运输途中容易因灾害事故的发生而遭受损失，同时，从事国际货运的代理人在完成运输的许多环节当中也会因过失而带来风险。因此，在国际货物运输中，一般应投保国际货物运输险、国际货运代理责任险。

一、国际货物运输保险及投保

每笔国际货物交易都必须办理货物运输保险。办理货物运输保险有助于推动国际物流和贸易的顺利发展，是开展对外贸易和国际物流不可缺少的重要环节。

国际货物运输保险，是指被保险人（Insured）就其货物按一定的金额和险别向保险人亦称保险公司或承保人（Insurer）提出投保申请，经保险人同意，保险人便按投保金额和投保险别的费率收取保险费，并出具保险单证。事后，如所保货物在运输过程中遭受保险责任范围内的损失，享有保险利益的单证持有人即可向保险人要求赔偿。因此，通常情况下，国际货物运输保险业务包括投保人的投保、保险人的承保以及保险的索赔和理赔几个阶段。

（一）国际货物运输保险投保

国际货物运输保险应由卖方还是买方办理投保手续，主要取决于贸易合同中采用的贸易术语，如我国出口货物，若采用 FOB、FCA 或 CFR、CPT 以及 EXW、FAS 术语，投保手续由国外买方办理；若采用 CIF 或 CIP 术语，则由我方办理投保手续。

国际货物运输保险的投保是指投保人向保险人表示订立保险合同的意愿，提出投保申请，将自己所面临的风险和投保的要求告知保险人，向保险人发出要约或询价，保险人表示承诺或对此询价提出包括保险条件及费率的要约。在我国的保险实践中，投保人一般需要填写国际货物运输保险投保申请单（海运货物运输投保申请单见表 9-5）来完成投保行为，即通过投保人要约，保险人在投保申请单上签章承诺，从而订立保险合同。保险合同一般采用书面形式。根据我国《保险法》的规定及保险实务,保险合同的书面形式通常有投保书、暂保单、保险单、保险凭证。

表 9-5 运输保险投保申请单

<table>
<tr><td colspan="4">运输险投保申请单
Application for Transportation Insurance</td></tr>
<tr><td>(1)被保险人:
Insured</td><td colspan="2"></td><td rowspan="2">(2)保单号:
Policy No.
(3)发票号:
Invoice No.
(4)合同号:
Contract No.
(5)信用证号:
L/C No.</td></tr>
<tr><td colspan="3">兹有下列物品向中国人民保险公司投保:
Insurance is required on the following commodities</td></tr>
<tr><td>(6)标记:
Marks & Nos.</td><td>(7)包装及数量:
Packing & Quantity</td><td>(8)保险货物项目:
Description of goods</td><td rowspan="2">(9)发票金额:
Amount Invoice
(10)加成:
Value plus about
(11)保险金额(%):
Amount Insured(以人民币填写)
(12)费率:
Rate
(13)保险费:
Premium</td></tr>
<tr><td></td><td></td><td></td></tr>
<tr><td colspan="4">(14)装载工具(请以 by air, by sea, by car 字样填写):
Per conveyance</td></tr>
<tr><td>(15)开航日期以出港日期为准:
Slg. on abt.</td><td colspan="2">(16)提单号(真实的运单号):
B/L No.</td><td>(17)赔付地点(详细地址):
Claims Payable at</td></tr>
<tr><td>(18)自:
From</td><td colspan="2">(19)经:
Via</td><td>(20)到:
To</td></tr>
<tr><td colspan="4">(21)承保险别:
Conditions & /or Special Coverage(需要保何种保险,请在此注明)

(22)备注:
Remarks</td></tr>
<tr><td colspan="2">(23)正本份数:
Originals</td><td colspan="2">(24)投保人盖章:
Applicant's Signature</td></tr>
<tr><td>地址 Address</td><td></td><td>日期 Date</td><td></td></tr>
</table>

(二)国际货物运输保险承保

保险公司在接受投保人的投保申请后,开立保险单(中国人民保险公司保险单样本见表9-6),并确定投保人应缴纳的保险费。

海运、陆运、空运
货物保险选别

表9-6 中国人民保险公司保险单样本

中 国 人 民 保 险 公 司
THE PEOPLE'S INSURANCE COMPANY OF CHINA

总公司设于北京　　一九四九年创立
Head Office: BEIJING　　Established in 1949

保 险 单
INSURANCE POLICY

保险单号次
POLICY NO.

中国人民保险公司(以下简称本公司)

THIS POLICY OF INSURANCE WITNESSES THAT THE PEOPLE'S INSURANCE COMPANY OF CHINA (HEREINAFTER CALLED "THE COMPANY")

根据(1)(以下简称被保险人)的要求,由被保险人向本公司缴付约定的保费,按照本保险单承保险别和背面所载条款承保下述货物运输保险,特立本保险单。

AT THE REQUEST OF(1)(HEREINAFTER CALLED "THE INSURED") AND IN CONSIDERATION OF THE AGREED PREMIUM PAID TO THE COMPANY BY THE INSURED UNDERTAKES TO INSURE THE UNDER MENTIONED GOODS IN TRANSPORTATION SUBJECT TO THE CONDITIONS OF THIS POLICY AS PER THE CLAUSES PRINTED OVERLEAF AND OTHER SPECIAL CLAUSES ATTACHED HEREON.

(2)标记 MARKS & NOS	(3)包装及数量 QUANTITY	(4)保险货物项目 DESCRIPTION OF GOODS	(5)保险金额 AMOUNT INSURED

(6)总保险金额
TOTAL AMOUNT INSURED

(7)保 费 PREMIUM	(8)费 率 RATE	(9)装 载 运 输 工 具 PER CONVEYANCE SS.
(10)开航日期 SLG ON OR ABT.	(11)自 FROM	(12)至 TO

(13)承保险别
(14)CONDITIONS

所保货物,如遇出险,本公司凭本保险单及其他有关证件给付赔款。所保货物,如发生本保险单项下负责赔偿的损失或事故,应立即通知本公司下述代理人查勘。

续表

CLAIMS, IF ANY, PAYABLE ON SURRENDER OF THIS POLICY TOGETHER WITH OTHER RELEVANT DOCUMENTS IN THE EVENT OF ACCIDENT WHEREBY LOSS OR DAMAGE MAY RESULT IN A CLAIM UNDER THIS POLICY, IMMEDIATE NOTICE APPLYING FOR SURVEY MUST BE GIVEN TO THE COMPANY'S AGENT AS MENTIONED HEREUNDER:
中国人民保险公司上海分公司 THE PEOPLE'S INSURANCE CO. OF CHINA SHANGHAI BRANCH
(15)赔款偿付地点 General Manager CLAIM PAYABLE AT/IN (16)日期 上海 DATE SHANGHAI (17)保单背书

保险单一般均应包括下列事项:保险公司名称,保险单名称,保险单号次,被保险人名称,发票号与唛头,包装及数量,保险货物项目,保险金额,保费,装载运输工具,开航日期,运输起讫地,承保险别,保险公司在目的地的检验、理赔代理人名称及详细地址和电话号码等,赔款偿付地点,保单签发日期,保险公司代表签名。保险单是保险公司根据投保人提供的投保单内容而制作的,因此保险人在接受投保后,所缮制的保险单内容应与投保单一致,以满足投保人对保险的要求。

按时支付保险费是投保人应履行的基本义务,也是保险人履行赔偿义务、建立各种基金、弥补保险经营费用等支出的主要资金来源。

保险费的金额取决于保险金额和保险费率的高低。如前所述,保险金额是根据保险价值确定的,保险价值一般包括货价、运费、保险费、经营管理费和预期利润等。按照各国法律的规定,保险金额在不超过保险价值的前提下,可由保险人和投保人约定,在实践中,通常是由投保人根据货物的合同价并适当加成后经保险人同意确定的。保险费率即保险价格,是保险人为承担约定的保险赔付责任而向投保人收取保费的标准。

保险金额一般以 CIF 或 CIP 的发票价格为基础确定,其公式为:

$$保险金额=CIF(CIP)价\times(1+投保加成率)$$

当信用证没有做特别规定时,应按 CIF 或 CIP 价格加成 10%支付保险费。

$$保险费=保险金额\times保险费率$$

若按 CFR 或 FOB 条件进口,保险金额按保险费率和平均运费率直接计算,公式如下。

按 CFR 进口时：

$$保险金额=CFR价\times(1+保险费率)$$

按 FOB 进口时：

$$保险金额=FOB价\times(1+平均运费率+保险费率)$$

【例 9-5】进口商品 A 的 CFR 价格为 8 846.4 美元，要投保一切险（保险费率 0.8%）和战争险（保险费率 0.08%），试计算进口商应付给保险公司的保险费用？

解：

保险金额 = 8 846.4×(1+0.8%+0.08%) = 8 924.25（美元）

保险费 = 8 924.25×(0.8%+0.08%) = 78.53（美元）

（三）国际货物运输保险索赔

向保险公司索赔的人必须同时满足三个条件：合法持有保险单；对保险标的具有可保利益；损失属于承保责任范围。以海运为例，假设以 CIF 条件成交，货物的损失若是发生在起运港或装上海轮之前的运输途中，应由卖方向保险公司索赔；如果货物的损失发生在装上海轮之后，根据保险利益原则的规定，应由买方向保险公司进行索赔。

被保险人在索赔时必须履行的手续主要有以下几个步骤。

1. 损失通知。一旦获悉保险货物受损，被保险人应立即向保险人或其指定的代理人发出损失通知。

2. 申请检验。被保险人在向保险人或其代理人发出损失通知的同时，也应向其申请货物检验，而不能自行请他人进行检验。货物的检验对查清损失原因、审定责任归属是极其重要的，因而被保险人应及时申请检验，如果延迟检验，不仅会使保险人难以确定货损是否发生在保险有效期内，而且可能导致损失原因无法查明，影响责任的确定。特别是当被保险人在货物运抵目的地的最后仓库才发现货损时，被保险人更应尽快地向保险人申请检验，以便确定损失是否在运抵最后目的地仓库前，即在保险期限内发生。

3. 提交索赔单证。被保险人在向保险人或其代理人索赔时，应提交索赔必需的各种单证。按照我国货物运输保险条款的规定，被保险人在索赔时应提供保险单正本、提单、发票、装箱单、磅码单、货损货差证明、检验报告及索赔清单。如果涉及第三者责任，还须提供向责任方追偿的有关函电及其他必要的单证或文件。

在保险索赔过程中，被保险人除了应及时向保险人发出损失通知、申请检验以及提交有关单证外，还应履行下列几项义务。

第一,采取施救措施,防止或减少损失。对于已发生损失的货物,如果损失可能进一步扩大,被保险人应立即采取必要措施防止损失扩大,不能因为货物已经保险而任由损失扩大。我国《海商法》第 236 条规定,被保险人收到保险人发出的有关采取防止或减少损失的合理措施的特别通知后,应当按照保险人通知的要求处理,如果被保险人违反了上述规定而造成货物损失的扩大,保险人就该扩大的损失部分不负赔偿责任。

第二,向有关责任方索赔。被保险人向责任方通知损失后,还应及时以书面形式向责任方提出索赔,并保留追偿权利,必要时还应申请延长索赔时效。及时向责任方进行追偿,维护保险人代位追偿①权的行使是被保险人应履行的一项重要义务。

(四)保险理赔

保险货物发生事故时,如果确定损失属于保险责任,保险人应当及时向被保险人进行经济补偿。

保险理赔是指保险人在接到被保险人的损失通知后,通过对损失的检验和必要的调查研究,确定损失的原因、损失的程度,并对责任归属进行审定,最后计算保险赔款金额并给付赔款的一系列过程。保险货物发生事故时,如果确定损失属于保险责任,保险人应当及时向被保险人进行经济补偿。

在确定损失原因之后,保险人应根据保险条款中的保险险别以及保险期限等规定,确定损失是否属于保险责任。每一份保险单都明确规定了所承保的险别(包括主险和附加险)及适用的保险条款,保险人应以保险条款为依据,确定损失是否属于承保责任。例如,运输货物按照我国《海洋运输货物保险条款》投保平安险,如果根据检验结果及被保险人提交的海事声明书可确定因船舶在运输途中遇台风而导致货物部分被水浸湿,据保险条款规定可知,货物因恶劣气候而致的部分损失不属平安险的承保责任,保险人应予拒赔。对保险期限,主要审查保险事故是否发生在保险合同有效期内。另外,保险人还应审定被保险人在事故发生后是否尽力采取措施,防止损失扩大,否则,保险人对扩大的损失部分有权拒赔。

---

① 代位追偿(Subrogation)是指当保险标的发生了保险责任范围内的由第三者责任造成的损失,保险人向被保险人履行了损失赔偿的责任后,有权在其已赔付的金额限度内取得被保险人在该项损失中向第三者责任方要求索赔的权利,即可站在被保险人的地位上向责任方进行追偿。

二、国际货运代理责任险

国际货运代理责任险是指被保险人及其代理人作为国际货物运输代理人接受委托人的委托,提供国际货物运输代理业务服务过程中,导致委托人的损失,依法应由被保险人承担的经济赔偿责任,保险人按照保险合同的规定在约定的责任限额内负责赔偿的保险。

国际货运代理的责任保险,通常是为了弥补国际货物运输方面所带来的风险。这种风险不仅来源于运输本身,而且来源于完成运输的许多环节当中,如运输合同、仓储合同、保险合同的签订、操作、报关、管货、向承运人索赔和保留索赔权的合理程序、签发单证、付款手续等。上述这些经营项目一般都是由国际货运代理来履行的。一个错误的指示、一个错误的地址,往往都会给国际货运代理带来非常严重的后果和巨大的经济损失,因此,国际货运代理有必要投保自己的责任险。另外,当国际货运代理以承运人身份出现时,不仅有权要求合理的责任限制,而且其经营风险还可通过投保责任险而获得赔偿。

(一)国际货运代理投保责任险的内容

国际货运代理投保责任险的内容,取决于因其过失或疏忽所导致的风险损失。

1. 错误与遗漏。如:虽有指示但未能投保或投保类别有误;迟延报关或报关单内容缮制有误;发运到错误的目的地;选择运输工具有误;选择承运人有误;再次出口未办理退还关税和其他税务的必要手续保留向船方、港方、国内储运部门、承运单位及有关部门追偿权的遗漏;不顾保单有关说明而产生的遗漏;所交货物违反保单说明。

2. 仓库保管中的疏忽。在港口或外地中转库(包括货运代理自己拥有的仓库或租用、委托暂存其他单位的仓库、场地)监卸、监装和储存保管工作中代运的疏忽过失。

3. 货损货差责任不清。在与港口储运部门或内地收货单位各方接交货物时,数量短少、残损责任不清,最后由国际货运代理承担的责任。

4. 迟延或未授权发货。如:部分货物未发运;港口提货不及时;未及时通知收货人提货;违反指示交货或未经授权发货;交货但未收取货款(以交货付款条件成交时)。

(二)国际货运代理责任保险的方式

国际货运代理投保责任险时,主要有以下几种方式供选择,即有限责任保险、完全法律责任保险、最高责任保险、集体保险制度。国际货运代理根据自己的情况,选择适合自己的方式进行投保。

1. 国际货运代理的有限责任保险。国际货运代理仅按其本身规定的责任范围对其有限责任投保,国际货运代理的有限责任保险主要分三种类型。

(1)根据国际货运代理协会标准交易条件确定的国际货运代理责任范围,国际货运代理可选择只对其有限责任投保。

(2)国际货运代理也可接受保险公司的免赔额,这将意味着,免赔额部分的损失须由国际货运代理承担。免赔部分越大,保险险费越低,但对投保人来说却存在下述风险,即对低于免赔额的索赔,均由国际货运代理支付,这样当国际货运代理面对多起小额索赔时,就会承担总额非常大的损失,而且有可能根本无法从保险人处得到赔偿。

(3)国际货运代理还可通过缩小保险范围来降低其保险费,只要过去的理赔处理经验证明这是合理的,但意料之外超出范围的大额索赔可能会使其蒙受巨大损失。

2. 国际货运代理的完全法律责任保险。国际货运代理按其所从事的业务范围、应承担的法律责任进行投保。根据国际货运代理协会标准交易条件确定的国际货运代理责任范围,国际货运代理可以选择有限责任投保,也可以选择完全责任投保。但有的国家的法院对国际货运代理协会标准交易条件中有关责任的规定不予认定,所以,国际货运代理进行完全法律责任保险是十分必要的。

3. 国际货运代理的最高责任保险。在某些欧洲国家,对于超过确定范围以外的责任,国际货运代理必须为客户提供"最高"保险,即向货物保险人支付一笔额外的保险费用。

4. 国际货运代理的集体保险制度。在某些国家,国际货运代理协会设立了集体保险制度,向其会员组织提供责任保险。这种集体保险制度既有利也有弊。其优点是使该协会能够代表其成员协商而得到一个有利的保险费率;并使该协会避免要求其成员进行一个标准的、最小限度的保险,并依此标准进行规范的文档记录。这种制度的缺点是,一旦推行一个标准的保险费率,就等于高效率的国际货运代理对其低效率的同行进行补贴,从而影响其改进风险管理、索赔控制的积极性;同时使其成员失去协会的内部信息,而该信息可能为竞争者所利用。

(三)国际货运代理责任保险的除外责任

虽然国际货运代理的责任可以通过投保责任险将风险事先转移,但投保了责任险并不意味着保险公司将承保所有的风险。事实上,保单中往往都有除外条款以及要求投保人履行的义务条款,如投保人未尽其义务,也会导致保险公司不予赔偿的后果。

除外条款和限制通常有:在承保期间以外发生的危险或事故不予承保;索赔时间超过承保条例或法律规定的时效;保险合同或保险公司条例中所规定的除外条款及不在承保范围内的国际货运代理的损失;违法行为造成的后果,如运输毒品、枪支、弹药、走私物品或一些国家禁止的物品;蓄意或故意行为,如倒签提单、预借提单引起的损失;战争、入侵、外敌、敌对行为(不论是否宣战)、内战、反叛、革命、起义、军事或武装侵占、罢工、停业、暴动、骚乱、戒严和没收、充公、征购等的任何后果,以及为执行任何政府、公众或地方权威的指令而造成的任何损失或损害;任何由核燃料或核燃料爆炸所致核废料产生的离子辐射或放射性污染所导致、引起或可归咎于此的任何财产灭失、摧毁、毁坏或损失及费用,不论直接或间接,还是作为其后果损失;超出保险合同关于赔偿限额规定的部分。事先未征求保险公司的意见,擅自赔付对方,亦可能从保险公司得不到赔偿或得不到全部赔偿。例如:当货物发生残损后,国际货运代理自认为是自己的责任,未征求保险公司的意见,自作主张赔付给对方。如事后证明不属或不完全属国际货运代理的责任,保险公司将不承担或仅承担其应负责的部分损失。

思政思考

建设新时代的人民海关

习近平总书记在党的二十大报告中指出“必须坚持人民至上”。党的十八大以来,习近平总书记多次对海关工作做出重要指示批示,其中“让人民满意”是众多指示批示中的重要思想。我国海关一直秉持“人民海关为人民”的理念,以维护国家安全和促进经济社会发展为使命,通过海关全面深化改革,不断提升监管服务效能。中国特色社会主义新时代以来,我国海关推进了大通关、全国通关一体化、关检业务融合等一系列改革。

新形势对海关监管提出了新挑战。作为世界上货物贸易第一大国的海关,负责进出口货物监管、进出境旅客通关、打击走私、外贸数据的统计和发布,到口岸卫生检疫、动植物检疫、食品安全和商品质量检验……职责范围广、监管链条长、监管对象多元,维护国门安全面临很大的压力和挑战。同时,企业对最大程度通关便利、降低贸易成本、保证进出口质量等方面有迫切的需求,对监管效率、专业执法的要求也越来越高。

海关要准确把握“人民海关为人民”的价值追求。党的一切奋斗,归根到底都是为了人民的利益和福祉。海关是党领导下的人民海关,海关的一切权力来自人民,让人民满意是海关工作的最高价值追求,必须牢记党的宗旨,坚持人民至上,既要严格监管打私、口岸卫生检疫、进口食品商品安全检验,守护人民生命安全和身体健康,又要促进贸易便利化、为企业提供最大程度的通关便利、降低贸易成本、提高服务水平。

在以往改革的基础上,中国海关要结合新形势、新任务,接续推进海关改革。面对世界第一的国际贸易监管量,面对传统和非传统安全风险,中国海关需要以更智慧的监管理念、方法手段,统筹落实发展和安全要求,打造国际上最具竞争力的海关监管体制机制,努力开创更优监管、更高安全、更大便利、更严打私的海关工作新局面,建设中国特色社会主义现代化海关。

【思考题】如何理解坚持人民至上与海关的监管改革的关系,你认为海关如何推动物流运输更高效、通关业务办理更便捷?

案例研究

案例一

河北T公司出口一批本地生产的芦笋罐头。合同规定该批货物应于5月1日前装运,公司备好货是4月25日,为不耽误船期,该公司委托B货运代理公司直接将货物运至出口口岸青岛。B货运代理公司于4月28日持合同、发票、装箱单、厂检单、包装性能检验结果单、卫生注册证书副本等单据向青岛出入境检验检疫局办理有关报检手续。

案例思考与讨论:

B货运代理公司在办理检验业务时有哪些不正确的地方?

案例二

A公司委托B船公司出口近60万美元的货物,涉及60多万元的出口退税。由于A公司采购时是以“盒”为单位采购的,A公司提供的报关委托单上也注明“606 000 BOXES”,工厂的增值税发票所开的单位也是以“606 000盒”为单位。但B船公司在填写报关单时却将“BOXES”漏打,只标明“6 000KGS”,因此海关计算机上该产品的数量为“6 000 千克”,导致报关单上的内容与发票上的数量和单位不同,A 公司不能正常退税。A 公司要求 B 船公司办理改单(修改报关单据),要求在品名下注明“606 000 BOXES”,但是由于 B 船公司一再拖延,导致 A 公司无法办理退税手续。A 公司不断催促该船公司办理改单,考虑到手续麻烦,需要较长时间,于是要求其必须在 3 个月内将改后的单据退还给 A 公司,否则要其承担由于不能正常退税造成的相关经济损失。3 个月后,总算了结此案。

案例思考与讨论:

此案中有哪些可吸取的教训?

案例研究参考答案

思考与练习

一、名词解释

检验检疫、报检、报关、代理报关、代理报关企业、自报自缴、国际贸易单一窗口、国际货物运输保险、国际货运代理责任险

二、简答题

1. 简述出入境货物法定检验检疫的内容及其基本做法。
2. 分别阐述出入境货物检验检疫的工作流程。
3. 分别简述进出口货物两步申报和提前申报的基本做法。
4. 简述货物电子申报的方式。
5. 简述“一次申报、分步处置”通关作业流程。
6. 简述进出口货物通关的基本环节。
7. 简述“三个一”通关作业模式。
8. 简述通关一体化模式下通关流程。
9. 简述代理报检报关的基本做法。

10. 报关的基本单证主要有哪些？
11. 简述汇总征税的基本做法。
12. 简述国际货物运输保险业务的基本过程。
13. 被保险人在国际货物运输保险索赔时应该履行哪些手续与义务？
14. 简述国际货运代理责任保险的主要方式。

第十章

国际货运代理法律实务

International Freight Forwarder Legal Practice

通过本章的学习，要求学生：(1)理解国际货运代理的法律关系与所应承担的责任；(2)了解国际货运代理业务中涉及的国际公约及其对责任的规定并能在实际工作中应用；(3) 熟悉 FIATA 国际货运服务示范规则以及中国国际货运代理协会标准交易条件的内容；(4)掌握货运事故处理的一般程序和货运索赔与保险索赔的操作程序。

学习要点

By studying this chapter, students are expected to: (1) understand the legal relationship and responsibility supposed to be assumed in international freight forwarder; (2) be acquainted with the international conventions involved in international freight forwarder and stipulations about their responsibility, and be able to put them into practice; (3) be familiar with FIATA Model Rule for Freight Services and China International Freight Forwarding Association Trading Conditions; (4) master the general procedure of handling cargo accident and the operational process of freight claim and insurance claim.

第一节　国际货运代理的法律关系与责任

国际货运代理首先要弄清自己的法律关系及责任，以便充分利用法律来维护自己的合法权益。国际货运代理的法律关系与责任通常体现在有关的法律法规、国际公约、标准交易条件（由各国货运代理协会制定）或合同条款之中。

【思政阅读】

法治中国建设，人人有责

党的二十大报告提出“坚持全面依法治国，推进法治中国建设”。习近平总书记在党的二十大报告中指出：“法治社会是构筑法治国家的基础。弘扬社会主义法治精神，传承中华优秀传统法律文化，引导全体人民做社会主义法治的忠实崇尚者、自觉遵守者、坚定捍卫者。”

国际货运代理人法律关系较复杂，将来从事国际货运代理的同学们一定要加强法律知识的专业学习，忠于职守，诚实守信，树立权利意识、规则意识，提升契约精神。从业人员要在法定范围内主张和行使自己的权利，勇敢地捍卫自己的权利，提高化解矛盾纠纷的法治素养与能力。

一、国际货运代理的法律关系

《中华人民共和国国际货物运输代理业实施细则（试行）》第 2 条规定：国际货运代理企业既可以作为进出口货物收货人、发货人的代理人，也可以作为独立经营人从事国际货运代理业务。由此可见，我国法律规定的国际货运代理人的法律地位可以分为两类：第一类是指作为代理人的法律地位，第二类是指作为当事人的法律地位，见表 10-1 所示。

国际货运代理涉及的国际公约、惯例、法规

国际货运代理在国际货运过程中作为代理人或当事人出现，这两种情况的法律关系是不同的。研究国际货运代理的法律地位离不开对国际货运代理具体业务的分析。在法律层面上，人们通常把国际货运代理的业务分为两大类：一是货运代理人以委托人的名义开展业务；二是货运代理人以自己的名义开展业务。

表 10-1　　国际货运代理的法律地位分类

行为与责任 / 货运代理企业	代理方式	行为属性	法律责任
货代企业	以委托人的名义代理(直接代理)	委托代理行为	其后果直接归属于委托人,代理人只对未履行代理职责并给委托人造成的损失承担责任
	以自己的名义代理(间接代理)	视同货代企业自己的行为	代理人承担当事人的法律责任

(一)以委托人的名义开展业务

以委托人的名义开展业务是指国际货运代理以委托人的名义,为委托人办理国际货物运输及相关业务。各方之间所产生的法律关系如图 10-1 所示。

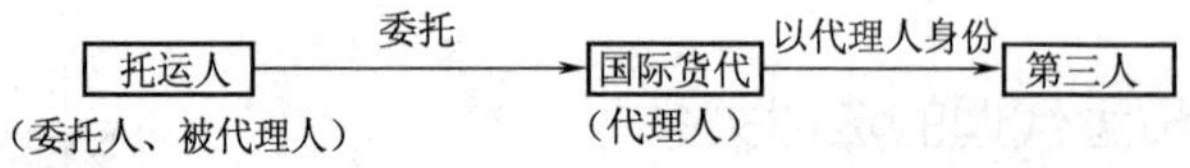

图 10-1　国际货运代理以委托人的名义开展业务的法律关系

以委托人的名义开展业务是国际货运代理主要的经营方式之一。他们接受货主的委托,在委托人规定的权限内为其安排运输,发送、接收货物。他们以货主的名义与承运人签订运输合同,合同一旦完成,直接约束货主和承运人,而国际货运代理并不牵涉其中。这符合我国民法体系中代理的概念。

以他人名义为他人实施法律行为的人,叫作代理人。其名义被他人使用、被他人代为实施法律行为的人,叫作被代理人,也称本人。与代理人共同实施法律行为的人,叫作第三人或相对人。

按照我国《民法典》的规定,公民、法人都可以通过代理人实施民事法律行为。代理是指代理人按照本人(被代理人)的授权,在代理权范围内代表本人同第三人订立合同或从事其他活动的法律行为,由此而产生的权利与义务直接对本人发挥效力。

按照我国《民法典》对代理行为和有关委托合同的规定,货运代理作为代理人时,所产生的代理法律关系的法律事实只有一个,那就是接受被代理人的委托。国际货运代理在以委托人的名义进行业务时,其法律地位为货主的代理人,其权利义务应适用我国《民法典》中有关民事代理的相关规定。具体而言,国际货运代理应注意以下四个方面。

第一,货运代理人严格依照委托人的指示从事交易活动,必须严格在委托人的授权范围内进行有关的代理事项。没有代理权、超越代理权或者代理权终止后的行为,只有经过被代理人的追认,被代理人才承担民事责任。如果未经委托人事后追认,对委托人不发生效力,应由国际货运代理自己承担责任。如果第三人知道国际货运代理无权代理,仍然与其实施民事行为,并给委托人造成损害的,第三人还要与国际货运代理承担连带责任。

第二,货运代理人在进行代理事项的过程中,应尽到合理谨慎的义务。一般来说,如果货运代理人已经尽到了合理谨慎的义务,在代理过程中出现了委托人财产的损害和灭失,或是出现了针对第三人的损害,货运代理人不承担责任,而是由委托人负责。

第三,货运代理人只能代理一个当事人,不能为"双方代理"或"自我代理"。货运代理人不能一方面作为货主的代理人,另一方面又作为承运方的代理人,即在一个合同中充当合同双方的代理人。货运代理也不能作为货主的代理人与自己签订买卖合同或运输合同。

第四,货运代理人的转代理应当事先取得被代理人的同意。一般来说,货运代理人与被代理人约定代理后,应该自己从事代理事务。但有时,货运代理人由于各方面的原因,会把这些事务委托给其他人处理。这便是转代理问题。根据我国《民法典》第 169 条的规定,货运代理人转托他人代理的,应当事先取得被代理人的同意。事先没有取得被代理人同意的,应当在事后及时告诉被代理人,如果被代理人不同意,由货运代理人对自己所转托的人的行为负民事责任。但在紧急情况下,为了保护被代理人的利益而转托他人代理的除外。

国际货运代理以委托人的名义开展业务,在法律关系上也可称为"直接代理"。如果代理人在代理权限内以代表的身份,即以本人(委托人)的名义同第三人订立合同,其效力直接及于本人的,称为直接代理。其特点是:代理人必须以被代理人的名义行事,被代理人对其代理人的代理行为承担民事责任。这就是说,只要代理人是在代理权限内,以被代理人的名义同第三人签订合同,该合同的权利和义务均由被代理人承担。如事后合同出了问题,代理人不承担责任。

在直接代理下,货运代理关系是由委托人(货主)和货运代理人两方组成的。代理关系必须由一方提出委托,经另一方接受后才算正式成立。这种关系一经确定,委托人与货运代理人之间的关系则成为委托与被委托的关系,有关双方的责任、义务则应根据双方订立的代理协议或代理合同来履行。

代理人不履行职责给被代理人造成损害的,应由代理人承担民事责任。代理人与第三人串通,损害被代理人利益的,应由代理人和第三人负连带责任。

《民法典》第 167 条规定,代理人知道被委托代理的事项违法而仍然进行代理活动的,或者被代理人知道代理人的代理行为违法而不表示反对的,由被代理人和代理人负连带责任。

【例 10-1】货代公司应按货主的指示完成委托事宜。

某货主委托某货代公司出运一批货物,自上海到香港。该货代公司代表货主向船公司订舱后取得提单,船公司要求该货代公司暂扣提单,直到该货主把过去拖欠该船公司的运费付清以后再放单。后该货主向某海事法院起诉该货代公司违反代理义务擅自扣留提单造成货主无法结汇产生巨额损失。

根据上述案例,分析该货代公司对货主的损失是否承担责任?为什么?

分析:

该货代公司应对货主的损失承担责任。因为此案中货代公司是接受货主委托,他是货主的代理人,应按货主的指示完成委托事宜,不应听从船公司的要求扣留提单,从而损害货主利益,其行为违反了代理的职责,因此他应当对货主的损失承担责任。

(二)以自己的名义开展业务

国际货运代理以自己的名义开展业务时,根据其业务性质的不同,其法律关系也不尽相同,主要有以下两种情况:一是作为委托人的代理人,二是作为契约承运人。

1. 作为委托人的代理人。在实践中,货运代理人常常作为委托人的代理人,先与货主签订委托合同,合同中对货运代理人的权限、义务、报酬等事项进行规定，主要目的是货主把办理运输事宜委托给货代办理。货运代理人然后再以自己的名义与其他的承运人签订运输合同，完成运输事宜（如图 10-2 所示）。

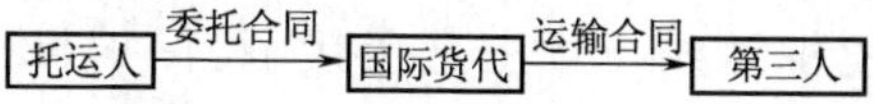

图 10-2 国际货运代理以委托人的代理人身份展开业务

这种做法在英美法系中被称为“间接代理”①。但是我国沿袭大陆法系的传统，法律上并无“间接代理”制度，对此类做法主要适用合同法中关于委托合同的规定。

国际货运代理以委托人的代理人身份开展业务在实践中分两种情况：一是国际货运代理以自己的名义办理货运，但表明自己代理人身份；二是国际货运代理以自己的名义办理货运，但不表明自己代理人身份。

第一种情况下，国际货运代理以自己的名义办理货运，但表明其代理人身份。我国《民法典》第 925 条规定：“受托人以自己的名义，在委托人的授权范围内与第三人订立的合同，第三人在订立合同时知道受托人与委托人之间的代理关系的，该合同直接约束委托人和第三人；但有确切证据证明该合同只约束受托人和第三人的除外。”从以上规定可以看出，如果国际货运代理在订立合同时已经表明自己的代理身份或者有证据证明承运人订立合同时已经知道国际货运代理是某一货主的代理人，则合同直接约束货主和承运人。这时的法律适用与直接代理类似。

第二种情况下，国际货运代理以自己的名义办理货运，但不表明自己代理人身份。我国《民法典》第 926 条规定：“受托人以自己的名义与第三人订立合同时，第三人不知道受托人与委托人之间的代理关系的，受托人因第三人的原因对委托人不履行义务，受托人应当向委托人披露第三人，委托人因此可以行使受托人对第三人的权利；但是，第三人与受托人

① 如果代理人以自己的名义，但是为了本人（委托人）的利益而与第三人订立合同，日后再将其权利、义务通过另一个合同转移于本人的，则称为间接代理。在间接代理情况下，如发生问题，被代理人（货主）与第三者没有直接法律关系，也就是说，代理人以自己的名义实施的行为所产生的后果由代理人自己承担。

订立合同时如果知道该委托人就不会订立合同的除外。”“受托人因委托人的原因对第三人不履行义务,受托人应当向第三人披露委托人,第三人因此可以选择受托人或者委托人作为相对人主张其权利,但第三人不得变更选定的相对人。”一般情况下,国际货运代理与承运人签订运输合同时并不表明自己的代理身份,而是以自己名义与承运人签订运输合同,这样做可以避免承运人与货主直接接触,保护自己的业务空间。在这种情况下,运输合同只约束国际货运代理和承运人,并不直接约束货主。由于国际货运代理最终还是为货主服务,完全把货主排除在外并不能充分保护货主的利益,所以,《民法典》规定了被委托人的披露义务和委托人的选择介入权①。如果承运人不能履行运输合同项下的义务,国际货运代理应该向货主及时披露,货主可以选择是否直接介入运输合同或直接向承运人主张权利。

2. 国际货运代理作为契约承运人。国际货运代理作为契约承运人时,其法律关系如图10-3所示。

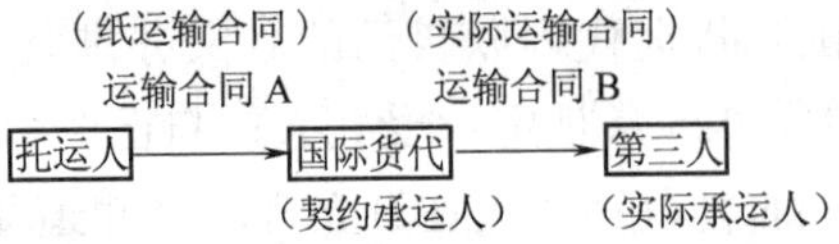

图10-3 国际货运代理作为契约承运人的法律关系

此时,国际货运代理是两个“背对背”合同中的当事人,如果发生纠纷首先要确定争议存在于哪一个合同中,再确定国际货运代理的角色与责任。

实践中,国际货运代理作为契约承运人主要有两种体现:一是作为无船承运人的身份;二是作为多式联运人的身份。

(1)以无船承运人的身份。无船承运人又称无船公共承运人(Non-Ves-

---

① 但是,我们应当注意,委托人介入权的行使应以第三人的承认为条件。例如,在货运代理实践中,当实际承运人不能按时派船装货,货主可以取代货运代理直接要求实际承运人履行原由货运代理与实际承运人之间签订的合同,但应当取得实际承运人的承认。对于第三人的选择权,实际上对于委托人和受托人二者只能选其一。例如,若货主不能如约支付运费,则实际承运人可以选择货主或者货运代理要求支付运费。当第三人选择货主时,则货运代理处于代理人的法律地位。

sel Operating Common Carrier, NVOCC),通常是指自己不拥有船舶,但接受托运人的货载,签发自己提单或其他运输单证,向托运人收取运费,通过国际船舶运输经营者完成国际海上货物运输,承担承运人责任的国际海上货物运输经营者。无船承运人的业务运作如图 10-4 所示。

无船承运人与国际货运代理人

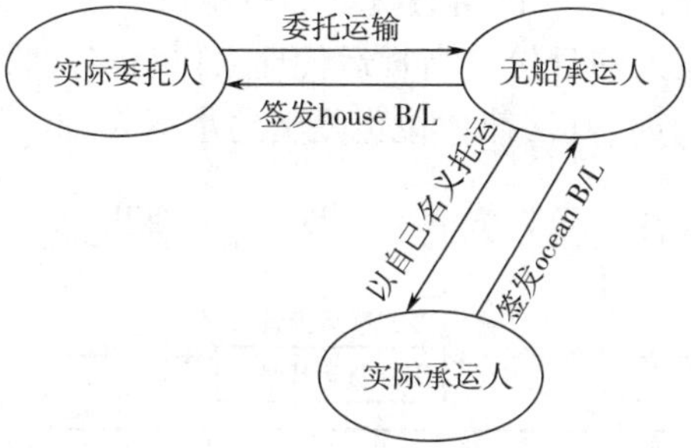

图 10-4　无船承运人的业务运作

国际货运代理人以无船承运人的身份从事业务(如图 10-5 所示)时,其法律地位是契约承运人,其法律权利和义务适用我国《海商法》中有关承运人和托运人的法律规定。

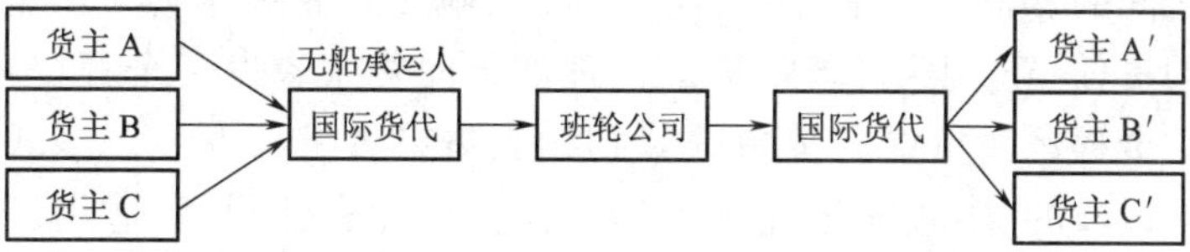

图 10-5　国际货运代理以无船承运人的身份经营业务

一方面,国际货运代理针对货主是承运人,应承担承运人的责任。但是,它又是受限制的承运人,因为它并不直接经营远洋运输,所以,我国《海商法》

中关于承运人的规定不能完全照搬。例如,《海商法》规定:“承运人在船舶开航前和开航当时,应当谨慎处理,使船舶处于适航状态,妥善配备船员、装备船舶和配备供应品,并使货舱、冷藏舱、冷气舱和其他载货处所适于并能安全收受、载运和保管货物。”这款规定是针对传统的承运人而言的,但国际货运代理因为并不控制船只,所以此义务条款对其就无现实意义。

另一方面,国际货运代理针对实际承运人来说又是托运人,他的权利义务也要参照《海商法》中有关托运人的规定进行分析。值得注意的是,国际货运代理此时的托运人地位也是有缺陷的,因为在实际业务流程中,国际货运代理并不能像实际托运人一样享有货物的控制权。

(2)以多式联运人的身份。当货运代理人作为多式联运人的身份从事业务(如图 10-6 所示)时,其法律地位也是契约承运人。

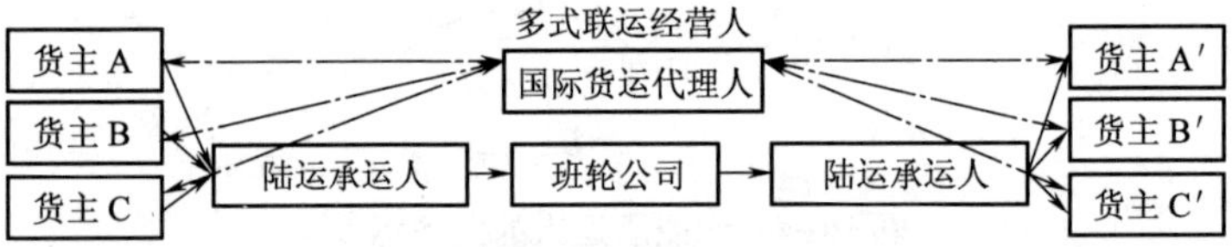

图 10-6　国际货运代理以多式联运经营人的身份经营业务

我国《海商法》对其有专门规定。例如:“多式联运经营人负责履行或者组织履行多式联运合同,并对全程运输负责。多式联运经营人与参加多式联运的各区段承运人,可以就多式联运合同的各区段运输,另以合同约定相互之间的责任。但是,此项合同不得影响多式联运经营人对全程运输所承担的责任。”这表明,国际货运代理如果向货主签发了全程提单,那么他应该对全程运输负责。又如:“货物的灭失或者损坏发生于多式联运的某一运输区段的,多式联运经营人的赔偿责任和责任限额,适用调整该区段运输方式的有关法律规定。”“货物的灭失或者损坏发生的运输区段不能确定的,多式联运经营人应当依照本章关于承运人赔偿责任和责任限额的规定负赔偿责任。”这两个条款说明,国际货运代理作为契约承运人,对不同阶段的货物损失根据不同的法律规定承担不同的赔偿责任和责任限额。货物损失发生的运输区段不明确时,适用《海商法》中对海运承运人的规定。

从理论上而言,国际货运代理的法律地位十分清晰,但是在实践中,要判断国际货运代理究竟属于哪一种情况却并不容易。这种识别困难主要来源于货运代理实践的复杂性和不规范性。一方面,国际货运代理业务十分复杂,其业务范围广泛,所对应的法律关系也多种多样;另一方面,国际货运代理在进行代理业务时,其行为方式有着很大的随意性。

目前,在我国尚未制定专门的货运代理法律的情况下,涉及货运代理的纠纷通常适用《中华人民共和国民法典》中有关代理与合同的规定,涉及货运代理为承运人或多式联运经营人时,则适用《中华人民共和国海商法》《中华人民共和国海事诉讼特别程序法》等有关法律的规定。

目前在我国或是其他国家和地区,均无统一的判定国际货运代理企业法律地位的强制性标准。货运代理的身份将取决于具体情况、具体事实和所属国(地区)的法律。司法实践中,法院及仲裁机构往往会把合同约定、提单签发和货代具体业务活动内容视为实质性认定标准,而将其他因素定性为辅助因素,予以考虑,以确定货代的法律地位。目前在我国的司法实践中,确定国际货运代理的法律关系及责任时,往往会考虑下列因素:国际货运代理是以被代理人的名义行事,还是以自己的名义行事;国际货运代理在办理货物运输时,所使用的运输工具或货物储存仓库是否属于自己拥有;国际货运代理所签发的单证的性质、该单证以谁的名义签发及是否签发过多式联运提单;国际货运代理是按一定比例收取代理手续费,还是从收取的包干费中赚运费差价;国际货运代理所办理的货物是否在货运代理的实际掌管之下;国际货运代理是否在被代理人授权范围内从事活动,如有越权行为,是否被追认;国际货运代理在安排货物运输的过程中及办理其他业务中,本身有无过失;国际货运代理与托运人的运输合同中是否明确规定国际货运代理应承担的责任条款及保证条款;国际货运代理实际扮演的是代理人还是当事人,或是二者兼而有之。因此,国际货运代理与委托人所签合同十分重要。合同条款若能对双方的权利与义务做出明确的规定,出现纠纷时就很容易认定其法律责任。

【例 10-2】某货运代理的教训。

某年,上海的一家工业供销公司(以下简称 GY)持无锡的一家进口公司(以下简称 JK)致南京市的一家货运代理公司(以下简称 HD)的信件,向 HD 办理 6 吨化工原料进口的代理手续,并随函附有按 CIF 条件的进口合同副本一份,在该合同的副本上由 JK 的业务员手书注明收货人名称、地址、电话、联系人及用卡车运至某地某库之字样。事隔 3 个月后,货从国外运抵南京,于是 HD 向 GY 发出《进口到货通知书》,在通知书的注意事项第 5 条内注明货运内地加批加保由货运代理统一办理。

HD办好进口报关、纳税等事项后,以自己的名义委托南京市一家具有合法营运资格的车队(以下称承运人)将货物运往合同副本上指定的某地某库。不料在运输途中由于驾驶员违章操作,与另一卡车相撞后造成车货俱毁。

事后,GY以HD转交他人运输,又未履行加保为由,向HD提赔。HD以造成货损是承运人的责任而拒赔。双方经多次协商未果,最后GY向法院起诉。

原告GY称:我公司委托HD办理货物到港后的一切手续,并将货物运至某地某库。双方既已确定委托运输关系,即受到法律保护,但被告方擅自转交第三者运输又未履行加保手续,结果导致货物灭失,理应负赔偿责任。

被告HD称:该业务系根据JK的信件而受理的,我们只与JK建立了法律关系,原告只是这笔业务的收货人,我们之间没有法律关系。货物灭失的责任在承运人,原告在向JK购买货物时,理应知道国内段的运输风险已转至自身,原告自己没有转移风险,又未委托他人代为转移,理应自行承担风险。《进口到货通知书》注意事项第5条规定:凡集装箱进口货物在港口拆箱转运内地的货物统一由我公司代办加批加保手续。但该条不适用于本案,因南京人保的特别条款的加批加保并不包括CIF条款,CIF条款系在国外投保。

法院判决:第一,原告GY与JK是购销关系,货到南京后货物所有权即归GY所有。从南京究竟转运至何地JK无权过问。第二,GY持JK的信件与被告联系有关事宜,向被告填送《进口到货通知书》,办理委托运输,并将货物用卡车运往某市,应视为被告已接受原告的委托。第三,被告接受委托后应负责将货物安全运抵目的地,货物在运输途中灭失,且不具备免责条件(指不是自然灾害或不可抗力事件),理应负责赔偿人民币25 945.25元。

分析:

(1)货运代理在进行代理业务中应同委托人订立明确权利义务的代理合同以保护自己。本案中HD与JK无法律关系。HD与JK既无长期代理协议,又无逐笔代理合同,仅凭JK的信件作为委托合同得不到法律上的认定。

(2)本案中的GY既未出具过委托函,也未自己投保国内运输险,但HD却承担了没有代为转移风险的责任,也就是《进口到货通知书》上的第5条。事后声明南京人保对CIF到货不承担国内运输险,为时已晚。

(3)代理人不得以自己的名义进行代理的行为。本案中,无任何人授权,HD即以自己的名义与承运人签订运输合同,既属违法,又扩大了自己的责任范围,结果只能被当作承运人追究责任。

二、国际货运代理的责任

由于各国的法律规定不同,国际货运代理所承担的责任也大不相同。根据各国法律对货运代理所下的定义及其业务范围的不同规定,在实际业务中货运代理责任范围的大小原则上可分为两种情况。

第一种情况,作为代理人,国际货运代理仅对自己的错误和疏忽负责。

第二种情况,作为当事人,承担承运人的责任和造成第三人损失的责任,即国际货运代理不仅对自己的错误和疏忽负责,还应使货物完好地抵达目的地。

国际货运代理协会联合会(FIATA)规定:国际货运代理仅对属于其本身或其雇员所造成的过失负责。如其在选择第三人时已恪尽职责,则对于该第三人的行为或疏忽不负责任。如能证明国际货运代理未做到恪尽职责,其责任应不超过与其订立合同的任何第三人的责任。

(一)以代理人的身份出现时货运代理的责任

如前所述,国际货运代理作为被代理人的代理时,在其授权范围内,以被代理人的名义从事代理行为,所产生的法律后果由被代理人承担。在内部关系上,被代理人和国际货运代理之间是代理合同关系,国际货运代理享有代理人的权利,承担代理人的义务。在外部关系上,国际货运代理不是与他人所签合同的主体,不享有该合同的权利,也不承担该合同的义务。当货物发生灭失或残损时,国际货运代理不承担责任,除非其本人有过失。被代理人可直接向负有责任的承运人或其他第三人索赔。当国际货运代理在货物文件或数据上出现过错、造成损失时,则要承担相应的法律责任,受害人有权诉诸法律向国际货运代理请求赔偿。所以,一旦发现文件或数据有错误,国际货运代理应立即通知有关方,并尽可能挽回由此造成的损失。

国际货运代理作为纯粹的代理人,通常应对其本人及其雇员的过错承担责任。其错误和疏忽可能包括:未按指示交付货物、选择运输工具有误、选择承运人有误、发往目的地有误、报关内容有误、投保有误、保单内容被忽视以及仓库保管不当、未取得收货人的货款而交付货物等。国际货运代理还应对其经营过程中造成的第三人财产灭失或损坏或人身伤亡承担责任。如果国际货运代理能够证明他对第三人的选择做到了合理的谨慎,那么,他一般不承担因第三人的行为或不行为引起的责任。

【例 10-3】选择承运人有误,货运代理承担责任。

A 货运代理作为 B 进口商的代理人,负责从 C 港接收一批工艺作品,在 150 海里外的 D 港交货。该批作品用于国际展览,要求货运代理在规定的日期之前于 D 港交付全部货物。货运代理在 A 港接收货物后,通过定期货运卡车将大部分货物陆运到 D 港。由于定期货运卡车出现季节性短缺,一小部分货物无法及时运抵。于是货运代理在卡车市场雇了一辆货运车,要求其于指定日期之前抵达 D 港。而后,该承载货物的货车连同货物一起下落不明。货运车造成的损失,货运代理是否也要负责?

分析:

对于货运车造成的损失,货运代理是否也要负责的问题,有人提出货运代理仅为代理人,对处于承运人掌管期间的货物灭失不必负责。这一主张似乎有道理,然而,根据 FIATA 关于货运代理的谨慎责任之规定,货运代理应恪尽职责采取合理措施,否则需承担相应责任。本案中造成货物灭失的原因与货运代理所选择的承运人有直接的关系。由于其未尽合理谨慎职责,在把货物交给承运人掌管之前,甚至没有尽到最低限度的谨慎,即检验承运人的证书,考察承运人的背景,致使货物灭失。因而他应对选择承运人的过失负责,承担由此给货主造成的货物灭失的责任。

【例 10-4】某出口商指示其货运代理为其价值 25 000 美元的半成品服装在发货前投保。货运代理安排了投保,但保单上注明货物应由 6 条船装运且每条船的货价不得超过 5 000 美元。其中一批超过 5 000 美元的货物装运于某船上。此情况出口商亦知晓。运输途中货物出现灭失。保险人对于超过 5 000 美元的部分拒绝赔付,因为实际装船与保单上的规定不符。货运代理为此承担出口商的损失。

分析:

货运代理有责任保证货物的发运与保单上的规定相一致。尽管出口商明知这一事实情况,也不能减轻他作为代理人应尽合理谨慎义务的责任。所以,货运代理要对出口商所受的损失负赔偿责任。

(二)国际货运代理作为当事人的责任

国际货运代理以自己拥有的运输工具进行运输,或以自己的名义与承运人签订运输合同,或租用他人的运输工具进行运输,在此情况下,货运代理均为运输合同的一方,处于承运人的地位,无论是实际承运人,还是契约承运人,都承担承运人的责任和义务。

国际货运代理在作为承运人运输货物时,其责任从接收货物时开始至目的地将货物交给收货人时止,或其将货物置于收货人指定的地点业已作为完成并已履行合同中规定的交货义务。但货运代理人在货物运往或运抵目的地前或后有义务向收货人发出到货通知,如在发出到货通知一定时间后,收货人仍未前来提取货物,也可视为货运代理人履行了合同中规定的交货义务。我国《海商法》第46条规定,在集装箱运输合同下,承运人的责任期间是指从装货港接收货物时起至卸货港交付货物时止,货物处于承运人掌管之下的全部期间。而在非集装箱运输或杂货运输合同下,承运人的责任期间是指从货物装上船时起至卸下船止,货物处于承运人掌管的全部期间。《海商法》第46条以"货物处于承运人掌管之下"限制承运人的责任范围。也就是说,在第46条规定的责任期间内,货物不处于承运人掌管之下时,承运人对货物的安全不负责任。

国际货运代理往往还经营国际多式联运业务,在此情况下,只要其签发了多式联运提单,不管是否实际参与了运输,均不影响其作为多式联运经营人的地位。根据有关国际多式联运的法律规定,多式联运经营人对全程运输负责。如在运输过程中发生货物的灭失、损坏或延误,多式联运经营人均应承担赔偿责任,除非能证明其为避免货物的灭失、损坏或延误已采取一切适当的措施。因此,在多式联运过程中,一旦发生货物灭失或损坏,作为多式联运经营人的货运代理,理应向委托人承担货损货差的赔偿责任,然后,再向发生货损货差区段的实际承运人(责任人)追偿。

作为当事人,国际货运代理不仅对其本身和雇员的过失负责,而且应对在履行与客户所签合同过程中提供的其他服务的过失负责。

其中对客户的责任主要表现在以下三个方面。

第一,对货物的灭失或残损的责任。

第二,因职业过失,尽管既非出于故意也非由于粗心,但给客户造成了经济损失。例如:不按要求运输;不按要求对货物投保;报关有误造成延误;运货至错误的目的地;未能代表客户履行对运输公司、仓储公司及其他代理人的义务;未收回提单而放货;未履行必要的退税手续再出口;未通知收货人;未收取现金费用而交货;向错误的收货人交货。

第三,迟延交货。尽管按惯例货运代理一般不确保货物的到达日期,也不对迟延交货负责,但目前的趋势是其对过分的延误要承担适当的责任,此责任限于被延误货物的运费或两倍运费。

国际货运代理对第三人的责任多是指对装卸公司、港口当局等参与货运的第三人提出的索赔所承担的责任。这类索赔可分为两大类:一是第三人财产的灭失或损坏及由此产生的损失;二是第三人的人身伤亡及由此产生的损失。

【例 10-5】B 货运代理公司承担承运人的责任。

A 土畜产进出口公司委托 B 货运代理公司办理一批服装的出口运输,从上海运至日本。B 货运代理公司租用 C 远洋运输公司的船舶承运,但以其自己的名义签发提单。货物运抵目的港后,发现部分服装已湿损。于是,收货人向保险公司索赔。保险公司依据保险合同赔偿收货人后,取得代位求偿权①,进而对 B 货运代理公司提起诉讼。试分析:

(1)本案属于货运代理合同纠纷,还是运输合同纠纷?

(2)B 货运代理公司对货物损失是否该负责赔偿?

(3)如果 B 货运代理公司对货物损失有责,他们该如何处理?

分析:

很明显,本案并非货运代理合同纠纷,而是运输合同纠纷。由于 B 货运代理公司是以自己的名义签发提单,这一行为使其成为契约承运人,从而承担了承运人的责任和义务,对因承运人责任范围内的原因造成的货物损失负责赔偿。当然,B 货运代理公司仍有权依据其与 C 远洋运输公司(实际承运人)签订的运输合同关系,向 C 远洋运输公司进行追偿。

【例 10-6】武汉某货运代理公司操作了一票由武汉发往乌兰巴托的运输业务。这是一票信用证结汇的贸易运输。发货人是湖北某县外贸局,收货人是我国台湾某贸易公司在蒙古的代理商。此票货物于正常的时间、完整的数量及良好的外包装交给了发货人书面所指示的收货人。交货后,发货人一直未能结汇、收回货款,其原因是发货人所提供的单证与收货人的信用证有多处不符。自货物启运后的第 3 天起,开证人接连 7 次传真发货人予以书面解释,但均被其具体经办人私自扣押,既不上报单位领导,也不通知武汉外运公司及时将货留置。致使台商在蒙古的代理钻了该国经贸制度不完善的空子,将货物全部提走而拒付货款。造成发货人钱货两空,由此蒙受近 60 万元人民币的损失。发货人在无法从收货人处收回货款的情况下,向某市中级人民法院起诉武汉某货运代理公司,要求其赔偿此票货物的全部损失。市中级人民法院和省高级人民法院两审判决均裁定:驳

① 代位求偿(Subrogation)是指当保险标的发生了保险责任范围内的由第三者责任造成的损失,保险人向被保险人履行了损失赔偿的责任后,有权在其已赔付的金额限度内取得被保险人在该项损失中向第三者责任方索赔的权利,即可站在被保险人的地位上向责任方进行追偿。

回原告请求。

分析：

本案问题出在委托人公司内部，其经办人未及时处理问题，造成了很难挽回的损失。武汉某货运代理公司已完整正常地履行了全部运输合同的责任和义务，作为承运人不承担责任。

三、国际货运代理的责任限制

国际货运代理在对其过失或疏忽承担责任的同时亦享有责任限制。责任限制是一项特有的法律制度，即依据法律的有关规定，责任人将其赔偿责任限制在一定范围内的法律制度。

在国际货物运输中，往往会由于责任人（如船长、船员或货运代理）的过失造成货物的损害，或造成第三人的重大财产损失。这种损害或损失常常是严重的，涉及的索赔金额往往也是巨大的，有时甚至会超过货物本身的价值或船舶的价值。为了保护本国的航运业，各国通常将这种赔偿责任用法律加以限制。国际货运代理与承运人一样，均有权将其责任限制在合理的限额内。当国际货运代理为承运人时，则享受有关承运人的责任限制。

国际货运代理通常在标准交易条件中规定其最高的责任限额，其赔偿限额无论在何种情况下，都不得超过国际货运代理在接收货物时货物的市价。各国有关国际货运代理的责任和责任限制是不一致的，有些国家采取的是严格责任制，有些国家采取的是对过失或疏忽负责，而且赔偿限额也不相同，这完全取决于每宗案件所涉及的法律和合同的规定。但是，许多国家有关货物运输的法律，尤其是有关货运代理行为的法律是很不完备的，多数国家只有一些原则性的规定。

我国《海商法》对承运人的赔偿责任的有关规定

国际货运代理协会联合会（FIATA）推荐的标准交易条件范本成为各国制定本国标准交易条件的总原则。根据该原则，英国货运代理协会的标准交易条件规定：赔偿限额为 2 特别提款权/千克（毛重），每宗案件最高赔偿限额不超过 75 000 特别提款权；新加坡货运代理协会标准交易条件规定：赔偿限额 5 新加坡元/千克，每宗案件最高赔偿限额不超过 10 万新加坡元；马来西亚货运代理协会标准交易条件规定：赔偿限额为 5 马来西亚林吉特/千克，每宗案件最高赔偿限额不超过 10 万马来西亚林吉特；印度货运代理协会标准交易条件规定：赔偿限额为 15 印度卢比/千克,每宗案件最高限额不超过 15 000 印度卢比。

四、国际货运代理的除外责任

除外责任,又称免责,系指根据国家法律、国际公约、运输合同的有关规定,责任人免于承担责任的事由。国际货运代理与承运人一样享有除外责任。对于承运人,我国《海商法》规定了 12 项免责事由,《海牙规则》和《维斯比规则》规定了 17 项免责事由。对于国际货运代理的除外责任,通常规定在国际货运代理标准交易条件或与客户签订的合同中,归纳起来包括以下七个方面。

其一,委托人的疏忽或过失所致。委托人有义务履行其在各方面应尽的职责。委托人在国际货运代理征询有关业务或处理意见时,必须予以答复,对要求国际货运代理所做的工作亦应及时给予各种明确的指示。如因指示不及时或不当而造成损失,国际货运代理不承担任何责任。委托人不得让其货运代理对由于下列事实产生的后果负责:①有关货物的说明不正确、不清楚或不全面;②货物包装、刷唛和申报不当等;③货物在卡车、车厢、平板车或集装箱的装载不当;④货运代理不能合理预见到的货物内在的危险。

其二,委托人或其代理人在搬运、装卸、仓储和其他处理中所致。

其三,货物的自然特性或潜在缺陷所致,如由于破损、泄漏、自燃、腐烂、生锈、发酵、蒸发或由于对冷、热、潮湿的特别敏感性。

其四,货物的包装不牢固、缺乏或不当包装所致。

其五,货物的标志或地址错误或不清楚、不完整所致。

其六,货物的内容申报不清楚或不完整所致。

其七,不可抗力所致。

尽管有上述免责条款的规定,国际货运代理仍须对因其自己的过失或疏忽而造成的货物灭失、短少或损坏负责。如果另有特殊约定,货运代理还对货币、证券或贵重物品负有责任。

第二节　国际货运代理业务中涉及的国际公约

国际货运代理在其业务范围内,在与有关方签订的各种协议中,必然会涉及某些国际公约。诸如《海牙规则》《维斯比规则》和《汉堡规则》等国际公约已为各国海运界所熟悉和普遍运用,而陆路运输多采用《国际铁路货物运输公约》和《国际公路货物运输合同公约》,著名的《华沙公约》是统一国际航空运输的重要规则，多式联运则广泛适用《联合国国际货物多式联运公约》。因此，熟知这些公约，了解和掌握国际货运代理的法律责任、义务及其权利，是从容做好国际货运代理业务的前提和保证。

一、关于海上货物运输的国际公约

有关海上货物运输的三大国际公约的主要内容

关于海上货物运输的国际公约主要是为了统一世界各国关于海运提单的不同法律规定，建立船货双方均等平摊海上运输风险的责任制度，并确认承运人与托运人在海上货物运输中的权利和义务。目前在国际航运业影响最大的国际公约主要有：《关于统一提单的若干法律规则》（简称《海牙规则》，The Hague Rules，1931 年 6 月 2 日生效）、《关于修改统一提单的若干法律规则的协议书》（简称《维斯比规则》，The Visby Rules，1977 年 6 月 23 日生效）、《联合国海上货物运输公约》（简称《汉堡规则》，The Hamburg Rules，1992 年 11 月 1 日生效）。

我国虽然尚未加入《海牙规则》《维斯比规则》和《汉堡规则》，但是我国《海商法》，特别是其中第四章关于海上货物运输合同的规定，基本上是以《维斯比规则》为基础，吸收了《汉堡规则》中比较成熟和合理的内容。具体而言，关于适航、管理货物、禁止不合理绕航以及承运人免责和责任限制等，采纳了《维斯比规则》的规定；而承运人责任期间、迟延交付、活动物和甲板货运输、提单、托运人责任、实际承运人等，参照或吸收了《汉堡规则》。因此，我国《海商法》与国际海商海事实践基本是接轨的。

《海牙规则》共 16 条；《维斯比规则》共 17 条，该公约是在《海牙规则》的基础上稍做修改而形成的；《汉堡规则》分 7 章共 34 条，该公约对以《海牙规则》为基础而建立的船货风险承担制度进行了全面的改进，扩大了承运人的责任。总的来讲，这三个国际公约实质上的区别主要表现在以下八个方面。

（一）公约适用范围不同

《海牙规则》只适用于缔约国所签发的提单。因此，如果当事各方没有事先约定，那么，对同一航运公司所经营的同一航线上来往不同的货物，可能就会出现有的适用《海牙规则》，有的则不能适用《海牙规则》的情况。

《维斯比规则》对于适用范围的规定与《海牙规则》相同。

《汉堡规则》不仅规定公约适用于两个不同缔约国间的所有海上运输合同，而且规定了被告所在地、提单签发地、装货港、卸货港、运输合同指定地点，五个地点之中任何一个在缔约国的都可以适用《汉堡规则》。

（二）承运人的责任基础不同

《海牙规则》对承运人的责任基础采用了“不完全过失原则”。“不完全过失原则”是相对于“过失原则”（有过失即负责，无过失即不负责）而言的。《海牙规则》总的规定是要求承运人对自己的过失承担责任，但同时又规定“船长、船员、引航员或承运人的雇佣人员在驾驶或管理船舶上的行为、疏忽或不履行契约”可以要求免责，虽然有过失也无须负责，即不完全过失原则。

《维斯比规则》对承运人的责任基础仍然采用了“不完全过失原则”。

《汉堡规则》对承运人的责任基础改为了“推定的完全过失原则”，从而大大加重了承运人的责任。具体来说，它不仅以是否存在过失来决定承运人是否负责，而且规定举证责任也要由承运人承担。

【例 10-7】承运人是否赔偿。

某年 4 月，上海 A 公司与马来西亚 B 公司签订了合同，B 公司向 A 公司出口 1 800 袋面粉，价格条件为 CFR，每袋单价为 60 美元。A 公司在中国人民保险公司投保了水渍险。该批货物由菲律宾籍某轮承运。在马来西亚装货的过程中，船长先向托运人发出书面声明，指出货物堆放于码头无任何遮盖物并发生雨水的污染，宣布货物为“不清洁”货物。托运人为了结汇出具了保函，承运人签发了清洁提单。货轮抵达上海港，经外轮理货公司理货，发现 210 袋有污水污染，并确认货物短少 50 袋。于是，上海 A 公司欲根据关于提单的《海牙规则》《维斯比规则》《汉堡规则》以及我国《海商法》的规定，向承运人索赔。上海 A 公司可否向承运人索赔？为什么？

分析：

《海牙规则》《维斯比规则》《汉堡规则》以及我国《海商法》对承运人的基本义务都规定了船舶适航的义务以及管货的义务。《海牙规则》《维斯比规则》规定，承运人应当“适当谨慎”使船舶适航，否则须对导致的损失负责，即实行不完全过失责任制。不仅要求承运人主观有过错、有违法或违约行为，索赔人还负有举证责任，并规定了承运人对过失承担责任的两种例外：①船长等船上人员对其疏忽行为可以要求免责；②由于非承运人本人的过失导致的火灾所致，承运人可以要求免责。与《海牙规则》相比，《汉堡规则》废除了承运人航海过失免责和火灾免责，采用了完全过失责任制。我国《海商法》关于承运人的责任基础是采取不完全过失责任。

上海A公司可以向承运人索赔。因为按照《海牙规则》《维斯比规则》《汉堡规则》或者我国《海商法》的规定,承运人有适当的管理货物的义务。本案例中承运人签发了清洁提单,表明货物装运时一切良好。货物既然被污染,说明责任在于承运人。

(三)承运人的责任期间不同

《海牙规则》规定承运人的责任期间是自货物装上船舶开始至卸离船舶为止的一段时间,有人称之为“钩至钩”。

《维斯比规则》规定的承运人的责任期间和《海牙规则》一样。

《汉堡规则》则将承运人的责任期间扩大为承运人或其代理人从托运人或托运人的代理人手中接管货物时起,至承运人将货物交付收货人或收货人的代理人时止,包括装货港、运输途中、卸货港、集装箱堆场或集装箱货运站在内的承运人掌管的全部期间,简称为“港到港”。

(四)承运人的最高责任赔偿限额不同

从《海牙规则》到《汉堡规则》依次提高了对每单位货物的最高赔偿金额。

《海牙规则》规定船东或承运人对货物或与货物有关的灭失或损坏的赔偿金额不超过每件或每单位100英镑或相当于100英镑的等值货币。

《维斯比规则》将最高赔偿金额提高为每件或每单位10 000金法郎或按灭失或受损货物毛重计算,每千克30金法郎,两者以较高金额的为准。

《汉堡规则》再次将承运人的最高赔偿责任增加至每件或每货运单位835特别提款权(SDR)或每千克2.5特别提款权(SDR),两者以金额高的为准。

(五)对灭失或损害货物的计量方法不同

《海牙规则》是以每件或每单位来计量货物的。

《维斯比规则》和《汉堡规则》都规定:如果以集装箱或托盘或类似集装运输工具运送货物,当提单内载明运输工具内货物的包数或件数时,以集装箱或托盘所载货物的每一小件为单位,逐件赔偿;当提单内未载明货物具体件数时,则以一个集装箱或一个托盘作为一件货物进行赔偿。

（六）对货物的定义不同

《海牙规则》和《维斯比规则》对货物定义的范围较窄，将活动物、甲板货都排除在外。

《汉堡规则》扩大了货物的定义，不仅把活动物、甲板货列入货物范畴，而且包括了集装箱和托盘等包装运输工具。

（七）对承运人延迟交货责任的规定不同

《海牙规则》和《维斯比规则》对延迟交货未做任何规定。

《汉堡规则》在第 2 条规定："如果货物未能在明确议定的时间内，或虽无此项议定，但未能在考虑到实际情况对一个勤勉的承运人所能合理要求的时间内，在海上运输合同所规定的卸货港交货，即为延迟交付。"承运人要对延迟交付承担赔偿责任。赔偿范围包括：①行市损失；②利息损失；③停工、停产损失。赔偿金额最多为延迟交付货物所应支付运费的 2.5 倍，且不应超过合同运费的总额。

（八）诉讼时效不同

《海牙规则》的诉讼时效为 1 年。1 年后在任何情况下，承运人和船舶都被解除其对灭失或损害的一切责任。

《维斯比规则》规定诉讼时效经当事各方同意可以延长，在 1 年诉讼时效期满后，仍有 90 天的宽限期。

《汉堡规则》一方面直接将诉讼时效延长至两年，另一方面仍旧保留了《维斯比规则》90 天追赔诉讼时效的规定。

除以上各条外，《汉堡规则》还在海上运输合同的定义、举证责任等多方面有别于《海牙规则》和《维斯比规则》，加大了承运人的责任范围。

二、关于铁路货物运输的国际公约

铁路货物运输方面的国际公约有《国际铁路货物联运协定》（简称《国际货协》）和《国际铁路货物运输公约》（简称《国际货约》，也称《伯尔尼货运公约》）。《国际货协》与《国际货约》的内容基本相同。下面重点介绍《国际货协》即《国际铁路货物联运协定》的主要内容，详细规定可网上查阅与学习。

《国际铁路货物联运协定》签订于 1951 年 11 月 1 日（我国在 1954 年 1 月 1 日加入），目前，参与签字国有中、俄、越、蒙、哈等 22 个国家，铁路总长 26

万多公里。《国际铁路货物联运协定》是缔约各国发货人、收货人以及过境办理货物联运所共同遵循的基本文件。《国际铁路货物联运协定》共设8章40条。主要内容包括:适用范围、运输契约缔结、托运人的义务和权利、承运人权利和义务、赔偿请求与诉讼时效等。

(一)适用范围

《国际铁路货物联运协定》适用于缔约国铁路方面之间的国际直通货物联运,协定对铁路部门、发货人、收货人都有拘束力。但不适用:①发、到站都在同一国内,而用发送国列车只通过另一国家过境运送货物;②两国车站间,用发送国或到达国列车通过第三国过境运送的;③两邻国车站间,全程都用某一方列车,并据这一铁路的国内规章办理货物的运送。

(二)运输契约缔结

发货人托运时,要填写运单和运单副本。

运单是发货人与铁路之间缔结的运输契约,是铁路向收货人收取运杂费用和点交货物的依据。它规定了铁路、发货人和收货人在货运中的权利、义务和责任,因此,运单对上述当事人均有法律约束力。同时,运单又是铁路运输的凭证。但运单不是物权凭证,不能转让,亦不能凭以提货。运单随同货物从始发站至终点站全程附送,最后交给收货人。联运运单副本是贸易双方结算货款的依据。当所运货物或票据丢失时,副本可作为向铁路索赔的证件。运单副本加盖戳记后,证明铁路运输合同订立,并交付发货方凭以结汇。

(三)托运人的权利、义务

托运人包括发货人和收货人,其主要权利和义务包括如下六项。

1. 发货人对运单记载和声明事项的正确性承担义务,否则,承担相应的一切后果。

2. 发货人对货物包装、标记符合要求负责。

3. 按规定计算、支付运费。即发送路铁路国内运价由发货人支付;到达路发生的运费按到达国国内运价由收货人在到站支付;过境铁路运费按《国际铁路货物联运协定》统一的过境运价规程计算,在发站或到站由发货人或收货人支付。

4. 货到站后,收货方应付清运费并领取货物。

5. 货物发生重大质变,不能按原用途使用时,收货人有拒绝领取货物的权利。

6. 发货人和收货人都有对运送契约变更一次的权利。发货人在发站领回货物;变更到站;将货物返还发站。收货人也可在到达国范围内变更到站或收货人,但变更申请必须在货物尚未从到达国境站上发出时做出,否则,一旦从国境站发出,申请变更无效。变更运输合同应在国内(发出或到达国)按规定交纳一定的费用。

(四)铁路(承运人)的权利和义务

铁路(承运人)的权利和义务有如下五项。

1. 收取运送费用和其他费用,并交付货物和运单。

2. 有权检查运单中记载事项的正确性,并对不完全、不准确记载和声明核收罚款。

3. 对非承运人过失而引起的货物灭失、损坏、短量不负责任。

4. 铁路对于按《国际铁路货物联运协定》办妥联运手续的货物负全程运输责任。

5. 如果货物发往非《国际铁路货物联运协定》国,铁路应负责按另一种有关协定的运单要求办理运送手续。

(五)赔偿请求与诉讼时效

赔偿请求与诉讼时效的规定如下。

1. 托运人有权据合同提出赔偿请求。赔偿请求应采用书面形式。由全权代理人、代表提出时,应有发货人或收货人的委托证明书方可。

2. 列明具体赔偿金额。当请求人是发货人时,则向发送路局提出;如由收货人提赔,则应向到达站提出。

3. 索赔不能得到合理解决时,可起诉。

4. 提赔和诉讼时效为:9 个月内提出或诉讼;但逾期的请求赔偿和诉讼,应在 2 个月内提出。部分灭失、损坏以及逾期索赔,自交付货物之日起算;全部灭失赔偿,自货物运到期限届满后 30 日内计算。

三、有关航空运输的国际条约

有关航空运输的国际条约,影响比较大的主要有 1929 年的《华沙公约》、1955 年的《海牙议定书》和 1961 年的《瓜达拉哈拉公约》等。在这些文件中,《华沙公约》是最基本的,随后的各项议定书都是在其基础上进行补充或修改,形成的文件合称为华沙体系。

《华沙公约》计 41 条,全称为《统一航空运输某些规则的公约》(Convention for the Unification of Certain Rules Relating to International Carriage by Air)。我国于 1958 年 7 月宣布参加该公约,同年 10 月,该公约对我国正式生效。其主要条款涉及如下四方面。

(一)运输凭证

运输凭证包括客票、行李票和航空货运单,分别适用于运送旅客、行李和货物。航空货运单(Air Consignment Note,ACN)是订立契约、接受货物和承运条件的证明,所以,它也就是双方当事人订立的运输合同。

(二)承运人责任

《华沙公约》第 18 条第 1 款规定:"对于交运的行李或货物因毁灭、遗失或损坏而产生的损失,如果造成这种损失的事故发生在航空运输期间,承运人应负责任。"《华沙公约》所说的航空运输期间"包括行李或货物在承运人保管的期间,不论在航空站内、在航空器上或在航空站外降停的任何地点"。

《华沙公约》第 22 条第 2 款规定:"如交运的行李或货物的一部分或者货物中任何物件发生遗失、损坏或者延误,以致影响同一份货运单所列的另一包装件或者其他包装件的价值,在确定责任限额时,另一包装件的总重量也应当考虑在内。"

《华沙公约》对承运人的责任限制也做了规定,并明确规定:"企图免除承运人的责任,或定出一个低于本公约规定的责任限制的任何条款都属无效。"承运人对每一旅客的责任以 125 000 法郎为限,对行李或货物的责任以每千克 250 法郎为限,对旅客自己保管的物品以每件 5 000 法郎为限。

承运人在下列情况下,可免除或减轻责任:

第一,证明承运人自己和代理人为了避免损失的发生,已经采取了一切必要的措施,或不可能采取这些措施时;

第二,证明损失的发生是由于驾驶上、航空器的操作或领航上的过失;

第三,证明损失的发生是由于受害人的过失引起或助成的,法院可按照法律规定,免除或减轻承运人的责任。

【例 10-8】航空公司是否应赔偿。

一票航空运输的货物,从新加坡经北京中转到天津,运输的是机器设备,货运单号 555-89783442,3 件货物重 178kg,计费重量共 206kg,从新加坡运往北京采用的是飞机运输,再从北京转运天津时,使用卡车航班,但在高速公路

上,不幸发生车祸,设备全部损坏。试问:

(1)航空公司是否应赔偿?

(2)理由何在?

(3)如果赔偿,应赔偿多少?

分析:

(1)航空公司应该赔偿。

(2)《华沙公约》第18条第1款规定:"对于交运的行李或货物因毁灭、遗失或损坏而产生的损失,如果造成这种损失的事故发生在航空运输期间,承运人应负责任。"航空运输期间包括行李或货物在承运人保管的期间,不论在航空站内、在航空器上或在航空站外降停的任何地点。此票货物的损害虽然是在公路上发生的,但是在承运人的保管期间。

(3)航空公司应赔偿USD 20×178=USD 3 560。

【例10-9】航空公司应如何赔偿。

一票从上海运往泰国的整套流水线机器,货运单号777-89783442,由于机器比较庞大,用了6个箱子,每件重量60kg,整套机器的价值USD 6 000,无申明价值,在终点站接货时,发现一个箱子开裂,经检验,这个箱子的机器已完全受损,其他5个箱子完好。问:航空公司应如何赔偿?

分析:

本案中6件箱子的货物都受到影响,无法使用,根据《华沙公约》第22条第2款的规定,必须按照整票货物来赔。

总重6×60=360kg,按照每千克20美元赔偿额为:USD 20×360=USD 7 200。但由于USD 7 200大于实际价值,因此航空公司应赔偿USD 6 000。

(三)托运人和收货人的权利和义务

托运人应对在航空货运单上所填写有关货物的各项说明和声明的正确性负责。托运人还应提供各种必需的资料,以便在货物交付收货人以前完成海关、税务或公安手续。这些必需的有关证件应附在航空货运单的后面。

托运人在履行契约规定的一切义务的条件下,有权在起运地航空站或目的地航空站将货物提回;或在途中经停时中止运输;或在目的地或运输途中将航空运单交给非航空货运单上所指定的收货人;或要求将货物退回起运地航空站。

收货人在货物到达目的地,并在交付了应付款项和履行运单上规定的运输条件后,有权要求承运人移交货运单并发给货物。

（四）索赔和诉讼时效

对于索赔时效,《华沙公约》分货物损害和货物延迟的情况区别对待。前者的索赔时效是 7 天,后者为 14 天。以上任何异议应在规定的期限内写在运输凭证上或以书面提出,否则就不能再向承运人索赔。诉讼时效为两年。

表 10-2 归纳了部分公约或法律关于承运人责任、诉讼时效等方面的规定。

表 10-2　　承运人责任、诉讼时效等方面的规定

<table>
<tr><th colspan="2" rowspan="2">公约或法律名称</th><th colspan="3">责任限额</th><th rowspan="2">责任期间</th><th rowspan="2">诉讼时效</th></tr>
<tr><th>计算货币单位</th><th>每件或每单位</th><th>毛重每千克</th></tr>
<tr><td colspan="2">海牙规则</td><td>英镑</td><td>100</td><td></td><td>船/船</td><td>1 年</td></tr>
<tr><td colspan="2" rowspan="2">维斯比规则</td><td>金法郎</td><td>10 000</td><td>30</td><td rowspan="2">船/船</td><td rowspan="2">1 年,3 月追偿期</td></tr>
<tr><td>SDR</td><td>666.67</td><td>2</td></tr>
<tr><td colspan="2" rowspan="2">汉堡规则</td><td>SDR</td><td>835</td><td>2.5</td><td rowspan="2">港/港</td><td rowspan="2">2 年,3 月追偿期</td></tr>
<tr><td>金法郎</td><td>12 500</td><td>37.5</td></tr>
<tr><td colspan="2">我国海商法</td><td>SDR</td><td>666.67</td><td>2</td><td>非集装箱货:船/船
集装箱货:港/港</td><td>1 年,3 月追偿期</td></tr>
<tr><td colspan="2">华沙公约</td><td>金法郎</td><td></td><td>250</td><td>机场/机场</td><td>2 年</td></tr>
<tr><td colspan="2" rowspan="2">蒙特利尔议定书</td><td>SDR</td><td></td><td>17</td><td rowspan="2">机场/机场</td><td rowspan="2">2 年</td></tr>
<tr><td>金法郎</td><td></td><td>250</td></tr>
<tr><td rowspan="4">国际多式联运公约</td><td rowspan="2">包含水运</td><td>SDR</td><td>920</td><td>2.75</td><td rowspan="4">收货/交货</td><td rowspan="4">2 年,3 月追偿期</td></tr>
<tr><td>金法郎</td><td>13 750</td><td>41.25</td></tr>
<tr><td rowspan="2">不含水运</td><td>SDR</td><td></td><td>8.33</td></tr>
<tr><td>金法郎</td><td></td><td>124</td></tr>
<tr><td colspan="2" rowspan="2">国际铁路货物运输公约</td><td>金法郎</td><td></td><td>50</td><td rowspan="2">车站/车站</td><td rowspan="2">1 年,故意或严重过失为 2 年</td></tr>
<tr><td>折算 SDR</td><td></td><td>16.66</td></tr>
<tr><td colspan="2" rowspan="2">国际公路货运公约</td><td>金法郎</td><td></td><td>25</td><td rowspan="2">车站/车站</td><td rowspan="2">1 年,故意或严重过失为 3 年</td></tr>
<tr><td>折算 SDR</td><td></td><td>8.33</td></tr>
</table>

第三节　FIATA 国际货运服务示范规则

FIATA 国际货运服务示范规则(FIATA Model Rules for Freight Forwarding Services)是国际货运代理协会联合会(FIATA)1996 年 10 月通过的用以指导国际货运服务的标准交易条款。

一、FIATA 国际货运服务示范规则的性质与作用

FIATA 国际货运服务示范规则不是公约,也不是示范法①,它只是国际货运服务的一种标准交易条款。

FIATA 国际货运服务示范规则的作用表现在两个方面,即其不仅可成为合同条款,而且具有指导各国国际货运服务经营者协会制定标准交易条款的作用。

二、FIATA 国际货运服务示范规则的主要内容

FIATA 国际货运服务示范规则共 20 条,包括四个部分:第一部分为一般规则;第二部分为货运代理的责任;第三部分为客户的责任与义务;第四部分为争议与强制性法律。

下面对 FIATA 国际货运服务示范规则(以下简称"示范规则")的主要内容进行简单介绍。

(一)关于一般规则

示范规则的一般规则主要阐述适用范围以及术语定义。

示范规则的适用范围包括两部分内容:一是示范规则作为合同条款适用。如果当事人将示范规则纳入合同,示范规则就成为合同的一部分;二是示范规则被纳入合同,但与合同原有条款冲突时,示范规则的相应条款的效力高于合同原有条款的效力。

示范规则在术语定义方面分别对国际货运服务、国际货运服务经营者、承运人、客户、货物、特别提款权、强制性法律、书面形式、贵重物品、危险货物等进行了定义。读者可上网查询相关定义,这里不再细述。

(二)关于货运代理的责任

示范规则将货运代理的责任(the Freight Forwarder's Liability)根据其从

① 示范法是由有关政府间国际组织制定的,主要用于各国在制定国内法时参考。

事的业务不同分为两种:一是作为非当事人的责任;二是作为货运合同当事人的责任。

1. 作为非当事人的责任。货运代理作为非当事人的责任(Liability Except as Principal)主要是指货运代理作为代理人应承担的责任,其一般基于客户与代理人之间达成的委托合同和有关法律的规定。

示范规则规定,货运代理作为代理人的责任基础是尽合理谨慎义务(Exercise due Diligence)。如果货运代理在提供货运服务时未能恪尽职守采取合理措施(Take Reasonable Measures),应承担相应的赔偿责任。如果潜在损失较大,而预防费用相对于损失来说较低,则一般可认为采取了预防措施才行使了合理谨慎义务。在发生是否已履行合理谨慎义务的纠纷时,法院拥有自由裁量权,可根据国际货运服务业的具体情况及货物发生损失时的实际情况来认定。

示范规则规定,货运代理的一个基本义务是遵循客户的指示(Customer's Instructions)履行义务,这些指示通常已经在国际货运服务合同中预先约定。如果指示不准确、不完整,或者后来的指示与原先约定的内容不符,货运代理可以依其认为合适的方式行事。

对于第三人责任(Liability for Third Parties)的承担问题,示范规则同样根据合理谨慎义务来认定。第三人责任是指代理人根据合同选定的为货物运输提供服务的承运人、仓库管理人员、装卸人员、港口部门及其他货运代理因为疏忽而导致货物损失的责任。货运代理是否承担因这些第三人的行为所产生的损失需要通过合同来约定。示范规则认为,只要货运代理人在选择、指示及监督第三人时尽了合理谨慎的义务,这些第三人的责任不能转移给货运代理。

2. 作为当事人的责任。货运代理作为当事人的责任(Liability as Principal)可分为两种基本情况:一是作为承运人的责任;二是作为辅助服务合同当事人的责任。两种责任通常是在一个合同中约定,也可以根据服务内容分别订立不同的合同。

示范规则规定,货运代理作为承运人所承担的责任,在于他直接使用自己的运输工具进行运输,并且签发了自己的运输单证(作为履约承运人),或者已明示或默示地做出了承担承运人责任的承诺(作为契约承运人)。然而,如果客户接收了由其他人而不是货运代理签发的运输单证,并且在合理的时间内没有提出货运代理必须承担承运人的责任,则货运代理不承担此责任。

货运代理作为其他辅助服务合同当事人的责任(Liability as Principal for Other Services)是指货运代理提供除货物运输服务外,与货物运输直接有关的包括储存、搬运、包装、配送等服务,以及与货物运输有关的辅助服务中作为合同当事人应该承担的责任。如果与货物运输服务存在不可分离的关系,货运代理那些服务的责任就应该作为承运人责任的范围。

货运代理作为其他服务的合同当事人责任应该具有下列两个条件之一:一是这些服务是由货运代理利用自己的设备或雇员履行的;二是货运代理明示或默示地承诺作为承运人承担责任。

3. 货运代理的除外责任。除外责任(Exclusions)是对于约定或法定的原因造成的货物损失不承担赔偿责任。一般分为以下三类:一是客户自身的行为造成的损失;二是货物包装不良或固有缺陷引起的损失;三是不可抗力因素引起的损失。

示范规则关于货运代理的除外责任的规定在一定程度上要比有些国际公约关于承运人的责任低。该规则第 8 条规定,货运代理在任何情况下不承担下列损失:贵重货物和危险货物,除非在订立合同时客户已经向货运代理申明;迟延损失(Loss Following from Delay),除非在书面合同中明确约定需要赔偿;间接损失或后续损失(Indirect or Consequential Loss),例如利润损失和市场机会损失等。

示范规则第 4 条是关于不可抗力(Acts of God)的规定。示范规则规定,在任何时候,货运代理的行为受到或可能受到不可抗力的影响,或者不是由于货运代理的过错或疏忽(Fault or Neglect)引起,货运代理且已采取了合理的措施仍然无法避免的风险时,货运代理可停止货物运输,如有可能,在安全和方便的地方将货物的全部或部分交由客户控制,这可被视为货物已经交付,货运代理的责任终止。在上述情况下,不影响货运代理根据合同获得报酬的权利,客户有义务支付货运代理额外支出的费用。

4. 货运代理的留置权。示范规则第 15 条赋予了货运代理一般留置权(General Lien)。货运代理在准据法允许的范围内,对客户欠付的任何应付款项,包括货物的仓储费和其他补偿费用,享有对货物和有关单证的留置权,并且可以以其认为合适的方式行使该权利。与一般留置权不同的是,货运代理享有的留置权的对象不仅包括客户的有关货物,而且包括单证在内。

实际上,货运代理享有的留置权不仅依赖于有关合同的约定或标准交易条件的规定,还与有关国家的法律对留置权的规定有关。例如,我国《海商法》规定:“应当向承运人支付的运费、共同海损分摊、滞期费和承运人为货物垫付的必要费用,以及应当向承运人支付的其他费用,没有付清或者没有提供适当担保的,承

行使海上货物留置权的条件

运人可以在合理的限度内留置其货物。"《海商法》在租船合同部分规定:"承租人未向出租人支付租金或合同约定的其他款项的,出租人对船上属于承租人的货物和财产以及转租船舶的收入有留置权。"

(三)关于客户的义务与责任

根据示范规则的规定,客户的义务和责任主要包括以下几个方面。

1. 向货运代理支付额外费用的义务。在发生不可预测的情况时,货运代理应采取行动以维护客户的最大利益,而由此产生的额外支出和费用应由客户承担。

2. 不得抵消。客户对到期应支付的款项不得以索赔、反索赔和抵消为理由扣减和延期支付。

3. 提供有关信息的义务。在货运代理接管货物时,视为客户已向货运代理做出了下列有关信息准确性的保证,如货物一般性质、标志、件数、重量、体积、数量等,如有可能,客户应说明货物的危险性质。

4. 承担赔偿责任。客户承担的赔偿义务分为以下三种情况。

(1)一般赔偿责任。一般赔偿责任是指货运代理作为代理人或承运人时,客户应对第三人承担的责任。这种责任可以是客户直接对第三人承担,也可以是先由货运代理赔偿,然后由客户向货运代理予以补偿。因此,示范规则规定,客户承担的一般责任是指除应由货运代理承担的责任外,在货运合同履行过程中所产生的所有责任应由客户向货运代理予以补偿。

(2)共同海损①赔偿责任。在发生共同海损后,凡属共同海损范围内的牺牲和费用,均可通过共同海损理算,由有关获救受益方(即船方、货方和运费收入方)根据获救价值按比例分摊。如果共同海损分摊最终应该由客户承担,在货运代理承担后,客户应予以补偿,在必要的时候,根据货运代理的要求提供担保。

(3)其他责任。这里的其他责任又包括以下三种情形。

第一,客户应对其提供的资料或指示不准确或不完整而导致的损失、损害、成本、费用以及官方收取的费用向货运代理提供赔偿;

第二,因客户及代表客户利益的人交付货物的行为造成货运代理损失的,应向货运代理予以赔偿;

第三,因货物导致的人身伤亡、财产损失、环境损害或任何其他类型损失

---

① 共同海损,是指在同一海上航程中,船舶、货物和其他财产遭遇共同危险,为了共同安全,有意地合理地采取有效措施所直接造成的特殊牺牲、支付的特殊费用。

的,如果货运代理已经予以赔偿,客户应补偿货运代理的损失。

(四)关于损害赔偿及责任限制

1. 赔偿数额的确定。示范规则要求赔偿数额根据货物实际遭受损害的程度而定,如果货物灭失或全部损坏,则全部赔偿;如果部分损坏,则按比例赔偿。无论是全损还是部分损失,均涉及货物价值。示范规则第 8 条第 2 款规定,货物的价值应根据商品实际交易的价格确定,如果没有此价格,根据当时市场价格确定,如果二者皆不存在,则参照同类或同质量货物的通常价值确定。

2. 索赔通知。在索赔程序上,一般要求索赔人提交索赔通知。示范规则第 9 条规定了两种索赔通知,第 1 款规定了货物损坏索赔时未提交索赔通知并不影响索赔权的行使,第 2 款规定如果是非货物索赔,未在约定的时间内提交索赔通知的,则视为放弃索赔权。

示范规则第 9 条第 1 款规定,对于货物的灭失或损坏,有权接收货物的收货人应于接收货物时以书面形式通知货运代理此种损失的基本性质,否则,一旦货物交付完毕,此交付可视为货物在良好状况下交付的初步证据。如果损失不明显,有权接收货物的收货人应于货物交付之次日起连续 6 天内书面通知货运代理,否则,此交付具有同样初步证据①的效力。

示范规则第 9 条第 2 款规定,货主向货运代理提出的其他非货物灭失或损坏的索赔应以书面形式进行,并应从货主知道或应该知道损失发生之日起 14 天内提出。否则,将被视为对此权利及相关时效的完全放弃,除非货主能够证明在规定期限内无法提出索赔,或者已在规定期限内尽快提出索赔,但还是不能在规定的期间内完成。

3. 责任限制。示范规则规定了货运代理的两种责任限制,并提供了确定的责任限制和由当事人另行约定两种方式。

(1)货物灭失或损坏时的责任限制。货运代理对货物灭失或损坏的责任限额将不超过受损货物毛重每千克 2SDR,除非索赔方从货运代理负有责任的人那里已经获得了更大赔偿。如果货物自应到之日起连续 90 日内仍未抵达,在没有相反证据的情况下,索赔人可视为货物已灭失。

① 所谓初步证据,是与最终证据相对而言的,货物交付时的状况可能是货物实际状况,也可能与实际状况不同,尤其在集装箱运输时,从集装箱外表上很难判断货物的实际状况,因此,交付时没有提交索赔通知不等于货物不存在损坏。如果事后能够证明是在国际货运服务经营者掌管期间发生货物灭失或损坏,国际货运服务经营者仍然应该承担责任。

(2)迟延交付时的责任限制。示范规则规定货运代理对货物迟延损失不承担赔偿责任,但是,如果合同当事人约定,货运代理对迟延承担责任的,即可适用有关迟延交付时的责任限制。示范规则规定,如果货运代理对迟延导致的损失负有责任,其赔偿责任应不超过因迟延导致的相关服务所收取的费用数额。

示范规则还规定,货运代理对前述两种情况外的任何其他类型的损失所负的责任将不超过每一事故××①特别提款权的总额,除非索赔方已经从货运代理负有责任的人那里获得了赔偿。

4. 诉讼时效。示范规则第 10 条规定,根据本规则的规定,货运代理将在货物交付或应该交付,或是因未能交付而收货人有权视为货物已灭失之日起 9 个月后,免除所有的责任,除非另有明确约定或已提起诉讼。对于货物灭失或损坏以外的其他责任,9 个月的期限应自货运代理的过失行为产生索赔权之日起计算。

(五)关于争议与强制性法律

示范规则在诉讼管辖、准据法(Applicable Law)选择问题的规定上有利于货运代理。示范规则规定,除非另有约定,针对货运代理的诉讼只能在其主要营业地进行,并应适用当地的法律。

第四节　CIFA 标准交易条件

标准交易条件通常是为了事先明确委托人与货运代理双方的权利义务关系制定的,作为委托人与货运代理的契约附件,并具有约束双方当事人的法律效力。FIATA 国际货运服务示范规则详细解释了在国际货运代理与其客户的关系中一般的合同义务,尤其是国际货运代理的权利、义务及其所适用的抗辩理由。中国国际货运代理协会(CIFA)也制定了标准交易条件。

一、中国国际货运代理协会标准交易条件的意义

我国针对货运代理行业的立法,目前尚停留在行政法规的立法层次上,仅反映了政府部门对货运代理行业的行政管理要求。规范货运代理经营者民事权利义务的专门法律至今没有出台,再加上货运代理业务自身的纷繁复杂的特点以及部分货运代理公司日常经营活动的不规范性,使得货运代理的

① 此处特意将责任限额留做空缺,它将根据使用本规则的国家的具体情况确定。

法律思维愈加模糊不清、众说纷纭。这具体体现在：日常业务实践中，货运代理业务经营者与客户之间的合同约定不规范，法律关系不清晰，往往容易引起纠纷；在司法实践中，法院审判人员对货运代理法律纠纷的性质存在着各种各样的认定，法律适用和判决结果可谓“千姿百态”。作为格式合同范本的《中国国际货运代理协会标准交易条件》(China International Freight Forwarders Association Trading Conditions，以下简称“中国货代标准交易条件”)出台，使得货运代理公司可在今后的业务实践中通过合同约定的方式采纳或部分采纳该标准交易条件，使业务行为逐步规范化，使货运代理与相关当事人之间的权利义务进一步明确，从而最大限度地保护货运代理自身的合法权益。

“中国货代标准交易条件”充分借鉴了 FIATA 和各主要国家的货运代理标准交易条件的精华。它不同于法律法规，它是本协会向会员推荐的“行规”，是行业自律的重要手段之一，对货运代理业务的实践具有指导意义。“中国货代标准交易条件”在特定的条件下将产生法律效力，效力来自当事人的选择，即当货运代理合同各当事人通过合同约定选择或部分选择适用该交易条件时，该交易条件或其部分条款就对合同各当事方有相应的约束力。

二、中国货代标准交易条件的主要内容

中国货代标准交易条件的主要内容包括以下 14 条。

(一)定义

中国货代标准交易条件对公司、客户、指示、货主、货物进行了明确的定义。

1. 公司指某货运代理公司，中国国际货运代理协会会员，遵守本交易条件开展货运代理服务。

2. 客户指与公司签订合同，接受公司提供的服务，依据合同享有权利并承担义务的法人或自然人，或与该合同有利害关系的法人或自然人，包括但不限于货物的所有人、托运人、发货人、收货人或其代理人。

3. 指示指记载客户明确要求的书面陈述，包括托运人书面指示及/或公司运输单证(包括公司提单)首页中所阐明的要求。

4. 货主指根据本交易条件达成的任何业务中，货物(包括任何集装箱或其他设备，但公司或承运人提供的除外)的所有人，以及现时或将来可能对有关货物享有权益的任何人，包括托运人指示及/或公司运输单证(包括公司提单)页面中所列明的收货人。

5. 货物包括活动物和由托运人提供的用于集装货物的集装箱、货盘或类似

的装运器具。危险货物指依据国际公约或国内法律确定为危险品的货物,以及那些可能变为有危险的、易燃的、放射性的、有毒的或有破坏力的货物。

(二)适用范围

1. 公司所承接的所有业务,均可根据本交易条件进行。本交易条件将成为公司与客户交易协议中不可分割的组成部分。经双方书面协议,可对本标准交易条款进行变更或放弃。双方协议或公司签发的表明公司为承运人的各种运输单证,包括但不只限于空运单、海运单及多式联运提单等单证中的内容有与本交易条件规定冲突的,应以协议或单证的规定为准。

2. 公司对公司免费提供的所有意见、资料或服务,均不承担任何责任。

3. 公司未行使或迟延行使公司的权利,均不可视为放弃有关权利,而公司单项或局部行使任何有关权利,并不排除进一步或以其他方式行使有关权利,或行使公司享有的任何其他权利。本交易条件中规定的公司权利,并不排除公司依法享有的其他权利。

4. 本交易条件的各项规定具有可分割性。任何一项或多项交易条件的无效、违法或不可执行,均不影响本交易条件其他规定的有效性、合法性和可强制执行性。

(三)客户和公司的合约地位

1. 与公司进行任何交易或业务的客户,特此向公司明确保证:其作为货主或货主的代理人,完全接受或代表货主完全接受本交易条件。当客户为货主的代理人时,客户与货主对公司承担连带责任,即公司有权对货主和客户共同或分别行使公司权利。

2. 公司提供的服务均是以代理人的身份进行的,但下列情况除外:公司为当事人,公司自身或其雇员对货物进行实际运输、搬运或储存,并且货物处于公司的实际掌管或控制之下;在货物运输前,货主书面要求公司提供承担全程或部分运输任务的承运人相关资料(名称、费率等),公司在收到该书面要求后 28 天内没有提供;公司以书面形式明确表示同意作为当事人;法院判决或仲裁庭裁定公司为当事人。

在不影响上述规定的情形下,公司按照固定费率对任何性质的服务收取费用,其本身并不决定或证明公司是代理人或当事人;公司提供自有的或租用的设备,其本身并不决定或证明公司在运输、处理或储存货物过程中是当事人或代理人;如公司取得的提单或其他单证能证明运输合同是由公司以外的其他人与货主或客户订立的,则公司为代理人;公司提供报关、税收、许可证、领事文件、原产地证明、检验、公证或其他类似服务时，公司为代理人而非当事人。

（四）客户义务

1. 客户保证对其与公司签订的协议以及公司为其签发的各种单证内容，在签订时或接受时已经采取各种充分、有效的方式，对相关内容有了充分了解。

2. 客户保证其对公司的指示是合法、有效和可行的。

3. 客户保证其对公司有关货物的说明是充分、准确的。

4. 客户保证货物的包装和标识符合运输要求。客户应完成公司针对货物性质和运输线路的特殊情况而在接收货物时对包装和标识提出的特殊要求。

5. 除非双方有特别的书面约定，客户应当保证交运货物不属于法律、法规、国际公约等具有约束力的文件中所规定的危险品，也不属于其他可能造成危险的货物。在双方事前没有特别书面约定的情况下，因上述具有危险性的货物给公司造成的一切支出、损失、损害（不论其产生方式）、罚款、索赔，客户应负赔偿责任。公司或者其他控制货物的人可以不经通知客户而有权认定货物是否为具有危险性的货物，并有权决定销毁或者以其他方式处置该货物，由此产生的风险和支出由客户承担。

6. 在公司将货物交付给收货人之前，除非客户退还公司已签发的全套运输单证及承诺负责赔偿由于要求修改运输合同而给公司造成的一切损失，客户不可以要求公司中止运输、返还货物、变更到达地或将货物交付给其他收货人或解除合同。

（五）公司的权利和义务

1. 一般性规定。一般性规定主要包括以下七方面。

（1）除非另有相反的书面约定，公司有权就下列事项自己或代表客户签订合同，无须通知客户：选择货物运输的承运人、方式和路线；选择货物是否装集装箱、是否装载在甲板上；进行货物储存、装卸、拆包、转运或以其他方式处理货物；根据客户指示或公司认为必须做出的其他安排。

（2）尽管某种作为或不作为背离或偏离客户的指示，当公司认为该种作为或不作为符合客户的利益时，公司有权选择进行，但不因此而给公司增加额外的责任。公司在任何时候都应遵守政府有关部门的指示或命令，公司对货物的责任终止于其按照前述指示或命令进行交付或对货物进行其他方式处理之时。

(3)公司依客户授权行事。公司无须将公司行事的详情通知客户,除非客户提出明确的书面要求。

(4)无论何时,如果公司认为其履行义务受到或可能受到妨碍、风险、迟延或不利等,而且公司无法以合理的方式避免,则公司可以向客户发出书面通知,终止履行义务。公司可以在其认为安全方便的任何地方,将货物的全部或部分交给客户掌管,至此,公司对货物的责任终止。客户应当根据要求,支付公司为货物运输、交付、储存到上述地点的额外支出和相关费用。

(5)如客户没有在公司通知的时间和地点接收货物,公司有权将货物的全部或部分储存起来,全部风险和费用由客户承担,至此,公司对货物的责任终止。

(6)在下列情况下,公司有权利(但没有义务)销售或处置全部或部分货物,一切风险和费用由客户承担:公司单方面认为全部货物无法按照指示交付时,提前21天向客户发出书面通知;货物已经腐烂变质,或即将腐烂变质;已经造成或将要造成他人或财产损失。

(7)除非事先明确以书面形式约定货物离抵日期,公司对货物离抵日期不负责任。

2. 公司作为代理人时的特殊约定。这种特殊约定主要包括三个方面。

(1)当公司作为代理人时,公司有权代表客户以客户的名义或以自己的名义与第三人订立合同,该合同直接约束客户与第三人。

(2)除非公司在履行代理职责时由于本身疏忽造成客户损失,否则公司不需承担赔偿责任。

(3)公司作为代理人时,对第三人的行为和疏忽所造成的损失不承担责任,包括但不限于承运人、仓库保管员、港口装卸公司、铁路局、卡车公司等,除非公司在选择、指示及监督第三人时未恪尽职守。

3. 公司作为当事人时的特别约定。这种特别约定包括以下三方面。

(1)公司在使用自己的运输工具进行运输或在签订协议和以承运人身份签发运输单证时,应承担当事人责任。在公司作为多式联运经营人时,责任期间自接收货物时起,至交付货物时止。公司责任的判定,应依据“网状责任制”原则,具体适用调整该运输区段运输方式的法律法规。如果客户接受了公司以外的其他人签发的运输单证,并且在合理的时间里没有主张公司承担当事人责任,则公司不再承担当事人责任。

(2)公司作为当事人,将对其所雇佣的第三人在完成运输合同或其他服务时的行为和疏忽承担责任,如同该行为是其自己做出的一样。

(3)前款有关公司作为当事人的特别约定,并不排除公司依照法律和本交易条件享有免责条款及限制责任条款的权利。

(六)集装箱运输的特殊规定

如果集装箱不是由公司装箱或封箱,公司对于下列箱内货物损失情况不承担任何责任:装箱或封箱的方式;货物不适合集装箱运输,除非公司明示要求货物以集装箱运输;集装箱不适货或有其他缺陷,除非集装箱是由公司或代表公司的人提供的;即使集装箱是由公司提供的,但客户没有对货物的特殊性予以说明而导致的集装箱不适货,公司也不承担责任。

如客户要求公司提供集装箱,除非有相反的明示要求,否则公司没有义务提供特殊类型或特殊质量的集装箱。

(七)有关责任保证

1. 在公司按照客户指示行事时,如因客户违反义务,或客户提供的资料或其指示不准确、不详尽或模糊不清,或因客户与货主的疏忽而产生的一切损失(包括但不限于任何机构所征收任何性质的所有税款、罚款及开支),客户必须保证公司免受追索并向公司做出赔偿,直到公司免受损失。

2. 公司向客户发出的任何意见和资料,只对客户负责。对任何其他人依赖此文件而给公司造成的一切索赔、责任,客户有义务保证公司免受追索并赔偿因此而给公司造成的损失。

3. 客户承诺,根据法律和本交易条件对公司适用的任何除外责任、责任限制等规定,同样适用于公司的雇员、代理人、分代理人等。

4. 对于超越本交易条件规定的公司所需承担责任的一切索赔、费用,客户应向公司做出赔偿并使得公司免受损失。

5. 针对公司做出的任何有关共同海损性质的索赔,客户应向公司做出赔偿以使公司免受损失,并提供因此索赔公司所要求的担保。

6. 在公司同意接受危险品运输后,公司单方面认为该危险品对其他货物、财产、生命或健康构成危险时,或者由于某些法律规定的限制,载运或卸下该货物可能导致其自身或其他财产或他人被扣留时,公司可以不经通知将货物销毁或以其他方式处理,一切费用由客户或货主承担,公司不负任何责任。

7. 由客户、货主及其雇员、代理人、代表人直接或间接造成的运输开始前、运输过程中或运输完成后的损失、污染、玷污、延误或滞期,或公司或他人的财产(包括但不限于集装箱)、船舶的损失,客户均应负责赔偿。

(八)费用

1. 公司有权选择以价值或重量或体积来计算收费。公司可应客户的要求提供有关运费计算方法的详细情况。

2. 客户应按期以现金或其他约定的方式向公司及时、足额支付各种公司收费,不得以任何理由扣减或延付。

3. 当公司按指示向客户以外的第三人收取费用时,如果收取遇到困难,客户应立即无条件支付该笔费用。

4. 公司有权对拖欠款项按照每天万分之四的比例收取利息,自应付之日起,到实际支付款项时止。

5. 公司报价一经客户接受即生效。如遇外汇、运费、保险等国家政策和市场费率发生重大变化,公司可与客户协商修改报价或收费。

6. 在客户未付清公司费用的情况下,公司或其代理人有权对收到的货物和单证行使留置权。如客户在得到货物或单证留置通知 28 天内仍不付款,或当货物为易腐烂物品时,公司向客户发出书面通知后合理时间内其仍不付款,公司有权对货物和单证进行处置,以补偿欠费和处置费用。

(九)公司免责条款

除非另有规定,公司对下列原因造成的任何损失不承担任何责任:客户或其代理的行为或疏忽;遵循客户的指示;货物包装或标识不良;客户或其代表对货物所进行的搬运、装卸、积载;货物固有的缺陷;罢工、动乱、禁运等;公司通过谨慎处理不可以避免的其他原因。

(十)责任限制

1. 除法律法规和本交易条件另有规定外,在任何情况下,无论是由于过失或过错或其他原因,公司的赔偿责任如下并以较低者为准:货物灭失、损坏、错运、错交或因此产生索赔的货物的价值;或货物灭失、损坏、错运、错交或因此产生索赔的货物,以其毛重量每千克 2SDR 计算。

2. 因货物延迟引起的索赔,如根据本交易条件无法免责,则赔偿限额为公司对延迟货物所收取的运费。

3. 货物价值指货物在公司开始掌管时的价值加保险费(如果已付)和运费的总和。赔付时应减去因货物灭失或损坏而少付或免付的有关费用。

4. 公司接收货物时客户有价值声明或双方另有明确约定的,可向公司索赔更高的赔偿,但应不超过货物声明价值或约定价值。

（十一）通知

对于货物的灭失或损坏，被指定的收货人应于接收货物时以书面形式通知公司，并列明此种损失的基本情况，否则，此种交付是表明货物在良好状态下运送、表面完好的初步证据。如果损失不明显，也应于货物交付给指定的收货人的次日起连续7日内书面通知公司，如未提交书面通知，此种交付同样具有初步证据的效力，即说明运输货物的完好。

其他非货物灭失或损坏的索赔应自客户知道或应当知道产生损失之日起连续14天内提出，否则，将被视为客户对权利的放弃，除非客户能证明在规定的时间内无法提出并在阻碍消失后立即提出了索赔。

（十二）保险

除非公司接受了客户的明确指示，公司不会安排投保。所有经公司安排的保险，均须受承保的保险公司或承保人的保险单所载的免责条款和通常的限制。公司并无任何责任为每项运输安排独立投保。倘若有关承保人基于任何原因对其责任产生争议，则投保人只可向承保人做出追偿，而公司对此概不承担任何法律责任，即使有关保险单的保费与公司收取的保费或客户付给公司的保费并不相同。在公司同意安排保险的情况下，公司纯粹以客户代理人的身份努力安排有关投保，但公司并不保证或承诺任何有关保险将被有关保险公司或承保人接受。

（十三）时效

除非另有明确的书面约定或客户已经向公司按本交易条件第14条提起诉讼，否则公司在货物交付，或应当交付，或因未交付而收货人有权视为货物已灭失之日起9个月，免除所有责任。

（十四）法律适用和争议解决

公司与客户签订协议时应任选以下两条其中之一，不可同时选择。

1. 本交易条件的解释和因公司服务或与公司服务有关的任何索赔和争议应适用中华人民共和国法律、法规，并由中国法院排他管辖。

2. 凡因本交易条件产生的或与本交易条件相关的任何争议以及因公司提供货运代理服务而产生的任何争议，均适用中华人民共和国法律，并提交北京中国海事仲裁委员会，按照该委员会的现行仲裁规则进行仲裁，仲裁裁决是终局的，对各方当事人均有约束力。

第五节 货运事故的处理

货运事故和货运质量事故出现的原因是多方面的，可能由货主所致，也可能在承运人的保管与运输下产生，也可能是在作为代理第三方承包时分包方的监管下产生，当然也有可能是货运代理的责任。出现货运事故和货运质量事故后，货运代理要谨慎处理。

一、货运事故

货物在承运责任期内，因装卸、运送、保管、交付等作业过程中所发生的货物毁损或灭失，称为货运事故，也称商务事故。

货运事故主要表现为货损、货差两方面。货损一般是指由于责任人原因导致的货物损坏、灭失；在装卸、运输、保管过程中，由于操作不当、保管不善而引起的货物破损、受潮、变质、污染等。货差即由于错转、错交、错装、错卸、漏装、漏卸以及货运手续办理错误等原因而造成的有单无货或有货无单等单货不符、件数或重量溢短的差错。以海运为例，表 10-3 列举了海运货运事故的种类和原因①。

海上运输中中发生货运事故的原因有很多，其中大部分是由于承运人的原因所致。但是，实践中还有一些货运事故是由货方（托运人、收货人）、第三方（如港口、集装箱货运站等），甚至由于不可抗力所致。不同原因所导致运输中货物数量减少、质量变差的损失将由不同当事人所承担，这里的当事人可能是运输合同、买卖合同、保险合同等不同合同中的当事人。

在货运代理过程中，货运代理经常会接到客户由于货物发生延误或遗失而向货运代理提起的索赔要求，索赔事宜不能得以及时妥善处理将严重影响与客户的关系，甚至失去客户，但在处理过程中，货运代理的利益往往与客户的利益或要求相矛盾，解决矛盾就成为处理索赔的关键。

对此，货运代理首先应该明确哪些索赔是货运代理受理范围内的。

其次，货运代理要处理好以下两个关系。

一是国际贸易与国际货物运输的关系。国际货物运输是国际贸易过程中的重要环节之一，但就其索赔程序来说，与贸易索赔程序是分开的，具有独立性，因为它们援引的法律依据是不同的，是各自独立的。货运代理

① 海洋风险多变是造成海运货运事故的主要原因之一。除了表 10-3 中的原因外，还有原装货物数量不足、货物品质与合同不符、货物包装不够、水尺计量不准、海上欺诈等原因。

在处理索赔时经常会收到托运人以“收货人在收到货后，发现货损、货物延误等理由拒付托运部分或全部的货款，或取消今后的订单等”为由，向货运代理索赔部分或全部的贸易损失。这实质上是一种贸易风险的转嫁，货运代理应该要求托运人运用国际贸易方面的法律来保护其自身的利益。即使托运人或收货人合法享有向对方提起贸易索赔的权利，也不应该将索赔的解决作为解决贸易问题的前提，并以此向货运代理提出非索赔范围内的要求。运输与贸易两者本不适用同一法律范畴，托运人在货运中的权利并不影响有关贸易法规定中的权利，两者可以同时进行，也可以先行处理贸易索赔。

表 10-3　　海运货运事故的种类和原因

事故种类			主要原因
货差			标志不清、误装、误卸、理货错误等
货损	全部损失		船只沉没、搁浅、触礁、碰撞、火灾、爆炸、失踪、偷窃、政府行为、海盗、战争、拘留、货物被扣等
	部分损失	灭失	偷窃、抛海、遗失、落海等
		内容短缺	包装不良或破损、偷窃、泄漏、蒸发等
		淡水水湿	雨雪中装卸货物、消防救火过程中的水湿、舱内管系泄漏等
		海水水湿	海上风浪、船体破损、压载舱漏水等
		汗湿	通风不良、衬垫或隔离不当、积载不当等
		污染	不适当的混载、衬垫或隔离不充分等
		虫蛀、鼠咬	驱虫、灭鼠不充分，舱内清扫、消毒不充分等，对货物检查不严致虫、鼠被带入舱内等
		锈蚀	潮湿、海水溅湿、不适当的混载等
		腐烂、变质	易腐货物未按要求积载的位置装载、未按要求控制舱内温度、湿度过高、换气通风不充分、冷藏装置故障等
		混票	标志不清、隔离不充分，积载不当等
		焦损	自燃、火灾、漏电等
		烧损	温度过高、换气通风过度、货物本身的性质等

【例 10-10】应向谁索赔?

某公司以 CIF 鹿特丹出口食品 1 000 箱,即期信用证付款,货物装运后,凭已装船清洁提单和已投保一切险的保险单,向银行收妥货款,货到目的港后经进口人复验发现下列情况:①该批货物共有 10 个批号,抽查 19 箱,发现箱内含沙门氏细菌超过进口国的标准;②收货人实收 997 箱,短少 3 箱;③有 14 箱货物外表情况良好,但箱内货物共短少 50 千克;④目的港工人罢工,18 箱货物被毁。试分析以上情况,进口人应分别向谁索赔,并说明理由是什么?

分析:

第①种情况应向卖方索赔,因原装货物有内在缺陷。第②种情况应向承运人索赔,因承运人签发清洁提单,在目的港应如数交足。第③种情况可以向保险公司索赔,属保险单责任范围以内,但如进口人能举证原装数量不足,也可向卖方索赔。第④种情况属于不可抗力,买方自行承担。

二是运费的收取与索赔的关系。运费是托运人托运货物时应当支付给承运人或承运代理人的费用,这是事前的行为与责任,而索赔是在货物运输过程中,或货物到达目的地后的事后的行为与权利的要求,托运人将受到国际运输法有关规定的合理保护,托运人以索赔未成或未解决为由拒付货运代理运费,是没有依据的。

二、货运事故的处理程序

货运事故处理的一般程序是:货运事故调查→审核证明文件→索赔与理赔→货运事故处理总结。

(一)货运事故调查

为进一步查明事故真相、分析原因、划清责任和为事故处理提供可靠的依据,货运代理和承运人要对货运质量事故进行调查和查询,确定最终责任方,以便使理赔结案。

对货运质量事故进行调查主要是调查货运各个环节上的有关文字记载、交接清单、积载图以及有关货运方面的票据、单证和发货人声明栏批注。在判定事故原因和损失程度方面,还可借助技术手段进行化验测定、实验等。

货物在运输和作业过程中发生溢余、灭失、短少、变质、污染、损坏等事故,涉及承运人与托运人、收货人、港口经营人、作业委托人之间责任的,在交接或交付货物的当时应编制货运事故记录,不得事后补编。货运事故记录反映事故当时的真实情况，原则上只是真实、仔细、准确、具体记录，不做结论，不判定责任。货运记录必须使用印有编号的规定格式，按每一张运单编制，并由负责编制记录的人员、收货人或托运人签章。

（二）审核证明文件

收货人向货运代理、承运人等责任人提出索赔和提出货运事故索赔书的同时，应随附货运记录、货运单证和货物损失清单、价格证明文件等。

货运代理、承运人等责任人受理赔偿要求时，应对托运人或收货人提出的赔偿要求及所附的货运记录、货运单证等证明文件进行审核，主要审核赔偿要求时效、赔偿要求人的权利、应附的单证。

经审查，赔偿要求人在法定时效内，所附单证完备，且有权提出要求，则责任人应予受理并开始接受索赔收据，进行立案处理。受理的条件应在赔偿要求登记簿内登记。

（三）索赔与理赔

索赔即货主对因货运事故造成的损失，向货运代理、承运人或船东或其代理人提出赔偿要求的行为。根据法律规定或习惯做法，货主应按照一定的程序提出索赔，并提出能证明事故的原因、责任和损失的单证。理赔即索赔的受理与审核，也就是说，货运代理、承运人或其代理人受理索赔案件后，即须对这一索赔进行审核。通过举证与反举证明确责任，确定损失金额的标准。如果在赔偿上未能达成一致意见，则根据法院判决或决议支付索赔金。

索赔的一般程序是：发出索赔通知→提交索赔申请书→举证→确定赔偿金额与赔偿。

1. 发出索赔通知。索赔必须在所适用的有关国际公约、国家立法和交易条款规定的时效范围内提出。如索赔提出已超过时效，则应拒绝受理。我国《海商法》和有关的国际公约以及各国的海商法或海上货物运输法或者提单条款一般都规定，在发生货损案件时，根据运输合同有权提取货物的人，应在承运人或承运人的代理人、雇用人将货物移交给他的当时或规定的时间内，向承运人或承运人的代理人发出关于货损的书面通知，声明保留索赔的权利。

关于索赔人向承运人或其代理人发出索赔通知的时限，我国《海商法》规定，海运货物在货物交付的次日起连续 7 日内，集装箱货物为交付的次日起连续 15 日内；《汉堡规则》规定为在交付货物后 15 日内。索赔方在提出书面索赔通知后,应尽快地备妥各种有关证明文件,在期限内向责任人或其代理人正式提出索赔要求。

2. 提交索赔申请书。索赔申请书或索赔清单(Statement of Claims)是索赔人向承运人正式要求赔偿的书面文件。索赔申请书主要包括索赔人的名称和地址,船名、航次、抵港日期、装船港及接货地点名称,货物有关情况,货物损害或灭失情况,索赔日期、金额、理由等。

如果索赔方仅仅提出货损通知而没有递交索赔申请书或索赔清单或出具有关的货运单证,则可解释为没有提出正式索赔要求,承运人不会受理货损索赔。索赔方一旦正式向承运人递交索赔申请书或索赔单,则意味着索赔方正式提出了索赔要求。

3. 举证。提出货物索赔和对这种索赔进行抗辩,都通过举证进行。举证包括索赔方的举证和责任方的举证。举证必须据实举证。

举证主要是通过单证证明索赔人是正当的索赔人,证明被索赔方负有赔偿责任,证明索赔人提出的索赔金额是合理的。

4. 确定赔偿金额与赔偿。索赔人应该提交检验报告或带有批注的交付记录,以证明货物的受损程度。为了将已确定的损坏程度换算成为应提出的索赔金额,索赔人还须提出装箱清单(Packing List)及发票、拆箱单、修理单、整理货物单证、贬值证明、施救费用、保险单。

货运事故的赔偿金额,原则上按实际损失金额确定。货物灭失时,按灭失货物的价值赔偿;货物损坏时,按损坏所降低的价值或为修复损坏所需的修理费赔偿。索赔金额须在所使用的有关国际公约、国家立法和交易条款规定的责任金额限制范围内。

凡已向保险公司投保的货物发生责任事故,承运人应负责限额内的赔偿,其余由保险公司按承保范围给予经济补偿。

索赔案件通过索赔人和责任人实事求是、友好协商一般都会得到妥善解决,但也有少数案件索赔无效,双方争议差距很大,只得提起诉讼,请求法院裁决。

(四)货运事故处理总结

对货运事故应定期进行分析,以改进工作或采取防范措施;如果是多次重复出现,则有必要对相关的操作程序进行重新评估。

思政思考

做诚信守法的国际货运代理人

原告A休闲用品有限公司、B股份有限公司与被告国外C货运公司、D物流中国有限公司、巴拿马E海运公司、哥本哈根F公司、法国G轮船有限公司海上货物运输合同货物交付纠纷案。

原告诉称,被告C货运公司、D物流中国有限公司将原告托运的15个集装箱货物分三批从深圳盐田港通过海运运往瑞典的维斯特拉斯,向原告签发了3套提单。货物运抵目的港后,五被告没有凭正本提单交付货物,造成原告损失,被告C货运公司、D物流中国有限公司作为承运人,被告巴拿马E海运公司、哥本哈根F公司、法国G轮船有限公司作为实际承运人,均违反了凭正本提单交付货物的义务,依法应予以赔偿。被告辩称,货物交付给记名提单的收货人后,两原告已默认了承运人不凭提单交付货物,不具索赔权。

法院认为,根据《中华人民共和国海商法》第七十一条,提单是承运人保证据以交付货物的单证,提单中载明的向记名人交付货物的条款,构成承运人据以交付货物的保证。记名提单作为提单的一种,收货人只要合法持有提单,承运人仍须凭提单交货。

【思考题】习近平总书记指出:“坚持依法治国和以德治国相结合,把社会主义核心价值观融入法治建设、融入社会发展、融入日常生活。”请思考国际货运代理作为代理人有哪些责任?如何做好诚信守法的国际货运代理人?

案例研究

案例一

我国货主A公司委托B货运代理公司办理一批服装货物海运出口,从青岛港到日本神户港。B公司接受委托后,出具自己的House B/L给货主。A公司凭此到银行结汇,提单转让给日本D贸易公司。B公司又以自己的名义向C海运公司订舱。货物装船后,C公司签发海运提单给B公司,B/L上注明运费预付,收、发货人均为B公司。实际上C公司并没有收到运费。货物在运输途中由于船员积载不当,造成服装污损。C公司向B公司索取运费,遭拒绝,理由是运费应当由A公司支付,B仅是A公司的代理人,且A公司并没有支付运费给B公司。A公司向B公司索赔货物损失,遭拒绝，理由是其没有诉权。D公司向B公司索赔货物损失，同样遭到拒绝，理由是货物的损失是由C公司过失造成的，理应由C公司承担责任。

案例思考与讨论：

1. 本案中B公司相对于A公司而言是何种身份？
2. B公司是否应负支付C公司运费的义务？理由何在？
3. A公司是否有权向B公司索赔货物损失？理由何在？
4. D公司是否有权向B公司索赔货物损失？理由何在？
5. D公司是否有权向C公司索赔货物损失？理由何在？

案例二

某货代公司接受货主委托，安排一批茶叶海运出口。货代公司在提取了船公司提供的集装箱并装箱后，将整箱货交给船公司。同时，货主自行办理了货物运输保险。收货人在目的港折箱提货时发现集装箱内异味浓重。经查明，该集装箱前一航次所载货物为精茶，致使茶叶受精茶污染。

案例思考与讨论：

1. 收货人可以向谁索赔？为什么？
2. 最终应由谁对茶叶受污染事故承担赔偿责任？

案例三

香港某出口商委托深圳A多式联运经营人作为货运代理，将一批半成品的服装经孟买转运至印度的新德里。货物由A多式联运经营人在其货运站装入两个集装箱，且签发了清洁提单，表明货物是处于良好状态下接收的。集装箱经海路从香港运至孟买，再由铁路运至新德里。在孟买卸船时发现其中一个集装箱外表损坏。A多式联运经营人在该地的代理将此情况于铁路运输前通知了铁路承运人。当集装箱在新德里开启后发现，外表损坏的集装箱所装货物严重受损；另一集装箱虽然外表完好、铅封也无损，但内装货物已受损。香港出口商要求A多式联运经营人赔偿其损失。

案例思考与讨论：

A多式联运经营人对两箱货损是否负责，如负责，其赔偿责任如何，可否享受责任限制？

案例四

发货人将800包书委托给伦敦一经营多式联运业务的货运代理,货物自伦敦运抵曼谷。该批货物装入一集装箱,且由货运代理自行装箱, 然后委托某船公司承运。承运人接管货物后签发了清洁提单。货物运抵目的港曼谷,铅封完好,但箱内200包书不见了。发货人向法院起诉货运代理,诉其短交货物。

案例思考与讨论:

1. 货运代理是否该对短交货物负责,为什么?
2. 货运代理应该如何索赔?

案例五

A公司与马来西亚B公司签订销货合同,约定按CIF价采用陆海联运方式从济南经汽车运输运至青岛,再经海运出口至巴生港(Port Klang),并规定可以签发凭指示的多式联运提单。货运代理C接受委托后,以自己的名义分别向汽车承运人和海上承运人办理托运和订舱事宜。货物装上汽车后,货运代理C因无自己的多式联运提单,委托另一家货运代理D向A公司签发了多式联运提单,并向其收取了全程包干运费。

案例思考与讨论:

1. 货运代理C、货运代理D的性质以及各自应承担的责任是什么?
2. 谁负责安排租车、订舱?A公司或马来西亚B公司在选择多式联运经营人时应考虑哪些因素?

案例研究参考答案

思考与练习

一、名词解释

代理、责任限制、除外责任、第三人责任、标准交易条件、货运事故、索赔、

理赔

二、简答题

1. 简述国际货运代理作为代理人的法律关系。

2. 直接代理行为的特点是什么?

3. 简述国际货运代理作为当事人的法律关系。

4. FIATA 对国际货运代理的责任有何规定?

5. 在实际业务中,货运代理责任范围的大小原则上可分为哪两种情况?

6. 国际货运代理作为代理人,通常应对其本人及其雇员的过错承担责任,其错误和疏忽可能包括哪些方面?

7. 我国《海商法》对集装箱运输合同下承运人的责任期间是如何规定的?

8. 一般怎么判断国际货运代理是否以当事人行事?

9. 作为当事人,国际货运代理对客户的责任主要表现在哪几个方面?

10. 我国《海商法》对承运人的赔偿责任有何主要规定?

11. 对于国际货运代理,其除外责任通常规定有哪几个方面?

12. 在海运与空运方面有哪些主要的国际公约?

13.《海牙规则》和《汉堡规则》关于承运人的最高责任赔偿限额的规定有何不同?

14.《海牙规则》和《汉堡规则》关于诉讼时效的规定有何不同?

15.《国际货约》关于铁路部门的赔偿责任限制主要分哪几种情况?

16.《华沙公约》对托运人和收货人的权利和义务有哪些规定?

17. 中国国际货运代理协会标准交易条件对货运代理公司的权利和义务有哪些一般性规定?

18. FIATA 对货运代理公司责任限制有哪些规定?

19. 简述货运事故的处理程序。

20. 简述索赔的一般程序。

参考文献
References

[1]杨长春,顾永才. 国际物流[M]. 8 版. 北京:首都经济贸易大学出版社,2023.

[2]孙家庆. 国际货运代理[M]. 3 版. 大连:东北财经大学出版社,2011.

[3]符海菁. 国际货运代理实务[M]. 北京:对外经济贸易大学出版社,2007.

[4]王学锋,陕丙贵. 国际货运代理概论[M]. 上海:同济大学出版社,2006.

[5]杜学森,律宝发. 国际货运代理实务[M]. 北京:中国劳动与社会保障出版社,2006.

[6]孟于群,陈震英. 国际货运代理法律及案例评析[M]. 北京:对外经济贸易大学出版社,2000.

[7]杨占林. 国际物流空运操作实务[M]. 北京:中国商务出版社,2004.

[8]解云芝. 集装箱运输与多式联运[M]. 北京:中国物资出版社,2006.

[9]袁永友,姚大伟. 全国国际货运代理资格考试全真试题评析及模拟试题[M]. 北京:对外经济贸易大学出版社,2000.

[10]戴正翔. 国际物流单证实训教程[M]. 北京:北京交通大学出版社,2009.

[11]李秀华. 国际货物运输实训[M]. 北京:对外经济贸易大学出版社,2003.

[12]姚新超. 国际贸易实务[M]. 2 版. 北京:对外经济贸易大学出版社,2011.

[13]中国国际货运代理协会. 全国国际货运代理资格考试应试指导及大纲[M]. 北京:中国商务出版社,2002.

[14]徐淑芬. 大陆桥运输[M]. 北京:中国铁道出版社,1997.

[15]许月明,叶梅. 国际陆空货物运输[M]. 北京:对外经济贸易大学出版社,2003.

[16]吕军伟. 国际物流业务管理模板与岗位操作流程[M]. 北京:中国经济出版社,2005.

[17]余世明. 国际商务单证实务练习题及分析解答[M]. 广州:暨南大学出版社,2006.

[18]全国商务单证培训认证考试办公室. 全国商务单证培训认证考试复习指南[M]. 北京:中国商务出版社,2005.

[19]报检员资格考试委员会. 报检员资格全国统一考试教材(2013 年版)[M]. 北京:中国标准出版社,2013.

[20]童宏祥. 报检实务[M]. 2 版. 上海:上海财经大学出版社,2010.

[21]海关总署报关员资格考试教材编写委员会. 报关员资格全国统一考试教材(2013 年版)[M]. 北京:中国海关出版社,2013.

[22]游蓓蕾. 出入境报检实务[M]. 北京:中国人民大学出版社,2011.